방언기도의 은혜와 능력 1

정원 지음

영성의 숲

서문

    방언은 영적인 은사 중에서 가장 많이 알려져 있으며 많은 사람들이 경험하고 사용하고 있는 은사입니다. 그러나 또한 이 은사는 많은 이들에게 하찮게 취급되는 은사이기도 합니다.

    방언을 하는 모습은 그다지 품위 있게 보이지 않기 때문에 지성인들은 이 은사를 가볍게 여기기도 합니다. 방언을 경험한 이들도 초기에 신기해서 잠시 시도했을 뿐, 지속적으로 이 은사를 사용하지 않는 이들도 많이 있습니다.

    지속적으로 사용하는 이들도 습관적으로, 기계적으로 사용하고 있어서 방언을 통하여 그다지 유익을 누리지 못하는 이들도 많이 있습니다. 오랫동안 방언을 사용하면서도 이 은사에 대해서 그다지 발전하지 못한 이들도 많이 있습니다. 이들은 방언의 가치와 의미, 아름다움에 대해서 충분히 알지 못하고 있는 것입니다.

    방언은 하찮은 은사가 아닙니다. 방언은 주님께서 우리에게 허락하신 아름답고 놀라운 선물입니다. 그것은 주님의 아름다우심과 풍성한 은총을 누리는 데에 커다란 도움을 주는 귀한 도구입니다.

    오순절 날 성령이 임하셨을 때, 방언은 가장 먼저 나타났습니다. 성령이 가까이 임재 하셨을 때 방언은 가장 직접적으로, 구체적으로 임하였습니다. 성령이 각 사람들에게 임하자마자 가장 먼저 하신 일은 그들이 방언을 말하게 하신 것입니다. 그리고 제자들이 그렇게 방언을 말하기 시작했을 때, 새로운 역사는 시작되었습니다.

충분히 알려져 있지 않지만, 방언의 가치는 말로 표현하기 어려울 정도입니다. 그것은 하늘의 보화입니다. 오늘날 이 풍성한 은혜를 누리는 이들은 많지 않습니다. 하지만 이 은사를 바르게 이해하고 경험하고 누려갈 때, 당신은 새로운 세계를 경험하게 될 것입니다. 오순절에 제자들이 입을 벌려 방언을 말하며 새로운 영역이 시작된 것처럼, 당신도 방언을 말하고 또 말하는 가운데 놀라운 은총을 경험하게 될 것입니다.

신약의 대부분을 기록한 바울, 기독교의 기초를 세우는 데에 누구보다도 커다란 영향력을 끼쳤던 바울은 '너희 모든 사람보다 방언을 더 말하므로 하나님께 감사한다'고 말했습니다. 방언이 풍성하게 나타났던 고린도 교회의 모든 사람들에게 바울은 말하기를 나는 너희들보다, 너희 모든 사람들보다 방언을 더 말한다고 그는 고백합니다. 바울의 그 뛰어난 영성, 그것은 그가 누구보다도 더 방언을 말한다는 것과 과연 전혀 상관이 없을까요? 그렇지 않을 것입니다. 방언을 많이 말하고 기도하는 사람은 영적인 많은 변화를 경험하게 됩니다. 방언은 영으로 드리는 기도이기 때문에 그 사람의 영에는 엄청난 변화들이 일어나게 됩니다.

나의 경우에도 방언을 통해서 얻은 유익과 그 은총을 말로 표현하기 어려울 정도입니다. 방언의 경험은 나에게 있어서 삶과 신앙의 패턴을 완전히 바꾸어 놓았습니다. 영적으로 너무나 어둡고 둔하던 내가 영적으로 예민해지고 많은 아름다움과 풍성함을 맛보게 되었습니다. 그 어떤 유익보다도, 주님을 가까이 느끼게 되고 주님과의 친밀한 교제를 누리는 데에 도움이 되었다는 것을 말할 수 있습니다.

하나님은 영이시며 방언은 영의 기도입니다. 그러므로 방언기도를 통하여 영이 활성화되고 예민해져서 하나님의 영을 풍성하게 누리고 감지하게 됩니다. 그것은 얼마나 놀라운 은총인지 모릅니다.

전에는 아무리 부르짖고 기도해도 너무 멀게만 느껴졌던 하나님이, 아무리 QT를 하고 말씀을 묵상해도 그저 밋밋하게만 여겨졌던 주님이, 방언기도를 시작하면서 너무나 생생한 실제로 가까이 다가오시는 분이 되었습니다. 그러니 이 은혜가 내게는 정말 그 어떤 보화와도 바꿀 수 없는 은총인 것입니다.

나는 이 단순한 은사 하나를 지나치게 높이고 싶지는 않습니다. 내가 높이고 싶은 대상은 오직 주님 한분입니다. 다만 방언이 그 놀라우신 주님을 맛보고 누리며 가까이 다가갈 수 있도록 돕는 아름답고 귀한 도구라는 것을 저는 이 책에서 나눌 것입니다.

당신이 아직 방언의 은사를 경험하지 못했다면 부디 사모하시기를 바랍니다. 주님께서는 당신에게 귀한 은사를 경험하게 해주실 것입니다. 또한 당신이 방언을 사용하기는 하지만 그다지 풍성함을 누리지 못하고 있다면 이 은사를 잘 사용하고 새로운 풍성함을 누리며, 이 은사를 통하여 당신의 영을 발전시킬 수 있는 은혜를 구하십시오. 주님은 당신에게 새로운 영역을 알려주실 것입니다.

가까이 있지만, 그리고 너무 귀한 것이지만 우리가 가치를 알지 못하고 있는 것들이 많이 있습니다. 방언이 바로 그런 것입니다. 그 가치를 발견하십시오. 이해하십시오. 경험하십시오. 그리고 이 은사를 통하여 주님께 더 깊이 나아가십시오.

이 아름다운 은사를 통하여 당신의 영이 확장되고 새로워지고 주님의 말할 수 없이 놀라운 아름다우심, 풍성하심을 경험할 때.. 당신은 그것이 곧 천국인 것을 깨닫게 될 것입니다.

주님과의 가까움, 친밀한 교제.. 그것처럼 놀라운 것은 이 세상에 다시 없습니다. 부디 사모하십시오. 갈망하십시오. 주님은 갈망하고 찾는 자에게 가까이 임하시며 그러한 주님의 터치와 가까우심을 경험한 이들은 그 주의 영광의 품이 이 세상 그 무엇과도 바꿀 수 없는 보화이며 생명임을 알아가게 될 것입니다.

2010. 6. 정원

* 집필을 마치고..

처음에 책의 제목을 〈방언기도의 원리와 능력〉으로 생각하였습니다. 그러나 〈원리〉라는 표현은 혹시 방언기도에 대하여 인위적인 방법론과 같은 인상을 줄 수 있을 것 같아서 〈방언기도의 은혜와 능력〉이라는 제목으로 바꾸게 되었습니다.

방언은 아주 단순한 은사로 보이지만, 이 은사를 지속적으로 사용할 때 이루어지는 많은 변화들은 정말 하나님의 은혜라고 말할 수밖에 없는 것이기 때문입니다.

부디 이 단순한 은사를 통해서 은혜의 자리에 나아가십시오. 주님께서 독자여러분들에게 무한한 은총을 주시기를 기도합니다.

사랑합니다.

2012. 1. 정원

1권 목차

서문
1. 기도산보 중의 메시지 · 10
2. 방언은 회복의 은사이다 · 14
3. 오직 나만 받을 수 없었다 · 24
4. 고초 끝에 경험한 방언의 은사 · 32
5. 무엇이 하나님을 제한하는가? · 46
6. 능력에 대한 책임과 위험 · 68
7. 또 하나의 힌트 · 78
8. 방언의 발전 · 90
9. 변화들 · 102
10. 은총을 나누는 기쁨 · 126
11. 갈등들 · 138

12. 또 다른 갈등들 · 156
13. 방언이 나타나는 스타일 · 170
14. 사역자와 방언 · 180
15. 집회에서 방언이 임할 때 · 198
16. 방언에 대한 여러 오해들 · 214
17. 발성기도와 표현의 중요성 · 240
18. 방언받기 · 256
19. 방언의 내용과 발전과정 · 290
20. 방언과 영의 정화 · 314
21. 방언 기도의 내용과 통역 · 334
22. 방언 통역의 원리와 과정 · 356
23. 방언 통역의 훈련과 간증 · 402

2권 목차

서문

24. 통역의 발전을 위하여
25. 두려움과 의심, 자기 점검의 중요성
26. 통역이 동반되지 않는 방언 자체의 풍성함에 대하여
27. 마땅히 빌 바를 알지 못할 때
28. 새로운 감각을 보호하고 관리하라
29. 새 감각의 즐거움과 고통과 승리
30. 연약함을 회복시키는 방언
31. 부르짖는 방언기도의 능력과 자유
32. 천상으로 인도하는 찬양의 방언
33. 더 깊은 경험이 필요한가?

3권 목차

서문
34. 방언에 대한 부정적인 견해와 원인들
35. 방언에서 부흥이 시작된다
36. 방언기도 사용을 위한 요약정리
37. 은사는 열매를 위한 도구이다
38. 사랑의 임재, 동행
39. 방언기도 경험자들의 소감과 간증

1. 기도산보 중의 메시지

며칠 전의 밤, 나는 기도산보를 위하여 집을 나섰습니다. 나는 밤에 길을 걸으면서 기도를 드리는 기도산보를 좋아합니다. 집이나 교회에서 기도를 하는 것도 좋지만, 거리를 걸어 다니면서 기도하는 것도 즐거운 일입니다. 특히 여름밤의 거리를 거닐며, 쾌적한 바람을 맞으면서 기도하는 것은 아주 행복한 일입니다.

내가 기도산보를 하러 자주 다니는 길은 우리 집 근처에 있는 길입니다. 이 길은 찻길이라 소리를 내면서 기도하고 다녀도 차 소리에 묻혀서 잘 들리지 않습니다. 게다가 사람들의 왕래도 별로 많지 않아서 마음껏 소리도 지르고 찬양도 드릴 수가 있습니다.

나는 즐거운 마음으로 부르짖는 기도를 하기도 하고, 감사와 사랑의 고백을 하기도 하고, 방언으로 기도하기도 하고 방언으로 찬양을 하기도 하면서 걷고 있었습니다. 이렇게 걸으면서 기도를 하는 중에는 자주 대화를 나누듯이 주님께 질문을 하고 귀를 기울이기도 합니다. 나는 주님께 이런 질문을 드리고 있었습니다.

"주님.. 저에게 원하시는 것이 무엇입니까? 제가 무엇을 하기를 원하십니까? 제가 어떤 사역을 해야 주님을 기쁘시게 할 수 있을까요?"

주님께 무엇인가를 물어볼 때 항상 하는 것처럼 나는 방언을 하면서 영감이 오기를 기다렸습니다. 그리고 잠시 후에 선명한 메시지가 떠올랐습니다.

"너 자신이다. 나는 너를 원한다. 나는 너의 사역보다도, 너 자신을 원한다.."

나는 놀라서 발걸음을 멈추었습니다. 그리고 계속 방언을 하면서 이어지는 메시지를 기다렸습니다.

"나는 너의 사역 자체보다도 너 자신을 소유하기를 원한다. 그리고 너 자신도 나의 어떠한 것보다도 나 자신을 구하기를 바란다. 그리고 사람들이 나의 명령을 행하는 것보다, 나의 사역을 하는 것보다 나 자신을 갈망하고 추구하도록, 나와의 친밀한 교제를 추구하도록 네가 가르치기를 바란다.."

나는 한 동안 그 메시지에 사로잡혀 있었습니다. 주님은 나를 원하신다.. 나의 어떤 행위보다도.. 나 자신을 원하신다.. 그리고 주님을 위하여 무엇을 하는 것보다도.. 오직 주님 자신을 사랑하는 것을 원하신다.. 그리고 사람들에게 그렇게 가르치는 것을 원하신다..

가슴이 벅차올랐습니다. 눈물이 흐를 것 같았습니다. 걷는 것을 멈추고 그 자리에서 무릎을 꿇고 싶었습니다. 하지만 여기저기에 사람들이 다니고 있었고 길거리는 무릎을 꿇기에는 적당한 공간이 아니었습니다.

나는 계속 천천히 길을 걸어가면서 주님께 경배와 찬양을 드렸습니다.

"감사합니다. 주님.. 감사합니다.. 찬양합니다.. 나의 하나님.. 오직 주님을 사랑하고 추구하고 갈망하겠습니다. 나 자신이 온전히 주님께, 주님의 소유로 드려질 수 있도록 주님께 나아가겠습니다.. 주님.. 너무나 감사하고, 감사하고.. 찬양합니다. 사랑합니다.. 주님.."

그렇게 계속 감사와 사랑을 드리는 가운데 벅찬 감격과 희열의 물결이 전신에 흐르는 것 같았습니다. 나에게 있어서 기도산보는 주님과의 특별한 데이트와 같은 것이었습니다.

나는 지난 시절의 영적 굶주림에 대해서 생각해보았습니다. 오랜 시간 동안 나는 주님의 임재에 굶주려 있었습니다. 나는 자주 금식하고 오랜 시간을 기도하며 주의 얼굴을 구하고 그의 음성을 기다리며 임재를 구하고 있었습니다.

그러나 나는 아무런 감동도 느낄 수 없었습니다. 어떠한 영감이나 음성도 경험할 수 없었습니다. 나에게 있어서 기도란 너무나 힘들고 메마른 것이었습니다. 그것은 고독한 독백과 같은 것이었습니다. 주님은 저 멀리에 계신 것 같았습니다.

하지만 이제는 그렇지 않습니다. 지금은 쉽게 주님의 임재를 느끼며 주님께 무엇을 물으면 쉽게 그 감동을 얻을 수가 있습니다. 주님의 임재에 따르는 아름다운 향취와 달콤하고 따뜻한 감동을 느끼며 질문에 대한 대답을 자주 얻게 됩니다.

오랫동안 나를 절망하게 했던 주님과의 거리감, 그리고 지금 누리고 있는 주님과의 친밀감.. 그 극적인 차이를 만들어냈던 결정적인 계기가 무엇인지, 나는 쉽게 말할 수 있습니다. 그것은 방언의 경험이었습니다. 적어도 내게는 그러했습니다. 방언이 아니었다면, 나는 지금 내가 누리고 있는 주님의 임재와 음성을 과연 누릴 수 있었을까.. 의문을 가지고 있습니다. 방언의 경험은 나에게 그토록 극적인 변화를 일으켰기 때문입니다.

방언은 하나님의 임재를 경험하기에, 하나님의 음성을 경험하는 것에 아주 커다란 도움을 주는 것입니다.

당신이 부자가 되고 싶다면, 용모가 아름다운 사람이 되고 싶다면, 세상에서 성공한 사람이 되고 싶다면.. 방언이 당신에게 도움이 될지 안 될지 잘 모르겠습니다. 그러나 당신이 주의 얼굴을 구한다면, 주님과의 친밀한 관계를 원한다면, 주님의 음성듣기를 사모하고 있다면 방언은 당신에게 많은 유익을 줄 것입니다. 방언은 당신의 영을 아주 예민하고 풍성하게 만들어주기 때문입니다.

  나는 나의 경험과 지식, 실패와 발전의 경험에 대해서 나누고 싶습니다. 저는 제가 누리고 있는 것들을 당신에게 나누어주고 싶습니다. 방언을 하면서 영이 열리고, 주님의 임재에 대해서 풍성해지며 그분과의 친밀한 교제, 아름답고 달콤한 만남 속으로 들어갈 수 있다는 것.. 그것만으로도.. 이 은혜는 너무나 아름답고 놀랍고 귀한 것이기 때문입니다.

2. 방언은 회복의 은사이다

방언은 회복의 은사입니다. 특히, 교제 회복의 은사입니다. 영성을 깨어나게 해서 영이신 하나님과 친밀한 교제를 회복시키는 데에 아주 중요하고 실제적인 도움을 주는 은사입니다.

최근에 하나님의 음성을 듣는 것에 대한 책과 가르침과 훈련들이 많이 있습니다. 많은 방법들을 가르칩니다. 하지만 많은 가르침과 메시지에도 불구하고 많은 사람들은 여전히 이것을 어렵게 느낍니다. 성경을 읽고 큐티를 하고 마음을 잔잔하게 하며 배운 대로 하나님의 음성을 기다리지만 여전히 사람들은 헷갈립니다. 자기 안에서 떠오른 느낌이나 생각이 자기가 하는 것인지, 하나님의 음성인지 여전히 헷갈리며 확신이 부족합니다.

그것은 기본적으로 영감이 부족하기 때문입니다. 영의 감각이 부족할 때 그는 하나님의 음성을 분별하는 것이 어렵습니다. 머리에 많은 성경 구절이 떠올라도, 그것이 지금 이 순간에 하나님이 말씀하시는 것인지, 아니면 자신이 그것을 인위적으로 만들어내고 적용하는 것인지 판단하기가 쉽지 않은 것입니다.

씨름선수가 기초체력이 없는 상태에서 기술을 배운다면 그는 그가 배운 기술을 제대로 활용할 수 없을 것입니다. 그가 아무리 고난도의 기술을 배웠다고 해도, 힘이 부족하다면 그는 상대방에게 기술을 잘 걸지 못할 것입니다.

방언기도를 충분히 많이 하는 것이 영적으로 기초체력을 쌓는 것과 같은 것입니다. 방언을 하면 할수록 영이 활발하게 움직이며 영감이 생기기 때문에 그는 영의 흐름을 감지할 수 있습니다. 그는 하나님의 임재와 음성과 메시지에 예민해지게 됩니다. 그러나 그것이 부족한 사람은 아무리 이성이 발달되어 있고 감수성이 예민하다고 하더라도, 예술적인 감각이나 심미적인 감각이 발달되었다고 하더라도, 하나님의 임재와 음성을 분별하는 것이 어렵습니다.

이성으로 말씀을 분석하고 적용하고 탁월한 깨달음을 얻고 다른 이들을 가르칠 수는 있어도, 그 탁월한 논리성이 하나님의 음성을 듣는 데는 그다지 도움이 되지 않을 수 있습니다. 이성의 영역과 영의 영역은 다르기 때문입니다.

이성과 영감은 다르다

탁월한 이성은 아름답고 귀한 달란트이지만, 그 기능은 합당한 영역에서 사용되어야 합니다. 영들을 분별하거나 하나님의 임재를 누리는 데에 있어서 이성은 그다지 도움이 되지 않습니다. 그것은 다른 영역에 속한 것입니다.

하나님의 뜻을 생각하고 알려고 할 때, 이성은 수많은 생각들을 양산해냅니다. 영리한 사람일수록 생각이 많습니다. 어떤 생각들은 아주 옳은 듯이 보입니다. 그것이 하나님의 뜻에 합당한 것 같고, 하나님의 음성인 것처럼 여겨집니다.

하지만 잠시 후에 반대의 생각이 올라옵니다. 조금 전에 했던 생각의 잘못된 부분들이 느껴집니다. 그래서 다시 반대쪽이 옳다고 생각합니다. 하지만 조금 있으면 다시 다른 생각이 떠오릅니다. 이것이 반복된 끝에 그는 '나는 하나님의 뜻을 모르겠다. 무엇이 하나님의 음성인지 나는 알 수가 없다'고 포기하게 됩니다. 생각할수록 복잡하고 혼란스러워져서 선택하는 것이 어렵게 됩니다.

방언기도는 영감을 일으킨다

하지만 방언기도를 평소에 많이 하는 사람들은 이것이 비교적 쉽습니다. 어떤 사람이 무엇인가를 결정을 해야 할 상황이 있습니다. 그는 하나님의 인도하심을 구하며 그 음성을 듣기 전에 먼저 기도하고 성경을 읽습니다. 그리고 나서 결정을 하기 전에 충분히 방언으로 기도합니다. 그는 통역을 기다리며 하나님의 음성과 감동이 떠오르기를 기다립니다.

그가 어느 정도 충분히 방언에 익숙해진 사람이라면 그는 어떤 영감을 느낄 것입니다. 강한 충동을 느낄 것입니다. 평안과 기쁨이 동반된 어떤 메시지를 느끼게 될 것입니다. 방언을 하면 할수록 그는 어느 한쪽으로 마음이 기울어지게 될 것입니다.

지금 그의 마음속에서 일어나는 감동은 어쩌면 현실적으로 이상하게 느껴질 수도 있습니다. 논리적으로 합당하지 않게 느껴질 수도 있습니다. 그러나 그는 방언을 하고 기도하는 가운데 기쁨을 느끼며 마음이 가벼워짐을 느낍니다.

그는 그 쪽으로 결정을 합니다. 그리고 행동에 옮깁니다. 그런 후에 얼마쯤 시간이 흐르고 나면 그는 자기의 그러한 비논리적인 행동이 옳은 결정이었음을 알게 됩니다.

만약 그렇지 않고 상식적이고 논리적인 결정을 했었다면 피해를 입을 수도 있었던 것을 알게 됩니다. 이런 일은 방언을 자주 사용하고 영감으로 기도하고 인도하심을 구하는 이들이 흔히 하게 되는 경험입니다.

방언기도를 많이 하면 영감이 예민해집니다. 방언통역을 유창하게 하지 못하는 사람이라고 해도, 주님께 무엇을 묻거나 주님의 음성을 기다릴 때 어떤 메시지가 강하게 떠오르는 것을 느낄 수 있습니다. 물론 성경을 전혀 모르거나 거의 읽지 않는 사람은 아무리 방언을 해도 그러한 감동을 받을 수는 없을 것입니다. 방언기도를 통한 영감은 이미 알고 있는 말씀을 생각나게 하고 깨우쳐주는 것이지 새로운 계시나 지식을 주는 것은 아니기 때문입니다.

방언기도를 통하여 경험하게 되는 메시지는 새로운 메시지가 아니고, 이미 우리 안에 있는 메시지를 새롭게 깨닫는 것이며, 그것이 강한 감동으로 일어나는 것입니다. 그러므로 그 사람의 안에 말씀에 대한 지식이 없다면 그는 감동을 받을 수가 없습니다. 그러나 평소에 말씀을 묵상하고 공부하는 사람이라면 그가 평소에 알고 있었던 메시지와 깨달음이 적절한 상황에서 살아 움직이고 감동하는 것을 경험하게 됩니다. 그래서 구체적인 상황에서 적절하게 말씀으로 인도함을 받으며 말씀을 적용을 할 수 있게 되는 것입니다.

방언은 하나님과의 친밀한 교제를 회복시켜주는 은사입니다. 이것은 깊은 은사는 아니지만 가장 기본적인 은사이며 상징적인 대표성을 가지고 있습니다.

범죄함으로 하나님과 단절됨

첫 사람 아담은 인류를 대표로 한 선택에서 불순종을 선택하였습니다. 그 결과 그 순간부터 사람의 영은 죽었고, 하나님과의 교제는 차단되었습니다.

아담이 범죄한 순간부터 하나님과의 모든 관계가 완전히 끊어진 것은 아닙니다. 하나님은 범죄 이후에도 아담에게 말씀하셨습니다. "네가 어디 있느냐" 하고 아담을 부르셨고 가인에게 "네가 무엇을 하였느냐?" 하고 말씀하시기도 하셨습니다.

하지만 그 관계는 서서히 약화되었습니다. 아담은 범죄 후에 하나님의 음성이 두렵게 느꼈습니다. 그리하여 그 음성을 피하여 숨었습니다. 그는 더 이상 친밀감 있는 교제를 누릴 수 없었습니다.

하나님과의 교제가 서서히 단절되어 가면서 인간의 범죄는 극도로 증가되었습니다.

"여호와께서 사람의 죄악이 세상에 가득함과 그의 마음으로 생각하는 모든 계획이 항상 악할 뿐임을 보시고 땅 위에 사람 지으셨음을 한탄하사 마음에 근심하시고" (창6:5-6)

"여호와께서 이르시되 나의 영이 영원히 사람과 함께 하지 아니하리니 이는 그들이 육신이 됨이라"(창6:3)

인간은 범죄로 인하여 하나님과 단절되었습니다. 그런데 그러한 단절은 하나님과의 관계에서만 일어난 일이 아니었습니다. 하나님과의 관계가 깨어지자 인간 사이의 관계도 역시 단절이 되었습니다. 그것을 상징적으로 보여주는 사건이 바벨탑의 사건입니다.

"온 땅의 언어가 하나요 말이 하나였더라 이에 그들이 동방으로 옮기다가 시날 평지를 만나 거기 거류하며 서로 말하되 자, 벽돌을 만들어 견고히 굽자 하고 이에 벽돌로 돌을 대신하며 역청으로 진흙을 대신하고 또 말하되 자, 성읍과 탑을 건설하여 그 탑 꼭대기를 하늘에 닿게 하여 우리 이름을 내고 온 지면에 흩어짐을 면하자 하였더니 여호와께서 사람들이 건설하는 그 성읍과 탑을 보려고 내려오셨더라 여호와께서 이르시되 이 무리가 한 족속이요 언어도 하나이므로 이같이 시작하였으니 이 후로는 그 하고자 하는 일을 막을 수 없으리로다 자, 우리가 내려가서 거기서 그들의 언어를 혼잡하게 하여 그들이 서로 알아듣지 못하게 하자 하시고 여호와께서 거기서 그들을 온 지면에 흩으셨으므로 그들이 그 도시를 건설하기를 그쳤더라 그러므로 그 이름을 바벨이라 하니 이는 여호와께서 거기서 온 땅의 언어를 혼잡하게 하셨음이니라 여호와께서 거기서 그들을 온 지면에 흩으셨더라"(창11:1-9)

하나님을 떠나서 스스로 자기의 이름을 내고 영광을 얻으려는 도모를 막으시기 위하여 하나님께서는 그들이 분리되도록 하셨습니다. 그 분리의 방법이 언어의 혼잡입니다. 그들은 뜻을 같이 하려고 하였지만 언어가 혼잡해져서 뜻을 같이 할 수 없었습니다. 그리하여 그들은 애초의 의도대로 도시를 건설하지 못했을 뿐 아니라 온 땅으로 흩어지게 되었습니다. 하나님과의 분리는 결국 사람들끼리도 분리되는 결과를 낳았던 것입니다.

성령의 임하심과 단절의 회복

그 후 하나님의 구원 계획에 따라 예수 그리스도가 사람의 몸을 입고 오셔서 인간의 죄를 담당하시고 십자가에서 죽으심으로 끊어졌던 하나님과 인간의 교제가 회복되는 길이 열렸습니다. 그 실제의 적용이 이루어지는 사건이 오순절 성령의 임하심이었습니다.

"오순절 날이 이미 이르매 그들이 다 같이 한 곳에 모였더니 홀연히 하늘로부터 급하고 강한 바람 같은 소리가 있어 그들이 앉은 온 집에 가득하며 마치 불의 혀처럼 갈라지는 것들이 그들에게 보여 각 사람 위에 하나씩 임하여 있더니 그들이 다 성령의 충만함을 받고 성령이 말하게 하심을 따라 다른 언어들로 말하기를 시작하니라"(행2:1-4)

오순절 사건은 개인적인 사건이면서 또한 시대적인 사건입니다. 이것은 하나님과 단절되었던 시대가 끝이 나고 이제는 그리스도의 구속과 성령의 임하심을 통하여 누구나 하나님과의 친밀한 교제 속으로 다시 들어갈 수 있다는 것을 보여줍니다.

이 때 성령이 임하면서 나타난 방언 현상은 듣는 사람을 놀라게 하였습니다. 그것은 제자들이 말하는 방언이 다 듣는 사람들의 언어로 나타났기 때문입니다.

"그 때에 경건한 유대인들이 천하 각국으로부터 와서 예루살렘에 머물러 있더니 이 소리가 나매 큰 무리가 모여 각각 자기의 방언으로 제자들이 말하는 것을 듣고 소동하여 다 놀라 신기하게 여겨 이르되 보라 이 말하는 사람들이 다 갈릴리 사람이 아니냐 우리가 우리 각 사람이 난 곳 방언으로 듣게 되는 것이 어찌 됨이냐 우리는 바대인과 메대인과 엘람인과 또 메소보다미아, 유대와 갑바도기아, 본도와 아시아, 브루기아와 밤빌리아, 애굽과 및 구레네에 가까운 리비야 여러 지방에 사는 사람들과 로마로부터 온 나그네 곧 유대인과 유대교에 들어온 사람들과 그레데인과 아라비아인들이라 우리가 다 우리의 각 언어로 하나님의 큰 일을 말함을 듣는도다 하고 다 놀라며 당황하여 서로 이르되 이 어찌 된 일이냐 하며"(행2:5-12)

이 사건은 바벨탑 사건의 반대되는 상황을 보여줍니다. 한 뜻을 가지고 일을 하려고 했던 이들이 언어가 달라져서 모두 헤어지게 된 바벨탑 사건과 정반대로 세계 각지에서 온 언어가 전혀 다른 사람들이 모두 하나의 의미를 알아듣고 통하게 된 사건인 것입니다.

인간은 범죄로 인하여 하나님과의 교제가 끊어지게 되었고 사람들끼리의 언어도 다르게 되어 흩어지게 되었습니다. 그러나 그리스도의 구속과 성령의 임하심으로 인하여 깨어진 하나님과의 교제도 회복되었고, 모든 흩어졌던 사람들도 그리스도의 복음과 성령의 역사 속에서 하나 됨을 회복하는 길이 열리게 되었습니다. 하나님과의 단절은 인간과의 단절을 불러오며 하나님과의 회복은 인간과의 회복도 같이 가져오는 것입니다.

그 후 사도들을 통해서 계속 나타난 성령의 역사로 인하여 복음의 능력 속에서 사람들은 하나가 되어갔습니다. 한꺼번에 3000명씩, 5000명씩.. 그들은 그리스도의 제자가 되고 주님의 사람이 되었습니다. 바벨탑에서는 모두가 자기 이름을 내려다가 흩어지게 되었지만 이제는 예수 안에서, 성령 안에서 하나 됨을 이루어가게 되었습니다.

방언은 그 최초의 성령의 임하심에 중점적으로 나타난 은사입니다. 방언은 언어의 은사입니다. 언어는 교류를 위한 것입니다. 이것은 단절되었던 관계가 이제 끝이 나고 막혔던 혀가 풀리고 다시 회복되었다는 의미입니다.

방언은 관계회복의 은사입니다. 오순절의 사건은 이제 전혀 언어가 다르고 삶이 다르고 입장과 상황이 다른 모든 사람들이 주안에서, 생명의 복음 안에서 하나가 될 수 있음을 보여줍니다. 또한 단절되었던 하나님과의 관계가 이제는 다시 친밀한 교제의 관계로 회복될 수 있음을 보여줍니다.

오랫동안 서로 알고 있는 사이라고 하더라도 서로 만나서 아무 말도 하지 않는다면 그 관계는 친밀해지기 어려울 것입니다. 그러나 서로가 마음을 담아서 많은 대화를 나눌 수 있다면 그들은 친밀한 관계를 누릴 수 있을 것입니다.

방언은 하나님과의 친밀한 대화를, 교류를 누릴 수 있도록 우리에게 주어진 선물입니다. 이것은 언어의 선물이며 교류를 위한 선물입니다. 이 언어를 많이 사용하면 할수록 우리는 하나님과 깊은 교류를 가질 수 있을 것입니다.

이 언어를 사용하면서 그 의미를 잘 알아듣지 못한다고 해도 걱정하지 마십시오. 우리의 지성이 세상과 영계의 모든 이치를 다 알고 있는 것은 아닙니다. 이 언어를 사용할 때 우리의 지성이 아닌 영이 움직이고 흘러나오며 우리는 이 언어를 사용하면 사용할수록 깊은 내적인 감각이 일어남을 경험하게 됩니다. 우리 안에서 하나님을 향한 감각, 하나님을 향한 사랑과 열망이 일어나는 것을 경험하게 됩니다.

방언은 교류의 은사입니다. 하나님과의 친밀한 교류를 위하여 주어진 선물입니다. 이것은 깨어진 관계를 회복시키는 선물이며 영혼의 감각을 새롭게 하는 것입니다. 그러므로 믿음으로 이 선물을 받아들이고 사용하십시오. 당신은 점점 더 놀랍고 풍성한 하나님과의 교류를 경험하게 될 것입니다.

"오순절 날이
이미 이르매 그들이 다 같이 한 곳에 모였더니
홀연히 하늘로부터 급하고 강한 바람 같은 소리가 있어
그들이 앉은 온 집에 가득하며 마치 불의 혀처럼 갈라지는 것들이
그들에게 보여 각 사람 위에 하나씩 임하여 있더니
그들이 다 성령의 충만함을 받고 성령이 말하게 하심을 따라
다른 언어들로 말하기를 시작하니라"(행2:1-4)

3. 오직 나만 받을 수 없었다

　나의 초등학교 시절인 60년대에는 은사운동이 활발했었습니다. 내가 다니던 교회는 장로교여서 은사에 대하여 긍정적이지는 않지만 그래도 성도들은 은사들을 사모했고 매주 금요일에 모이는 구역예배 외에도 가끔씩 가정에서 이른바 다락방모임이라는 것을 가지곤 하였습니다.

　당시는 지금에 비해서 조금 낭만적인 시절이라서 그런지, 주위의 교회에서 부흥회를 하면 근처의 다른 교회에 다니는 은혜를 사모하는 이들이 잔뜩 모여들곤 했습니다. 목회자들의 구박을 받으면서도 성도들은 그러한 집회나 모임을 열심히 찾아다녔습니다.

　나는 어머니가 신앙생활에 열심이셨기 때문에 초등학교 시절부터 매주 금요일마다 각 가정별로 어른들이 모이는 구역예배에 빠짐없이 참석하곤 했습니다. 구역예배 후에 나오는 과자 등의 후식도 큰 매력이었지요. 당시는 먹거리가 그리 여유 있는 시절이 아니었기 때문입니다.

　하지만 일반적인 구역예배는 그다지 흥미롭지 않았습니다. 과자 외에는 내게 그다지 흥미를 끌만한 것이 없었습니다. 나는 어머니의 신앙교육 때문에 주일에는 하늘이 무너져도 교회에 가야 했습니다. 수요일에도 어린이주일학교 예배가 있었는데 거기에도 빠짐없이 나갔습니다. 하지만 할 수 없이 나가는 것일 뿐, 예배에는 그다지 흥미를 느끼지 못했습니다. 대부분의 설교 시간이 나는 너무 지겨워서

어서 빨리 끝나기만을 바라고 있었습니다.

그러나 가끔 가게 되는 부흥회 예배나, 일종의 비공식적인 모임인 가정에서 모이는 다락방 모임 같은 것은 무엇인가 달랐습니다. 그러한 집회에 가게 되면 정말 하나님이 살아계신 것 같이 느껴졌습니다. 나는 부흥회 중에 사람들이 방언을 하는 것을 보았습니다. 울면서 기도하는 것을 보았습니다.

그것은 나에게 정말 놀라웠고 부럽게 느껴졌습니다. 다락방 모임에서 방언을 하고 예언을 하는 것을 나는 보았습니다. 나는 그들이 너무나 부러웠습니다. '저들은 뭔가 특별한 사람들이며 하나님이 사랑하시는 사람들일거야..' 나는 그렇게 생각했습니다.

나는 그렇게 하나님의 특별한 은총을 누리는 그들이 몹시 부러워서 나도 저런 은혜를 입었으면 좋겠다는 갈망이 일어나기 시작했습니다. 나는 어린 시절에 죄책감이 많이 있었던지 꿈에서 지옥에 가는 꿈을 꾸곤 했습니다. 그런 꿈을 꾸고 나면 한동안 공포에 질렸습니다. 그래서 죄에서도 벗어나고 저렇게 하나님의 은혜를 입어서 죄도 짓지 않고 천사처럼 살 수 있으면 얼마나 좋을까 하는 마음이 많이 생겼습니다.

어머니가 은혜 받는 일에 열심이 많았기 때문에 나는 어머니를 따라 초등학교 시절, 중학교 시절에 부흥회나 기도원에 자주 따라 다녔습니다. 사람들은 기도원에서 부흥회가 있을 때는 대부분 커다란 이불 보따리와 짐을 가지고 왔고, 그래서 밤 집회가 끝나면 바로 그 자리에서 이불을 펴고 잠을 잤습니다. 새벽이 되어 집회가 시작되면 이불을 정리하고 예배를 드렸습니다. 나와 어머니는 좀 더 좋은 자리를 차지하기 위해 강단 근처에 이불을 펴놓고 자리를 잡곤 했습니다.

당시에는 부흥회가 참 많았습니다. 가까운 교회에서도 했었고, 산에 있는 기도원에서 하는 경우도 많았습니다. 기도원으로 가는 길에는 '산상심령대부흥회' 라는 플랜카드가 걸려 있곤 했습니다. 나는 그러한 집회가 있다는 광고를 보면 며칠 전부터 기도를 하면서 '이번에는 꼭 방언을 받아야겠다.' 는 마음으로 회개기도를 드리면서 준비했습니다. 하지만 꿈을 이룬 적은 한 번도 없었습니다.

나는 하나님의 만지심을 갈망했습니다. 방언을 하는 사람들을 보면 너무나 부러웠습니다. 하지만 나에게는 그 영이 오지 않았습니다. 나는 방언을 할 수 없었습니다. 항상 기대하고 참석했다가 결국은 실패로 끝났습니다. 간절한 마음을 가지고 기도원에 간 적은 수도 없이 많았지만 올 때는 항상 낙심하는 마음이 가득해서 왔습니다.

한번은 가까운 가정에서 하는 은사모임에 갔습니다. 방언하는 사람들이 있었고 예언하는 사람들이 있었습니다. 다 어머니와 친분이 있는 분들이었습니다. 한 사람씩 기도를 받다가 나의 차례가 되었습니다. 기도를 해주시는 분이 내 가슴에 손을 얹더니 "학생이 참 사모하는 마음이 많네.." 하셨습니다. 아마 중학교 1학년 때이었던 것 같은데 나는 그 이야기를 듣고 놀랐습니다. 속으로 '하나님의 은혜를 사모하고 방언받기를 사모하지 않는 사람이 세상에 어디 있나? 그게 안 되니까 속이 상하는 거지..' 하고 생각했습니다. 나는 모든 사람이 간절하게 하나님과 은혜를 사모하는 줄로 알았습니다. 지금 생각해보면 그것은 나의 오해였습니다.

기도를 해주는 이들은 뭔가 다른 것이 있었습니다. 그들은 기도를 받는 사람의 마음을 감지하는 것처럼 보였습니다. 그래서 몇 마디 이야기를 해주곤 했는데 그 메시지는 항상 마음에 찔리는 데가 있었습니다. 그래서 나는 기도를 받는 것을 좋아하면서도 두려워했습니다.

한번은 이런 일이 있었습니다. 나는 학교에 가기가 싫어서 어머니에게 아픈 척을 했습니다. 꾀병을 부린 것이지요. 배가 아프다고 하고 기운이 없어서 일어나지 못하는 척을 하고 학교에 가지 않았는데, 그날 오후에 수원에서 가끔 오시는 기도를 잘 하는 집사님이 오셔서 가까운 집에서 모임을 갖는다는 것이었습니다. 어머니는 내게 몸이 아프니 기도를 받아야 한다고 나를 데려가셨습니다.

나는 속으로 겁이 덜컥 났습니다. 꾀병을 앓는 것이 들통이 날 텐데 큰일 났다고 생각하면서 할 수 없이 따라갔습니다. 기도해주시는 집사님은 내게 손을 얹더니 '몸에는 아무 문제가 없으니 걱정 말라고 하십니다.' 하셨는데 다행히도 어머니는 그 일로 꾸짖지는 않으셨습니다.

방언을 받고 하나님의 임재에 가까이 나아가고 싶은 마음은 점점 더 강해졌습니다. 아무리 기도를 하고 금식을 하고 집회에 참석해도 결과는 항상 실패였기 때문에 사모하는 마음은 점점 더 강해졌습니다.

나의 두 누나들은 일찍 방언을 받았습니다. 누나들은 은사를 많이 받은 것으로 알려진 어떤 젊은 여성분을 언니라고 부르며 따랐습니다. 그녀의 집은 은사모임의 본부와 같은 곳이어서 수시로 모임을 가졌습니다.

나는 어느 날 나의 누나 둘이 그 모임에서 방언을 하는 것을 본 적이 있었습니다. 큰 누나는 무릎을 꿇은 채 그 자리에서 30센티 정도는 뛰어오르면서 큰 소리로 방언을 하고 있었습니다. 저 상태로 무릎이 온전할 수 있는지 걱정이 되었습니다. 작은 누나도 높은 소리로 방언을 하고 있었는데 그 순간 방안 가득하게 달콤한 향기가 진하게 피어오르는 것이었습니다. 그곳에 있던 모든 분들이 향기가 참 달콤하다고 감탄을 했습니다.

그러한 모습을 보면서 나는 그들이 마냥 부럽기만 했습니다. 저렇게 기도하는 모습을 보면 자기 힘으로 하는 것 같지는 않았습니다. 진한 향기의 존재도 사람이 만들어낼 수는 없는 것이었습니다. 나는 모든 사람이 다 방언을 받고 은사를 경험하는데 왜 나만 안 되는지 속이 상했습니다. 나의 두 누나도 저렇게 주님이 만나주시고 함께 하시는데 왜 나는 거절되었는지 마음이 아팠습니다. 나도 누나들과 똑같이 기도하고 사모했는데 말입니다.

누나들이 따르던 젊은 여성은 이른바 하나님과 직통하는 사람이라고 알려져 있었습니다. 사람들이 그녀를 얼마나 떠받들었는가 하면 교회에서 구역예배와 심방이 있는 날에는 구역장들이 그 집에 가서 오늘은 어느 집부터 심방을 가야하느냐고 묻고 기도를 받을 정도였습니다.

누나들은 그 여성의 팬이었지만 어머니는 그녀를 아주 싫어했습니다. 어머니도 은혜를 몹시 사모했지만 그녀의 신앙이 잘못되었다고 말했습니다. 말씀을 모르며 삶이 바르지 않다는 것이었습니다.

어머니는 지적인 타입이었고 말씀을 잘 깨닫고 가르치는 은사가 있었습니다. 독서를 아주 좋아하셨고 성경을 아주 사랑하셔서 많은 구절을 줄줄 외웠고 온갖 종류의 주석을 읽으셔서 말씀강해에 능했습니다.

어머니는 예배가 끝난 후 목사님의 설교를 조목조목 비판하면서 이 말씀은 잘못되었고, 저 말씀도 틀렸고.. 하는 이야기를 자주 하셨습니다. 은혜를 사모하셔서 부흥회에 열심히 쫓아다니기는 했지만 예배가 끝난 후에는 말씀이 엉터리라고 답답함과 실망감을 표현하시곤 하셨습니다. 능력이 나타나는 것으로 알려진 분의 집회를 참석한 후에는 '내가 이런 설교를 들으려고 이렇게 먼 곳을 오다니!' 하고 탄식하기도 하셨습니다.

그런 어머니의 시선으로 보았을 때 그 여성은 신앙의 중심이 제대로 되어있지 않았고 말씀도 제대로 몰랐으며 삶과 인격에도 문제가 많았습니다. 그래서 어머니는 사람들이 그녀를 따르는 것을 싫어했습니다. 실제로 그 여성은 성격이 강했고 혈기도 많았습니다. 사소한 일로 크게 화를 내면서 싸우는 것을 보기도 했습니다.

나도 그녀가 싫었습니다. 그녀의 거친 성격도 싫었고, 거칠고 직선적인 말투도 싫었고, 자신이 모든 것을 아는 것처럼 말하는 것도 싫었습니다. 나는 그녀를 보면서 왜 하나님이 저런 성품의 사람에게는 임하시고 나에게는 임하시지 않는지 억울한 마음이 들었습니다.

주님은 세리와 창기를 받아주셨지만 바리새인은 가까이 하시지 않으셨기 때문에, 나는 내가 바리새적인 사람이어서 그런 것이 아닐까 생각했습니다.

고민 끝에 나는 결국 굴복하고 그녀의 집에 기도를 받으러 갔습니다. 방언을 받을 수만 있다면 자존심이 문제가 아니며 어떤 굴욕도 견디어야겠다고 생각했습니다. 하지만 거기서도 하라는 대로 했지만 내게는 여전히 아무 일도 일어나지 않았습니다.

내가 안타까워하는 것을 보고 누나들은 유명한 교회의 사역자가 인도하는 부흥회로 나를 데려갔습니다. 거기서는 능력이 강하게 역사하는 곳이기 때문에 누구나 다 방언을 받을 수 있다고 하였습니다. 하지만 나는 또 다시 실패하고 혼자서 집으로 왔습니다.

항상 비슷한 일이 되풀이 되었습니다. 집회 가운데 성령님이 임하실 때 내 옆에 있는 사람, 앞에 있는 사람, 뒤에 있는 사람들에게는 불이 임하고 방언이 임했습니다. 항상 나에게는 아무 일이 없었습니다. 슬퍼하고 울고 회개하며 기도했지만 나에게는 아무런 은혜도 임하지 않았습니다.

어느 기도원에서 연세가 많이 드신 할머니는 나를 보고 불쌍히 여겨서 말씀해주었습니다.

"은혜가 다른 게 아녀.. 여기 이런 곳에 와서 기도할 수 있는 게 다 은혜여.."

하지만 나에게는 아무런 위로가 되지 않았습니다. 나는 그저 하나님이 나를 특별히 싫어하신다고 생각했습니다. 그렇지 않으면 주의 영이 임하실 때 나만 빼놓고 역사하실 리는 없을 것입니다.

많은 방황과 실패를 거듭한 후에 군대를 가게 되었습니다. 나는 군대에 가기 전에 마지막으로 한 번 더 기도를 하기로 했습니다. 이번에는 꼭 방언을 받고 싶었습니다. 마침 영이 아주 맑고 깊은 누나가 같이 있어서 그녀의 지도를 받으면서 기도할 수 있었습니다. 그녀에게는 예언의 영이 있었고, 그녀는 기도를 받는 사람의 마음속을 그대로 들여다보는 것 같이 느껴지는 사람이었습니다. 그녀는 학문은 없었지만 깊은 은혜의 세계 속에 있었습니다.

여러 날을 금식하면서 산에 올라가 기도했습니다. 하지만 나의 마지막 몸부림도 결국 실패로 끝났습니다. 금식 마지막 날 밤에 산 기도를 갔다가 은혜는커녕 악한 영에게 눌려서 간신히 도망쳐 내려왔습니다.

이상한 형상이 선명하게 보이는데 어찌나 무서운지 기도고 뭐고 도망치고 싶은 마음 밖에는 없었습니다. 낙담한 나에게 누나는 예언 기도를 해주었습니다. "나는 너의 하나님이다. 나는 너와 항상 같이 있다. 낙심하지 말고 더 기도하여라..”

하지만 나에게는 아무런 위로가 되지 않았습니다. 그녀가 한 예언이 하나님으로부터 온 것이 맞을 것입니다. 하지만 왜 그런 음성을 다른 이로부터 들어야 하는지 나는 너무 슬퍼서 울고 또 울었습니다.

나는 별로 사모함이 없이 건성건성 집회에 참석했다가 방언을 받는 이들을 보곤 했습니다. 하지만 나는 주님께 기도하기를 나에게 방언을 주시기만 하면 나는 평생을 주를 사모할 것이며 주님을 기쁘시게 하겠다고, 그 은혜를 평생 기억할 것이라고 수없이 고백했지만 주님은 내게 은사를 주지 않으셨습니다. 나는 너무나 슬펐습니다.

군 입대 전에 마지막으로 기도했던 기도원에서 모임 중에 나에게 기도를 시켰습니다. 나는 울면서 기도했습니다.

"주님.. 사랑하는 나의 하나님.. 이 땅의 아버지도 아버지를 부르면 내 아들아.. 하고 대답하십니다. 그런데 하나님.. 왜 제가 부르는 기도에 대답하지 않으십니까.."

기도가 끝나자 같이 기도하던 누나는 무슨 기도를 그렇게 하느냐고 핀잔을 주었습니다. 하지만 나는 정말 너무나 슬퍼서 그렇게 기도할 수밖에 없었습니다.

나는 안 되는구나.. 하나님은 나를 싫어하시나보다.. 왜 하나님은 이렇게 나에게서 멀리 계시는 것일까.. 나에게 가까이 오시지 않는 것일까.. 그러한 슬픔과 절망으로 가득해서 나는 산에서 내려왔습니다. 그리고 얼마 후에 입대를 했습니다.

4. 고초 끝에 경험한 방언의 은사

입대하기 직전의 간절한 기도가 실패했지만 나는 그래도 희망을 가졌습니다. 흔히 어렵다고 하는 군 생활을 통해서 하나님을 경험할 수 있지 않을까 하는 마음이 있었습니다.

훈련소 시절에는 따로 기도할 시간이 없었지만 성경은 읽을 수 있었습니다. 고된 훈련이 끝나고 동기들이 다 잠에 골아 떨어졌을 때 나는 어둠침침한 불빛 속에서 거의 밤이 새도록 성경을 읽었습니다. 주머니에 들어가는 작은 성경만 휴대할 수 있었기 때문에 나는 신약과 시편만 수록되어있는 작은 성경을 계속 반복해서 읽었습니다.

외롭고 힘들 때 읽은 성경은 역시 꿀맛과 같았습니다. 전에 읽을 때와 달랐습니다. 나는 중학생 시절부터 성경에 줄을 치면서 밤을 새고 읽기도 했지만 그다지 즐거움을 얻지 못했습니다. 그러나 군대에서 읽은 성경은 달랐습니다. 나는 줄곧 눈물을 흘리며 성경을 읽었습니다. 성경의 말씀이 정말 달콤하고 맛있다고 느껴졌습니다. 하지만 내가 기대하는 하나님의 임재와 방언의 은사를 얻을 수는 없었습니다.

훈련이 끝난 후에 어머니에게 부탁을 해서 워치만 니의 책들을 보내달라고 했습니다. 그래서 자대에 배치된 후에는 〈영에 속한 사람〉과 같은 책들을 읽었습니다. 나는 그 당시에 그의 책에 심취되어있어서 입대 직전까지 열심히 그의 책을 읽다가 왔기 때문에 군대에서는 시간이 나는 대로 그의 책을 읽었습니다. 50분 삽질을 하고 주어지는 10분 휴식 시간에 다른 사병들이 누워서 쉬고 있을 때 나는 흙바닥에 앉아서 그의 책을 읽었습니다. 그의 책은 성경에 대한 몇 가지 신선한 통찰력을 주기는 했지만 내가 원하는 것을 얻을 수는 없었습니다. 내가 원하는 것은 하나님의 선명한 살아있는 실제였습니다.

나는 내가 언제 거듭났는지 알 수가 없었습니다. 모태신앙으로 어릴 때부터 교회에 나가고 신앙생활을 해왔기 때문에 하나님의 존재를 의심하거나 천국 지옥의 존재에 대해서 의심을 해본 적은 없었습니다. 그냥 단순하게 성경의 모든 것이 믿어졌습니다. 성경은 당연히 하나님의 말씀이며 예수님은 하나님이 육신을 입고 오신 것이며 예수와 십자가 외에는 길이 없다는 것을 나는 의심해본 적이 없었습니다.

어릴 적부터 그렇게 가르침을 받아온 사람은 나중에 성인이 되면 여태까지 배워왔던 것에 대하여 갈등하고 의문을 가지는 때가 있다는 말을 들었지만 나에게 그러한 순간은 없었습니다.

나에게 있어서 예수님을 사랑하고 하나님의 영광을 위하여 살아야 한다는 것은 그냥 당연한 것이었습니다. 다만 나는 그 하나님을 실제적으로 만나고 경험하고 싶었습니다. 그러나 그 소원이 이루어지지 않아서 마음이 아프고 슬프고 괴로웠던 것입니다. 나는 어떤 형태로든 살아계신 하나님의 실제를 경험하고 싶었고 방언도 그 하나님의 실제를 경험하는 하나의 통로가 될 것이라고 생각했습니다.

나는 밤에 보초를 서면서 하나님을 불렀지만, 주님은 아주 멀리 계신 것처럼 느껴졌습니다. 나는 하나님을 향하여 배고프고 또 배가 고팠습니다. 썬다싱 같은 이의 책을 읽으면서 왜 그에게 나타나신 주님이 내게는 나타나지 않는지, 나는 너무 가슴이 아팠습니다.

나는 하나님을 가까이 경험할 수 없어서 절망하고 있었지만 동료

사병들은 내가 신앙이 좋은 것으로 생각했습니다. 고난주간 금요일이 되어 내가 하루 종일 금식을 하자 주위 사병들은 놀랐습니다. 당시에 하루 종일 부대 공사를 하느라고 떼를 옮기는 작업을 하고 있었기 때문에 운동량이 몹시 많았습니다. 그래서 모두가 배가 많이 고팠기 때문에 세 끼를 굶으면서 일을 한다는 것이 그들에게는 이해가 가지 않았을 것입니다.

하지만 나는 금식을 하기는 하지만 아무런 만족이나 기쁨이 없었습니다. 그저 억지로 고통을 견디면서 주님께서 나를 불쌍히 여겨주시기를 기대했을 뿐입니다.

군대에서 기도하는 시간을 내는 것은 어려웠습니다. 운 좋게 먼 곳으로 작업을 나갔을 때, 일하는 곳에서 교회가 가까운 곳에 있었던 적이 있었습니다.

작업의 요령은 한결 같았습니다. 50분을 삽질을 하고 나면 10분의 휴식이 주어졌습니다. 그늘 하나 없는 뙤약볕에서 50분간 녹초가 되고 나면 10분은 그늘에서 쉴 수 있습니다. 그 10분 휴식 시간동안 나는 전속력으로 달려서 가까운 곳에 있는 교회에 갔습니다. 그리고는 울면서 "주님.. 제가 왔어요.." 하고 기도했습니다. 5분 정도 기도를 마친 후에 나는 다시 전속력으로 달려서 작업장으로 갔습니다. 그리고 50분 작업을 하고 다시 교회로 달려갔습니다. 잠간 동안의 기도였지만 그렇게 하지 않으면 살 수가 없었습니다. 나는 단지 살고 싶어서 기도했습니다. 하지만 내가 원하는 것을 얻을 수는 없었습니다.

이상하게도 사람들은 내가 믿음이 좋은 것으로 생각했기 때문에 중대장까지도 내게 와서 기도를 부탁하곤 했습니다. 연대 RCT 훈련과 같은 것을 할 때는 중대 전 병력이 모여서 출발하기 전에 말단 졸

병이었던 나를 연단에 불러내어 훈련을 무사히 사고 없이 마칠 수 있도록 축복하는 기도를 맡기곤 했습니다.

중대장도, 다른 장교들도 아무도 믿는 사람은 없었고 훈련 전에 기도하고 출발하는 전례도 없었지만 그들은 나에게 기도를 부탁하곤 하였습니다. 하지만 나는 전혀 자랑스럽지 않았고, 사람들이 나를 믿음의 사람으로 보는 것에 대하여 내가 위선자인 것처럼 느껴졌습니다. 정작 나 자신은 하나님께 버림받은 느낌으로 죽고 싶은 것을 간신히 마지못해 살아가고 있는 것에 불과했습니다.

내가 아무리 열심히 기도해도 하나님은 여전히 먼 곳에 계셨습니다. 그렇다고 기도한 모든 것에 아무런 응답이 없었던 것은 아닙니다. 나는 훈련 중에 여러 어려운 상황에 부딪쳤고 그 때마다 기도해서 여러 기도 응답을 얻었습니다. 흩어져서 훈련하는 중에 길을 잃었다가 간절히 기도하는 가운데 극적으로 길을 찾기도 했습니다.

한 겨울에 텐트를 칠 줄을 구하는 것이 나에게 임무로 주어진 적이 있었습니다. 깊은 산속에서 줄을 구할 수 있을 리가 만무했습니다. 평소에 나에게 악감을 가지고 있는 고참이 임무 수행에 실패하는 것을 빌미로 나를 심하게 때리려 한다는 것을 나는 알고 있었습니다. 군대 생활을 하면서 숱하게 맞았지만 이 날은 몸도 힘들고 맞고 싶지 않았습니다. 그래서 나는 산속에서 이 나무, 저 나무를 붙잡고 잠간 잠간씩 기도를 드리면서 '주님. 도대체 어떻게 하라는 말입니까. 저에게 왜 이러십니까..' 하는 식으로 푸념을 하고 산을 헤매고 있었습니다.

그러다 갑자기 깊은 산속에 놀랍게도 집 하나가 있는 것을 발견하게 되었습니다. 착하게 생긴 아가씨 하나가 집을 지키고 있었고 그녀는 내 말을 듣더니 튼튼한 새끼줄 한 뭉치를 가져다주었습니다.

나는 마치 꿈을 꾸는 것 같았습니다. 그녀가 천사처럼 느껴졌습니다. 나에게 임무를 주었던 고참은 나를 노려보았지만 그 날의 평가는 우리 소대가 1등을 하였고 나의 공로가 크게 인정되었기 때문에 그는 나를 때릴 수 없었습니다.

나는 이런 비슷한 기도의 응답을 많이 경험했습니다. 간절하게 기도하면 하나님이 들으신다는 것을 나는 알고 있었습니다. 하지만 그것은 내가 원하는 것이 아니었습니다. 내가 구하는 것은 기도의 응답이 아닌 살아계신 주님의 실제였습니다. 선물이 아닌 선물을 주시는 그분 자신이었습니다. 나는 주님을 가까이 알고 경험하고 누리고 싶었습니다.

나에게 응답은 있었지만 임재는 없었습니다. 내가 구하는 것은 임재이며 방언이었습니다. 그러나 그것은 내게 주어지지 않았습니다. 그래서 나는 몹시 슬펐습니다.

응답은 있지만 임재는 없다는 것은 아주 비극적인 일입니다. 하나님의 존재를 믿어 의심치 않지만 그분을 가까이서 누리고 교제할 수 없다면 그것은 고통스러운 것입니다.

분명한 것은 아무리 주님을 열심히 믿고 봉사를 해도, 다른 이들에게 신앙이 좋은 사람으로 여겨지며 좋은 평가를 받는다고 해도 주님과의 개인적인 친밀감이 없다면, 달콤함이 없다면 그것은 너무 힘든 신앙생활이라는 것입니다.

탕자의 형은 아버지의 명령을 어김이 없었습니다. 그는 모범생이며 철저한 사람이었습니다. 그는 행복했을까요? 아닙니다. 그는 아버지와의 교제도, 누림도 없었습니다. 그는 하나님의 법을 지키는 사람이었고, 아들이었지만 하나님과 친밀한 관계를 가진 사람은 아니었습니다.

외적인 관계가 있어도, 외적인 복을 받았다고 해도, 살아계신 하나님과의 실제적인 교류가 없다면 그것은 신앙의 행복이 아닙니다. 진정한 행복, 진정한 신앙은 주님을 가까이 알고 누리는 것입니다. 거기에는 아무 부족함이 없는 것입니다. 우주의 주인이신 분을 가까이 안다면 더 이상 무엇이 필요하겠습니까?

돈이나 명예나 성공이나 편안한 삶과 같은 것들은 내게 별로 의미가 없었습니다. 나는 그저 하나님을 가까이 알고 싶었을 뿐입니다.

나는 내가 속해 있던 부대의 군종장교인 목사님을 찾아가서 상담을 받기도 했습니다. 하나님을 체험하고 싶으며, 방언을 받고 싶다고 말했습니다. 하지만 그는 나의 갈망이 이해가 되지 않는 것 같았습니다. 필요한 것이면 주실 텐데 굳이 애써서 기도할 필요가 있느냐는 것이었습니다. 나는 여전히 길을 찾을 수가 없었습니다.

그러다가 드디어 하나님을 경험하게 된 계기가 되었던 사건이 생겼습니다. 군 생활이 마무리되어갈 즈음에 권총 도난사건이 생긴 것입니다. 어느 날 밤에 누군가가 장교의 권총을 훔쳐가 버렸습니다. 이 사건의 수사를 위하여 사단헌병대에서, 군단수사과에서 많은 수사관들이 몰려 왔습니다.

범인을 잡기 위하여 모든 업무가 중단되었고 연대 대부분의 사병들은 하루 종일 수색에 투입되었습니다. 조금이라도 혐의가 있어 보이는 사병들은 심한 수사를 받았습니다.

나의 경우는 사건이 있었던 날, 밤을 새고 작업을 하고 있었기 때문에 관련성이 많은 것으로 여겨져서 유력한 수사의 대상이 되었습니다. 나는 여러 어려움을 겪었고 나중에 거짓말 탐지기를 탄 후에 풀려났습니다. 2개월 정도 진행되었던 수사는 별 성과도 없이 끝나가고 있었습니다. 수사본부는 철수되었습니다.

조용히 있었으면 아무 일이 없었을 것입니다. 그런데 나는 그 즈음에 응답이 없는 기도에 지쳐있었고 한번 쯤 목숨을 걸고 기도하고 싶다는 마음을 가지고 있었습니다. 나는 이 사건이 좋은 기회라고 생각했습니다.

나는 날마다 말씀을 읽으며 묵상하고 있었는데 마침 내가 그 즈음에 읽는 부분이 열왕기상 18장의 엘리야가 갈멜 산에서 바알의 선지자들과 대결을 벌인 장면이었습니다. 엘리야는 숫자적으로 압도적인 바알 선지자들과의 대결에서 하나님의 실재하심을 보여줌으로써 승리하였습니다.

나는 이 부분을 읽으면서 가슴이 뛰었습니다. 나도 엘리야처럼 하나님의 불과 하나님의 실제를 경험하고 싶었습니다. 나는 지금이 그 기회라고 생각했습니다. 성경을 묵상하다가 제멋대로 적용할 때 얼마나 고생을 하게 되는지를 나는 이 때 철저하게 배운 것 같습니다. 결과적으로는 해피엔딩이었지만 말입니다.

나는 곧바로 연대장님을 찾아갔습니다. 그러면서 말하기를 나에게 3일만 휴가를 달라고, 그러면 내가 권총이 어디 있는지 찾아내겠다고 말했습니다. 연대장님은 권총 사건으로 인하여 자주 상급부대에서 문책을 받으므로 스트레스를 많이 받고 있었습니다. 그는 놀라서 내게 정보가 있느냐고 물었습니다.

나는 대답하기를 아무 정보가 없지만 나는 하나님을 믿는 사람이므로 기도원에 가서 기도를 하면 알 수 있을 것이라고 대답했습니다. 누가 범인인지, 어떤 경로로 해서 사라졌는지, 지금 어디에 있는지 밝히겠으며 그렇지 못하면 영창에 넣든 상급 부대 감옥에 보내든 무엇이든 상관없다고 말했습니다. 그렇게 말하지 않으면 이런 일에 휴가를 줄 리가 만무하기 때문입니다.

연대장은 어처구니가 없어서 나를 쳐다보았습니다. 나는 평소에는 모범적인 사병으로 얼마 전에는 연대장 표창을 받은 적도 있었습니다. 평소에 이렇게 비정상적인 사람은 아니었습니다. 그래서인지 그는 내 말을 완전히 믿지는 않았겠지만 아무튼 내게 3일의 휴가를 주었습니다.

연대장님은 아주 무서운 분이었습니다. 그는 전역을 일주일 앞둔 사병이 그에게 경례를 어설프게 했다고 한주일 동안 영창에 가둔 적도 있을 정도로 무섭고 철저한 분이었습니다. 그러니 휴가 후에 어떤 성과를 보여주지 못한다면 나의 갈 길은 뻔했습니다.

3일 특별 휴가를 받고 부대를 나오면서 비로소 정신이 들고 마음이 떨리기 시작했습니다. 그러나 한편 마음이 기뻤습니다. 이제 마지막이다, 이제 드디어 목숨을 걸고 기도할 수 있다고 나는 생각했습니다.

애당초 나는 권총에는 별 관심이 없었습니다. 권총 사건을 기회 삼아서 목숨을 걸고 기도함으로써 하나님을 만나야겠다고 생각했습니다. 이렇게 스스로 자기를 함정에 몰아버리면 죽든 살든 끝장을 볼 수 있을 것이라고 생각했습니다.

하나님을 경험하게 된다면 영창에 가든 매를 맞든 교도소에 가든.. 그런 것은 아무렇지도 않았습니다. 만약 하나님을 경험하지 못한다면? 그러면 더 이상 사는 것이 의미가 없을 것이라고 생각했습니다. 하나님이 나를 버리신다면 삶은 아무 가치가 없을 것입니다. 그럴 경우 나는 삶을 끝내려고 마음을 먹었습니다.

나는 전에 읽었던 썬다싱의 책에서 그가 하나님을 찾다가 3일안에 하나님이 나타나시지 않으면 새벽 첫 열차가 올 때에 레일에 누워서 삶을 끝내려고 했었고, 그 마지막 날 새벽에 하나님을 경험한 것을 기억했습니다. 나도 그러한 마음이었고, 그러한 은총을 기대하고 있었습니다.

어머니에게 기도를 부탁하고 나는 곧 바로 기도원에 갔습니다. 부대에서 오산리 기도원이 가까이 있었습니다. 나는 기도굴에 들어가 부르짖고 한숨을 토하고 씨름하며 하나님께 제발, 제발 나를 만나달라고 울부짖었습니다.

주먹으로 하도 바닥을 쳐서 주먹은 다 멍이 들었습니다. 머리로 하도 벽을 들이받아서 정신까지 혼미해졌습니다. 목청이 터져라 찬송을 부르기도 하고 박수를 치기도 하고 온 힘을 다해서 기도에 몰두하였습니다.

영으로, 영의 흐름을 따라 자연스럽게 하는 기도가 아닌 군인정신으로 악으로, 깡으로 하는 기도였습니다. 그런 기도에 기쁨이 있을 리가 없고, 그저 지치고 피곤하기만 할 뿐입니다. 하지만 나는 지금 그런 것을 따질 상황이 아니었습니다. 그저 내 인생 마지막 기도라고 생각하고 있었습니다.

기도하다 지치면 집회에 참석해서 같이 기도하고 찬송하며 말씀을 듣기도 했습니다. 날마다 여러 번의 집회가 있었는데 그것은 내게 힘이 되었습니다.

3일은 순식간에 지나갔습니다. 3일간 아무 것도 먹지 않아서 몸도 마음도 탈진이 되었습니다. 하지만 더 중요한 것은 아무리 기도해도 아무런 느낌도 감동도 없었다는 것입니다. 나는 그저 막막한 상태에 있었습니다.

귀대할 시간이 되었습니다. 하지만 귀대할 엄두가 나지 않았습니다. 상황이 무사히 넘어갈 것 같지 않았습니다. 영창에 갈 수도 있었고 내가 권총 사건으로 휴가를 받았다는 사실이 알려지면 다시 수사관들에게 넘겨질 수도 있었습니다. 그것은 사양하고 싶었습니다. 수사관들은 인격적이거나 부드러운 사람들이 아닙니다. 같이 수사를 받았던 친구는 수사를 받는 과정에서 허리에 문제가 생겼고 여러 후유증으로 고생하고 있었습니다. 내가 다시 수사를 받게 된다면 비슷한 일이 생길 것입니다. 나는 여러 가지를 고려해보다가 어차피 죽은 목숨이라고 치고 좀 더 기도해보기로 했습니다. 결국 나는 이날 부대로 복귀하지 않았습니다.

내가 복귀하지 않자 부대는 난리가 났습니다. 휴가 미복귀는 탈영으로 간주됩니다. 권총 도난 사건에 이어 탈영 사건까지 생겼으니 상급부대에 알려지면 난리일 것입니다. 군 관계자들은 나를 찾으러 다녔습니다. 우리 집에도 찾아와서 어머니에게 내가 어디 있는지 찾아야 된다고, 그렇지 않으면 좋지 않은 일이 생길 것이라고 겁을 주었습니다.

나는 4일 동안 귀대하지 않았습니다. 3일 휴가를 받아놓고 7일 동안 들어가지 않았습니다. 모든 것을 포기하고 나니 차라리 마음이 편했습니다. 그저 죽기 전에 마지막으로 나의 기도와 찬양을 주님께 드리고 싶었습니다. 나는 여전히 기도굴과 집회장소를 번갈아 다니면서 기도하고 찬양하고 기도했습니다. 7일 동안 음식은 손도 대지 않았습니다. 금식을 작정한 것이 아니라 음식을 먹을 마음의 여유가 없었습니다.

나는 몹시 내성적인 성격이었습니다. 기도를 하면서 소리를 지르거나 손을 들거나 박수를 치거나 하는 것은 정말 어색하고 불편했습니다. 그래서 부흥회를 많이 참석했지만 그런 식의 적극적인 기도는 해본 적이 거의 없었습니다. 그러나 지금 이 상황은 그런 것을 따질 상황이 아니었습니다. 계속 집회에 참석하고 기도 굴에서 소리를 지르고 박수를 치고 하다보니까 어느덧 강하고 뜨겁게 부르짖으며 통성으로 기도하는 것에 익숙해지고 말았습니다.

7일째 되는 날이었습니다. 나는 기도 굴에서 기도하다 지쳐서 집회장에 다시 들어갔습니다. 집회의 열기는 뜨거웠고 나도 같이 간절하게 부르짖으며 기도를 드리고 있었습니다.

인도하던 강사 목사님이 아직 방언을 하지 못하는 분들은 일어서서 기도하라고 했습니다. 그러면 사역자들이 돌아다니면서 서있는 분들을 위해서 기도해주겠다고 하였습니다.

그동안 그런 기도는 한두 번 받아본 것이 아니었습니다. 참 많이 기도도 받아보고 사람들이 시키는 대로 다 해보았지만 나에게는 전혀 통하지 않았기 때문에 나는 별로 기대하지 않았습니다. 다만 어차피 간절하게 기도하고 있던 중이기 때문에 나는 그 자리에서 일어났습니다. 그리고 있는 힘을 다해 주먹을 쥐고 손을 흔들고 몸을 흔들고 소리를 지르고 외치면서 제발 나에게 임해달라고, 방언을 달라고 격렬하게 부르짖기 시작했습니다.

사역자들이 여기 저기 돌아다니면서 서 있는 사람에게 안수를 하는 것이 보였고 여기저기서 사람들이 방언을 하기 시작했습니다. 물론 나에게는 아무 일도 일어나지 않았습니다. 내가 너무 간절하고 요란하게 기도해서인지 아무도 내게 와서 기도를 해주는 사람은 없었고 그냥 지나갈 뿐이었습니다.

이제 통성기도가 거의 끝나가려고 하는 순간에 나를 그냥 지나가려던 사역자(아마 젊은 전도사님으로 보였는데..)가 나를 보고 안타까웠는지 기도를 해주지는 않고 가만히 한 마디를 던졌습니다.

"형제님.. 그만 소리 지르시고 할렐루야로 영광을 돌리세요.."

나는 어처구니가 없었습니다. 간절하게 기도하는 사람에게 기도는 안 해주고 한 마디 한다는 이야기가 할렐루야를 하라니.. 사실 나는 그런 것을 아주 싫어했습니다.

'할렐루야'를 수도 없이 계속 정신없이 반복해서 방언을 터트린다는 이야기를 나는 많이 들었습니다. 하지만 나는 하나님을 인격이시라고 생각했고 그렇게 인위적인 방법으로 하는 것은 말도 안 된다고 생각했습니다. 그것은 은사가 아니고 조작이라고 생각했습니다. 방언을 연습한다는 이야기를 많이 들었기 때문에 나는 그런 식의 기도에 타협하고 싶은 마음은 전혀 없었습니다.

하지만 그 순간 나는 아주 절박한 상황이었습니다. 그리고 어차피 지금 갈 데까지 간 상황인데 무엇 못할 것이 있겠느냐는 생각이 들었습니다. 그래서 한번 해보자는 마음이 순간적으로 일어났습니다.

나는 그 때 큰 소리로 "하나님! 나의 하나님! 나에게 임하여 주시옵소서.. 주님.. 제가 주님으로 충만하기 원합니다! 저에게 오시옵소서!" 하고 외치고 있었습니다. 그러는 순간에 지나가던 전도사의 말을 듣고 한번 해보자는 마음으로 "할렐루야!"를 외쳤습니다.

아니, 나는 "할렐루야!"를 다 외치지 못했습니다. 입을 벌려서 "할!" 하는 순간에 나는 강력하고 뜨거운 불같은 기운에 사로잡혔습니다. 엄청나게 강력한 힘이 나를 손에 쥐고 강력하게 흔들었습니다. 나는 서 있는 채로 엄청나게 흔들렸습니다. 그렇게 잠시 공중에 떠 있는 것 같더니 그 자리에 고꾸라졌습니다. 그리고 내 입에서 이상한 소리가 나오기 시작했습니다.

그렇게 강렬한 기운에 사로잡히고 흔들리고 있을 때 나는 선명한 메시지를 느꼈습니다. 그것은 '나는 너의 하나님이다. 나는 너를 사랑한다'는 메시지였습니다. 그것은 귀로 들리는 음성은 아니었지만 태양의 햇살처럼 선명한 메시지였습니다. 그 메시지와 함께 한 사랑의 기운, 평강의 물결은 말로 형용할 수가 없었습니다.

　나는 울기 시작했습니다. '하나님이 나를 정말 사랑하시는구나.. 나에게도 정말 오셨구나!' 그런 마음이 불현듯 들었습니다. '어떻게 나 같은 것에게도 하나님이 임하실 수 있지? 이게 말이 되나?' 하는 생각이 들어서 견딜 수가 없었습니다.

　나는 정신이 하나도 없었습니다. 그 이후에는 강렬한 체험을 많이 했지만 그전에는 그 비슷한 일도 전혀 겪은 적이 없었습니다. 나는 간신히 정신을 차리고 집회 장소에서 일어났습니다. 그리고 내가 기도하던 기도굴로 비틀거리면서 간신히 걸어갔습니다. 걷는 것도 쉽지 않았습니다.

　간신히 기도굴에 도착한 나는 여러 시간을 울고 또 울었습니다. "감사합니다. 하나님.. 감사합니다.. 감사합니다.. 어떻게 저 같은 것에게도 오십니까.. 감사합니다.. 주님.. 너무나 감사합니다.." 그렇게 고백하면서 나는 밤이 새도록 계속 울었습니다.

　이 사건은 내 삶의 방향을 선명하게 결정지었습니다. 내 삶의 목적과 의미는 오직 주님을 알고 주님을 사모하며 주님께 가까이 나아가고 주님을 기쁘시게 하는 것입니다. 다른 것은 아무 것도 내 삶의 목표가 될 수 없었습니다. 나는 계속 울다가 잠이 들었습니다. 그 날, 그 밤은 그 때까지 살아온 모든 나날 중 최고의 날, 최고의 밤이었습니다.

"내가 만일 방언으로 기도하면
나의 영이 기도하거니와.."
(고전14:14)

5. 무엇이 하나님을 제한하는가?

나는 다음날 귀대하기로 결정했습니다. 초기의 목적을 달성했으므로 더 이상 탈영 상태로 있을 이유가 없었습니다. 앞으로 어떤 대가를 지불해야 할지 걱정이 되기는 했지만 그다지 신경이 쓰이지는 않았습니다.

두려움이란 하나님이 나와 함께 하신다는 확신이 없을 때 생기는 것입니다. 하나님이 나와 함께 하신다는 확신이 있다면, 그 때는 어떤 상황에 처한다 해도 아무 것도 문제가 될 것이 없는 것입니다.

나는 이런 방식으로 하나님을 경험하는 것은 바르지 않은 것이며 철없던 시절의 객기에 불과한 것임을 알고 있습니다. 누군가 혹시라도 이와 비슷한 행동을 통해서 하나님을 경험하고자 한다면 나는 그를 말릴 것입니다. 하지만 나의 그러한 어리석은 행동에도 불구하고 하나님께서 은혜로 대해주셨다는 것은 정말 놀라운 일이었습니다.

전날 밤에 경험한 하나님 체험의 효과는 놀라웠습니다. 온 몸에 힘이 넘치고 활력이 가득해진 느낌이었습니다. 내가 일주일 동안 금식을 했다는 사실이 믿어지지 않았습니다. 불과 하루 전만 해도 나는 어지럽고 힘들어서 움직이는 것도 쉽지 않았었습니다. 그러나 이제 나는 힘을 주체할 수가 없을 정도였습니다.

마침 기도원에서는 수도공사인가를 하고 있어서 인부들이 곡괭이를 들고 땅을 파헤치고 있었습니다. 나는 내 상태가 어떤 정도인지 궁금하기도 해서 그 옆으로 가서 곡괭이를 집어 들었습니다. 그리고 한 시간 동안 곡괭이로 땅을 팠습니다. 그러나 별로 힘든 것을 느낄 수 없었습니다. 나는 최고의 컨디션인 상태로 있었습니다.

마음속에서 느껴지는 감정은 아주 강렬한 평안함이었습니다. 정말, 너무나 평안했습니다. 마치 광명한 햇살이 속에서 비춰고 있는 것 같았습니다. 아무 것도 두렵지 않았습니다. 그 평화를 경험하면서 나는 그 때까지 너무나 많은 불안과 두려움 속에서 살아왔다는 것을 알게 되었습니다. 대부분의 사람들이 이러한 완전한 평화를 모르고 불안 속에서 살고 있다는 생각이 들었습니다.

상황은 좋지 않았습니다. 연대장님을 만나서 어떻게 보고를 하고 설명을 해야 할지 난감했습니다. 연대장님 외에도 두려운 사람이 있었습니다.

그는 우리 과의 선임하사였습니다. 그는 평소에는 우직하고 자기 임무에 충성스러운 군인이었습니다. 그러나 그는 가끔가다 한번 씩 폭발할 때가 있었습니다. 아무리 사소한 일이라도 그의 성격이 폭발하면 그것은 비극이었습니다. 그때는 아무도 말릴 수 없었습니다. 그는 폭발한 상태에서는 아주 잔인했습니다. 온 힘을 다해서 미친 듯이 고함을 지르며 주먹으로, 구둣발로 30분이 넘게 미친 듯이 구타를 하곤 했습니다. 그 때는 제정신이 아닌 것 같았습니다.

적지 않은 사람들이 그의 희생자가 되는 것을 나는 보았습니다. 그러한 모습을 보면서 경이로운 것은 '사람이 저렇게 맞고도 살아남을 수가 있구나..' 하는 느낌이었습니다. 그는 강자 앞에서 아주 약했고 약자 앞에서는 잔인한 면이 있어서 연대장님이 나에게, 우리 과에게 심한 벌은 주지 않아도 뭐라고 한마디를 하기만 한다면.. 그가 가장 강조하는 우리 과의 명예가 손상되는 것이기 때문에 내가 어떠한 대우를 받을지 예상하는 것은 아주 쉬웠습니다. 그런 일이 여러 번 있었기 때문입니다.

　하지만 그러한 상황에 상관없이 나에게는 평화로움이 가득했습니다. 조금도 두려움이 일어나지 않았습니다. 나는 그것이 참 신기했습니다. 이전의 나로서는 상상할 수 없는 일이었기 때문입니다.

　그 다음에 또 느껴지는 것은 기쁨이었습니다. 이상하게 웃음이 자꾸 일어났습니다. 가슴 속에서 기쁨이 계속 피어올랐습니다. 그 이유를 알 수 없었습니다.

　마침 그 때 어머니가 걱정이 되어 기도원을 방문하셨습니다. 그녀는 근심이 가득한 모습으로 나에게 왔지만 내 얼굴을 보고는 놀랐습니다. 내 얼굴이 환하게 빛이 나고 있다고, 너 웬일이냐고 물으셨습니다. 내 얼굴을 보니 안심이 된다고 어머니는 좋아하셨습니다. 나는 사도행전에서 주님의 제자들이 환경의 여러 어려움에도 불구하고 기쁨으로 복음을 증거하며 담대하게 주의 일을 해나간 이유를 어렴풋이 이해할 수 있었습니다. 그것은 하나님의 임재였습니다.

　나는 부대에 복귀해서 바로 연대장님을 만났습니다. 그리고 내가 기도하는 가운데 경험한 것, 깨달은 것에 대해서 말했습니다. 나는 어떤 벌이라도 받을 각오가 되어있었기 때문에 편안한 마음으로 하고 싶은 이야기를 다 했습니다.

　놀라운 것은 연대장님의 태도였습니다. 그는 의외로 나를 꾸짖지 않았고 따뜻하게 대해주었습니다. 나는 부대에 이와 같은 사고가 일어난 것은 연대장님의 책임이 크기 때문에 반성하셔야 한다고 말했습니다. 사병이 연대장님에게 반성하라고 하는 이야기는 아마 처음 들어보았을 것입니다. 그는 놀랐던지 엉거주춤 대답하기를 자기도 신자라고, 하나님을 믿고 있다고 대답했습니다. 나는 그가 교회에도 가고 절에도 가는 것을 알고 있었기 때문에 교회에 어쩌다 가기만 하면 신자냐고, 주일성수를 제대로 하며 헌금생활도 제대로 하고 있느냐고, 믿으려면 제대로 믿으라고 말했습니다. 나는 아마 그 때 제 정신이 아니었을지도 모릅니다.

하지만 의외로 연대장님은 나의 이야기에 수긍을 하고 오히려 고맙다고 치하를 해주었습니다. 그리고는 몸이 힘든 것 같다고, 의무대에서 한 주일 동안 휴식을 취하라고 배려해주었습니다. 나는 너무나 예상하지 못한 상황에 어처구니가 없었습니다. 연대장님이 이렇게 특별대우를 해주는 바람에 모든 것이 해결되어 버렸습니다. 인사주임도 나에게 와서 치하를 해주었고 무서운 선임하사관은 이상하게도 오히려 나를 두려워했습니다.

상황이 예상외로 쉽게 해결되었기 때문에 나는 이제 차분하게 내게 임한 사건의 의미를 생각해볼 수 있게 되었습니다.

의문과 깨달음들

나는 날마다 새벽기도에 가서 교회에 오래 머물면서 기도에 힘쓰며 내게 일어난 일을 생각해보았습니다.

내가 가지고 있었던 가장 중요한 고민은 하나님이 나를 특별히 싫어하시는 것이 아닌가 하는 문제였는데, 그것은 해결되었습니다. 나는 하나님이 나를 싫어하시는 것은 아니라는 것을 알게 되었습니다.

성경은 하나님이 우리를 사랑하신다고 말씀하고 있지만, 나는 아무리 기도해도 하나님의 임재를 감지할 수 없었고 다른 사람들에게 임하시는 은총과 선물을 내가 누릴 수 없었기 때문에, 하나님이 나를 싫어하신다고 생각했습니다. 내가 악하고 못되고 죄가 너무 많아서 하나님이 가까이 하시지 않는다고 생각했습니다.

그러나 나에게 극적으로 임하신 하나님의 체취는 그러한 걱정을 깨끗이 사라지게 했습니다. 나는 그 임재 속에서 느껴지는 평강과 사랑의 분위기, 행복감을 잊을 수가 없었습니다. 하나님은 내가 죄인임에도 불구하고 나를 용서하셨고 사랑하셨고 불쌍히 여겨주셨습니다.

그러나 궁금한 것이 있었습니다. 주님은 나를 사랑하시는데 왜 그렇게 늦게 임하셨을까요? 수많은 기도와 몸부림, 금식과 눈물에도 불구하고 그렇게 마지막 순간에 나타나신 것일까요? 그것이 나에게 의문이었습니다.

하나님은 이미 우리 안에 거하신다

숙고를 하는 과정에서 깨달은 것이 있었습니다. 주님은 그 때 나에게 임하셨지만 그 전에 이미 내 안에 계신 것이 분명하다는 것입니다. 내가 경험한 주님은 새로운 하나님이 아니고 이미 내 안에 계신 분이었습니다. 이미 내 안에 거하시는 분이 바깥으로 나타나신 것입니다. 성경은 그 사실을 명백하게 해줍니다.

"자녀들아 너희는 하나님께 속하였고 또 그들을 이기었나니 이는 너희 안에 계신 이가 세상에 있는 자보다 크심이라"(요일4:4)

세상에 있는 자는 사단, 악령을 말하는 것입니다. 세상에는 항상 악령의 미혹과 공격이 있지만 그러나 세상에 아무리 많은 미혹과 사단의 역사가 있어도 우리 안에 거하시는 주님으로 말미암아 넉넉히 이긴다고 성경은 말합니다. 주님이 내 안에 거하신다는 것은 명백한 말씀의 약속이었습니다. 주님이 내 안에 이미 거하시고 있다는 것은 충분히, 많이 입증될 수 있는 것이었습니다.

"내가 아버지께 구하겠으니 그가 또 다른 보혜사를 너희에게 주사 영원토록 너희와 함께 있게 하리니 그는 진리의 영이라 세상은 능히 그를 받지 못하나니 이는 그를 보지도 못하고 알지도 못함이라 그러나 너희는 그를 아나니 그는 너희와 함께 거하심이요 또 너희 속에 계시겠음이라 내가 너희를 고아와 같이 버려두지 아니하고 너희에게로 오리라"(요14:16-18)

이 말씀도 주의 영이 우리 속에 계시는 것을 분명하게 말씀하시고 있습니다. 주님이 떠나신 후에 주님은 우리에게 성령을 보내시고 우리 안에 영원히 함께 하실 것을 약속하셨습니다. 주의 떠나심을 두려워하는 제자들에게 주님은 다시 분명하게 언급하십니다.

"지금 내가 나를 보내신 이에게로 가는데 너희 중에서 나더러 어디로 가는지 묻는 자가 없고 도리어 내가 이 말을 하므로 너희 마음에 근심이 가득하였도다 그러나 내가 너희에게 실상을 말하노니 내가 떠나가는 것이 너희에게 유익이라 내가 떠나가지 아니하면 보혜사가 너희에게로 오시지 아니할 것이요 가면 내가 그를 너희에게로 보내리니 그가 와서 죄에 대하여, 의에 대하여, 심판에 대하여 세상을 책망하시리라"(요16:5-8)

성령이 내주하시는 증거들

주님의 성령이 우리 안에 거하시는 증거 중의 하나는 죄에 대한 감각입니다. 믿지 않는 사람은 기본적으로 죄감이 부족합니다. 사회적으로 교육되어진 부분에 대한 죄감이나 윤리, 도덕에 대한 죄감은 있을 수 있지만 하나님에 대한 죄감은 없습니다. 하나님을 예배하지 않고, 따르지 않으며 기쁘시게 하지 않고 사명을 감당하지 못하고 있다는 죄책감이 있을 수가 없습니다. 나의 경우는 항상 두려움과 죄책감이 많았습니다. 심판에 대한 두려움도 많았습니다. 그것은 내안에서 역사하시는 주의 영의 작용이라고 할 수 있는 것입니다.

"그러므로 내가 너희에게 알리노니 하나님의 영으로 말하는 자는 누구든지 예수를 저주할 자라 하지 아니하고 또 성령으로 아니하고는 누구든지 예수를 주시라 할 수 없느니라" (고전12:3)

이 말씀은 더욱 더 명백합니다. 성령이 아니고는 아무도 예수를 주님으로 고백할 수 없다고 말씀하고 있는데 나는 그 주님을 간절히 사모하고 만나기를 열망하니 성령이 내 안에 거하시고 있음은 너무나 확실한 사실이었습니다.

그렇다면 이 경험은 내 안에 거하시는 영이 바깥으로 나타난 것일까? 그렇다는 확신이 왔습니다. 여기에 대해서도 성경은 명백하게 말씀해주시고 있습니다.

"각 사람에게 성령을 나타내심은 유익하게 하려 하심이라 어떤 사람에게는 성령으로 말미암아 지혜의 말씀을, 어떤 사람에게는 같은 성령을 따라 지식의 말씀을, 다른 사람에게는 같은 성령으로 믿음을, 어떤 사람에게는 한 성령으로 병 고치는 은사를, 어떤 사람에게는 능력 행함을, 어떤 사람에게는 예언함을, 어떤 사람에게는 영들 분별함을, 다른 사람에게는 각종 방언 말함을, 어떤 사람에게는 방언들 통역함을 주시나니 이 모든 일

은 같은 한 성령이 행사하사 그의 뜻대로 각 사람에게 나누어 주시는 것이니라" (고전12:7-11)

내주하시는 성령의 나타나심

사실은 명백해졌습니다. 주님의 성령은 내 안에 이미 거하셨습니다. 나를 그분께 더욱 더 가까이 나아가도록 열망하게 하신 것은 주의 영이었습니다. 나는 주님을 만나고 싶다고, 왜 나는 만날 수 없느냐고 낙담하고 괴로워했지만 그러한 마음을 일으키신 분이 바로 그분이었던 것입니다.

내가 주님을 만날 수 없어 절망하고 고통스러워했을 때도 주님은 내 안에 계셨습니다. 아니, 바로 곁에 계셨습니다. 내가 그 사실을 몰랐을 뿐입니다.

그리고 때가 되었을 때 내 안에 거하시는 분은 바깥으로 나타나셨습니다. 깨달음이 임하자 감격이 파도처럼 다가왔습니다. 오랫동안 나는 버림받았고 혼자라고 생각했지만 나는 혼자가 아니었던 것입니다. 다만 나타나지 않았을 뿐입니다.

차이는 바로 나타남에 있었습니다. 내재하시는 분인가, 나타나신 분인가.. 바로 거기에 차이가 있었습니다. 그것은 본질적인 차이가 아니고 현상적인 차이였습니다. 누구나 주를 믿는 이들에게는 내재하심이 있습니다.

하지만 나타나심이 없다면 거기에는 많은 문제가 있습니다. 무력감이 있고 무엇인가 부족합니다. 오직 믿음에만 근거해서 메마른 상태를 극복한다는 것은 쉬운 일이 아니었습니다. 내재가 나타남이 될 때 그것은 곧 실제를 누리는 것과 같은 것입니다.

성령의 나타남을 방해하는 기질적 요소

나는 다시 숙고에 빠졌습니다. '그런데 왜 내 안에 거하시는 분이 나타나지 않으셨던 것일까? 그분이 진작 나에게 강력하게 임했다면 나는 그렇게 오랜 시간을 낙담하면서 살지 않았을 것이다. 그런데 왜 그 때 비로소 나타나신 것일까?

은사란 곧 나타남입니다. 나타남이란 없는 것이 생기는 것이 아닙니다. 속에 있는 것이 겉으로 드러나는 것입니다. 그렇다면 주의 영은 왜 나의 속에만 계시고 그 때에 비로소 나타나셨을까요? 나에게 그분의 나타나심을 방해하는 요소가 있었을까요? 그분이 나를 떠나시는 것은 아니지만 내 안에만 계시도록 제한하는 요소가 나에게 있었을까요? 문제는 나에게 있지 주님께 있는 것은 아닐 것이기 때문입니다.

갑자기 알 것 같은 느낌이 들었습니다. 나의 기질이 주님을 방해하고 있었다는 생각이 들었습니다.

나는 사색적인 기질을 가지고 있습니다. 문학이나 철학, 다양한 주제의 책 읽기를 좋아하고 움직이는 것을 싫어하는 경향이 있습니다. 나는 요란한 것과 활동적인 것을 싫어합니다.

몸으로 하는 모든 것은 낮은 것으로 보였습니다. 나는 몸의 움직임을 싫어했기 때문에 춤을 참 싫어했습니다. 초등학교 1학년에 들어가게 되었을 때 나는 '학교에 가면 무엇을 배울 것인가' 하는 기대를 많이 가지고 있었습니다. 그런데 막상 학교에 가니 교실에는 들어가지도 않고 운동장에서 계속 율동을 가르치는 것입니다. 무려 한 주일씩이나! 나에게 그것은 너무나 끔찍한 기억이었습니다.

나는 키가 커서 맨 뒷줄에 서 있었습니다. 그리고 그 뒤에는 많은 학부형들이 와서 그 모습을 구경하고 있었습니다. 나의 바로 뒤에서 많은 학부형들이 구경을 하고 있는데 나는 양 팔을 양쪽으로 벌리고 나비가 춤을 추는 것같이 나풀거리는 동작을 해야 했습니다.

그것은 나에게 있어서는 정말 수치스럽고 고통스러운 기억이었습니다. '학문을 배우러 학교에 와서 기껏 이런 짓거리를 해야 한다니!' 나는 내 자신이 너무 비참하게 느껴졌습니다. 초등학교에 입학한 그 한 주일, 운동장에서 학부형들의 시선을 받으며 양쪽으로 팔을 나풀거리면서 느꼈던 고통스러운 수치심의 기억은 지금까지도 선명하게 나의 기억에 남아있습니다.

나중에 돌이켜 생각해보면 어린아이들이 율동을 배우는 것은 그리 끔찍한 일은 아니었습니다. 다만 나는 내가 그런 식으로 강요에 의해서 몸을 흔들어야 한다는 것이 참 한심스럽게 느껴지고 싫었을 뿐입니다. 나는 그렇게 몸을 흔드는 짓은 천박한 짓이라고 생각했습니다.

초등학교 4학년인가, 5학년인가.. 학교에서 송추로 소풍을 갔을 때 작은 충격을 받은 적이 있었습니다. 나는 항상 하는 것처럼 무리에서 떨어져서 혼자서 조용히 생각을 하고 있었는데, 그때 어떤 청년이 조그만 라디오를 틀어놓고 라디오에서 나오는 음악에 맞추어서 신나게 춤을 추고 있는 것을 보게 되었습니다. 나는 그가 너무나 신나게 춤을 추는 것을 보고 놀랐습니다. 학교의 조회 시간 등에 율동을 하고 춤을 추는 것을 몹시 고통스러워하던 내게 그 모습은 충격이었습니다. 그의 동작에는 유쾌함과 즐거움이 가득했습니다.

그것을 보고 '아, 저 사람은 정말 춤을 즐기고 있는 것이구나.. 저런 것을 좋아하는 인간도 있는 것이구나.' 하고 느꼈습니다. 나에게는 어떤 새로운 깨달음을 얻는 것이 가장 행복한 일이었고 몸의 움직임에 대한 것에는 경시하는 부분이 많이 있었기 때문에, '저렇게 몸의 활동을 통해서 기쁨을 얻는 사람이 있구나..' 하고 나는 많은 충격을 받았습니다.

돌이켜보면 다른 이들이 정상이었고 나는 한쪽으로 치우쳤던 것입니다. 나는 그런 기질이었기 때문에 기도할 때도 거의 움직인 적이 없었습니다. 부흥회에 많이 참석했지만 박수를 치거나, 손을 들거나, 손을 흔들면서 기도하는 것에는 거부감을 가졌습니다. 그런 것은 육적인 것이라고 생각했습니다. 부흥사가 아무리 강요해도 끝까지 박수를 치지 않고 있다가 너무 강요하는 것에 속이 상해서 그냥 집회장을 빠져나온 적도 여러 번 있었습니다.

기도하면서, 숙고를 거듭하면서, 나는 나의 이러한 기질이 내 안에 거하시는 주의 영이 흘러나오지 못하도록 방해하고 제한하는 것임을 선명하게 느꼈습니다. 나의 내성적이고 소극적인 취향이 그분이 나를 사로잡는 것을 방해하고 있었던 것을 깨닫게 되었습니다.

그동안 나는 기도를 하면서 울 때도 있었지만 그 표현 양식은 소극적인 것이었습니다. 속으로 울거나 거의 드러내지 않고 우는 편이었습니다. 그저 조용히 눈물이 뺨으로 흘러내리곤 했습니다. 크게 소리 내어서 운 적은 없었습니다. 간절히 기도했지만 소리를 낸 적은 거의 없었습니다. 주를 사모한다고 고백하고 임하심을 기원했지만 간절하게 부르짖은 적은 거의 없었습니다. 그러니 나의 마음은 간절했을지 모르지만 나의 영, 나의 몸은 전혀 덥혀지지 않았던 것입니다.

입을 벌릴 때 영이 흘러나온다

나는 방언을 받기 위하여 기도모임에 많이 참석했었습니다. 능력이 임하고 있다는 기도모임에 가곤 했습니다. 나를 돕는 사람은 강하게 기도를 해주며, 강하게 뜨겁게 입을 벌려서 기도하라고 하였습니다. 하지만 나는 입을 벌릴 수가 없었습니다.

나를 도우려는 친절한 사람들이 간절하게 기도를 해주었지만 나에게는 아무런 일도 일어나지 않았습니다. 나를 도우려는 사람들은 충만하고 간절했지만 나는 여전히 냉랭하고 답답했습니다.

나는 소리를 낼 수가 없었고 입을 벌릴 수가 없었습니다. 나는 그런 쪽에는 너무나 훈련이 되어 있지 않았습니다. 그것은 내게 너무나 어려운 일이었습니다.

지금 생각해보면 아무런 일이 일어나지 않았던 것은 너무나 당연한 일이었습니다. 입을 벌리지 않는데 어떻게 영이 열릴 수 있을까요? 어떻게 안에 거하시는 주의 영이 흘러나올 수 있었겠습니까? 나의 몸은 굳어있었고 입은 닫혀 있었습니다. 마음으로만 주를 구하고 몸과 입이 움직이지 않는다면, 그것은 스스로 길을 막아놓고 은혜를 구하는 것과 같은 것입니다. 그러한 모습이 내 지난 날 실패의 주된 원인이었습니다.

그렇다면 이번에는 왜 주의 영이 강력하게 임하셨을까요? 이번의 기도하던 순간은 전과 달리 정말 급박한 상황이었기 때문에, 소리를 지르고 손을 흔들고 머리를 벽에다 들이받고.. 온갖 난리를 치던 상황이었습니다. 그 때는 교양이나 품위나 기질 따위를 생각할 상황이 아니었습니다. 나는 평소와 전혀 다르게 기도하고 있었습니다.

그렇게 나는 뜨거워지고 있었고 부르짖고 울고, 소리를 지르며 난리를 치며 기도하는 가운데 그렇게 차곡차곡 덥혀지고 있었습니다. 그러다가 어느 임계점에 이르자 그만 폭발이 되어버린 것입니다. 불이 타고 있다가 압력이 한계에 오르면 폭발하는 것처럼, 물이 제방 위로 차오르다가 수위를 넘어서면서 제방이 무너지는 것처럼 나도 그렇게 갑자기 폭발해버린 것입니다.

이성의 언어가 아닌 새 언어, 새 발음

갑자기 눈이 환하게 열리는 것 같았습니다. 이제 주의 영이 임하시는 원리를 이해할 것 같았습니다. 그런데 그 순간 다시 의문이 올라왔습니다.

내가 일주일을 소리 지르고 외치고 온 몸을 흔들고 난리를 쳤을 때도 주의 영은 임하시지 않았습니다. 그러다가 지나가던 전도사님의 조언을 통해서 '할렐루야!' 하고 외쳤을 때 갑자기 거대한 불에 사로잡히게 되었습니다. 아니, '할렐루야!' 도 아니고 '할!' 하는 순간에 사로잡혀 버렸습니다.

그렇다면 그게 하나님이 임하시는 무슨 암호일까요? 그 음절에 무슨 신비한 능력이라도 있는 것일까요? 그것은 말이 안 되는 것입니다. 무슨 주문을 외는 것도 아니고.. 인격적인 하나님이 그렇게 하실 리가 없습니다.

도무지 소리를 내지 않고 몸의 표현을 하지 않았기 때문에 내 안에 거하시는 영이 바깥으로 흘러나오지 않았다는 것은 이해가 되었습니다. 그러나 왜 우리말로 간절하게 기도할 때는 그 영이 임하지 않고 '할렐루야'를 할 때 임하시는 것일까요?

갑자기 깨달음이 왔습니다. 나에게 임한 것은 방언의 은사였습니다. 내가 구한 것은 방언이었습니다. 그리고 방언은 우리가 평소에 사용하는 것과 다른 언어입니다. 그것은 영의 언어이며 영의 기도입니다. 누구나 전혀 다른 두 가지의 언어를 동시에 사용할 수는 없는 것입니다. 아무리 영어를 잘 하는 사람이 있어도 한국말을 하면서 영어를 동시에 말할 수는 없습니다.

내가 방언을 구하고 기다렸다면 나는 한국말로 기도를 해서는 안되었습니다. 물론 처음에는 방언이 임하기를 우리말로 구하고 기다려야 하지만, 충분히 기도했다면 그 다음에는 더 이상 우리말을 하지 말고 입을 주님께 맡기며 믿음으로 우리말이 아닌 다른 말을 해야 하는 것입니다.

그 단어는 굳이 '할렐루야'를 할 필요는 없습니다. '아바바바..' 할 수도 있습니다. '라라라..' 할 수도 있습니다.

내가 그 때 '할렐루야'를 하지 않고 다른 어떤 말을 했어도 나는 방언을 했을 것입니다. 나는 그 때 이미 충분히 뜨거워져 있었기 때문에 내 안에 거하시는 성령이 바깥으로 흘러나올 준비가 되어 있었습니다. 아마 어쩌면 그 때 "코카콜라"를 했어도 방언이 터졌을 지도 모릅니다.

중요한 것은 뜨거움, 충만함의 상태이다

충만한 상태에 있으면, 성령께서 역사하실 수 있는 충만하고 뜨거운 상태가 되어 있으면, 이성을 사용하여 말하는 우리말을 하지 않고 어떤 다른 언어를 사용해도 방언이 터지게 됩니다. 이성적인 언어를 포기할 때 영의 언어가 폭발하게 되는 것입니다.

나는 방언을 받도록 인도를 하는 사람들이 어떤 발음을 따라하도록 시키는 것을 보고 거부감을 갖곤 했었는데 비로소 그렇게 하는 이유를 알게 되었습니다.

나중에 알게 된 사실이지만 인도자의 지침이 없이도 혼자서도 방언을 구하는 기도를 하면서 기다리면 마음속에서 어떤 음절이 떠오르게 됩니다. 마음에 떠오르는 그 음절을 따라하다 보면 그 음절이 변화 발전하면서 새로운 언어가 나타나기 시작하는 것입니다. 그러니까 우리말이 아닌 다른 언어라면 어떤 발음이든지 하면 되는 것입니다.

마음에 어떤 음절이 떠오르지 않는다면 믿음으로 하나의 음절을 선택해서 사용하면 됩니다. 그것은 속에서 영이 미세하게 말하는 것을 우리의 둔감한 의식이 감지하지 못할 수도 있기 때문에 펌프에서 물이 나오기 전에 물 한바가지를 부어주는 것과 같은 것입니다.

하지만 기계적으로 어떤 단어를 반복하여 말하면서 방언이 터지기를 기대하는 것은 실패할 가능성이 많습니다. 아무리 반복을 하고 연습을 해도 성령이 폭발하듯 터지지 않을 것입니다. 방언이 터지는 것은 어떤 발음을 하느냐가 중요한 것이 아니라 안에 있는 성령이 폭발할 수 있을 정도의 뜨거움이 있는가의 문제이기 때문입니다. 그러므로 아무런 뜨거움이 없이 단순한 언어를 계속 연습한다고 방언이 터지는 것은 어렵습니다. 기계적으로 단어를 연습한다고 우리의 영이 뜨거워지지는 않습니다.

중요한 것은 내부의 영이 흘러나올 수 있도록 뜨겁고 강력한 상태가 되는 것입니다. 간절하고 뜨겁게 죄를 고백하고 회개를 하며 사모함을 고백하고 성령의 능력을 구하며 부르짖으면 영이 뜨겁게 될 것이며, 그 영이 흘러나오기 좋은 조건이 될 것입니다. 그러나 단순히 기계적으로 어떤 발음을 연습할 때 그것은 우리의 영을 감동시키지 못할 것입니다. 그렇게 해서 방언이 나오기도 하지만 그것은 감동과 기쁨을 동반하지 않으므로 방언이 나와도 우리는 의심에 잠기게 될 것입니다.

나는 방언을 받은 사람들이 흔히 말하기를 특별하게 방언을 구한 것도 아닌데 열심히 통성으로 기도하다보면 이상하게 혀가 꼬이고 이상한 소리가 나왔다는 이야기를 하는 것을 많이 보았습니다. 그것은 그가 발성으로 강력하게 기도하는 가운데 성령님이 역사하실 수 있는 임계점, 영적 온도가 되었기 때문에 성령의 나타나심으로 방언 현상이 시작된 것이라고 할 수 있습니다.

성령의 나타남은 방언만이 아니다

성령의 나타남은 꼭 방언으로만 나타난다고 할 수는 없습니다. 고전 12장 7절에서 성령의 나타내심을 언급하면서 등장하는 은사들은 방언뿐만 아니라 지혜의 말씀, 지식의 말씀, 믿음, 병 고치는 은사 등으로 다양합니다. 다만 다른 은사들은 소리로 나타나는 은사, 외적으로 나타나는 은사가 아니기 때문에 언제 그 은사가 임했는지 알기 어렵습니다.

예를 들어서 병 고치는 은사가 임한 분들은 환자를 볼 때 긍휼한 마음이 많이 일어나며 환자가 앓고 있는 부위와 같은 부위에서 불편함이나 통증이 느껴지는 경우가 많습니다. 그러한 경험을 하는 이들은 병 고치는 은사가 임했을 가능성이 많이 있습니다.

지식의 말씀의 은사가 임한 분들은 어떤 분을 보는 순간 '저 사람은 시어머니와 심각한 갈등이 있구나..' 하는 식으로 직관적인 지식을 얻게 됩니다. 이러한 이들은 지식의 말씀의 은사가 임했을 가능성이 많이 있는 것입니다.

믿음의 은사가 임한 이들은 상식적으로 생각할 때 말이 안 되는 것이 너무나 선명하게 믿어지고 마음에 확신과 기쁨이 오는 일이 자주 있습니다.

이런 식으로 각 은사가 가지고 있는 특성들이 나타나게 되는데, 그러한 은사들은 소리로 나타나는 것이 아니기 때문에 은사가 임했을 때도 알 수가 없습니다. 그러나 방언은 소리의 은사이기 때문에 이 은사가 나타날 때는 반드시 소리가 바깥으로 나타나게 됩니다. 그러므로 본인이 하지 않을 때는 속에서 그 언어를 말할 수 있도록 혀가 꼬이기도 하면서 그 언어를 사용하도록 성령님이 역사하시는 것입니다.

방언을 받지 않으면 은사를 받지 못한 것이며 성령을 받지 못한 것이라고 생각하는 이들도 있는데, 그것은 오해입니다. 방금 언급한 것처럼 모든 사람들에게 다양하게 은사가 임하고 나타나는데 방언 외의 다른 은사들은 겉으로 잘 드러나지 않습니다.

그래서 다른 사람들도 잘 모르고 본인도 모를 수 있습니다. 바른 지식을 가지고 주님을 제한하지 않기 위해서 조심한다면 우리는 누구나 다양한 은사를 발전시킬 수 있습니다. 다만 대체로 모든 은사들은 방언으로부터 시작되는 것이 보통입니다. 방언을 활발하게 말하는 가운데 다른 은사들도 같이 나타나는 것이 보통입니다. 방언을 하지 않는 이들에게 성령의 은사가 전혀 없다고 할 수는 없지만, 대체로 이들은 은사가 잘 나타나지 않으며 나타나도 그것을 잘 사용하지 못하고 제한하는 경향이 있습니다.

방언이 나타나는 양태는 기도자의 상태와 관계가 있다

기도하고 숙고하는 가운데 많은 의문들이 풀렸지만 의문은 또 있었습니다. 나의 경험은 상당히 강력한 것이었습니다. 전에도 그렇고 후에도 많은 이들이 방언을 경험하는 것을 보았지만 나와 같이 강력한 경험을 동반하는 것은 별로 보지 못했습니다. 그 이유는 무엇일까.. 하고 나는 생각해보았습니다.

성령의 나타남이 있을 때 대부분 처음의 임하심이 가장 강력합니다. 방언의 경우도 그렇습니다. 방의 보일러를 오랫동안 돌리지 않다가 돌리게 되면 여기저기에서 '뚝뚝..' 소리가 납니다. 그와 같이, 무엇이든 처음의 흐름은 강렬합니다. 그러다가 차츰 그 흐름이 익숙해지면 강력함은 사라지고 부드럽고 자연스러운 상태가 됩니다.

나의 경우 아주 강력한 현상에 사로잡히게 된 것은 그 처음 임하는 순간의 내 상태가 아주 뜨겁고 강한 상태였기 때문입니다.

나는 나중에 많은 이들이 성령의 나타나심을 경험하고 방언이 임하도록 도와주었습니다. 그들 중에 방언이 나타나지 않은 사람은 한 사람도 보지 못했지만 나타나는 형태는 다 달랐습니다. 조용히 흐느껴 울면서 부드럽게 방언하는 사람.. 방언은 하지만 아무런 느낌이 없는 사람.. 아주 강력하게 소리를 지르며 사로잡히는 사람, 울부짖고 구르고 난리가 나는 사람.. 등 다양했습니다.

그것은 어떤 사람은 강한 성령이 임하고, 어떤 사람에게는 약한 성령이 임하고.. 그런 것이 아닙니다. 임하시는 성령은 다 동일합니다. 그러나 그 성령의 나타남의 양태는 그 기도하는 사람의 당시 상황의 영적 상태와 스타일, 그리고 준비된 상태에 따라 다 달랐습니다. 같은 물이 부어져도 그릇을 따라 다른 모양이 되는 것입니다.

나는 이제 이해할 수 있었습니다. 최초로 우리말을 하지 않고 '할렐루야'를 외치면서 영의 언어를 말할 준비가 되어있었을 때 나는 로켓이 발사될 정도로 강렬하게 뜨거운 상태에 있었습니다. 내가 부드럽게 기도하면서 성령의 임하심을 기도하면서 조용히 입술을 주님께 맡겼다면 나는 그처럼 요란스럽게 구르고 난리가 나지는 않았을 것입니다. 나는 조용히 방언을 말했을 것이며 조용한 평화와 만족을 맛보았을 것입니다. 임하시는 분은 주님이셨으며 그 임하시는 형태는 나의 상태와 표현과 많은 관련이 있는 것이었습니다.

방언을 달라고 기도했을 때 그렇게 뜨겁게 외치지 않았더라도 방언을 하기는 했을 것입니다. 그러나 그랬다면 방언은 약하게 나왔을 것입니다. 그러면 나는 아마 의심했을지도 모릅니다. 나의 기도하는 상태와 임하심의 상태는 서로 관련성이 있다는 것.. 이것은 나에게 있어서 아주 인상적인 깨달음이었습니다.

나는 '예언하는 자들의 영은 예언하는 자들에게 제재를 받나니' (고전14:32) 라는 말씀의 의미를 이해할 수 있었습니다. 예언도, 방언도, 그 하는 사람의 기질과 상태와 스타일에 따라 영향을 받는 것입니다. 주님은 인격이시기 때문에 우리를 기계적으로 사용하지 않으십니다.

새로운 영역이 열리는 것 같았습니다. 나는 그동안 주님을 갈망한다고 하면서 나의 기질과 스타일로 주님을 많이 제한했었습니다. 새삼 그 사실이 너무 내 가슴을 찔렀습니다.

하나님은 인격이시며 영이시다

하나님은 인격이십니다. 그러나 또한 동시에 영이시며 영의 특성을 가지고 계십니다. 그러므로 간절한 마음을 가지고 있는 것만으로는 부족합니다. 애절하게 나아가는 것만으로 부족합니다. 주님의 영은 입을 통해서, 소리를 통해서 흘러나오는데 입을 꼭 다문 상태에서

'꼭 말로 해야만 하나. 하나님이 귀가 없으실까.. 내 마음을 아시겠지.. 다 아시니까..' 하면 안 되는 것입니다. 영의 흐름과 소리는 아주 밀접한 관계가 있습니다. 그러므로 소리의 흐름을 무시하면서 그 영의 충만함을 구하는 것은 옳지 않은 것입니다.

성경이 기도의 방식에 대하여 어떻게 말하고 있는지는 아주 중요합니다. 성경은 안내서이기 때문입니다. 그런데 성경을 보면 부르짖으라고, 부르짖어 기도하라는 많은 말씀이 나옵니다. 나도 그것을 알고 있었지만 그러나 나는 부르짖고 소리를 내는 것을 싫어했습니다. 그것은 교양이 없어 보였고 천박해보였습니다.

나는 깨달았습니다. '아.. 이게 바로 완악함이었구나.. 내 기질, 내 성향을 버리지 못하는 나 중심적인 사고가 곧 완악함이구나. 나의 체질은 고상한 것이 아니고 완악한 것이었구나..'

새로운 눈이 열리는 느낌이었습니다. 새로운 길이 열리는 것 같았습니다. 하나님의 사랑과 풍성함에는 아무 문제가 없었고 오직 내가 하나님을 제한한 것이 문제였습니다. 하나님은 나에게, 그리고 어느 누구에게도 부요하셨습니다. 그분은 자신의 풍성하심을 누구에게나 공급하기를 원하십니다. 그러므로 하나님을 자기 기질이나 성향이나 경험이나 선입견이나 그 어떤 것으로도 제한하지 않으면 누구나 다 그 놀라운 은혜와 풍성함을 경험하게 될 것입니다.

하나님을 제한하지 말라

하나님은 무한하신 분이시지만 우리를 사랑하시고 존중하시며 우리에 의해서 제한을 받으십니다. 각 사람이 열린 만큼 그에게 은혜를 베푸십니다.

어떤 이들이 은사에 대해서 마음을 닫고 비판한다면 그는 은사를 얻을 수 없을 것입니다. 그러나 하나님은 그러한 이들을 싫어하시지 않고 그들이 좋아하는 다른 부분을 통해 은혜를 주십니다. 만약 그가 말씀을 묵상하며 깨닫는 것을 기뻐한다면 그러한 면에서 깨우침을 주시고 은혜를 베푸실 것입니다.

어떤 이들이 은사를 좋아하지만 말씀에 대해서는 별로 관심이 없거나 깊은 헌신과 희생에 대해서 열려있지 않을 때, 주님을 닮아가는 것을 갈망하지 않을 때, 그는 몇 가지의 은사를 얻겠지만 그가 구하지 않는 것을 얻지는 못할 것입니다. 하나님은 그렇게 치우친 신자들을 미워하시는 것이 아니라, 그들이 받을 수 있는 것만을 주시며 더 주시지 못하는 것을 안타까워하시는 것입니다.

하나님은 사람들이 열려 있는 만큼 각자에게 구하는 것을 주실 것입니다. 어떤 이들에게는 지식을, 어떤 이들에게는 권능을, 어떤 이들에게는 인격의 아름다움과 사랑스러움을, 어떤 이들에게는 주님 자신을 내어주실 것입니다.

다른 기질, 다른 스타일을 판단하지 말라

지적인 사람은 정서적인 사람을 비웃기 쉽습니다. 감정적이고 일관성이 없다고 비판하기 쉽습니다. 지적인 사람은 행동적인 사람을 보고 유치하다고 비웃기 쉽습니다. 정서적인 사람은 지적인 사람을 보고 차갑고 냉정하다고 비난할 수 있습니다. 행동적인 사람은 지적인 사람을 보고 복잡하고 피곤하게 산다고 생각할 수 있습니다. 그러나 자신과 다른 사람을 싫어하는 것은 그 모든 이들을 지으신 하나님을 비난하는 것입니다.

하나님은 각자를 그 달란트와 사명을 따라 아름답게 지으셨으며 완전하게 옳은 사람은 세상에 존재하지 않습니다. 우리는 모두 불완전하며 다른 사람의 도움이 필요합니다.

이제 깨닫게 되자 나는 내 기질, 내 취향이 좋아하는 것으로 만족하고 싶지 않게 되었습니다. 내 기질에 맞게 임하시는 주의 영으로 만족하고 싶지 않았습니다. 무한하신 하나님, 무한하신 그 은총을 마음껏 받고 누리고 싶었습니다.

많은 깨달음이 있었고 많은 고민들이 해결되었습니다. 아직도 갈 길은 멀었고 이제 겨우 출발점에 선 것에 불과했지만 나는 새로운 영역으로 나아가고 있었습니다.

참 감사했습니다. 많은 의문과 오해가 풀리고 있었습니다. 하나님은 특별히 사랑하는 이가 있지 않고 모든 이를 사랑하시며 은총을 베풀기를 원하시는데, 다만 우리가 하나님을 제한하고 있을 뿐이었습니다.

하나님은 우리를 너무나 사랑하십니다. 문제는 이제 우리가 그분을 진정으로 사랑하는가? 하는 것입니다. 그분을 제한하지 않고 온전히 사랑하는가? 우리 자신을 온전히 그분의 손에 의탁할 것인가? 하는 것입니다. 나는 기도했습니다.

"오, 주님.. 저는 전혀 주님을 제한하지 않기를 원합니다. 지식에서 능력에서 사랑에서.. 모든 것에서.. 주님을 제한하고 싶지 않습니다. 그러니 주님.. 제발 저를 사로잡아주십시오."

나는 주님을 지난 시절 많이 제한하고 불편하게 해드린 것에 대해서 계속하여 사죄의 고백을 드렸습니다. 나는 기도 중에 놀라운 기쁨과 평안을 맛보았습니다. 그것은 정말 아름답고 행복한 순간들이었습니다.

6. 능력에 대한 책임과 위험

휴가 중에 경험한 잠시의 하나님 체험이었지만 그 영향력은 내 인생의 방향을 송두리째 바꿀 정도로 큰 것이었으며 그 효과는 아주 길었습니다.

나는 하나님의 함께 하심에 대한 확신과 자신감을 갖게 되었습니다. 오랫동안 가지고 있었던 열등감은 사라졌습니다. 나는 뭐 하나 잘하는 것이 없었습니다. 집안도 많이 가난했고, 공부에 대해 별로 관심도 없었고, 학교는 고등학교를 한 학기를 다니고 중퇴를 했고, 외모도 보잘 것이 없었고, 성격도 좋지 않았습니다. 나에게 괜찮은 요소가 하나도 없으니 당연히 자신감도 없었습니다.

하지만 하나님 체험을 한 이후에는 그러한 모든 열등감이 다 사라져 버렸습니다. 자신감이 충만해졌습니다. 가난이든 학벌이든 그 어떤 것도 나를 더 이상 주눅 들게 할 수 없었습니다. '하나님이 나를 사랑하신다. 그리고 함께 하신다.' 그러한 인식에서 오는 자신감과 용기는 내 삶의 큰 무기와 힘이 되었습니다.

휴가를 다녀와서 얼마 되지 않았을 때 한 가지 놀라운 사건이 있었습니다. 이것은 내게 자신감을 확인시켜준 사건이었지만 또한 두려움과 책임의식을 심어준 사건이기도 했습니다.

나를 몹시 괴롭히는 선임병사 두 사람이 있었습니다. 이들은 이유 없이 나를 괴롭혔습니다. 이러한 일들은 사람이 있는 곳에는 항상 있을 수 있는 일입니다. 좀 더 성숙한 상태였다면 나는 억울한 고통이라고 느껴지는 것에 대해서도 반성을 하고 그들을 축복하며 성장의 기회로 삼았을 것입니다. 그러나 그 때 나는 영적으로 너무나 어린 상태에 있었습니다. 나는 화가 났습니다.

자세한 기억이 나지는 않지만 어느 날 나는 그들에 대하여 화가 나서 기도를 했던 것 같습니다. 나는 그들이 이유 없이 나를 괴롭힌다고 주님께 하소연을 했습니다. 나는 그러한 단순한 기도가 일으킬 파장에 대하여 전혀 알지 못했습니다.

내가 영적으로 아주 예민한 상태에 있으며, 하나님이 아주 가까이 계시다는 것, 그리고 나의 기도에는 전과 다른 어떤 능력이 있다는 것, 그렇기 때문에 정말 모든 말, 모든 기도에 대해서 조심해야 한다는 것을 깨닫지 못했습니다.

그 기도를 드린 지 2주일 정도가 되었습니다. 갑자기 나를 괴롭히던 한 선임병사가 배가 아파서 쓰러졌습니다. 그는 바로 들것에 실려서 상급 병원으로 후송되었습니다. 나중에 듣기로는 위장에 구멍이 생겼다고 합니다.

내 기도와 이 사건이 연관성이 있는 것은 아닐까 걱정하고 있던 차에 그 다음 날에는 더 큰 사건이 터졌습니다. 나를 좀 더 힘들게 했던 다른 선임이 교통사고를 당해서 그도 역시 상급 병원으로 후송된 것입니다.

그는 전혀 사고가 날 상황이 아니었는데 장난을 치고 있다가 심한 사고를 당했습니다. 여러 사람이 차를 타고 있었는데 다 멀쩡했지만 그 사람만 중상을 입었습니다. 그는 내가 전역할 때까지 병원에서 나오지 못했습니다.

나는 놀라고 기가 막혔습니다. 단순히 우연이라고 생각할 수도 있겠지만 기도를 할 때는 멀쩡하던 사병들이 갑자기 그런 일을 당하게 되자 도저히 우연이라고 생각하기가 힘들었습니다.

　나는 기도하면서 그들이 심한 고통을 당하기를 기대한 것은 전혀 아니었습니다. 단지 속이 상하고 화가 났을 뿐입니다. 그러나 사태가 이렇게 되자 나는 너무나 놀랐고 두려웠습니다. 은혜가 가까이 임했을 때, 하나님의 불과 권능이 가까이 있을 때, 그 때는 말과 행동과 기도를 정말 조심해야 한다는 것을 깨닫게 되었습니다.

　나는 회개하고 또 회개했으며 앞으로는 어떤 공격이나 비난이나 어려움을 겪더라도 결코 상대방에게 화를 내거나 비난하거나 자기를 방어하지 않겠다고 결심을 했습니다. 능력이 임할 때 거기에는 책임이 있으며 조심하지 않으면 너무나 위험하다는 것을 깨닫게 되었습니다.

　그러므로 사랑이 부족하고 낮은 마음이 부족한 사람이 권능을 얻게 된다면 그것처럼 위험한 일은 없을 것입니다. 그는 자칫하면 재앙의 도구가 될 수 있는 것입니다.

　이후에도 나는 매우 조심했음에도 불구하고 비슷한 일을 여러 번 겪었습니다. 나를 괴롭히고 공격하는 사람이 얼마 후에 쓰러지거나 어려운 일을 겪는 것을 보곤 했습니다. 어떤 때는 공격을 받을 때 그것이 두려워서 '주님.. 혹시라도 저 사람에게 나쁜 일이 생기지 않도록, 무사하게 해주세요..' 하고 기도하기도 했습니다. 그렇게 기도하고 나면 나를 괴롭혔던 사람이 쓰러졌다가 다시 회복되는 것을 보기도 했습니다.

　그와는 반대로 나에게 선의를 베푸는 이들이 있었습니다. 그리고 이들은 여러 면에서 형통하고 잘 되는 것을 많이 보았습니다.

　이런 일을 반복해서 겪으면서 하나님은 자신이 만지시고 은총을 베푸신 이를 실제로 눈동자같이 지키신다는 것을 깨닫게 되었습니다. 마치 주님께서 '너는 나의 사람이다. 아무도 너를 함부로 대하지 못할 것이다. 내가 너를 지키고 있으니 아무도 두려워하지 말아라.' 하고 말씀하시는 것 같았습니다.

은혜에는 보호하심이 있다

창세기 12장 3절의 말씀을 보면 하나님이 아브라함에게 말씀하시기를 "너를 축복하는 자에게는 내가 복을 내리고 너를 저주하는 자에게는 내가 저주하리니 땅의 모든 족속이 너로 말미암아 복을 얻을 것이라"고 말씀하셨습니다.

나는 그 말씀처럼 마치 하나님이 아브라함을 지키고 보호하시듯이 나도 그런 보호를 받는 느낌이었습니다. 하나님은 나를 미워하시는 것이 틀림없다고 낙담하던 사람이 갑자기 자부심과 긍지를 갖게 되었던 것입니다.

본문의 말씀에는 오해의 소지가 있습니다. 많은 사람들이 이 말씀을 오해해서 아브라함을 복의 근원으로 생각합니다. 문자 그대로 아브라함을 축복하면 복을 받고, 아브라함을 저주하면 저주를 받는다고 생각합니다.

하지만 그것은 오해입니다. 아브라함은 복의 근원이 아닙니다. 축복과 저주를 결정짓는 사람이 아닙니다. 성경에 등장하는 복의 근원은 오직 한분입니다. 그는 아브라함이 아니고 아브라함의 자손으로서 아브라함에게서 나오신 예수 그리스도입니다. 아브라함은 주님이 오시는 통로로서 아름답고 귀한 존재이지만 복의 근원은 아닙니다. 그는 다만 도구일 뿐입니다.

이스라엘에 대해서도 비슷한 생각을 가지고 있는 이들이 많이 있습니다. 로마서를 강해하면서 이스라엘에 대한 말씀을 문자 그대로 받아들여서 이스라엘이 하나님의 특별한 백성이며 하나님의 눈동자 같은 존재이므로 이스라엘을 건드려서는 안 된다, 이스라엘을 축복하면 축복을 받고 이스라엘을 저주하면 저주를 받는다, 그러므로 우리는 항상 이스라엘을 축복해야 하며 우리나라 정부는 이스라엘과 좋은 관계를 맺어야 한다.. 그러한 메시지를 주장하는 이들을 많이 보았습니다.

하지만 그것도 오해입니다. 이스라엘이 특별한 것이 아닙니다. 이스라엘의 한 지파, 그리고 그 안에서 나온 예수 그리스도.. 오직 그분만이 축복의 근원입니다. 이스라엘은 단지 하나의 혈통적인 통로에 불과합니다.

육신적인 이스라엘은 진정한 이스라엘이 아닙니다. 예수께 붙어 있는 접붙임된 이스라엘이 진정한 이스라엘이며 복의 원천입니다. 혈연적인 것은 의미가 없습니다. 하나님은 돌을 가지고도 이스라엘을 만드실 수 있습니다.

이스라엘은 1등급 백성이며 우리는 2등급이므로 그들에게 잘해야 우리가 복을 받는다는 생각은 오해입니다. 우리는 오직 예수 그리스도를 통해서만 하나님께 나아갈 수 있으며 복과 은총을 누릴 수 있습니다. 우리는 보석에 집중해야지 보석을 담고 있는 그릇에 집중해서는 안 됩니다. 하나님은 돌들로도 능히 아브라함의 자손을 만드실 수 있습니다.

그러므로 아브라함도 대단한 존재가 아니며 이스라엘도 대단한 존재가 아닙니다. 오직 그들에게서 나온 예수 그리스도만이 빛이고 진리이며 생명이며 축복과 저주를 결정짓는 기준입니다. 그러므로 축복과 저주의 기준이 있다면 그것은 오직 '그리스도를 갈망하는 사람인가 아닌가', '그리스도에게 붙어있는 사람인가 아닌가' 하는 것입니다.

사역자라고 해서 그 자체가 대단한 것이 아닙니다. 직분이나 사명이나 그 어떤 것보다 더 중요한 것은 그리스도의 사람이 되는 것입니다. 그리스도 안에 거하고 그리스도를 붙들며 그리스도에게 사로잡히는 사람이 되는 것입니다.

복의 근원은 오직 주님이십니다. 그러므로 주님을 간절히 붙잡고 주님께 속하며 사로잡혀 있을 때 그는 복의 통로가 됩니다. 그를 무시하는 자들을 하나님은 무시하실 것입니다. 그러나 그를 접대하는 자를 하나님은 접대하실 것입니다.

나에게 은혜가 임하고 그 은혜가 나를 사로잡았을 때 나는 하나님의 보호하심을 느꼈습니다. 은총이 임할 때 그것은 하나님이 인을 치시는 것과 같은 것입니다. '이 사람은 나의 사람이다. 내가 이 사람을 보호한다. 아무도 이 사람을 건드릴 수 없다.' 하고 하나님이 말씀하시는 것과 같습니다.

내적인 은혜와 외적인 능력은 다르다

내적 세계, 내부에서 주님의 은혜를 경험하는 것.. 그것은 아름답고 좋은 것입니다. 그러나 그것은 현실에 능력을 행사하는 것은 아닙니다. 어떤 이가 깊은 중심으로 주님을 사랑하지만 그 은혜가 바깥으로 흘러나오지 않는다면 그는 현실에 어떤 영적 영향력을 행사할 수 없습니다. 그는 마음의 평화를 얻을 수 있으나 바깥에 영적인 능력이 흘러가게 할 수는 없습니다.

그러나 믿는 자의 안에 있는 하나님의 능력이 바깥으로 흘러나올 때, 그것은 현실세계에 영향을 줍니다. 그것은 능력으로 역사합니다. 사람들은 그 힘을 느낍니다. '이것이 무엇이지? 뭔가 어떤 힘이 움직이고 있어..' 사람들은 그것을 느끼게 됩니다.

그것은 아주 실제적인 능력입니다. 그것은 외적인 능력으로 나타납니다. 그것은 외적세계, 물질세계에 영향을 줍니다. 그에게서 실제적인 능력이 흘러나오며 사람들은 그 힘을 느끼게 됩니다. 그가 기도를 하고 찬양을 하며 말씀을 전하면 사람들은 충격을 받습니다. 강력한 능력이 그들을 붙잡는 것을 느끼게 됩니다.

어떤 사람들이 그를 건드릴 때 그를 방어하고 보호하고 있는 영적인 능력은 외부의 공격으로부터 그를 보호합니다. 그리고 공격한 자를 깨뜨립니다. 이것은 실제로 일어나고 있는 일입니다.

그러므로 여기에는 주의와 조심이 필요합니다. 내적인 은혜와 외적인 은혜는 다른 세계임을 인식해야 합니다.

외적인 능력은 영적 성숙과 상관이 없다

더 주의가 필요한 이유는 이러한 외적인 능력은 영적 성숙과 상관이 없다는 것입니다. 능력이란 인격적인 것이 아닙니다. 그것은 무기와 같은 것입니다. 그러므로 내면적으로 성숙된 사람은 외적인 능력이 없고 내면적으로 성숙되지 않은 사람이 외적인 능력이 많은 것은 흔히 있는 일입니다. 힘이 세고 싸움을 잘 한다고 해서 그의 인격이 반드시 훌륭할 것이라고 기대할 수는 없습니다. 그것은 사람마다 다릅니다.

외적인 능력이란 멋진 것이지만 거기에는 책임이 따릅니다. 그러므로 성화되지 않은 능력자에게는 조심하는 것이 아주 중요합니다.

본인도 조심해야 하며 주위에서도 조심해야 합니다.

우려가 되는 것은 자아와 혈기가 그대로 살아있고 돈을 사랑하며 접대받기를 좋아하는 등 세상적인 가치관이 그대로 남아있는 미숙한 신자가 능력을 많이 경험하는 경우입니다. 이러한 이들은 칼을 가지고 있으나 그 사용법을 모르는 것과 같습니다. 그래서 아주 위험합니다.

그러므로 이러한 사람들, 영적으로 성숙되지 않았지만 외적인 능력과 체험을 많이 하는 이들을 영적으로 발전된 사람이 조심스럽게 잘 컨트롤하고 인도해주어야 합니다. 그렇지 않으면 혈기와 육성으로 인하여 나중에는 비참하게 끝날 가능성이 있습니다.

성숙하지 않은 능력자를 조심하라

어떤 이가 영적인 능력은 있는데 성격이 고약하고 주위에서 컨트롤해줄 수 있는 인도자가 없다면 그에게는 가까이 가지 않는 것이 좋습니다. 자칫하면 큰 피해를 입게 됩니다.

몇 가지 외적인 은사가 있다고 돈을 요구하거나 자신을 드러내고 높임 받는 것을 좋아하는 사람이 있다면 그러한 이들과도 거리를 두어야 합니다. 돈을 요구하거나 성적으로 순결하지 않거나 대접받기를 좋아하는 사람, 자신을 드러내는 사람은 하나님의 사람이 아닙니다.

하나님의 사람은 사람에게 요구를 하지 않아도 하나님이 먹이시고 입히십니다. 하나님의 사람은 자신을 특별한 존재인양 과시하거나 하면 바로 하나님의 영이 소멸되기 때문에 고통스러워서 그렇게 하기 어렵습니다. 영적으로 어린아이일 때는 주님이 봐주시지만 조금 자라면 그럴 때마다 매를 맞고 힘들기 때문에 자신이 드러나는 것을 두려워하게 됩니다.

이 사건들은 나에게 커다란 교훈을 주었고 영적인 힘에 대한 경각심을 일으키게 되었습니다. 사랑과 순결한 동기, 온유하고 낮은 마음이 없으면 영적 탐구는 정말 무섭고 위험한 것이라는 것을 뼈저리게 느끼는 계기가 되었습니다.

파란만장했던 군 생활이 끝나가고 있었습니다. 나에게는 주님의 은총을 경험하게 된 결정적인 계기가 된 군 생활 이었기에 나는 군 시절에 대하여 항상 감사드리고 있습니다. 작년에 군에 입대해서 지금 강원도의 GOP에 근무하고 있는 아들은 입대를 하면서 이런 말을 남겼습니다.

"아빠가 군대에서 만난 하나님을 저도 만나고 체험하고 싶어요.."

은혜를 경험한 후에는 힘들던 군 생활을 즐겁게 할 수 있었지만 가장 안타까운 것은 부자유였습니다. 도무지 시간이 너무나 없었습니다. 나는 인사과의 행정병으로서 내게 맡겨진 일이 너무 많아서 밤을 새야 할 때가 많았습니다. 내게 주어진 일을 마치지 않으면 잠을 잘 수가 없었습니다. 33개월의 군복무 중 15일의 정기휴가가 세 번 있었는데 나는 두 번 밖에 사용하지 못했습니다. 두 번째 정기휴가는 할 일이 너무 많아서 도저히 쓸 수가 없었습니다.

일을 하다가 쓰러져서 의무대에 한동안 입원해 있었던 적도 있었습니다. 그러면 의무대로 나를 찾는 전화가 수없이 왔고 나는 전화를 받으며 찾는 서류의 위치를 알려주고 전화로 업무를 보곤 했습니다.

나는 전역하기 이틀 전까지 밤늦게 업무와 씨름을 해야 했습니다. 업무를 맡길만한 조수를 찾는 것이 어려워서 거의 전역 직전까지 혼자서 씨름할 수밖에 없었습니다.

힘들었지만 시간은 흘렀고 전역을 하게 되었습니다. 드디어 자유롭게 기도할 수 있는 세상에서 살게 되었습니다. 아무의 눈치도 보지 않고 마음껏 기도할 수 있는 세상으로 나오게 되었습니다. 하루 종일, 마음껏 기도할 수 있다면 그것은 바로 천국입니다.

기대감 속에 전역을 하고 나는 사회로 돌아왔습니다. 이제는 마음 놓고 기도할 수 있습니다. 자유롭게 마음껏 주님을 사모하고 추구하고 기도에 힘쓸 수 있을 것입니다. 그것이 곧 자유의 의미이며 최고의 행복이었습니다.

내가 앞으로 어떤 일을 해야 하는지는 중요하지 않았습니다. 충분히 기도하고 주님을 누리며 주님이 시키시는 것을 하면 되는 것입니다. 그러기 위해서는 더 기도해야 합니다.

기도는 내 인생에서 최고의 가치입니다. 군대에서 하나님을 경험한 그 시점부터 지금까지 그 생각은 동일합니다. 나는 기도하기 위하여 살고 기도하기 위하여 잠을 자며 기도하기 위하여 밥을 먹습니다. 주님이 얼마나 아름답고 달콤하신 분이신지 알게 된 이후에 기도보다 더 내 마음을 뛰게 하는 것은 없었습니다. 나는 행복감으로 가득해서 집으로 돌아왔습니다.

7. 또 하나의 힌트

　군대에 있을 때는 누구나 전역을 하기만 하면 모든 문제가 다 풀릴 것이라고 생각합니다. 하지만 해방감을 느끼는 것도 잠시이고 곧 여러 가지 복잡한 상황에 접하게 됩니다. 나의 경우도 그랬습니다. 나는 전역과 함께 충분한 기도의 시간을 가지면 기도의 길, 은혜의 길이 활짝 열릴 것이라고 기대했습니다. 그러나 의외로 그렇지 못했습니다.
　나는 앞으로 가야할 방향을 결정하지 못했습니다. 나는 기도로 주님께 길을 물어야겠다고 생각했습니다. 하지만 먼저 중요한 것은 주님과 친밀한 관계를 가지는 것이었습니다. 그런 면에서 하나님의 임재경험과 방언은 나에게 큰 의미가 있는 것이었습니다.
　그 경험이후에 제대로 마음 놓고 기도를 해보지 못했습니다. 기도원에서는 방언이 잘 되는 것 같았는데 그 이상으로 깊이 해보지 못했습니다. 나는 당분간 진로에 대해서 생각하지 않고 충분히 하나님과의 관계를 회복하고 은혜의 자리에 나아가야겠다고 결심했습니다. 그래서 전역 후에는 주로 교회와 기도원에서 시간을 보냈습니다.
　나는 경험했던 방언을 시도해보았습니다. 하지만 결과는 실망스러웠습니다. 분명히 처음의 경험 때에는 입술에 강력한 기운을 느꼈고 혀가 꼬이면서 이상한 알아들을 수 없는 언어가 나오기 시작했었습니다. 하지만 그것은 체계적인 언어처럼 들리지 않고 '라라라라..' 와 같은 단음절뿐이었습니다.

나는 그 때가 처음이었으니까 그럴 것이고 차츰 다른 소리가 나올 것이라고 생각했습니다. 그러나 다시 시도를 해보아도 결과는 같았습니다.

회의와 침체

과거에 경험했던 감동과 흥분은 서서히 사라지기 시작했습니다. 전역하고 나서 드디어 자유인이 되어 혼자 교회에서 기도를 드릴 때, 그것은 정말 감동과 기쁨이 가득한 것이었습니다. 그러나 시간이 흐르면서 그 감동은 조금씩 줄어들기 시작했습니다. 무엇보다 방언이 생각대로 발전하지 않고 있다는 것이 슬펐습니다. 한동안 나는 '라라라라..' 하거나 '우라라라..' 를 반복하고 있다가 '정말 이게 방언이 맞나?' 하는 생각이 들기 시작했습니다.

처음에 방언이 나왔을 때는 워낙 강력한 능력, 평강의 물결에 사로잡혔었기 때문에 의심하고 말고 할 겨를이 없었습니다. 그러나 이제 시간이 흐르고 감동은 사라졌습니다. 어두운 교회의 기도실에서 혼자서 '라라라라..' 하고 있자니 아무런 느낌이나 감동도 없고 그저 혼자 바보가 된 느낌이었습니다.

나는 사람들이 방언을 하는 것을 많이 보았습니다. 이처럼 단음절의 방언을 하는 사람들을 보기는 했지만 대다수는 외국의 언어를 말하는 것 같은 소리로 방언을 했습니다.

나는 차츰 실망이 되고 허무해졌습니다. '라라라라..' 하고 소리를 내어 기도한 후에는 '내가 기껏 이것을 하려고 그렇게 목숨을 걸고 난리를 쳤었단 말이지?' 하고 허탈한 마음이 들기도 했습니다.

한동안 그렇게 씨름하다가 얻은 결론은 내가 받은 것은 방언이 아니라는 생각이었습니다. 하나님이 임하시고 나를 만지신 것은 맞지만 내가 하는 것은 방언이 아니라고 결론을 내렸습니다. 그래서 다시 방언을 제대로 받아야겠다고 결심을 했습니다.

슬픈 결론이기는 했지만 그래도 그 경험을 하기 전보다는 나았습니다. 이제는 어느 정도 하나님의 영이 임하시는 메커니즘을 알 것 같았습니다. 나는 아직도 어색하기는 하지만 그래도 소리를 내어서 기도하고 박수를 치기도 하고 손을 흔들기도 하고 몸을 표현하면서 전보다는 강력하게 기도 하는 것을 시도하고 있었습니다.

그것은 나의 체질에는 정말 맞지 않았습니다. 나에게는 행동 에너지가 참 없었습니다. 나는 충분히 생각하지 않으면 움직이지 않는 기질이고 하나의 움직임에는 100번의 생각이 필요했습니다. 돌다리를 한참 두드려본 후에도 건너가지 않는 체질이었습니다. 하지만 내 기질대로 그러고 있으면 그것이 하나님을 제한할 수 있다는 것을 알았기 때문에 나는 할 수 있는 한 적극적이고 외형적인 기도를 해야겠다고 마음먹었습니다.

기도에는 단계와 과정이 있는데 묵상기도와 같은 것은 깊은 기도이며 수준이 필요합니다. 처음에는 발성기도로 훈련을 시작해야 합니다. 처음부터 소리를 내지 않고 속으로 기도하면 영이 눌리기 쉽습니다. 나에게는 발성의 훈련이 거의 되지 않았기 때문에 의지적으로 부르짖고 발성하고 그렇게 나아가야할 필요가 있었습니다.

나는 전역 후 1년 정도를 계속 기도원을 전전하며 자주 금식하면서 기도했습니다. 기도 제목은 똑같았습니다. 방언을 달라는 것이었습니다. 전에 주셨던 그런 단순한 방언 말고, 멋지고 영감이 충만한 그런 제대로 된 방언을 달라고 나는 기도했습니다. 방언을 통해서 나는 하나님의 임재를 깊이 경험하고 누릴 수 있다고 생각했습니다.

하지만 오랫동안 실패했었던 것처럼 다시 기도한 1년 동안 나는 별 성과를 얻지 못하고 있었습니다.

분명한 것은 기도할 때에 전과는 다른 어떤 변화가 있었다는 것입니다. 나는 주님의 임재를 느낄 수 있었고 그 경험을 하기 전의 메말랐던 상태와는 다른 어떤 기쁨이나 포근함을 누릴 수 있었습니다. 하지만 방언에서는 아무 발전이 없었습니다. '나는 방언은사가 허락되지 않은 사람일까?' 생각하면서 나는 몹시 슬펐습니다.

지금 생각하면 이 단순한 은사를 얻기 위해서 나처럼 시간이 오래 걸리고 기도와 노력을 많이 한 사람은 별로 없을 것 같습니다. 그 정도로 나는 영적인 면에서 열등생이었습니다. 누구보다도 느리고 막힌 사람이었습니다.

주님이 내게 은혜를 베푸신 이유는 나와 같이 영적으로 아둔한 사람도 은혜의 세계에 나아갈 수 있다면 주님의 은혜를 누리지 못할 사람은 아무도 없다는 것을 보여주시기 위한 것이 아닐까 싶습니다. 나 같은 사람이 된다면 안 될 사람은 없을 것입니다.

실제로 내가 다른 사람을 도와줄 때 방언을 받는 데 30분 이상이 걸리는 사람은 거의 없었습니다. 내가 하도 막혀있고 답답하니까 나는 몇 년이 걸린 것입니다. 주님이 내게 임하시고 나를 사용하시는 것은 누구보다도 더 한심스러웠기 때문일 것입니다. 누구보다 더 자격이 없었기 때문일 것입니다.

단순한 방언에도 의미가 있다

전역 한 지 1년 정도가 지난 시점에서 나는 삼각산의 어느 기도원에서 있었던 부흥회에 참석하게 되었습니다. 외국에서 사역하시는 한국인 여전도사님이 인도하시는 집회였습니다. 나는 별로 기대 없이 집회에 참석했습니다. 집회에 많이 참석했지만 도움이 된 집회는 별로 없었기 때문에 그저 기도를 많이 하고 싶어서 참석한 것입니다.

그런데 그 기대하지 않던 집회에서 나는 충격적인 한 가지를 배우게 되었습니다. 다른 모든 메시지나 설교가 기억나지 않지만 그 한 가지를 배우게 되었고 그것은 나에게 큰 도움이 되었습니다.

나의 영적 탐구의 중요한 계기가 되었던 첫 번째 체험도 지나가던 전도사님의 단 한마디로 인한 것이었습니다. 그리고 두 번째 계기가 되었던 것도 단 한 마디였습니다. 영적 지식이란 알고 나면 아주 간단한 것인데 그것을 몰랐을 때에는 엄청난 고생과 수고가 따르는 것이었습니다. 그렇기 때문에 아주 간단한 한 마디와 단순한 지식도 앞서 간 사람에게 배울 수 있는 것은 엄청난 특권이었습니다.

영적인 세계는 경험이 없이 논리나 상식이나 추론에 의존해서 결론을 내리면, 당시에는 맞는 것 같지만 실제의 경험 후에는 그것이 얼마나 허망한 것인지 깨닫게 됩니다. 그러므로 경험자에게 배우는 것은 아주 귀한 일인 것입니다.

집회를 인도하는 여전도사님은 설교 중에 방언의 은사에 대해서 이야기를 하는 가운데 이런 말씀을 하셨습니다. 방언을 처음 받은 사람은 '라라라, 따따따, 빠빠빠..' 하는 방언을 계속 하는데 그게 아무 것도 아닌 것 같지만 다 뜻이 있고 하나님이 역사하시는 것이라고, 방언통역을 해보면 다 뜻이 나온다는 것이었습니다.

그 말을 듣는 순간 나는 귀가 번쩍 뜨였습니다. '음? 라라라.. 따따따.. 그것도 방언이라고? 그것도 의미가 있는 말이라고? 아니.. 그것은 나도 하는 것인데.. 그러면 내가 받은 게 방언이 맞다는 말인가? 나는 제대로 된 진짜 방언을 달라고 1년을 더 기도했는데.. 그럼 내가 오해한 건가?

갑자기 허무한 느낌이 들었습니다. 내가 받은 것이 방언이 맞다면 나는 1년간을 헛되이 기도한 것입니다. 이미 가지고 있는 것을 또 달라고 기도한 것이니까요. 아무튼 결론은 간단했습니다. 그 말이 맞는지 시험해보는 것입니다.

나는 실증주의자입니다. 기도와 영성에 대해서든 건강이나 다른 분야에 대해서든 어떤 책을 읽거나 이론을 접했을 때 그대로 받아들이는 경우는 거의 없습니다. 항상 그 이론과 원리를 내 자신에게 실험하고 직접 적용합니다. 그래서 경험과 결과를 통해서 '아, 맞는구나..' 하고 생각하고, 경험이 이론과 다르면 '이것은 틀린 이론이거나 아니면 나에게 맞지 않는구나.' 하고 생각합니다.

그 전도사님의 말씀에 대한 실험의 방식은 아주 간단했습니다. 내가 받은 것이 방언이 맞다면 '라라라.. 따따따' 가 아무리 유치하게 느껴진다고 하더라도 한번 끝까지 해보자는 생각이 들었습니다. 만약 방언이 맞다면 계속 하고 또 할 때 그것은 발전할 것입니다. 그리고 성경이 말하기를 방언으로 기도하는 것은 나의 영이 기도하는 것이라고 했으니 나의 영에게 어떤 변화가 일어날 것입니다.

"내가 만일 방언으로 기도하면 나의 영이 기도하거니와.." (고전14:14)

강사님으로부터 그 말을 들은 순간부터 내 가슴은 뛰었습니다. 다른 말은 더 이상 내 귀에 들어오지 않았습니다. 어서 집회가 모두 끝나고 방언을 실험해볼 수 있는 시간이 되기를 기다렸습니다.

집회가 끝나고 개인 통성기도를 시키더니 집회를 인도하시던 전도사님이 각자에게 기도를 해주신다고 하셨습니다. 그러더니 강단에서 내려와 한 사람 한 사람에게 가까이 가서 무엇인가 기도를 하고 이야기를 해주시는 것이었습니다.

나는 별로 기도를 받고 싶은 마음이 없었습니다. 빨리 집회를 마친 후에 방언기도를 해보고 싶은 마음뿐이었습니다. 하지만 기도를 해준다니 할 수 없이 기다릴 수밖에 없었습니다.

내 차례가 되어 여전도사님이 내게 가까이 왔습니다. 나는 조용한 목소리로 기도하고 있었는데 그녀는 내 옆에서 조용히 무엇인가 기도를 하더니 나에게 물었습니다.

"저기.. 공부를 못했어요?"

나는 난데없는 그녀의 질문이 무엇을 의미하는지 몰랐습니다. 공부를 못했느냐고 묻다니.. 성적을 말하는 것인가? 나는 공부를 대체로 못하는 편은 아니었지만 학교를 별로 좋아하지 않았고 공부에도 그다지 관심이 없었습니다. 그런데 그녀가 그것을 왜 묻지? 잠시 생각해보니 그녀가 묻는 것은 학업의 여부를 묻는 것 같았습니다. 나는 고등학교를 한 학기만 다니고 그만둔 것이 생각났습니다. 그래서 나는 고개를 끄덕였습니다.

"예.."

자세한 대답을 하지 않았던 것은 그녀가 무엇인가 예언적인 메시지를 전하려고 하는 것 같아서 그녀에게 나에 대한 일체의 정보를 주지 않으려고 했기 때문입니다.

나중에 알게 되었지만, 예언이나 하나님의 음성듣기에 있어서 가장 주의해야 할 것은 선입견이며 선입관입니다. 무슨 일이든지, 어떤 대상이든지, 그에 대하여 선입견을 갖게 되면 그것은 하나님의 음성을 듣는 것을 방해하게 됩니다. 아무튼 나는 그녀가 말하는 것이 하나님께로부터 온 것이라면, 내가 아무런 이야기를 하지 않더라도 나에게 필요한 이야기를 할 것이라고 생각했습니다. 그녀는 나의 대답을 듣더니 간단하게 한 마디를 하는 것이었습니다.

"하나님이 공부할 수 있는 길을 열어주신다고 하셨어요."

그녀는 그렇게 짧게 말하더니 다른 사람에게로 갔습니다. 나는 얼떨떨한 마음이었습니다. 나는 고등학교를 들어갈 때 입학금을 내지 못했습니다. 그리고 한 학기를 마친 후에 두 번째 등록금이 나왔을 때 학교를 그만두어 버렸습니다. 그러니까 공짜로 고등학교를 한 학기 다닌 것입니다. 나는 억지로 힘들게 학교를 다니느니 차라리 내가 돈을 버는 것이 낫겠다고 생각하고 일찍 사회로 나갔습니다.

나는 책은 좋아했지만 제도화된 학교라는 틀은 싫었습니다. 시간이 있을 때는 남산에 있는 국립중앙도서관에 틀어박혀서 아침부터 저녁까지 좋아하는 책을 읽었는데 그것이 나에게 커다란 기쁨이었지만 다시 학교로 돌아가서 공부를 하고 싶은 마음은 전혀 없었습니다. 다시 공부를 하고 검정고시를 해서 대학에 가고 싶은 마음은 전혀 없었습니다.

나는 이 사회에서 대학을 나오지 않고 고등학교 중퇴의 학력으로도 얼마든지 행복하게 잘 살 수 있다는 것을 경험하고 싶었고 보여주고 싶었습니다. 나중에 하나님의 강권으로 어쩔 수 없이 대학과 신대원에 가게 되었지만 그것은 나의 의사가 전혀 아니었습니다.

아무튼 그 때는 그 메시지를 듣고 좀 실망스러웠습니다. '예언의 말씀을 하실 바에는 네가 받은 방언이 바른 방언이다.. 라든지, 좀 중요한 말씀을 하시지, 아무 관심이 없는 이야기를 하시다니.. 학교를 가고 싶지도 않고, 요청한 적도 없는데 길을 열어주신다니.. 참.. 그런 길은 안 열어주셔도 되는데.' 나는 속으로 툴툴거렸습니다.

하지만 메시지는 마음에 들지 않았지만 여전도사님의 이야기는 나에게 그녀에 대한 신뢰감을 어느 정도 심어주었습니다. 내가 이야기하지 않은 나의 사정에 대해서 그녀가 알고 있고 하나님께 바른 메시지를 받는 사람이라면 방언에 대한 그녀의 이야기도 사실일 가능성이 높았기 때문입니다.

충분히 방언을 할 때 역사가 일어난다

이윽고 집회는 끝났습니다. 집회 장소에는 불이 다 꺼졌습니다. 하지만 사람들은 대부분 집으로 돌아가지 않았습니다. 월요일부터 금요일 새벽까지 4박5일 동안 하는 집회였기 때문에 대부분의 사람들은 기도원에서 숙박을 하면서 있었던 것입니다. 일부 사람들은 숙소에 갔지만 대부분의 사람들은 집회 장소에서 이불을 펼치고 잠을 자고 있었습니다.

나는 그 자리에 엎드려서 기도하기 시작했습니다. 다른 사람들의 수면을 방해하지 않도록 아무에게도 들리지 않는 조그만 소리로 기도하기 시작했습니다.

"주님.. 제가 하는 것이 방언이 맞다면 이것을 통해서 역사해주시기를 원합니다." 하고 기도를 드린 후에 나는 속에서 나오는 대로 '라라라라.. 르르르르..' 하고 방언기도를 하기 시작했습니다. 작은 소리로 소곤거리듯이 계속 방언을 했습니다.

참 무미건조했습니다. 아무런 느낌이나 감동도 없고 그저 따분하기만 했습니다. 30분, 1시간을 해도 변화는 별로 일어나지 않았습니다. 하지만 나는 계속 했습니다. 2시간, 3시간, 4시간.. 계속 했습니다. 이것이 정말 방언이고 하나님이 주신 것이 맞다면 아무리 유치한 것이라도 나는 무시할 수 없었습니다. 나는 너무나 배가 고팠기 때문입니다. 나는 느낌이야 어떻든 간절한 마음을 가지고 계속 방언을 하였습니다.

2시간, 3시간, 4시간 계속 방언으로 기도하면서 나는 서서히 달구어지는 것을 느꼈습니다. 내 속에서 어떤 변화가 조금씩 일어나는 것을 나는 느꼈습니다. 그것은 정말 방언이었습니다. 그것은 단순히 유치한 소리가 아니었습니다. 그것은 살아있는 언어였으며 영적인 실재였습니다. 나는 점점 심령이 열리는 것을 느꼈습니다. 지난번에 경험했던 그 하나님의 임재가 점점 더 가까이 오는 것을 느꼈습니다. 그것은 전처럼 강렬한 것은 아니었지만 은근하고 따뜻하고 포근한 것이었습니다. 나는 울기 시작했습니다.

나는 밤에 방언기도를 시작해서 새벽예배를 시작할 때 까지 계속하였습니다. 아마 여섯 시간 정도는 기도한 것 같았습니다. 새벽예배를 위하여 불을 켜고 인도자들이 예배를 준비하고 있을 때 나는 밤새 엎드려 있었던 무릎을 폈습니다. 그리고 아픈 무릎을 주물렀습니다.

내가 엎드려 있던 자리는 눈물의 홍수가 되어 있었습니다. 나는 다른 사람들에게 들키지 않으려고 노력하면서 눈물을 닦고 휴지로 바닥을 닦았습니다. 지난 1년의 세월이 한심스러웠습니다. '아.. 내가 진작 알았더라면.. 1년 동안 그렇게 금식하고 고생하고 방언을 달라고 기도하지 않았을 텐데..' 하는 마음이 들었습니다. 하지만 이제라도 알게 된 것이 너무나 감사하였습니다.

이제 다시 새로운 통로가 열렸고 하나님의 임재와 그의 얼굴을 구하는 자리로 나아갈 수 있는 길을 발견한 것이 너무 기뻤습니다. 아직 가야할 길이 멀고 배워야 할 것이 너무 많았지만 그렇게 시작할 수 있다는 것에 대해서 나는 너무나 기쁘고 감사하고 행복하였습니다. 그 날의 새벽집회는 너무나 아름답고 황홀한 것이었습니다. 나는 줄곧 울면서 하나님의 은혜와 사랑에 대하여 감사와 찬양과 사랑의 고백을 드렸습니다.

갈망하는 자에게, 사모하는 자에게.. 주님은 거절하지 않으시고 은총을 베풀어주십니다. 아무리 한심하고 부족한 사람이라도, 포기하지 않고 주님께 나아가면 그 은총의 세계를 경험할 수 있습니다. 할렐루야.

"내가 그리스도와 함께
십자가에 못박혔나니 그런즉 이제는 내가 사는 것이 아니요
오직 내 안에 그리스도께서 사시는 것이라"

8. 방언의 발전

놀라운 우연의 일치인지 얼마 후에 방언에 대해서 내게 결정적인 한 마디의 힌트를 주었던 여전도사님이 내가 다니고 있던 교회의 부흥회에서 강사로 오셔서 집회 인도를 하게 되었습니다. 나는 그녀에 대한 감사의 마음이 너무 충만해있어서 기쁜 마음으로 집회에 참석하였습니다.

나는 어떻게 무엇으로 그녀에게 선물을 할까 생각을 하다가 용돈을 털어 모아서 만년필을 샀습니다. 집회 끝난 후에 그녀에게 감사를 표하면서 그것을 주자 그녀는 "아이구, 할렐루야!" 하더니 "예수 이름으로 받겠습니다! 할렐루야!" 하는 것이었습니다.

나는 그 문구가 참으로 마음에 들었습니다. 무엇을 하든지 받든지 오직 예수 이름으로 한다는 것, 그것은 인상적인 모습이었습니다. 그녀가 나에게 가르쳐준 것 '단순한 발음도 방언이다' 라는 메시지는 아주 간단한 것이었지만 그 지식이 내게 준 영향은 아주 컸고 나는 그것이 평생 다 갚지 못할 은혜라고 생각했습니다. 영적 지식이란 내게 목숨처럼 소중한 것이었습니다. 이론이 아닌 실제적인 지식에 대해서는 더 말할 나위 없었습니다.

새로운 언어의 발전과정들

나는 기도원에서 내려와 방언기도를 계속 시도하였습니다. 내가 다니던 교회에는 지하에 넓은 예배실이 있었고 그것은 가끔 청년부 모임이나 여전도회 철야기도회 장소로 사용되기도 하였지만 평소에는 항상 비어있었습니다. 예배용 의자가 없이 바닥이 마루로 되어있어서 개인 기도를 하기에는 아주 좋은 장소였습니다. 아침이나 낮에는 비어있었지만 밤이 되면 권사님들이 기도하러 오셨습니다. 밤에 기도하는 것보다는 주로 새벽기도에 참여하시려고 잠을 주무시는 것이 목적이었습니다. 집이 멀어서 새벽에 교회에 오기 힘드니까 미리 교회에서 자고 새벽기도회에 나오시는 것입니다.

연세가 드신 권사님들이 날마다, 밤마다 와서 교회에서 기도하다가 주무시는 것은 그 교회의 복이라고 할 수 있습니다. 이분들이 날마다 기도하시는 주 내용은 날마다 가정과 자녀들을 위한 것이 많았지만 그들은 꼭 빼놓지 않고 교회와 목사님을 위해서 기도하시곤 했습니다.

기도원에서 돌아온 후 나는 날마다 이 지하 예배실에서 살다시피 했습니다. 하루 종일 방언을 했고 밤에 시작한 방언은 새벽기도회가 시작될 때까지 계속되었습니다.

내게는 기도에 있어서 방언이 하나의 끈이었습니다. 그동안 기도를 많이 해왔지만 뭔가 하나님과 친밀한 교통을 누리는 것이 아니고 혼자서 허공을 맴도는 것 같았습니다. 씨름을 하는데 샅바 끈을 잡지 못해서 혼자서 허우적거리며 힘을 쓰지 못하는 것 같았습니다. 그러나 방언은 나에게 있어서 힘을 쓸 수 있는 그 샅바 끈을 잡은 듯한 느낌이었습니다. 그것은 열심만 있으면 아주 쉬운 도구였습니다. 이 끈을 계속 잡아당기기만 하면 되는 것입니다. 그래서 나는 계속하여 이 새로운 무기를 사용하였습니다.

내성적인 성격의 나로서는 기도원이나 다른 사람들이 있는 곳에서는 충분히 마음 놓고 기도를 할 수가 없었습니다. 그러나 대낮에도 불을 켜지 않으면 컴컴할 정도로 어두운 기도실에서는 마음대로 기도할 수 있었습니다. 나는 속에서 나오는 대로 방언을 하기 시작했습니다. 속에서 나오는 대로 방언을 하고 나의 의식은 그것을 관찰하고 있었습니다.

처음에 그저 '랄랄랄라..' 하고 나오던 방언은 계속 할수록 조금씩 발음이 달라지기 시작했습니다. '알라.. 알리.. 아루.. 아와..' 하는 식으로 발음은 조금씩 변화되었습니다.

계속 반복하자 방언은 점점 더 강렬해졌습니다. 입이 크게 벌어지기도 했고 혀가 밖으로 들락날락 하기도 했습니다. 내 입과 혀의 움직임을 계속 관찰하면서 나는 이것이 새로운 언어의 훈련인 것을 깨달았습니다. 나의 입은 새로운 언어에 익숙해지기 위해서 자음과 모음을 하나하나 훈련하는 것 같았습니다. '아웅, 이우웅.. 에잉..' 하는 식의 발음이 속에서 계속 나왔는데 그것은 마치 어린아이가 '아, 에, 이, 오, 우..' 하면서 처음으로 발음을 배우는 것 같았습니다.

방언을 하는 과정에서 나의 의지는 전혀 없었습니다. 어떻게 발음이나 언어를 만들어내는가 하는 의지는 전혀 작용하지 않았습니다. 다만 방언을 계속 할 것이냐, 멈출 것이냐, 크게 할 것이냐 작게 할 것이냐, 빠르게 할 것이냐, 천천히 할 것이냐.. 이 정도의 선택 외에는 할 수 없었습니다. 그 외에는 그저 속에서 나오는 대로 입과 혀를 맡길 뿐이었습니다. 그것은 어떤 악보가 있을 때 연주자가 그것을 피아노로 연주하면서 크게, 작게, 빠르게, 천천히, 강하게, 부드럽게.. 연주할 수는 있지만 기본적으로 악보를 따라서 연주해야 하는 것과 같은 것입니다.

그렇게 새로운 자음과 모음을 열심히 익히는 과정은 몇 주 정도 진행되었습니다. 아침부터 밤까지 하루 종일 방언을 하자 몇 주 정도 지난 후에 드디어 언어 같은 방언이 나오기 시작했습니다. 그것은 참으로 아름다운 언어였습니다.

"샤르리아 샬라라.. 샬르비르.. 샬라.."

주로 S발음이 많이 나오는, 프랑스어를 하는 것 같은 느낌의 언어였습니다. 나는 마치 시를 읊는 것 같았습니다. 소리도 부드럽고 감미로웠고 심령도 꿀같이 달콤했습니다.

나는 기도원에서 방언을 달라고 금식하며 기도하는 중에 사람들이 하는 방언을 참 많이 보았습니다. 인상적이었던 기억은 어떤 집회 중에 바로 내 앞자리에서 엎드려서 집채만 한 엉덩이를 좌우로 우악스럽게, 정말 요란스럽게 흔들면서 집회장이 떠나가라 방언을 하는 젊은 여성의 모습이었습니다.

나는 그녀가 너무나 부러워서 눈물이 다 났습니다. 하지만 저렇게 우악스럽게 방언을 하고 싶지는 않다는 생각이 들었습니다. 나는 방언을 하게 되면 시를 읊듯이 아름답고 멋지게 사랑의 고백과 같은 방언을 하고 싶다고 생각했습니다. 속으로 '방언을 하려면 저렇게 우악스럽고 요란해야 할 수 있는 것일까? 하고 생각하기도 했습니다.

그렇게 생각하던 나에게 이렇게 우아하고 멋진 발음의 방언이 나타나자 나는 내심 너무나 기뻤습니다. '방언은 참 아름다운 언어이며 기도이다!' 하는 생각이 들었습니다.

나중에 알게 된 것이지만 방언이 고상한 방언이 따로 있고 거칠고 요란한 방언이 따로 있는 것이 아니었습니다. 그것은 각 사람의 기질과 스타일에 달려있는 것이었습니다.

똑같은 한국어도 하는 사람에 따라서 거칠게 들리기도 하고 부드럽게 들리기도 하며 단순하게 들리기도 하고 섬세하게 들리기도 하는데 그것은 말하는 사람의 특성이 나타난 것이지 한국어 자체의 특성은 아닌 것입니다. 물론 각 나라의 언어가 고유한 성격과 분위기를 가지고 있는 것은 분명하지만 언어에는 그 언어 자체보다 그 언어를 사용하는 사람의 성격과 특성이 더 중요하게 나타난다는 것입니다.

나는 마음이 아주 행복해져서 그 방언을 계속 하고 있었는데 유감스럽게도 내 마음이 맞는 아름다운 방언은 그리 오래 지속되지 않았습니다. 한참 그 방언을 하는데 난데없이 다른 발음이 튀어나오기 시작했습니다.

"따따따따따.. 라따따따.."

그것은 전혀 마음에 들지 않는 딱딱한 발음이었습니다. 조금 전의 방언을 할 때는 마치 아름다운 시어로 연인에게 사랑의 고백을 하는 느낌이었습니다. 그러나 이것은 그저 밋밋하고 단조로우며 별다른 감동이 없었습니다. 할 수 없이 나오는 대로 계속 하고 있는데 비슷한 발음은 계속되었습니다.

"뜨뜨뜨뜨.. 빠빠빠빠.. 또또또또.."

마음에 들지는 않았지만 한숨을 쉬면서 한동안 이 언어로 계속 방언을 했습니다. 오랫동안 이 과정을 마친 후에는 대체로 이런 스타일의 언어가 되었습니다.

"아까뜨로비까.. 까빠뜨로비아타.. 라바깐따르뜨뜨까바타.."

이런 식의 된 발음이 많이 나왔고 똑똑하고 정확하게 끊어지는 것이 날카롭고 예리하면서 절도가 있었습니다. 이것은 시어와는 다른.. 어떤 선언, 선포와 같은 느낌이 들었습니다.

한 동안 그 방언을 하고 있는데 또 갑자기 이상한 소리가 나왔습니다.

"깡깡깡.. 낑낑낑.. 끼깅.."

나는 방언을 하다가 갑자기 강아지가 된 것은 아닌지 걱정스러웠습니다. 할 수없이 계속 나아갔더니 나중에는 결국 이러한 형태의 방언이 되었습니다.

"깐짜이하우와 깐나, 까하움마, 아우와깐싸.."

이것은 억양과 고저장단이 분명하고 위아래로 계속 올라갔다 내려갔다 하는데 꼭 중국어를 하는 것 같았습니다. 그 후 언젠가 청년 또래의 기도모임에서 통성기도를 하는 중에 이 방언으로 기도를 했더니 듣는 사람들이 '저 형제는 중국어 방언을 하는가?' 하고 수군거리기도 했습니다. 중국어 일리는 없겠지만 아무튼 발음이나 억양이 그와 비슷했습니다.

한 동안 그 방언을 하고 있는데 나중에 다시 혀가 꼬였습니다.

"우르르.. 왈.. 와르.."

나는 갑자기 셰퍼드가 된 것 같았습니다. 할 수 없이 이 언어를 계속 하였습니다. 나중에는 이런 형태로 완성이 되었습니다.

"알와일, 아르 위얼.. 울롸일.."

이것은 영어 발음과 매우 비슷했는데 R 발음이 많이 나왔고 굉장히 혀를 굴리면서 발음이 되었습니다. 흔히 영어본토 발음이 혀를 많이 굴린다고 하는데 이것은 그보다 훨씬 더 굴림이 많은 것 같았습니다.

일일이 다 열거할 수 없지만, 아무튼 몇 달 동안은 이렇게 방언이 새로 나타나고 훈련되고 발전하는 과정이었습니다.

나는 새로운 발음과 언어가 나타날 때마다 마치 새로운 영역, 새로운 무기를 받는 느낌이었습니다. 방언기도를 하는 분들 중에서는 흔히 영적으로 어떤 무기력이나 답답함, 한계에 다다른 것 같은 느낌이 있었을 때 기도하는 중에 지금까지 하던 것과 다른 새로운 발음으로 나오는 방언이 임하게 되고 그것이 영적으로 신선하게 회복이 되는 계기가 되었다고 고백하는 것을 더러 보았습니다. 그것은 아마 새로운 은혜, 새로운 무기를 얻는 과정인 것 같았습니다.

단음절 방언에는 능력이 있다

나는 단음절로 단순 반복되는 방언을 할 때 그것이 너무 무미건조하고 아무런 감동도 없었기 때문에 재미가 없었고, 내가 스스로 하는 것이라고 생각했습니다. 그러다 나중에 그것도 방언이라는 것을 배우게 되어 열심히 시도하게 되었고 나중에 언어의 체계가 갖추어진 세련되어 보이는 방언이 나오게 되었을 때는 몹시 기뻤습니다. 그러나 생각해보면 그것은 나의 오해였습니다. 단음절 방언은 낮고 유치한 것이며, 세련된 언어의 방언은 좋은 것이라는 것은 나의 일방적인 생각에 불과했습니다.

목회를 하고 있을 때 같은 교회를 섬기던 K집사라는 분이 있었습니다. 가끔 어떤 문제가 있어서 성도들과 어울려 통성으로 기도를 할 때 이분은 가끔 "따따따따.." 하는 단음절의 방언을 계속 하곤 했습니다.

그것은 참 단조로운 발음이었는데 이상하게 그가 그렇게 기도를 하고 있을 때는 단조롭기 보다는 어떤 강력한 힘이 흘러나오는 것을 느낄 수 있었습니다. 그가 그 방언으로 강하게 기도하고 있을 때는 기도하는 다른 성도들에게도 어떤 영적인 능력이 전이되는 것 같았습니다. 주로 영적 전쟁에 대한 기도를 할 때 그는 이 기도를 했는데, 그의 단순한 방언이 악한 영들의 세력을 초토화하는 데 어떤 영향을 행사하는 것 같았습니다.

　기도를 마친 후 그 방언에 대해서 물어보았는데, 그는 웃으면서 그 방언을 하게 된 계기를 이야기했습니다. 자기의 방언에 대해서 긍지가 가득한 모습이었습니다.

　그는 어느 기도원에서 기도 중에 갑자기 방언이 바뀌면서 이 방언이 나왔다고 합니다. 이 방언을 하면서 무엇인가 막힌 것이 뚫리는 것 같았고 영적으로 힘이 마구 나와서 그 이후로 영적 전쟁이나 강력한 힘이 필요한 상태에서는 자기도 모르게 이 방언을 하게 되고 그러면 힘을 얻게 된다는 것입니다.

　그는 어느 기도원에서 만난 사역자의 이야기를 들려주었습니다. 그 사역자는 영이 맑아서 환상을 자주 보는 사람이었는데 자기가 그 방언을 하는 것을 보고는 그의 방언이 공중에 있는 악한 영들을 향해서 기관총을 난사하는 것 같으며, 그래서 그 방언을 맞고 공중에서 악한 영들이 마구 떨어지고 있는 것이 보인다는 것입니다. 그는 그 해석을 듣고는 자신도 그렇게 느꼈다며 더욱 신이 나서 그 방언을 사용하는 것이었습니다.

　나는 오랜 시간 방언을 사용하고 나서 단음절의 방언이 능력의 임함과 관련이 있다는 것을 경험적으로 느끼게 되었습니다. 섬세한 언어를 사용하는 방언은 마음을 토하거나 사랑을 고백하거나 하는 등의 주로 친밀한 교제와 관련이 있는 내용이었으며 단음절의 방언은 주로 충만한 능력을 구하는 내용과 관련된 것이라는 것을 느끼게 되었습니다.

　그러나 이것은 어느 정도 경험이 쌓이고 영감이 생긴 후에 직관적으로 알게 된 것이고, 초기에 이 방언을 할 때는 몹시 지루하고 재미가 없었습니다. 그러나 이 K집사는 초기에 이 방언을 할 때부터 나와 같은 갈등이나 고민은 없었던 것 같았습니다. 그는 그저 신이 나서 열심히 이 방언을 사용하는 것 같았습니다.

섬세한 기질은 깊고 단순한 기질은 강력하다

그러한 차이는 기질과 성향에 관련된 것 같았습니다. 나는 섬세한 기질을 가지고 있었으며 단순하고 기계적인 작업은 아주 힘들어하는 편이었습니다. 복잡한 작업이나 복잡한 사고가 필요한 것, 창작.. 등에 대해서는 즐겁게 느꼈습니다.

예를 들어서 일부의 부흥사들은 똑같은 설교를 자주 하곤 합니다. 똑같은 예화, 똑같은 설교를 한두 번도 아니고 무수히 반복하는 것입니다. 매너리즘에 빠지지 않고 비슷한 이야기를 반복한다는 것은 쉬운 일이 아닐 것입니다.

나의 경우는 그것이 불가능했습니다. 동일한 설교, 동일한 예화는 다시 반복하기 힘들었습니다. 기계적이고 단순 반복적인 것을 하는 것이 너무나 고통스러웠기 때문입니다. 그러나 이 집사님은 단순한 스타일의 기질을 가지고 있어서 그러한 갈등이 별로 없이 단순한 것을 그 자체로 즐기고 있는 것 같았습니다.

단순한 스타일과 섬세한 스타일.. 어느 쪽이 좋다고 할 수 있을까요? 그것은 주님이 필요에 따라 부르심에 따라 주신 것이며 일종의 달란트와 같은 것입니다. 그것은 각자에게 장단점이 있습니다. 예를 들면 섬세한 사람은 깊지만 약합니다. 단순한 사람은 깊은 곳으로 들어가는 것을 즐기지 않지만 강합니다.

시계는 섬세한 도구입니다. 그것을 분해해보면 수많은 미세한 톱니가 연결되어 맞물려서 움직이는 것을 볼 수 있습니다. 그것은 섬세하지만 약합니다. 시계를 가지고 못을 박을 수는 없습니다. 반면에 망치는 단순한 도구이지만 아주 강합니다. 망치로는 못을 박을 수 있으며 강한 것을 부술 수도 있습니다. 이것은 시계와 망치가 어떤 것이 좋으냐의 문제가 아니라 어떤 용도로 만들어졌으며 어떻게 사용해야 하는가의 문제입니다.

영적으로도 섬세한 사람은 강하지 않은 것이 보통입니다. 또한 강한 사람은 섬세하고 예민한 부분이 부족합니다. 그래서 분별에 있어서는 약할 수 있습니다.

분별력과 파워는 다른 분야이다

이 K집사님이 재미있는 이야기를 들려준 적이 있었습니다. 그는 어느 날 친구 두 사람과 같이 어느 기도원에 가서 열심히 기도를 하고 있었습니다. 그들은 산 속으로 올라가서 하필이면 무덤가에서 기도를 하고 있었습니다.

한참 기도를 하고 있는데 K집사의 옆에서 기도하던 친구가 소리를 지르고 난리가 났습니다. "마귀야, 귀신아, 물러가라!" 하면서 소리를 지르고 난리를 치는 것이었습니다. K집사가 놀라서 그 친구에게 왜 그러느냐고 묻자 그 친구는 대답하기를 저기 귀신이 서 있는 것이 보이지 않느냐고 손으로 가리키면서 돌까지 던지면서 "귀신아.. 가라!" 하고 있는 것입니다.

K집사는 아무리 눈을 크게 뜨고 봐도 아무 것도 보이지 않는데 친구가 뭐가 있다고 하니까 친구의 손을 잡아주고 그 능력의 방언을 했습니다. "따따따.." 하면서 기도를 한 것이죠.. 그러자 친구는 곧 고맙다고, 지금 귀신이 간 것 같다고, 안 보인다고 하는 것입니다.

그런데 그 순간 바로 반대쪽에서 기도하던 다른 친구가 또 소리를 지르며 "귀신아, 가라!" 하면서 난리가 났습니다. K 집사가 왜 그러냐고 물어보니 손가락으로 가리키면서 저기 귀신이 있다고.. 소리를 지르는 것이었습니다. K 집사는 여전히 아무 것도 안 보였지만 방금 있었던 놈이 그리로 갔나보다 싶어서 다시 그 친구의 손도 잡고 다시 "따따따따.." 했는데 조금 있으니 그 친구도 고맙다고, 지금 악한 영이 갔다고 하는 것이었습니다.

K집사의 그 두 친구들은 예민하고 섬세한 스타일의 사람이었던 것 같습니다. 그러한 이들은 영의 존재를 잘 감지합니다. 그러나 K 집사는 도통 뭐가 들리고 보이고 느껴지고.. 하는 것과는 거리가 먼 사람이었습니다. 그러나 그는 강력한 파워를 가지고 있었습니다.

이 이야기는 섬세하고 분별의 감각이 있는 사람은 강한 부분이 부족하며, 강력한 사람은 또한 조금 둔감한 측면이 있는 것을 보여줍니다. 그것은 상호보완적이며 부르심과도 관련이 있는 것입니다. 그러므로 자신이 부족한 부분에 대해서는 다른 이들을 통해서 보완될 필요가 있으며 또한 자신의 부족한 부분들을 발전시켜나가야 합니다.

하나님의 선물을 사람의 생각으로 부끄러워해서는 안 된다

무지로 인한 것이기는 했지만 나는 주님이 주신 귀한 선물을 한동안 경시하고 있었습니다. 나는 단음절의 방언을 부끄럽게 여겼습니다. 단순하고 무의미해 보이는 발음을 되풀이 하는 것은 어리석고 바보같이 보였습니다.

하지만 나는 뒤늦게나마 배우고 그리스도를 위하여 즐거이 바보가 되기로 했습니다. 그리고 그렇게 바보가 된 결과 나는 말로 표현하기 어려운 주님의 은총을 입었습니다.

나는 겉으로 보기에 미련하게 보이는 것을 통해서도 하나님께서 역사하심을 알게 되었습니다. 세상의 미련한 것들을 택하사 지혜 있는 자들을 부끄럽게 하려 하시고 세상의 약한 것들을 택하사 강한 것들을 부끄럽게 하려 하시는 주님의 은혜를 찬양할 뿐입니다.

그리스도를 가까이 알 수만 있다면.. 바보가 되는 것도, 미치는 것도.. 아니 그 이상의 것이라고 하더라도 그것은 너무나 아름답고 놀랍고 영광스러운 것입니다. 주 예수님.. 너무나 감사합니다. 할렐루야.

9. 변화들

내가 받은 것이 방언이 맞다는 것을 알게 된 이후 나는 여러 달 동안 집중적으로 방언을 했습니다. 아무도 없는 지하의 예배실에서 나는 아침부터 밤까지 하루 종일 방언을 했습니다. 어떤 때는 밤에 방언을 시작해서 새벽기도회가 시작될 때까지 밤을 꼬박 새고 방언기도를 하기도 했습니다.

워낙 오랜 시간 동안 기다리고 사모했었기 때문에 나도 방언을 할 수 있다는 것을 최대한 누리고 즐기고 싶었습니다. 나는 내가 발견해낸 보석 상자를 날마다 열고 그 안에 있는 보물들을 꺼내서 보고, 어루만지고, 닦고.. 하는 기분이었습니다.

당시에는 버스비를 아끼려고 한 두 시간을 걷는 일이 자주 있었기 때문에 나는 길을 걸으면서 계속 방언을 했습니다. 나는 꿈속에서도 방언을 했습니다. 그리고 아침에 잠을 깨면 나는 내 방언이 아직도 무사한 건지, 걱정이 되고 궁금해서 자리에서 누운 채로 조용히 방언을 해보았습니다.

나는 방언을 받은 많은 사람들이 곧 흥미를 잃어버리는 것을 많이 보았습니다. 수련회에 참석했다가 나 같이 사모하는 이에게는 도무지 임하지 않았으나 방언에 대해서 별로 관심도 없던 이들이 방언을 쉽게 받고는 자랑하는 것을 보고 몹시 슬프고 부러워했었는데, 얼마 후에 그런 이들이 방언을 지속적으로 하지도 않으며 기도 생활도 별로 하지 않으며 방언을 받은 것을 한 때의 그저 지나가는 경험으로 여기곤 하는 것을 보고 놀라웠습니다.

그러나 나로서는 방언을 너무나 어렵게 경험했기 때문에 그렇게 여유를 부릴 수가 없었습니다. 음식에 굶주려 본 적이 없는 부유한 이들은 음식을 먹다가 쉽게 버릴 수 있습니다. 그러나 음식에 굶주려 온 이들은 작은 음식의 부스러기라도 땅에 떨어지는 것을 두려워할 것입니다. 그들은 땅에 떨어져 있는 음식 부스러기라도 주워서 먹을 것입니다. 나는 영적으로 열등생이었고 너무나 굶주려 있는 사람이어서 주님이 주신 은혜에 대하여 여유를 부릴 수 없었습니다.

방언을 받은 것은 내 삶에 있어서 아주 중대한 사건이었습니다. 어떤 이들은 방언 은사를 하찮게 여기기도 합니다. 하지만 내게는 어떤 대가를 지불하고서라도 받고 싶은 것이었습니다.

방언을 받고 날마다 방언을 사용하면서 나는 너무나 행복했습니다. 처음부터 감동과 기쁨이 넘쳤던 것은 아니었고 처음에는 그저 밋밋할 뿐이었지만, 계속 방언을 사용하여 기도하면서 전에 몰랐던 평강과 기쁨을 경험하게 되었습니다. 내가 기도하던 마룻바닥은 수시로 눈물의 홍수가 되곤 했습니다.

방언기도를 하게 된 이후 나의 삶은 완전히 바뀌었습니다. 나는 온종일 기도하고 하루의 대부분을 기도로 보냈습니다. 나는 당시에 진로를 아직 결정하지 못했고 시간이 많이 있어서 주님의 인도하심을 기다리며 하루 종일 기도할 수 있었습니다.

나는 집에서 잠을 잘 때도 거의 방언을 하거나 주의 이름을 부르다가 잠이 들곤 했습니다. 속으로 '나의 하나님.. 나의 주님..' 하고 부르면서 잠이 들었습니다. 그렇게 잠이 드는 것은 정말 행복한 수면이었고 아침에 잠이 깨면 너무나 행복하고 달콤했습니다.

그런 식으로 방언에 푹 빠져 살면서 나는 많은 변화들을 경험하게 되었습니다. 그것은 내게 아주 놀라운 일이었습니다.

속에서 움직이는 기도의 영

어느 날 길을 가면서 나는 갑자기 내가 기도를 하고 있는 것을 느끼게 되었습니다. 나도 모르게 속에서 '주여.. 주여..' 하고 간절하게 주를 부르는 기도의 움직임이 일어나는 것이었습니다.

나는 놀랐습니다. 그것은 내가 나의 의식으로 드리는 기도가 아니었습니다. 저절로 속에서 나오는 기도였습니다. 그것은 내 마음에서 나오는 것이 아닌, 깊은 속에서, 깊은 영 속에서 나오는 것 같았습니다. 나는 걸음을 멈추고 그 소리에 주의를 기울였습니다. 그것은 가냘픈 음성으로 '나의 주님.. 나의 하나님..' 하고 부르는 듯한 느낌이었습니다. 그것은 아주 미세하고 부드러운 것이었으며 아름답고 섬세한 소리였습니다.

그것은 내가 그 때까지 하던 기도와 달랐습니다. 분명히 내 속에 있지만 내가 아닌 또 다른 내가 기도하는 것 같았습니다.

나는 그것이 영의 움직임이라고 느꼈습니다. 그것은 마음으로 드리는 기도와 달랐습니다. 그것은 깊은 속에서 나오는 애절한 사모함의 기도였습니다.

고전 14장 14절은 "내가 만일 방언으로 기도하면 나의 영이 기도하거니와.." 하고 말하고 있습니다. 나는 이 구절을 많이 읽었지만 그 의미가 어떤 것인지 잘 알 수 없었습니다. 그러나 이 경험을 하면서 나는 어렴풋이 느끼게 되었습니다. 나의 마음, 나의 이성이 아닌 깊은 감각, 깊은 영의 움직임이 내 안에 있다는 것을 말입니다.

섬광처럼 나는 갑자기 깨닫게 되었습니다. 내가 오랫동안 주를 갈망하고 주를 사모하고 그의 얼굴을 구하던 굶주림은 나의 이성이 아니고 이 깊은 속에 있는 영으로부터 오는 것이라는 사실을 말입니다. 계속적으로 방언을 할 때 그 영의 움직임은 활성화되었고 나는 점차 이성과 다른 독자적인 움직임이 내 안에서 일어나는 것을 느끼게 되었습니다. 지금까지도 그러했지만 주의 얼굴을 구하는 것에 대한 갈망이.. 주님과의 친밀한 관계를 사모하는 갈망이 방언을 하면 할수록 점점 더 증가되는 것을 느끼게 되었습니다.

마음과 영은 다르다

방언을 하면 할수록 나의 마음과 속의 영의 움직임이 다르다는 것을 감지하게 되었습니다.

"내가 만일 방언으로 기도하면 나의 영이 기도하거니와 나의 마음은 열매를 맺지 못하리라 그러면 어떻게 할까.." (고전14:14-15)

나의 영이 기도하는 것과 마음이 느끼는 것은 전혀 다른 세계였습니다. 나의 영은 방언을 하면서 기쁨과 감미로움을 느꼈지만 마음은 그것이 무슨 내용인지 몰랐기 때문에 별로 즐거움을 얻을 수 없었습니다. 이 마음의 세계와 방언의 세계, 영의 세계가 서로 전혀 다르다는 것을 나는 깨닫게 되었습니다.

마음이 발전하는 것과 영의 지능, 감각이 발전하는 것은 전혀 다른 것이라는 사실을 나는 알게 되었습니다. 마음의 지성, 감정 등을 풍성하게 하는 것과 영의 기능을 풍성하고 새롭게 하는 것은 전혀 다른 것이었습니다. 방언을 하면 할수록 속에서 내적인 감각이 새롭게 일어나는 것을 느끼게 되면서 그것은 내게 아주 실제적인 것이 되었습니다.

　속에서 일어나는 영의 소리, 영의 감동은 겉사람의 마음에 속한 것과 분명히 달랐습니다. 그것은 겉사람의 인격처럼 거칠고 낮은 것이 아니었습니다. 그것은 성결하고 아름답고 순수한 것이었습니다. 이 영은 방언을 하면 할수록 풍성해지고 충만해졌습니다. 그래서 이성이 깨닫지 못하는 것들을 지적해주고 새로운 영감을 일으켰습니다. 나는 계속 방언을 하면서 지금까지 알지 못했던 전혀 새로운 영역이 일어나고 있는 것을 깨닫게 되었습니다. 마음의 세계가 아닌 영의 영역, 그 감각이 일어나고 있는 것을 경험하게 되었습니다.

하나님 임재의 달콤함을 누림

　방언을 계속 하면서 나는 많은 변화들을 경험하게 되었습니다. 그 무엇보다 더 선명한 변화는 기도하면서 경험하는 하나님의 임재였습니다.

　나는 전에도 오랜 시간을 기도하곤 했습니다. 금식하면서 기도를 하기도 했고 기도원에 가거나 집회에 참석해서 기도를 하기도 했습니다. 하지만 그러한 기도의 시간이 달콤하고 행복하게 느껴졌던 기억은 별로 없었습니다. 기도는 나에게 하나의 일과 같은, 의무와 같은 것이었습니다.

　그러나 지속적으로 방언을 하면서 나는 전에 느끼지 못하던 내적인 감각을 느끼게 되었습니다. 그리고 기도의 달콤함을 느끼게 되었습니다.

　나는 더욱 더 기도를 사랑하게 되었습니다. 기도하면서 느끼는 하나님의 임재와 가까우심이 너무나 아름답고 달콤하고 행복하게 느껴졌기 때문입니다.

그전에는 주님을 알기를, 가까이 경험하기를 사모하기는 했지만 그 임재의 경험이 이렇게 달콤하고 아름답고 부드러운 것인지 알지 못했습니다. 그러므로 나의 기도는 안타까움과 원망을 담은 하소연에 지나지 않았습니다.

그러나 이제는 달랐습니다. 나는 기도가 얼마나 행복한 것인지를 느끼기 시작했습니다. 나는 종종 주님이 아주 가까이 계시는 것을 경험하곤 했습니다. 눈에 보이는 것은 아니었지만, 너무나 친절하고 사랑과 선의가 가득한 하나님의 영, 그 임재를 자주 경험하게 되었고 기도하는 것, 주님과 함께 있는 것이 얼마나 아름답고 즐거운 일인가를 깨닫기 시작했습니다.

전에 아가서를 읽을 때마다 "내가 잘지라도 마음은 깨었는데 나의 사랑하는 자의 소리가 들리는 구나.." (악5:2) 하는 구절을 보면 '이 사람은 얼마나 주님을 사모하기에 잠을 자면서도 주님의 임재에 대해서 그리워하고 깨어있는가? 하면서 몹시 부러워하곤 했었습니다.

여기서 '나'는 술람미 여인입니다. 그녀는 주님 자신을 갈망하는 성도의 모습을 보여주며 여기에 등장하는 왕은 주님을 의미합니다. 그녀는 잠결에도 주님의 임재에 민감하게 깨어있었고 그녀를 부르는 주님의 음성에 즉시로 반응합니다. 그러다가 잠시 주님의 임재를 잃어버리자 몹시 슬퍼하면서 그 임재를 찾아 헤맵니다. 나는 그토록 주님 자신의 얼굴과 친밀한 교제를 갈망하고 그리워하는 그가 몹시 부러웠었습니다.

그러나 방언기도를 계속 하면서 나는 그를 더 이상 부러워하지 않게 되었습니다. 방언을 하면서 주님의 임재와 달콤함을 가까이 누리게 되었고 그 후에는 날마다, 밤마다 기도를 드리며 주를 부르며 잠이 드는 것이 습관이 되었기 때문입니다.

나는 신혼부터 아내와 다른 방을 쓰게 되었는데, 그것은 누워서 잠을 자면서도 항상 주를 부르며 잠을 자는 것이 습관이 되다보니 누가 옆에 있으면 기도를 하면서 잠을 잘 수가 없었기 때문입니다. 나는 자면서 방언을 하고, 방언을 하다가 깨기도 합니다. 그렇게 문득 잠이 깨면 가슴에 말로 형용할 수 없는 달콤하고 사랑스러운 느낌이 가득한 것을 느끼곤 했습니다. 방언을 하기 전까지는 기도하는 시간과 일상생활을 하는 것이 분리되어있었는데 그 후부터는 자면서도 생활을 하면서도 항상 자기도 모르게 영 안에서 기도를 하는 것에 익숙해지게 되었습니다.

찬양의 감동을 누리게 됨

나는 원래 음악을 좋아하는 편입니다. 유행하는 노래나 팝송을 즐겨 듣기도 했습니다. 그러나 교회에서 예배를 드리면서 찬송가를 부르는 것에는 별로 즐거움을 맛보지 못했습니다. 지겹게 느껴질 때가 많았습니다. 4절까지 있는 찬송가를 곡조나 박자에 아무런 변화도 없이 길게 늘이게 계속 부르는 것은 따분한 일이었습니다.

은혜를 받기 위해서 부흥회에 많이 참석했었는데, 은혜를 받으려면 준비 찬송을 많이 해야 한다고 하면서 예배가 정식으로 시작되기 전에 적어도 한 시간 이상을 빠른 박자의 찬송가를 손바닥이 뜨거워질 정도로 박수를 치면서 부르도록 인도하곤 했습니다.

할 수 없이 따라 하기는 했지만, 그것은 손도 아프고 힘도 들고 정말 고역이었습니다. 그것은 정말 노동과 같았습니다. 그것을 즐겁게 여기는 이들도 있었겠지만 나에게는 정말 힘든 일이었습니다.

  방언을 경험하고 지속적으로 하게 되면서 일어난 가장 놀라운 변화가 이 찬송에 대한 느낌일 것입니다. 나는 찬송이 너무나 아름다운 것이며 찬양을 드리는 것이 너무나 행복하다는 것을 처음 알게 되었습니다.

  복음 송이나 경배곡도 좋았지만 그러나 찬송가를 부를 때 깊은 감동을 느끼곤 했습니다. 무엇보다도, 보혈과 관련된 찬송가에는 말로 표현할 수 없는 감격과 충격이 속에서 일어났습니다. 십자가와 보혈에 대한 찬송을 하면 속이 뜨거워지면서 한없는 눈물과 통곡이 나오곤 했습니다. 눈물과 통곡, 울부짖음.. 그러나 그 가운데 말할 수 없는 깊은 감격과 행복감이 있었습니다.

  나는 기쁘고 행복하면서도 왜 내가 이렇게 감동하고 흥분이 되며 눈물이 나는 것인지.. 그것이 궁금했습니다. 아무 이유도 없는데.. 왜 이렇게 보혈에 대한 가사, 십자가에 대한 가사를 노래하면 속에서 뜨거움과 눈물이 일어나는지.. 그것이 궁금했습니다.

  그리고.. 나는 점차 알게 되었습니다. 그것은 내가 하는 찬송과 감격이 아니었습니다. 내 안에서 내가 아닌 내가, 나의 영이 찬송을 하고 감동하고 있다는 것을 알았습니다. 나의 영은 보혈에 대해서, 죄사함에 대해서, 주님의 십자가에 대해서 기뻐하고 감격하고 있었습니다. 전에 영의 감각이 병들어 있었을 때는 이러한 모든 것들에 대해서 그저 무덤덤한 상태에 있다가, 방언을 통해서 영이 일어나고 감각이 일어나면서 이러한 것들에 대해서 선명하게 반응하게 되었던 것입니다.

  찬송에 은혜를 입게 되면서 세상 음악이 싫어졌습니다. 전에 좋아했던 노래들의 가사나 분위기가 구토가 나올 정도로 불편해졌고 머리가 아팠습니다. 내 안에 있는 거룩한 영이 그러한 것들을 싫어하시는 것 같았습니다.

나는 혼자서 기도하면서 많은 시간을 찬양으로 보냈습니다. 방언으로도 많이 찬양을 하게 되었습니다. 방언으로 찬양하면 음에 매이지 않고 자유롭게 영이 흘러나오는 대로 사랑과 경배의 마음을 표현할 수 있었기 때문에 너무나 자유로웠고 행복했습니다. 나는 마치 혼자서 음악회를 하는 것과 같았습니다. 나는 영으로 찬양을 드리며 자유로웠고 행복했고 천국에서 사는 것처럼 느껴졌습니다.

하지만 내적인 감각이 생겼기 때문에 감격적이고 좋은 면도 있었지만 또한 불편한 면도 있었습니다. 어떤 이들의 찬양을 들으면 속에서 몹시 고통스러웠습니다.

사람의 안에서 흘러나오는 기운을 느끼게 되었기 때문에 겉의 모습이 아무리 아름답고 음악적으로 뛰어나도 그 영이 맑지 않고 헌신되어 있지 않은 이들의 찬양을 들으면 그 소리를 통해서 속에서 고통을 느꼈습니다. 찬양을 듣다가 너무나 힘들어서 도망간 적도 있었습니다.

반면에 외모나 음악적인 면이 뛰어나지 않아도 그 내면의 영이 맑고 순수하게 흐르는 찬양을 들으면 속에서 힘이 나고 즐거웠습니다. 찬양을 통해서 흐르는 영.. 그것은 아주 실제적인 것이었습니다.

악한 영들의 실제를 인식함

그렇게 계속 방언을 하는 가운데 나타나는 또 다른 변화는 악한 영들에 대한 감각이었습니다.

방언을 할수록 영의 감각이 예민해지면서 주님의 임재와 그 달콤한 감각에 대해서도 좀 더 선명하게 느끼게 되었지만 또한 악한 영의 움직임과 그 흐름에 대해서도 느끼게 되었습니다. 주의 임재가 선명해지면서 악한 영의 임재에 대해서도 감지하게 된 것입니다.

가끔 어떤 사람의 앞에 가면 그 사람의 속에 있는 뭔가 어떤 악한 기운들이 있는 것을 느끼게 되었습니다. 상대방에 대해서 아무 정보도 없는데 내 속에서 무엇인가 불편하고 불안한 느낌을 받곤 했습니다. 그러한 경우에 상대방에게 그 느낌에 대해서 이야기를 하면 내가 자기의 상태를 아는 것을 신기하게 여기기도 하고 내가 기도를 해주면 상대방이 시원해지는 것을 느끼곤 하였습니다.

나는 어떤 사람이 말을 할 때 그가 악한 영에 시달리는 사람이면 그것을 느낄 수 있었습니다. 내가 기도를 하면 갑자기 상대방의 안에 있던 악한 영이 자신을 드러내기도 하고 통곡을 하기도 했습니다. 그것은 정말 실제적인 영의 세계였습니다.

분명한 것은 방언을 하면 할수록 영적 전쟁에 대해서 선명하게 느끼게 되었다는 것입니다. 분명히 빛의 왕국에 대적하는 어둠의 왕국이 있었습니다. 그것은 아주 치열한 전쟁이었습니다. 그것은 이미 많이 들어서 알고 있는 내용이었으나 방언을 하면 할수록 그 사실이 선명하게 다가왔습니다.

나는 악한 영들을 두려워했습니다. 어릴 때부터 겁이 많아서 어두운 밤이 되면 무서웠습니다. 산에서 기도할 때는 얼마나 무서운지 온 몸이 오싹했습니다. 성경에 있는 귀신을 쫓아내는 그런 일은 나와 아주 거리가 먼 이야기라고 생각했습니다. 그런 이야기를 들으면 도망을 치고 싶은 마음 밖에는 없었습니다.

그러나 큰 소리로 방언을 하고 부르짖어 기도하기 시작하면서 점점 자신감이 생기게 되었습니다. 나는 악한 영의 기운들을 느끼게 되었고 그들의 공격도 느끼게 되었습니다. 그리고 그들을 대적하고 부술 수 있다는 것을 알게 되었습니다. 악한 영들의 공격을 감지할 때 방언을 하면서 그들을 대적하면 온 몸이 부르르 떨리면서 시원해지는 것을 느꼈습니다.

이러한 영적 전쟁에는 말씀에 입각한 충분한 지식과 분별이 필요하며 균형과 조화가 필요합니다. 약간의 경험을 얻은 후에 모든 것이 다 귀신이라는 식으로 극단으로 치우친다면 영적 성장에 오히려 방해가 될 것입니다. 여기에는 정말 조심이 필요합니다.

아무튼 방언기도는 내게 영적 전쟁에 있어서 자신감을 주었습니다. 나는 악한 영들에게 시달리는 사람을 도우며 기도할 때 악한 영들이 부르르 떠는 것을 보았으며 권능이 나가는 것을 느꼈습니다. 이것은 나에게 있어서는 전에는 상상할 수 없었던 일이었습니다.

말씀의 맛과 충격을 경험함

방언을 많이 하면서 나타나게 된 또 다른 변화들은 말씀의 감동에 대한 것이었습니다. 나는 어릴 적부터 성경을 읽으며 자라왔고 어머니에게서 성경에 대해서 많이 배웠습니다. 하지만 그다지 흥미를 느끼지는 않았습니다. 성경을 읽기는 읽었지만 그것은 의무적인 것이었습니다. 성경의 메시지나 기본 교리에 대해서 의심을 해본 적은 없었지만 그다지 매혹적이라고 할 수는 없었습니다. 더러 감동을 받을 때도 있었지만 대체로 지루하게 느껴질 때가 많았습니다.

그러나 방언을 많이 하면서부터는 그것이 완전히 달라졌습니다. 나는 성경을 읽을 때 나 자신이 문자 그대로 말씀에 빨려 들어가는 것 같은 느낌을 받곤 했습니다. 이제는 성경을 읽다가 가슴이 찢어지는 것을 느끼거나 통곡하기도 하고, 읽다보면 어느 새 여러 시간이 지나가 버리는 일이 많이 있었습니다.

도서관에서 공부를 하기 전에 '일단 성경을 한 장만 읽고 시작해야지..' 하고 성경을 펼친 후에 하루 종일 성경만 읽다가 집에 올 때도 많았습니다. 내가 성경을 펴놓고 계속 울고 있는 것을 다른 사람이 이상하게 보면서 지나간 적도 있었습니다. 나는 내가 울고 있다는 사실을 몰랐습니다.

이미 여러 번 읽었고, 익숙한 내용이었지만 그전에 읽는 것과는 전혀 달랐습니다. 한 마디 한 마디가 하나님께서 직접 나에게 하시는 말씀같이 느껴졌습니다. 마치 말씀이 스테레오 스피커로 들리는 것 같았습니다. 방언을 많이 하면서 영이 활성화되고 영적 감각이 예민해지자 말씀을 지적으로 이해하는 것에서 그치지 않고 내 영이 그것을 느끼고 감격하고 기뻐하며 반응하는 것 같았습니다.

말씀으로 인도하심을 경험하게 됨

단순히 말씀을 감동적으로 인식하게 된 것 외에도, 인상적인 변화가 있었습니다. 그것은 말씀으로 인도를 받는 느낌이었습니다. 어떤 말씀을 대하면 바로 이 말씀이 지금 나의 상황에서 나에게 주어지는 말씀이라는 인식이 생기곤 했습니다. 아침에 말씀을 묵상하다가 어떤 말씀을 받으면 그 말씀이 그날에 이루어지는 경험을 하는 일들이 생기곤 하였습니다.

아침에 말씀을 묵상하다가 넘어짐에 대한 경고의 메시지를 선명하게 받은 적도 있었습니다. 그날 나는 그 경고를 잊어버리고 살다가 낙심하고 실족하는 일이 생겼는데, 밤에 교회에 가서 상한 마음으로 기도를 드리자 속에서 '아침에 경고하지 않았느냐. 왜 깨어있지 않았느냐.'라는 메시지를 받기도 했습니다. 이런 일은 흔한 일이었습니다.

나는 어머니의 은사를 부러워하곤 했었습니다. 어머니는 말씀을 잘 전하는 은사가 있었습니다. 어머니는 전도사님은 아니었지만 구역장으로 오래 봉사하시면서 심방을 많이 다니셨는데, 어느 집에 도착하기만 하면 신기하게도 어떤 말씀이 떠오르면서 그 집의 상황에 맞는 메시지가 주어진다는 것이었습니다.

나는 그녀가 몹시 부러웠는데, 방언을 계속 많이 하면서 나에게도 그런 일이 일어나는 것을 느꼈습니다. 적절한 상황에서 필요한 말씀이 떠오르곤 했는데, 그것은 몹시 신기하고 행복한 일이었습니다.

기도하면서 주님의 뜻을 묻고 기다릴 때는 선명하게 성경 구절이 떠오르곤 했습니다. 어떨 때는 장절이 떠올랐고 어떨 때는 내용이 떠올랐습니다. 이런 경험들은 전에는 없던 일이었습니다.

전에는 말씀이 단순히 교과서와 같은 상태였다면, 지금은 교과서에서 배운 공식을 사용해서 문제를 푸는 것처럼 실제의 삶에서 말씀이 적용되는 것 같았습니다. 방언을 할수록 성령께서 마치 가정교사처럼 문제를 푸는 공식을 다시 깨우치시고 기억나게 하셔서 적용시켜주시는 것 같았습니다.

성경에는 내가 누구와 결혼해야 할지, 어떤 직업을 선택하고 어떻게 행해야 할 것을 구체적으로 기록하고 있지는 않습니다. 그러나 이제 새롭게 떠오르는 말씀은 내가 어떻게 행해야 하는지를 구체적으로 말씀하시고 보여주는 것 같았습니다. 그러한 인도하심 속에서 나는 말씀을 받고 아내를 만나게 되었고 신학을 하게 되었고 구체적인 인도를 받게 되었습니다. 이러한 변화들은 전에는 전혀 생각할 수 없었던 일이었습니다.

말씀에 대한 새로운 통찰력을 얻음

이러한 변화 외에도 전에는 전혀 감지할 수 없었던 말씀에 대한 새로운 통찰력이 증가되는 것을 느끼게 되었습니다. 특히, 평범한 말씀으로 인식했던 부분에서 감추어진 그리스도, 감추어진 영의 흐름이 느껴지고 감동을 받기 시작했습니다. 그리스도의 말씀이 영을 깨우는 근본원리를 가르치고 있다는 것을 느낄 때 속에서 말할 수 없는 감동의 물결이 흐르는 것을 경험하곤 했습니다. 내주하시는 그리스도, 그리스도의 보화됨에 대한 말씀을 대하면 깊은 속에서 무엇인가 감동과 충격이 임하는 것을 느꼈습니다.

"내게 사는 것이 그리스도니 죽는 것도 유익함이라" (빌1:21)

"이 비밀은 너희 안에 계신 그리스도시니 곧 영광의 소망이니라" (골1:27)

"내가 그리스도와 함께 십자가에 못박혔나니 그런즉 이제는 내가 사는 것이 아니요 오직 내 안에 그리스도께서 사시는 것이라" (갈2:20)

이와 같은 말씀을 대할 때는 눈물이 빗물처럼 흘러내렸고 가슴이 벅찼습니다. 그러한 감동은 내가 아니고 내 속에서 일어난 것이었습니다. 내 속에 있는 어떤 부분이 성경 속의 어떤 부분과 같이 만나서 서로 붙들고 우는 것 같았습니다. 마치 서로 이산가족이 만나서 통곡하듯이 내 안의 영은 말씀 안에서 말씀의 영에 사로잡히곤 했습니다.

특히 십자가에 대한 말씀을 접하면 가슴이 뜨거워졌고 행복해졌습니다. 십자가, 보혈, 피.. 십자가의 죽음.. 이런 단어들을 접하면 속에서 눈물이 올라오고 무엇인가 꿈틀거렸습니다.

죽음이란 유쾌한 개념이 아닙니다. 고통이란 즐거운 개념이 아닙니다. 그것이 상식이고 본능일 것입니다. 그런데 이상하게도 십자가를 접하면 마음이 뜨거워졌고 주를 위하여 죽고 고통을 받으면 얼마나 즐거울까.. 하는 마음이 일어났습니다. 이상하게도 고난과 희생이 쾌감처럼 느껴졌습니다.

이러한 변화는 결코 나 자신으로부터 올 수 없는 것이 확실했습니다. 내가 나를 그렇게 바꿀 수는 없었습니다. 말씀에 대한 통찰력과 감각과 느낌이 새롭게 일어나면서 나는 삶의 가치관, 인생관, 인식들이 서서히 바뀌는 것을 느끼게 되었습니다. 아무튼 이러한 변화들을 겪으면서 나는 행복했습니다. 방언기도를 꾸준히 계속하면서 나타나는 이러한 현상들은 너무 선명하고 확실한 것이어서, 나는 그다지 많은 변화를 경험하지 않은 이들은 과연 방언을 열심히 하고 있는 것일까 의심이 들기도 하였습니다.

인도하심에 대한 내적인 감각이 생김

하나님이 우리의 삶을 주장하시고 인도하신다는 것을 머리로는 알고 있었지만 실제의 삶에서 그것은 막연한 것이었습니다. 그런데 방언을 많이 하게 되면서부터 뭔가 표현하기 어려운 내적인 감각이

나 인상, 충동과 같은 것이 생기기 시작했고 차츰 그러한 것들이 하나님의 인도하시는 방편 중의 하나라는 것을 알게 되었습니다.

전에는 무엇을 기도해도 하나님이 무엇을 원하시는지, 어떤 행동을 취하면서도 이것이 하나님이 원하시는 것이 맞는지.. 확신이 없었습니다. 그냥 내가 행할 뿐이었습니다. 그러나 방언으로 많이 기도하면서, 기도를 할 때마다 어떤 내적인 감각이나 충동이 일어나는 것을 느끼게 되었습니다.

기도를 하면 어떤 것은 하나님이 기뻐하시지 않는다는 감동이 오는 것이 있었고, 어떤 것은 하나님이 기뻐하신다는 감동이 있었습니다. 기도를 할 때 기도의 방향이 하나님이 기뻐하시지 않는 것 같은, 속에서 무엇인가 불편한 느낌이 있을 때가 있었습니다. 무엇인가 기도를 막는 것 같고 즐겁지 않은 느낌이 있었습니다. 그래서 기도의 방향을 바꾸면 다시 즐겁고 행복한 감동이 있었습니다. 그렇게 기도를 하면서 기도는 혼자 하는 것이 아니라 둘이서 하는, 사랑의 주님과 친밀한 교제와 대화를 나누는 것이라는 사실이 새삼스럽게 다가오게 되었습니다.

일상의 삶에서도 하나님이 기뻐하신다는 감동이 오는 것을 행하면 속에서부터 깊은 감미로움과 기쁨이 올라왔습니다. 하나님이 기뻐하시는 말을 하면 내적인 기름부음과 행복감이 점점 더 커졌습니다. 그러나 하나님이 기뻐하시지 않는다고 느껴지는 것을 그대로 행하면 속에서 어떤 고통이 올라왔습니다. 그것은 실제적인 고통이어서 정말 답답하고 아팠습니다.

예를 들어서 어떤 말을 하려고 할 때 속에서 주님이 기뻐하시지 않는 것을 느낄 때가 있었습니다. 처음에 나는 그것을 무시하고 그냥 내가 말하고 싶은 대로 말하곤 하였는데, 그 후에는 속에서 고통이 임하는데, 얼마나 심한지 아무 것도 할 수 없는 상태가 되기도 했습니다. 나는 교회에 가서 간절하게 회개를 한 후에야 몸이 회복되곤 했습니다.

그것은 어떤 지적인 판단이나 양심의 소리와 같은 것과는 달랐습니다. 지적인 판단이나 양심의 소리와 같은 것은 이성과 지식이나 선입견과 같은 것에 영향을 받는 것이기 때문입니다.

그러나 내적 감각의 경우는 나의 이성이 개입하기 전에 먼저 일어나곤 했습니다. 예를 들면 어떤 책을 접하게 되면 몹시 고통스러운 경우가 있었습니다. 아직 책의 내용을 읽지도 않고 그 내용에 대해서 전혀 모르며 손으로 만지기만 했는데도 말입니다. 그런 경우 나는 그러한 책을 멀리 해야 했습니다. 그럴 때 계속 고집을 부리고 책을 읽으면 머리가 아프고 구토가 나며 나중에는 기도하는 것이 힘들어지게 되었습니다.

그러한 내적 감각이 항상 선명하고 정확한 것은 아니었지만 도움을 받을 때는 많이 있었습니다. 나는 원래 길을 잘 찾지 못하는 길치였는데, 한 번은 길을 잃고 아주 난처한 상태에서 방법이 없어서 방언을 하면서 주님께 물으며 속에서 감각이 오는 대로 걸어갔다가 길을 찾은 적도 있었습니다.

이러한 내적인 감각이 갑자기 어디에 가고 싶은 충동을 일으키기도 하고 어떤 사람이 생각나기도 하고 어떤 말을 해야 하는 충동을 일으키기도 했습니다. 나중에 알고 보면 그것도 다 어떤 도움이 필요하거나 의미가 있는 상황이었습니다.

나는 차츰 성령께서 감동하시고 인도하신다는 것이 아주 실제적인 것이라는 것을 알게 되었습니다. 사도행전에서 성령은 제자들에게 아주 실제적으로 동행하셨고 인도하셨습니다. 그들은 스스로 움직이지 않고 항상 성령의 인도와 감동을 따라 움직였습니다. 나는 방언을 하면 할수록 이러한 내적인 감각이나 충동이 증가되는 것을 느끼게 되었습니다.

방언을 할수록 내 안에서 일종의 네비게이션 같은 장치가 움직이는 것 같았습니다. 그래서 내가 가야할 길을 지시하고 만약에 바른 위치를 이탈하면 속에서 경고메시지가 뜨는 것 같았습니다.

이러한 충동이나 감동은 엘리야가 기도할 때 일어났던 작은 손만한 구름과 같은 것이었습니다. 그것은 강력한 충동이 아니었습니다. 그것은 작고 미세한 느낌이었고, 얼마든지 무시하고 넘어갈 수 있는 작은 신호에 불과했습니다. 그러나 그것에 귀를 기울이면 그 작은 구름은 점점 더 커졌습니다. 나는 차츰 이 내적인 감각이나 신호가 성령께서 나를 사로잡으시고 순종시키시는 훈련인 것을 알게 되었습니다. 그분은 차츰 내가 좋아하는 것을 막으시고 그분이 좋아하시는 것을 시키신다는 것을 알게 되었습니다.

내가 그 모든 내적인 인상이나 감동에 순종했다고 할 수는 없습니다. 많은 부분에서 나는 그분의 감동을 거슬렀고 고집을 부렸습니다. 나는 아직 어렸고, 순종과 굴복이 무엇인지 잘 몰랐습니다.

가장 순복하기 어려운 것은 책에 관한 것이었습니다. 나는 책 읽기를 좋아했습니다. 그래서 책을 읽는 것에 대해서는 주님이 주시는 감동을 순종하기가 힘들었습니다.

나는 책을 읽을 때 자주 내면에서 '이제 책을 내려놓아라.' 하는 감동을 느꼈습니다. 하지만 나는 순종하지 않았습니다. 나는 '주님.. 이제 다 읽어 갑니다. 이것 곧 마치고 기도하겠습니다.' 하고 대답하고는 책을 다 읽었습니다.

그리고 나서 나는 기도를 시작했습니다. '주님.. 제가 왔습니다..'

그러나 나는 느꼈습니다. 기도에 아무런 감동도, 기쁨도 없고 찬바람만 부는 것을.. 얼마 전까지 따뜻하고 포근했던 주님의 임재와 감동이 전혀 없었습니다. 나는 다시 전에 항상 가지고 있었던 답답하고 막히고 무감각한 기도의 세계로 돌아갔던 것입니다. 나는 너무 놀라서 '죄송합니다.. 주님..' 하고 울기 시작했습니다. 한참 후에야 그 교제는 회복되었습니다.

나는 이러한 반복되는 경험을 통해서 주님이 나를 훈련하시고 굴복시키시며 그분의 원하심으로 이끄시는 것을 알게 되었습니다.

이러한 경험들이 항상 즐거웠다고 할 수는 없습니다. 어떤 것들은 몹시 고통스러웠습니다. 그러나 결국 주님께 굴복하게 되었을 때, 그것은 정말 놀라운 기쁨과 자유함을 가져다주는 것이었습니다.

아무튼 이렇게 주님의 가르치심과 인도하심에 대해서 내적인 감각을 갖게 되었다는 것은 놀라운 일이었습니다. 평소에도 자주 그러한 인상을 받았고 기도를 하면서 주님의 인도하심을 기다리면 그러한 감각을 느낄 수 있었습니다. 그것은 전에는 전혀 없던 일이었습니다. 방언을 계속 하면서 점점 더 섬세하게 일어난 내적인 변화였습니다.

사람의 마음을 인식함

방언을 많이 하면서 나타나게 된 다른 변화들은 그 외에도 많이 있었습니다. 그 중의 하나는 이상하게도 사람들의 마음을 쉽게 느끼게 되었다는 것입니다.

나는 눈치가 없는 편에 속했습니다. 그래서 어린 시절부터 눈치 없이 말하고 행동해서 핀잔을 받는 경우가 많았습니다. 그런데 이상하게 방언을 많이 하기 시작하면서 사람들의 마음을 느끼게 되었습니다.

사람들이 곁에 있으면 그 사람의 마음이나 기분, 내적인 상태가 느껴지기 시작했습니다. 누군가가 마음에 두려움이나 분노를 가지고 있으면 속에서 비슷한 느낌을 받게 되었습니다. 마음이 많이 상한 사람의 옆에 있으면 아무 말 없이 가만히 있기만 해도 가슴이 몹시 아프게 되는 때도 있었습니다. 나는 상대방이 겉으로는 전혀 내색을 하지 않아도 그의 깊은 속에서 무엇인가 불편하거나 근심이 있거나 외롭거나.. 하는 것을 느낄 수 있었습니다.

이러한 내적인 인식은 사람을 이해하거나 돕는 데 아주 유용한 것이었습니다. 겉으로 아주 명랑한 표정으로 말하고 행동하는 사람에게 "왜 그렇게 외로워하고 있지요?" 하고 물으면 상대방은 깜짝 놀라면서 마음속의 슬픔과 근심을 털어놓곤 했습니다. 때로는 이러한 내적인 감각이 불편하고 힘들 때도 있지만 그것은 사람을 돕는 사역에 있어서는 많은 도움이 되는 것이 분명했습니다.

방언을 하는 것이 어떤 작용을 해서, 어떤 메커니즘을 통해서 그러한 내적인 변화를 일으키는지 나는 알 수 없었습니다.

사람의 마음은 겉으로는 떨어져있지만 깊은 속으로는 서로 연결되어 있는지도 모릅니다. 깊은 바다가 서로 부름같이 그것은 서로 신호를 보내며 메시지를 주고받는 것 같습니다. 방언기도는 깊은 내면의 감각을 일으켜서 겉으로는 보이지 않는 그 내면의 마음을 느낄 수 있도록 어떤 영적 작용을 일으키는 면이 있는 것 같습니다. 방언이 어떤 형태로는 내적인 세계의 확장에 기여를 하는 것은 분명한 것이었습니다.

말씀과 영적 진리에 대한 통찰력을 얻음

나는 또한 방언을 하면서 많은 통찰력과 깨달음을 얻게 되었습니다. 전과 달리 성경을 대하고 있으면 무한하다고 할 정도의 메시지와 깨달음이 다가오기 시작했습니다.

나중에 신학을 하고 목회사역을 하게 되었지만 나는 설교를 준비하면서 메시지를 얻기 위해서 고민을 해본 적이 거의 없었습니다. 찬양을 하고 주를 부르며 방언을 많이 하고 메시지를 기다리고 있으면 수많은 메시지와 깨달음이 쏟아지는 것 같이 들어왔습니다. 마치 누군가가 옆에서 나에게 메시지를 불러주는 것 같았습니다. 내가 하는 일은 그 메시지를 정리하고 선택해서 다듬는 것뿐이었습니다.

책을 쓰는 것도 마찬가지였습니다. 이미 40여권의 책을 썼지만, 아직도 쏟아지는 메시지를 기록한 내용을 책으로 내지 못한 것이 너무나 많이 있습니다. 영감을 얻는 것은 아주 쉬운 일이었습니다. 다른 책들을 참고할 필요가 없었습니다. 한이 없는 메시지와 내용들이 속에서 쏟아져 나왔습니다.

쏟아지는 내용들이 너무 많았기 때문에 나의 할 일은 그것을 적당히 줄이고 잘라내는 것뿐이었습니다. 책을 쓰다가 막히면 해결책도 아주 단순했습니다. 방언을 하고 기도를 하면서 기다리면 다시 메시지가 쏟아졌습니다.

나는 방언을 하면서 많은 영적 통찰력을 얻게 되었고 영적 세계의 원리에 대해서 이해하고 깨닫게 되었습니다. 어떤 풀리지 않는 문제에 대해서 기도하고 기다리면 곧 답이 오는 것을 경험하게 되었습니다. 그것은 방언을 통해서 내게 주어진 것이었지만 그러한 통찰력이 나의 개인적인 달란트적인 것인지, 아니면 누구나 방언을 충분히 하게 되면 주어지는 것인지, 이것이 방언을 통한 보편적인 결실인지에 대해서는 알 수가 없습니다.

그러나 내게 그러한 깨달음의 달란트가 있다고 하더라도 방언이 그것을 나타내는 매개체가 된 것은 확실한 것입니다. 방언을 하기 전까지, 내게는 그러한 통찰력이나 깨달음과 같은 것은 전혀 없었기 때문입니다. 내게는 영적인 세계, 그 원리에 대한 모든 것이 의문 투성이었고 바람을 잡는 것과 같았습니다. 그러나 나는 방언 말하기를 통해서 그러한 여러 진리들이 서서히 구체적인 형태로 나타나는 것을 느끼게 되었습니다.

방언은 각 사람의 영적 재능을 활성화시킨다

개인적인 차이가 있겠지만 분명한 것은, 방언은 각 사람의 개별적인 달란트, 영적인 재능을 활성화시킨다는 것입니다. 어떤 사람이 교사로, 가르치는 자로 부름을 받았다면 그는 방언을 말하는 가운데 전에 알지 못했던 많은 통찰력을 얻게 될 것입니다. 물론 이것은 그가 연구와 공부를 그치고 오직 방언에만 의지해야 한다는 의미는 아닙니다. 방언은 지적인 활동을 대치하는 것은 아닙니다.

어떤 사람이 전도자로 부름을 받았다면 그는 방언을 지속적으로 말하는 가운데 자신의 달란트를 활성화시키는 각종 무기를 얻게 될 것입니다.

오랫동안 사모했고 그리워했던 방언기도를 하면서 내게는 새로운 세계가 열리고 있었습니다. 방언을 통한 그 변화들은 순식간에 나타난 것은 아니었습니다. 하지만 분명히 전과는 전혀 다른 세계가 서서히 열리고 있었습니다.

나는 오랫동안 머물러 있었던 피상적인 신앙에서, 오랫동안 그리워했고 사모했던 실제적인 신앙으로 나아가고 있었습니다. 그것은 너무나도 아름다운 세계였으며 주님의 향기와 체취를 가까이서 경험하는 달콤하고 놀라운 기도의 세계였습니다.

나는 너무 행복했고, 그 즐거움 속으로 빠져 들어가고 있었습니다. 그 어떤 것을 포기하더라도, 아니 모든 것을 잃게 된다고 하더라도.. 나는 결코 그 이전으로는 돌아가고 싶지 않았습니다. 방언기도는 나를 완전히 다른 사람으로 바꾸어놓았기 때문입니다. 삶의 목적, 의미, 방향.. 그 모든 것을 말입니다.

"그러므로 내가 너희에게 알리노니
하나님의 영으로 말하는 자는 누구든지
예수를 저주할 자라 하지 아니하고
또 성령으로 아니하고는 누구든지
예수를 주시라 할 수 없느니라" (고전12:3)

10. 은총을 나누는 기쁨

수시로 방언을 하고 기도를 하면서 나는 마치 천국에서 사는 것 같은 느낌이었습니다. 나는 기도가 이렇게 아름다운 것인지, 주님의 임재 가운데 거하는 것이 이렇게 행복한 일인지 전에는 미처 몰랐었습니다.

나는 속에서 타오르고 있는 불을 억제할 수가 없었기 때문에 자주 전도를 하러 다녔습니다. 명동이나 서울역 등의 거리에서 1:1 식의 노방전도를 하기도 하고 병원 등지에서 복음을 전했습니다. 복음을 모르는 이들에게는 복음에 대해서 이야기했고 주님을 믿는 사람들에게는 성령충만의 경험과 방언에 대해서 이야기를 나누었습니다.

특히 방언에 대해서, 주님을 경험하는 것에 대해서 이야기하는 것은 너무나 즐거운 일이었습니다. 누구나 그럴 것입니다. 어떤 보화를 발견하면, 어떤 아름다운 것을 발견하고 나면, 그것을 다른 이들과도 같이 나누고 싶은 마음을 가지게 될 것입니다. 나 역시도 그러했습니다.

나는 방언과 하나님 경험에 대해서 이야기하면 할수록 나도 새롭게 충전이 되고 사람들에게도 영적인 도전을 준다는 것을 깨닫게 되었습니다.

방언의 경험은 하나님의 깊은 임재로 나아가는 중요한 시작이었습니다. 나는 그것을 너무나 어렵게 얻었습니다. 단순한 사람들은 별 다른 갈등이나 의심이 없이 쉽게 은혜를 경험하는 것 같았습니다. 그들은 "뭘 그렇게 따져? 그냥 사모하면 돼.. 그러면 은혜를 주셔.." 하고 말했습니다. 하지만 나에게는 그것이 가능하지 않았습니다. 나는 생각이 복잡한 사람이었습니다. 나에게는 수없이 많은 의문이 일어났고 의심이 생겼고 주님이 역사하시는 조건이나 상태, 그 메커니즘이나 원리를 알고 싶었습니다. 그래서 항상 질문이 많았습니다.

그러한 복잡한 기질은 주님을 경험하는 데 방해가 되는 것 같았습니다. 하지만 일단 어려움을 통과하고 은총의 경험을 가지게 되자 그러한 기질은 도움이 되는 측면도 있었습니다. 단순한 사람들은 본인은 쉽게 은총을 경험하지만 그것을 설명하고 나누고 공급하는 데에는 어려움을 겪는 것 같았습니다. 그들은 "몰라.. 그냥 하면 돼.." 라고 말할 뿐이었습니다.

가르치는 은사의 특성

하지만 나는 이제 그것에 대해서 설명할 수 있었습니다. 의문을 가진 이들에게 대답을 할 수 있었습니다. 어떻게 기도해야 하는지, 어떻게 나아가야 하는지, 그리고 무엇이 주님의 임재와 역사하심을 방해하는지에 대해서 나는 조금씩 이해하고 설명할 수 있었습니다. 아직 초보에 불과했지만 그러한 지식과 원리에 대한 갈망들이 점점 더 커지고 있었고 그러한 것들을 나누는 것은 나에게 큰 기쁨이었습니다.

그것이 바로 가르치는 은사의 특성일 것입니다. 가르치는 은사를 받은 이들은 일단 어떤 것을 얻고 경험하게 되면 자기가 경험한 것을 먹기 쉽게 요리해서 다른 이들에게 그것을 먹이고 전달할 수 있으며 그것을 통해서 기쁨을 얻는 것입니다.

나는 가까운 이들에게 방언이 어떻게 임하는지, 방언을 받기 위해서 어떤 자세로, 어떻게 기도해야 하는지에 대해서 이야기했고 그들은 방언을 받기 시작했습니다. 그렇게 인도해주는 것은 나에게도 놀라운 기쁨을 주었습니다.

대부분의 경우 쉽게 방언을 경험했지만, 조금 어려운 경우도 있었습니다. 그런 경우 대화를 해보면 그들의 맹점을 알 수 있었습니다. 대부분의 문제는 영적지식의 부족에서 생기는 것이었습니다.

성령을 풀어놓아야 한다

친구 중에서 방언을 몹시 사모하는 이가 있었습니다. 나는 그 때 밤마다 가까운 교회에 가서 방언을 하며 부르짖는 기도를 하곤 했는데, 그 때 기도의 붐이 일어서 여러 청년들이 날마다 밤에 와서 뜨겁게 기도를 하곤 했습니다. 이 친구는 그중에서도 유난하게 난리를 치면서 기도하던 멤버였습니다.

그는 신학대학에 다니고 있었는데, 강력한 능력의 사역자가 되고 싶다면서 성령충만과 능력을 간절히 사모하며 기도를 하고 있었습니다. 그런데 아무리 사모하고 기도해도 방언이 터지지 않는다고 몹시 안타까워하고 있었습니다.

나는 그가 사모하면서도 방언을 받지 못하는 것이 이상했습니다. 기질적으로 내성적이지도 않고 생각이 복잡해서 주님을 제한하는 스타일도 아닌데, 그렇게 뜨겁게 부르짖고 있는데 방언이 오지 않고 있다니 이상한 일이었습니다.

나는 그와 대화를 나누었습니다. 그가 내게 말했습니다.

"나는 왜 방언을 못 받는 걸까.. 넌 참 좋겠다. 방언으로 깊이 하나님과 교제를 하고 있으니 얼마나 신나겠어."

그것은 내가 전에 다른 사람들에 대해서 오랫동안 가지고 있던 생각이었습니다. 나는 대답했습니다.

"그렇지 않아. 그리고 방언을 하게 되면 하나님과의 교제에서 새로운 영역을 경험하게 되는 것은 사실이지만, 그렇다고 모든 문제가 다 끝나는 것은 아니야. 그리고 나도 전에 오랫동안 오해를 해서 방언을 사용하지 못했지만, 그건 너도 마찬가지일거야. 방언은 받고 안 받는 개념이 아니야. 방언은 이미 네 안에 있어. 하지만 나오지 않고 있을 뿐이지."

"방언이 이미 내 안에 있다고? 그게 정말이야? 내가 방언을 받게 해달라고 얼마나 기도를 많이 했는데.. 그럼 내 안에 있는 방언이 왜 안 터지는 거야?"

"방언은 영의 기도야. 방언으로 기도하는 것은 우리의 영이 기도하는 거지. 성령께서 방언을 주시고 우리의 영이 그것으로 기도를 하는 거야. 그런데 우리는 이미 성령을 받았잖아? 우리 안에는 이미 성령이 거하셔. 그러므로 그분이 흘러나오도록 우리가 제한하지 않으면 그 영이 흘러나오게 되고 우리는 방언으로 기도할 수 있어. 그래서 속의 표현을 잘 하지 못하는 내성적인 사람은 방언이 터지기가 어려운 거야. 그러나 충분히, 강하게 발성으로 기도하는 사람은 방언이 자연스럽게 나올 수 있어."

"그럼 이상하네? 나는 항상 큰 소리로 부르짖으면서 기도하잖아. 방언을 달라고 기도도 열심히 하고.. 그럼 벌써 방언을 받았어야 되는 거네. 그런데 왜 방언이 안 나오지?"

"나도 그게 이상해. 너 같이 기도하면 방언이 나오거나 방언이 나오는 것을 느낄 수 있는 것이 보통이거든. 그러면 한 가지 물어보자. 너 혹시 뜨겁게 소리를 내어서 기도하는 중에 갑자기 혀가 꼬이거나 발음이 이상하게 헛나오거나, 그럴 때는 없었니?"

"아, 그럴 때야 많지. 이상하게 입이 뜨거워지거나 혀가 꼬이고 발음하기가 어렵거나 그럴 때가 있어. 그러면 아, 내가 너무 흥분해서 말이 헛나오는구나.. 하고 다시 정신 차려서 기도하지."

나는 웃었습니다. 그리고 말했습니다.

"그건 네가 흥분해서 실수하는 것이 아니야. 그게 바로 방언의 시작이야. 너는 방언을 못 받는 것이 아니고 이미 방언이 나오고 있는데 네가 몰라서 막고 있는 거야."

"정말? 그럼 내가 어떻게 해야 하는 거지?"

"그냥 간단해. 지금 다시 강력하게 기도하면서 방언이 임하게 해달라고 기도를 해. 그리고 나서 입술을 주님께 맡기는 거야. 절대로 우리말로 기도하지 말고 그냥 혀가 움직이는 대로, 속에서 나오는 대로 기도하면 돼."

"에고, 어렵다. 혀를 어떻게 맡겨? 그리고, 어떻게 우리말로 기도하지 않을 수 있어?"

"처음이니까 생소한 느낌이 들 거야. 하지만 어떤 사람도 동시에 2개 국어를 할 수는 없어. 그러므로 방언으로 기도하려면 한국어로 기도해서는 안 돼. 지금 주님께 방언으로 임해주세요.. 하고 기도하면 속에서 어떤 단어나 발음 같은 것이 떠오를 거야. 그러면 아무 생각하지 말고 무조건 떠오르는 그 언어를 따라해. 그저 유치하고 한심하게 느껴지더라도 무조건 따라하면 돼."

그는 고개를 갸웃거렸지만 일단 내 말대로 하기로 했습니다. 그는 이 시간 자기에게 임해달라고 강하게 부르짖었습니다. 잠시 후 그는 기도를 멈추더니 "알를를르.." 하더니 멈추었습니다. 나는 그가 방언을 시작하는 것을 알고 말했습니다.

"계속해! 멈추지 마.. 그대로 계속해!"

그는 용기를 얻어 계속 큰 소리로 "랄랄랄랄라.." 하고 방언을 하기 시작했습니다. 나는 몇 번 격려를 해준 후에 그의 곁에서 떠났습니다. 그는 한동안 멈추지 않고 뜨겁게 방언을 했습니다. 조금 후에 보니 그는 울면서 방언을 하고 있었습니다.

기도가 끝나고 집에 가면서 나는 그에게 물었습니다.

"지금 마음 상태가 어때?"

그는 행복한 웃음을 지었습니다.

"아.. 난 이런 게 방언인줄 몰랐어. 나는 성령이 임하면 사도바울이 다메섹에서 빛에 사로잡혀서 '퍽!' 하고 거꾸러진 것처럼 방언도 그렇게 터지는 건줄 알았어. 하늘에서 뭔가 '아자자자!' 하고 오는 건줄 알았다고.. 그런데 내가 의지를 가지고 계속 해나가야 된다니.. 좀 실망스럽기도 하고 신기하기도 하네.."

"사도바울의 경험은 특별한 케이스지, 일반적인 전형이라고는 할 수 없어. 그는 하나님을 대적하고 있었고 그래서 하나님의 섭리 속에서 그의 길을 막으시고 그의 의지를 꺾으시는 강권적인 역사가 있었던 거지. 하지만 보통은 그렇게 우리의 의지와 상관없이 강권적으로 역사하시는 경우는 드물어. 일반적으로는 우리가 성령님과 협력해야 해.

우리는 우리의 의지를 사용해서 입술과 혀를 주님께 의탁해서 그 분이 우리를 지배하시는 것이 증가되도록 해야 해. 그렇게 우리가 꾸준히 성령과 협력할수록 그 영의 역사가 증가되는 것이지 한 순간의 일방적이고 강권적인 체험을 통해서 우리의 영이 풍성해지는 것은 아니야."

그는 고개를 크게 끄덕이고 있었고 자신의 새로운 시작을 몹시 기뻐하였습니다.

이와 비슷한 일은 많이 있었습니다. 나는 은혜를 사모하는 이들이 방언을 받을 수 있도록 적절하게 도울 수 있었고 그것은 나에게도, 상대방에게도 몹시 아름답고 놀라운 일이었습니다.

한번은 가까이 교제하는 형제가 신학대학의 시험에 떨어지고 크게 낙담한 상태에 있었습니다. 나는 그를 위로하기 위해서 그를 삼각산에 있는 감람산 기도원에 데리고 갔습니다.

여러 가지 말로 그를 위로하면서 다음 기회에 신학을 할 수 있게 될 것이며 지금은 대신에 하늘로서 임하는 귀한 은총의 선물을 받을 수 있을 것이라고 말했습니다. 그는 은혜를 간절하게 사모하는 형제였습니다.

그는 그날 밤 간절하게 부르짖고 입술을 주님께 맡기는 가운데 성령으로 충만하게 되었고 감격 속에서 방언을 말하게 되었습니다. 그는 고백하기를 '오늘 시험에 떨어졌지만, 주님은 대신에 더 크신 은혜를 부어주셨다. 시험은 다시 치면 되지만 이 은혜는 그것과 감히 비교할 수 없는 것이다' 하고 말하며 크게 기뻐하였습니다.

인위적인 것이 아니라 동역이다

이런 일도 있었습니다. 옆집에 살고 있던 형과 친밀한 교제를 나누게 되었는데 이 형님도 은사를 몹시 사모했습니다. 교회 봉사에도 열심이 많았고 나중에는 신학을 하게 된 형인데 대화를 나누어보니 방언하기를 몹시 사모했지만 받지 못해서 안타까워하고 있었습니다. 이분도 성격이 활달한 편이고 발성기도도 많이 하는 편이라 방언이 왜 나오지 않는지 이상했습니다.

다른 사람들에게 하는 것처럼 이 형님에게도 몇 가지 기본적인 메시지를 전하고 기도를 시킨 후에 성령의 임하심을 초청하고 믿음으로 입을 열어서 방언으로 말하라고 권했습니다.

뜨겁게 부르짖는 발성기도에 익숙한 사람인지라 곧 분위기가 아주 뜨거워졌습니다. 나는 그에게 성령님의 임하심을 구하고 초청하라고 권했습니다. 그가 간절한 마음으로 그렇게 기도하자 주님의 임재가 가득해지는 것을 나는 느낄 수 있었습니다. 나는 그 형과 함께 내 방에서 기도하고 있었는데 강력한 주님의 임재가 그를 사로잡는 것을 느꼈습니다. 이제 그는 입을 열어서 방언을 말하기만 하면 되는 것이었습니다. 그러나 웬일인지 그는 기도를 갑자기 멈추었습니다. '알..' 하고 이상한 발음이 나타나자 그는 겁을 먹은 것 같았습니다.

나는 그에게 권했습니다.

"형님.. 지금 그대로 소리 내어서 말하세요. 그게 방언이에요.."

그러나 그는 소리를 내지 않았습니다. 그는 머리를 흔들었습니다. 나는 계속 말했습니다.

"지금 성령님이 임해 있어요. 그분을 제한하지 마세요. 입을 열어서 말해야 해요.."

나는 성령님의 강렬하고 따뜻한 임재를 느꼈습니다. 그는 지금 활화산과 같았습니다. 그가 입을 열기만 하면 성령님이 그를 강력하게 사로잡을 것을 알았습니다. 그러나 그는 눈을 감은 채로 강력하게 머리를 흔들었습니다.

"안 돼.. 나는 내가 하고 싶지 않아.. 사람이 하는 것은 안 돼.."

나는 안타까워서 계속 소리를 질렀습니다.

"내가 해야 해요! 이건 인위적인 것이 아니에요! 성령께서는 우리에게 방언을 주시지만 말하는 것은 우리 자신이에요. 성경에서도 오순절에 성령이 임하셨을 때 '성령의 말하게 하심을 따라 방언을 말하기 시작하니라' 라고 되어 있어요! 방언을 말하는 것은 바로 우리 자신이에요! 두려워하지 말고 지금 떠오르는 것을 말하세요! 그건 나의 말이 아니고 성령이 주시는 말이에요. 발음이 유치하다고 판단하지 마세요. 그냥 나오는 대로 하세요!"

한동안 고개를 저으며 저항하던 그는 결국 굴복하고 "랄랄라라..!" 하고 입을 벌려서 속에서 나오는 말을 토하기 시작했습니다. 그리고, 그 다음에는 내가 더 이상 설명하거나 도와줄 필요가 없었습니다. 성령이 강력하게 그를 사로잡고 폭포수같이 임하셨고 그는 통곡을 하기 시작했기 때문입니다. 그는 한동안 멈추지 않고 계속 하던 방언을 그치고 일어나자 기뻐서 어쩔 줄을 몰랐습니다. 많은 발성기도가 쌓여있는 이들은 일단 시작하기만 하면 충만한 주의 임재를 경험하게 되는 것입니다.

방언을 통하여 기쁨과 풍성함이 퍼져나가다

내가 방언을 하게 됨으로 같이 방언을 하게 된 이들이 많이 있었는데 그 중에는 나의 어머니도 있었습니다. 어머니도 나와 같이 방언의 은사를 몹시 사모하시고 수없이 많은 부흥회에 참석하시고 금식기도와 철야기도, 작정기도를 셀 수 없이 많이 시도하셨습니다. 사실 내가 방언의 은사를 사모하게 된 것도 어머니의 영향이 컸을 것입니다. 그러나 그녀의 그러한 열정은 결실을 맺지 못했습니다. 그것은 그녀가 지적인 기질이어서 생각이 많고 몸의 표현은 부족해서 자신을 풀어놓는 것에 익숙하지 않기 때문이었습니다. 그녀는 주님을 제한하는 많은 기질적인 요소를 가지고 있었습니다. 그녀에게는 많은 설명이 필요했으며 그녀가 가지고 있는 기질적인 제한을 풀어놓을 수 있도록 섬세하고 자상한 인도가 필요했습니다.

지적인 기질의 신자들은 말씀에 대한 지식과 논리능력과 통찰력이 뛰어나기 때문에 상대적으로 그러한 면이 부족한 다른 이들을 판단하는 실수를 저지를 수 있습니다.

그런 면에서 그녀는 은사를 몹시 사모하면서도 은사를 구사하는 단순하고 소박한 이들을 경시했고 부흥회를 자주 다니면서도 말씀에 대한 통찰력이 부족한 부흥사들을 판단하는 면을 가지고 있었습니다. 그러한 것들은 그녀의 영이 풀려나오는 것에 대한 장애요인이 될 수 있었습니다.

나는 어머니에게 단순한 사람들을 판단한 것에 대해서 사죄의 기도를 드려야함을 조심스럽게 권면했고 다행히도 어머니는 그것을 받아들였습니다.

잠시 사죄의 고백을 드리고 내가 인도하는 대로 성령의 임하심을 초청하고 입술을 주님께 맡기자 마침내 그녀도 수 십 년 동안 기다려왔고 사모해왔던 방언을 말할 수 있게 되었습니다. 눈물에 젖어서 한동안 방언을 하다가 기도를 마친 그녀에게 나는 소감을 물었습니다.

어머니는 빙그레 웃으시면서 말씀하셨습니다.

"나중에 하기로 하자. 지금은 교회에 가야겠구나.. 주님께 감사기도도 드려야 하고, 또 주님과 지금 개인적으로 하고 싶은 이야기가 많이 있단다.."

나의 가까이에 있는 이들은 모두 다 방언을 받았는데, 그 중에는 나의 아내도 있었습니다. 그 때 우리는 아직 결혼하기 전이었는데 나는 아내와 데이트를 시작한 지 얼마 되지 않아서 내가 참여하는 기도모임에 데리고 갔습니다.

젊은이들의 기도모임이었는데, 이 모임의 멤버들은 거의 다 방언을 하고 있었습니다. 아내는 그 때까지 별 다른 영적 경험을 한 적은 없었는데 기도모임의 장소인 가정에 들어서는 순간 이상한 충격을 받았다고 합니다. 모임 장소에서는 십여 명의 청년들이 이미 도착해서 방언으로 기도하고 있었는데 아내는 그 장소에 들어가는 순간부터 어떤 강한 능력의 흐름을 느끼면서 눈물이 쏟아져 나왔다고 합니다. 그러면서 속으로 '아, 이 사람들은 보통 사람들이 아니다' 하는 생각이 들었다는 것입니다.

나는 기도모임 중에 어떻게 기도해야 할 것인지 그녀를 인도해주었습니다. 곧 그녀는 눈물에 젖어서 방언기도를 하게 되었습니다.

아내는 그 후에 기도를 할 때마다 방언을 하였습니다. 나와 데이트를 할 때 우리는 항상 교회에서 만나서 기도를 시작하고 헤어질 때도 같이 교회에 가서 기도를 하면서 방언을 하곤 하였습니다. 휴일이 되면 기도원에 가서 같이 방언으로 기도하며 찬양을 했습니다.

방언을 시작한 후 그녀는 계속 방언기도를 하였으며 전에 몰랐던 새로운 영역을 경험하고 있었습니다. 그녀는 기도가 전보다 훨씬 더 달콤하고 즐겁고 행복하다고 말했습니다.

조금 시간이 지나서 그녀는 나에게 이런 편지를 보냈습니다.

"방언기도를 하면서 내 영이 점점 더 고양되고 충만해지는 것 같아요. 밤에도 기도를 하면서 깨어있는데, 주님과 함께 깨어있는 이 밤이 이렇게 아름다운 것인 줄은 이전에는 정말 몰랐어요.."

방언을 하게 된 이들은 하나같이 놀라운 기쁨과 풍성함을 경험하게 되었습니다. 그것은 그들에게 작은 도움을 주었던 나에게도 커다란 기쁨이며 행복이었습니다.

11. 갈등들

　나는 수시로 방언으로 기도하면서 주님과 친밀한 교제를 누렸습니다. 그리고 가까이 교제하는 이들에게 방언에 대해서 이야기하고 그들도 내가 경험한 것들을 누리도록 도와주었습니다. 그것은 몹시 행복한 일이었습니다.
　하지만 모든 것이 항상 행복했다고 할 수는 없었습니다. 그 와중에서 갈등도 더러 있었습니다. 내가 놀랐던 것은 주님을 경험하고 누리는 것에 대한 사람들의 반응이었습니다.
　방언을 받고 활발하게 사용하던 초기만 해도 나는 모든 사람들이 주님을 경험하고 누리며 주님과의 친밀한 교제 가운데 들어가는 것을 목숨처럼 사모할 것이라고 생각했습니다. 주님을 가까이 접촉하는 그 원리와 길을 몰라서 그렇지 알게 되면 누구나 다 이 세계에 빠져 들어갈 것이라고 생각했습니다.
　하지만 많은 경험을 통해서 나는 나의 생각이 틀렸다는 것을 알았습니다. 주님을 갈망하는 사람들도 있었지만, 그러나 갈망하지 않는 이들이 더 많았습니다.
　갈망하는 사람들의 열정도 그리 깊다고 할 수 없었습니다. 어느 정도 은혜의 경험을 누리고 맛보기를 원하기는 했지만 그분의 얼굴을 진정 간절히 사모하는 이들은 정말 찾기 어려웠습니다. 주님을 찾는 이들은 대체로 자기의 급한 문제들을 해결하기 위해서 주님께 나아오는 사람들이었습니다. 그들은 문제가 해결되면 더 이상 주님을 찾지 않았습니다. 그들은 다시 이전의 평범한 신앙인, 주일에 교회에 가고 평소에는 자기 맘대로 사는, 그러한 모습으로 돌아가곤 했습니다.

갈망하는 사람들은 많지 않다

나에게는 방언을 경험하고 주님을 가까이 느끼게 된 것이 목숨보다 더 소중했습니다. 그래서 다른 사람들도 그렇게 여길 것이라고 생각했습니다. 하지만 그러한 이들은 별로 없었습니다. 방언을 받기 원하는 이들은 꽤 있었지만 그것을 아주 소중하게 여기는 이들은 많지 않았습니다.

나는 그들이 아직 주님의 아름다우심을 충분히 알지 못해서 그럴 것이라고 여겼습니다. 나는 그들이 일단 방언을 받고 그 은혜와 기쁨의 세계에 들어가게 되면 그들이 완전히 바뀔 것이라고 생각했습니다.

그래서 나는 만나서 교제하는 신앙의 형제들에게 방언에 대해서 많이 이야기하고 그들도 성령충만을 받고 방언을 말해야 한다고 권했습니다. 이제 전도해서 신앙생활을 시작한 지 얼마 되지 않은 이들에게도 방언을 받도록 권하곤 했습니다. 심지어 신앙생활에 그다지 관심이 없는 이들에게까지도 방언을 받고 사용하도록 권했습니다. 그러한 나의 열심의 결과는 놀람과 실망뿐이었습니다. 나는 많이 놀랐습니다. 그리고 실망했습니다.

방언을 꼭 받아야 하는지에 대해서 의문을 품는 이들도 적지 않았습니다. 나의 신앙적 배경은 장로교였기 때문에 교회에서는 성령의 체험에 대해서 그다지 강조하지 않는 편이었습니다. 그러므로 사람들은 말씀대로 사는 것이 중요하지 방언을 굳이 받을 필요가 있느냐고 묻곤 했습니다. 방언을 구하고 주님과의 더 깊은 관계를 깊이 갈망하는 이들은 그리 많지 않았습니다.

나는 그러한 이들에게 방언의 중요성과 가치에 대해서 이야기했습니다. 그리고 방언을 받도록 설득을 했습니다. 그러한 가운데 방언에 대해서 그다지 관심을 가지지 않던 이들도 방언을 하게 되었습니다.

그들이 방언을 받도록 인도하는 것은 어렵지 않았습니다. 초신자의 경우도 성경을 펴놓고 어느 정도 설명한 후에 성령을 초청하도록 권하고 기도를 시키면 방언을 받았습니다. 어느 정도 기도의 경험이 있는 이들은 더 빨리 방언을 받았습니다. 나는 그들이 강한 성령의 능력에 사로잡혀서 울고 방언을 하며 기뻐하는 것을 보았습니다.

나는 그것으로 이제 문제는 끝났다고 생각했습니다. 나의 경우에 그러했던 것처럼 그들에게도 이제 놀라운 갈망이 시작될 것이고, 주님께 헌신할 것이며, 그들은 말씀과 기도에 전무하는 사람들이 될 것이라고 생각했습니다.

방언을 경험해도 그 가치를 모르는 이들이 많다

하지만 나의 기대는 이루어지지 않았습니다. 방언을 받은 많은 사람들은 그 상태를 유지하지 못했습니다. 언젠가 방언을 받도록 인도해준 형제를 나중에 만나서 방언을 계속 하고 있느냐고 묻자 그는 싱긋 웃으며 대답했습니다.

"아, 요즘은 안 해요. 바빠서요."

나는 귀를 의심했습니다. 바빠서 방언을 안 한다고? 그럴 수도 있나? 나는 방언을 하면 모든 사람이 자신을 주님께 드리고 하루 종일 주님께 빠져서 살 것이라고 생각하고 있었습니다.

하지만 나는 반복되는 경험을 통해서 이러한 반응이 흔한 것이라는 것을 알게 되었습니다. 한 때 울고 통곡하고 기뻐하면서 방언을 하고 찬양하던 사람들이 얼마 지나지 않아서 그러한 열정을 잃어버린다는 것을 알게 되었습니다. 그들은 보물을 얻었지만, 그 보물의 가치를 모르고 있었고 그 보화를 어떻게 활용해야 하는지도 모르고 있었으며 그다지 관심도 없었습니다.

나는 갈망이라는 것, 주님 자신을 갈망하고 주님의 임재와 체취를 갈망한다는 것이 흔한 일이 아니라는 것을 알게 되었습니다. 많은 이들이 쉽게 은총을 입었지만 그것을 관리하지 못했고 대수롭지 않게 여겼습니다.

나는 몹시 실망했습니다. 그리고 차츰 방언이나 은총의 경험에 대해서 강조하기 전에 먼저 그 사람의 중심, 갈망의 정도를 파악해야 한다는 사실을 깨닫게 되었습니다. 그것은 아무에게나 함부로 권할 것이 아니었으며 그 가치에 대해서 눈을 뜨고 사모하는 이들에게만 권해야 하는 것이었습니다.

방언이 불편하고 싫은 사람들도 많다

나는 방언에 대해서 그다지 갈망하지 않으며 받아도 잘 관리하고 유지하지 못하는 사람들을 보고 실망하고 놀랐습니다. 하지만 나를 더 놀라게 하는 두 번째 부류의 사람들이 있었습니다. 방언에 대해서 싫어하고 부정적으로 반응하는 사람들이 있다는 것을 알게 된 것입니다.

처음에 나는 방언을 하는 사람들이 워낙 부러웠기 때문에 방언이나 방언하는 사람들을 싫어하는 이들이 있으리라고는 전혀 생각하지 못했습니다. 방언에 대해서 권면하고 도와주면 다들 기뻐하리라고 생각했습니다. 그러나 그렇지 않은 현실과 많이 부딪치게 되었습니다.

나는 비슷한 나이의 청년들과 교제가 많았습니다. 본시 나는 아주 소극적인 성격이었으나 방언을 많이 하게 되면서 적극적인 면이 많아졌습니다. 나는 교제하는 청년들에게 영적인 도움을 주는 것을 좋아했고 상담을 해주기도 하고 책을 빌려 주기도 했습니다.

나는 어느 자매에게 두 권의 책을 빌려 주었습니다. 한 권의 책은 감사하는 삶에 대한 내용의 책이었고 다른 한권은 방언과 성령충만의 경험에 대한 내용을 담고 있는 책이었습니다. 나는 그녀가 두 번째 책에 대해서 관심을 보이면 성령체험과 방언에 대해서 이야기를 하려는 참이었습니다.

며칠이 지난 후에 자매는 내게 두 권의 책을 돌려주었습니다. 그러면서 독후감을 덧붙였습니다. 감사와 찬양에 대한 책은 아주 좋게 읽었고 책장이 잘 넘어갔는데, 성령체험과 방언에 대한 책은 읽기가 몹시 불편하다고 했습니다. 내가 놀라서 그 이유를 묻자 그녀는 대답하였습니다.

"신앙인들을 너무 명백하게 두 종류로 구분하는 것 같아서 싫어요. 어느 한쪽만 옳다고 하는 것 같아요."

나는 아주 놀랐습니다. 그 때만 해도 나는 나에게 은혜가 되고 감동이 되면 다른 사람들도 다 좋아할 것이라고 생각하고 있었습니다. 나는 그녀에게 별 다른 설명을 하지 않았지만 상대방의 성향이나 상태를 살피지 않고 함부로 책을 빌려주거나 권하는 것은 좋지 않다는 것을 알게 되었습니다.

한번은 이런 일이 있었습니다. 나는 집에서 가까운 교회에 밤마다 가서 기도를 드리곤 했습니다. 기도가 끝난 후에는 다른 형제들과 대화를 나누며 교제를 하곤 했습니다.

그날의 주제는 방언에 대한 것이었습니다. 이 교회는 장로교회였지만 청년들은 부르짖어 기도하는 것에 익숙하였고 은혜의 경험을 사모하는 경향이 있었습니다. 그러다보니 방언을 하는 형제들도 있어서 우리의 화제는 자연히 성령체험과 방언에 대한 것으로 흐르게 되었는데, 나는 우리의 뒤에서 어느 집사님이 우리의 대화를 듣고 있다는 사실을 몰랐습니다.

"정선생!"

갑자기 뒤에 계시던 집사님이 나를 큰 소리로 불러서 나는 깜짝 놀랐습니다. 나를 바라보는 그의 표정에는 노여움이 가득했습니다.

"내가 지금 정선생의 이야기를 들으니 조금 기분이 나빠지는데.. 그러면 우리 장로교회에는 성령이 없나? 정선생은 어디 소속이야!"

나는 그의 말을 듣고 깜짝 놀랐습니다. 그는 내게 평소에 아주 친절하게 대해주시던 분이었습니다. 그런데 이렇게 갑자기 공개적으로 여러 사람들 앞에서 호통을 치듯이 힐난하는 것은 정말 예상하지 못한 일이었습니다.

더욱이, 그가 우리의 이야기를 엿들었다고는 하지만 대화의 내용이나 주제에 그가 언급했던 내용은 전혀 없었습니다. 방언과 성령체험의 유익에 대한 이야기를 잠시 나누고 있었지만 교단에 대한 이야기라든지 방언을 인정하지 않는 이들에 대한 비난과 같은 이야기는 전혀 없었습니다.

나는 그가 방언을 말하거나 방언에 대해서 좋게 여기고 있는 이들에 대해서는 몇 가지 편견을 가지고 있다는 것을 알았습니다. 방언을 하는 사람들은 방언을 하지 않는 사람을 무시하고 자기들만이 성령을 소유하고 있다고 믿고 있다고 여기는 것 같았습니다.

방언을 싫어하는 사람들이 방언을 하는 사람들에 대하여 가지고 있는 보편적인 편견은 그 외에도 많이 있다는 것을 나는 알게 되었습니다.

질서를 무시하고, 말씀에 대하여 무지하며 관심도 없고, 능력이나 신기한 것들을 추구하지만 사랑이 없고, 이성과 진리보다는 감정에 치우치고, 말초신경을 자극하는 유치한 경험에 빠지는 경향이 있다는 것 등.. 특히 능력과 기적을 행하지만 심판 때에 주님에게 인정받지 못하고 거짓선지자로 선고를 받은 마태복음 7장의 메시지는 방언을 하는 이들에 대한 중요한 경고로 많이 쓰이고 있다는 것을 알게 되었습니다.

집사님은 내가 불온한 사상을 순진한 청년들에게 전염시킬까 걱정이 되어서 공개적으로 다른 청년들 앞에서 망신을 준 것 같았습니다. 나에게 대한 그의 공격은 나 자신에 대한 공격이라기보다는 방언에 대한, 방언하는 사람들의 잘못된 태도에 대한 공격이라고 할 수 있는 것이었습니다.

가슴이 너무 아팠지만 뭐라고 할 말이 없었습니다. 아무 말도 할 수가 없었고 오해라고 변명을 하기도 난처한 상황이었습니다. 조용히 일어나 인사를 드리고 집으로 돌아오는 발걸음은 참으로 무거웠습니다. 가슴은 아프고 집에 오는 내내 슬픈 눈물이 흘러 내렸습니다.

마음이 많이 아팠던 것은 그러한 경험이 그 때가 처음이었기 때문입니다. 나중에 비슷한 경험이 반복되면서 방언과 성령체험으로 인한 오해와 갈등은 아주 흔한 일이라는 것을 알게 되었습니다.

분별없이 사람을 도와서는 안 된다

아무리 선의를 가지고 있어도 그것이 다른 이들에게 악의로 해석되는 일은 흔히 있을 수 있습니다. 그러므로 선한 의도만 있는 것으로는 충분하지 않습니다. 상대의 영적 상태나 성향, 갈망 등을 분별하고 이해하는 지혜와 분별력도 동반되어야 합니다.

그것이 없이 자기가 좋다고 상대방의 입장이나 상황을 고려하지 않고 공급하려고 한다면, 그러다가 부작용이 생긴다면 그것은 지혜롭지 않은 전달자의 책임입니다. 나는 당시에 이런 것에 대해서 잘 몰랐습니다.

하지만 그 경험을 통하여 분명한 교훈을 얻게 되었습니다. 방언의 경험, 은혜의 경험이 내게는 너무나 아름답고 귀한 것이지만 그 경험으로 인하여 좋았던 인간관계가 깨어질 수도 있다는 것입니다. 그러므로 방언이나 은혜의 경험을 나누는 것은 주님의 인도하심과 적절한 상황 속에서 조심스럽게 해야 한다는 것입니다.

그 이후에도 조심은 했지만 비슷한 일을 더러 겪곤 했습니다. 나는 기질적으로 리더십이 부족한 편입니다. 다른 사람의 의지에 반해서 무엇인가를 이끌어가는 것을 거의 하지 않으며 싫어합니다. 내가 아무리 좋아하는 것이 있더라도 상대방이 원하지 않는다면 권하지 않는 편입니다.

나에게 아무리 힘든 일이 있어도 다른 사람에게 도와달라고 부탁하는 일은 잘 하지 못합니다. 남에게 폐를 끼치는 일을 아주 싫어하기 때문입니다. 지금도 몸이 아주 심하게 아픈 것이 아닌 한 아내에게 잘 티를 내지 않습니다. 폐를 끼치고 다른 이에게 부담을 주는 것은 내게 아주 어려운 일입니다.

그렇기 때문에 그 후에는 방언에 대해서 강하게 이끌고 도우려는 마음이 많이 사라졌습니다. 오직 간절하게 소원하고 사모하는 이들만을 돕기로 했습니다.

그래서 나는 사람들을 도우면서 도움을 받은 이들에게 나에 대한 말을 남들에게 하지 말도록 주의를 시키곤 했습니다. 하지만 조심을 하고 조심을 시켰지만 나의 이야기가 새어나갔습니다. 그래서 목사님에게 불려가 주의를 받게 되었습니다.

나는 그때 보수장로교 교단의 큰 교회에 다니고 있었습니다. 나는 청년부에 속하여 활동을 하고 있었는데, 그들 중에는 성령의 경험과 은총을 사모하는 이들이 많이 있었습니다. 목사님들은 그러한 분위기를 별로 좋아하지 않았기에 청년부에서 열심이 많고 활동적인 임원들 중에는 몰래 다른 교회의 집회에 참석하거나 개별적으로 모여서 기도회를 하기도 했습니다.

나는 그때 월요일마다 모이는 기도모임에 참석하고 있었습니다. K대 법대를 졸업한 이들이 주도해서 모이는 중보기도모임으로 매주 월요일마다 K대학교 내의 잔디밭에서 모여서 나라와 민족과 교회를 위한 여러 기도제목들을 위해 기도했고, 개인기도 제목들도 가지고 나와서 기도를 하곤 했습니다.

처음에 두 사람이 모여서 시작된 이 모임에는 성령의 은사와 역사들이 많이 나타났고 나중에는 여기저기에서 많이 참여하게 되어 60명 정도까지 모이게 되었습니다.

그것은 아주 감동적인 모임이었습니다. 저녁 다섯 시쯤 환할 때에 모여서 나중에 지척을 분간할 수 없는 캄캄한 시간까지 나라와 교회와 개인의 여러 기도제목들을 가지고 중보하고 기도하며 소리를 지르고 마음을 토하여 부르짖는 것은 정말로 황홀한 경험이었습니다. 기도회를 마치고 밤 열시가 넘어서 캄캄해진 캠퍼스를 찬양을 부르며 걸어 내려올 때 내 마음은 너무나 달콤하고 행복한 전율로 가득하였습니다.

나는 그때 교회에서 교제하고 있는 청년들을 개인적으로 돕기도 했지만 이 모임으로 데려오기도 했습니다. 모임에 오면 모임의 그 뜨거운 열기로 인하여 방언을 터트려주는 것도 쉬웠고 데려온 이들도 강력한 도전을 받는 것 같았습니다.

그런데 우리들이 다른 모임에 나가고 있다는 것을 청년부를 담당하는 목사님이 알게 되었습니다. 목사님은 모임에 나가고 있는 한 자매를 불러서 그 모임이 무슨 모임이냐고 물었습니다.

자매는 놀라고 무서워서 얼떨결에 방언기도모임이라고 대답했습니다. 목사님은 그녀와의 대화를 통하여 내가 주동자인 것을 알게 되었습니다.

목사님은 나를 불러서 경고했습니다. 혼자서 이상하게 되는 것은 말리지 않겠지만 다른 사람들을 끌어들이지 말라고 경고하였습니다. 나는 목사님께 그들은 건전한 신앙인들이며 나라와 교회와 여러 기도제목들을 가지고 중보기도를 하는 것뿐이라고 말했습니다.

그러자 목사님은 방언으로 기도한다는 이야기를 이미 들었다고 하시며 자기가 볼 때 앞으로 이단이 될 가능성이 80~90%는 된다고 하였습니다. 평범한, 멀쩡한 젊은 청년들이 단순히 방언으로 기도한다고 해서 앞으로 이단이 될 가능성이 80~90%가 된다는 것은 납득하기 어려운 이야기였습니다.

하지만 나는 어떤 변호도 소용이 없다는 것을 알았습니다. 이미 결론을 가지고 있는 상대에게, 더욱이 사역자에게 변명을 한다면 그것은 더 문제가 될 것입니다.

　30년 정도의 세월이 지난 지금 내가 알기에 그 모임에 참석했던 이들 중에서 이단이 되었다는 이야기는 들어보지 못했습니다. 그 모임의 리더 격이었던 이들 대부분은 사법고시를 준비하던 이들이었고 적지 않은 이들이 고시에 패스해서 판검사 변호사로 법조계에서 활동하고 있거나 법률서비스에 관련된 일을 하고 있습니다. 주로 교회의 분쟁 사건들을 맡고 있는 이도 있다고 들었습니다. 법이 아닌 다른 길을 선택한 이들은 주로 보수교단의 목회자가 되어서 사역을 하고 있습니다. 방언을 해서 이상하게 된 사람이 모임멤버 중에 있다는 이야기는 들어보지 못했습니다.

　이런 경험들을 하면서 방언을 하는 사람들에 대한 합리적이지 않은 부정적인 반응을 보이는 이들이 적지 않다는 것을 선명하게 인식하게 되었습니다. 특히 사역자들이 그러한 면이 있었습니다. 방언을 하지 않는 사역자는 방언하는 사람을 좋아하지 않았습니다.

　그들의 입장에서 방언을 하는 사람은 불편한 존재였습니다. 방언을 인정한다면 방언을 하지 못하는 사역자는 자기의 무능을 인정하는 셈이 됩니다. 그것보다는 방언을 하는 사람이 이상한 사람이며 한쪽으로 치우쳤거나 문제가 있는 신앙으로 매도하는 것이 나을 것입니다.

　방언을 싫어하는 사람들과 같이 있을 때 영적인 경험에 대한 주제로 이야기가 나오게 되면 급속도로 분위기가 얼어붙는 경향이 있었습니다. 지도적인 위치에 있는 이들은 자신이 방언을 하지 못하면 무시당한다고 생각하는 경향이 있었습니다. 조심하지 않으면.. 아니, 아무리 조심해도 상처를 입힐 수도 있었습니다.

가장 좋은 것은 아무 말도 하지 않는 것입니다. 결코 당신들보다 신앙의 우위에 있지 않으며 가르칠 의도가 없다는 것을 나타내는 것입니다. 방언을 하는 사람들도 말씀을 사랑하고 복음을 사랑하며 영혼을 사랑하는 사람이라는 것을 보여주는 것입니다.

나는 분쟁을 아주 싫어하는 성격입니다. 다른 이들이 싫어하는 것을 주장하거나 강요하는 것은 내게 아주 어려운 일입니다.

나는 이러한 경험을 통해서 원하지 않는 이들, 싫어하는 이들 앞에서는 말하지 않아야 한다는 것을 배웠습니다. 묻지 않는 자에게 해답을 던져서는 안 됩니다. 그러므로 방언에 대해서는 함부로 이야기하지 않고 오직 성령의 인도하심과 강권하심이 있을 때만, 그 가치를 알고 사모하는 이들과만 이것을 나누어야겠다고 다짐하게 되었습니다.

영적 경험이 있으나 헌신되지 않은 이들이 있다

방언을 받고도 그 가치와 은총을 대수롭지 않게 느끼는 이들을 보고 나는 놀랐습니다. 또한 방언이나 방언을 하는 사람들에 대해서 부정적이고 공격적인 시선을 가진 이들을 발견하고 나는 더 놀랐습니다.

방언을 하고 주님과의 아름다운 교제로 가까이 나아갈 수 있다면 모든 문제는 끝인 줄 알았는데 오히려 전에는 알지 못했던 새로운 갈등들이 생겼다는 것에 놀랐습니다. 그런데 이러한 갈등과는 좀 다른 형태의 실망도 있었습니다. 이 세 번째 부류의 사람들에 대해서도 나는 놀라고 실망했습니다.

그때 나는 오순절 계통의 교회에 다니는 청년들과 자주 교제를 하고 있었습니다. 나는 어릴 때부터 장로교회에서 자랐고 장로교회의 분위기에 익숙했지만, 은혜의 경험 이후에는 뜨겁고 열정적인 분위기의 예배에 마음이 끌렸고 그래서 정식교인으로 등록을 하지는 않았지만 오순절 계통 교회의 철야기도회 등 각종 집회에 참석하고 있었습니다.

내가 다니던 장로교회에서는 방언이나 은혜의 경험을 나누는 것이 무척 조심스러웠기 때문에 이쪽 사람들과는 아무 것도 거리낌 없이 체험에 대하여 나누고 공유할 수 있다는 것이 좋았습니다. 나는 살고 있는 동네의 구역에서 청년구역의 모임에 자주 참여하고 있었습니다.

그들은 별로 지적인 분위기는 아니었고 대체로 단순 소박한 사람들이었습니다. 그러나 그들은 대부분 영적인 경험과 은사들을 가지고 있었습니다. 방언과 방언통역과 예언, 신유의 은사들을 경험하고 있었습니다. 이들이 같이 모일 때는 항상 뜨거운 통성기도가 있었고 그러한 분위기는 항상 은혜로웠습니다. 우연히 거리에서 모인 적도 있었는데 이들은 거리에서도 개의치 않고 뜨겁게 통성기도를 하곤 했습니다. 나는 이 모임에서 같이 교제를 나눌 수 있다는 사실이 자랑스러웠습니다.

그러나 계속 이들과의 교제를 나누면서 나는 차츰 이상한 느낌을 갖게 되었습니다. 나는 기본적으로 은혜를 사모하고 은사를 사모하는 이들은 주님께 자신을 온전히 드린 헌신자들일 것이라고 생각했었습니다. 기본적으로 삶의 모든 주권을 주님께 드리고 그리스도가 삶의 모든 영역에서, 결혼이나 직장문제, 물질문제나 미래의 삶이나 모든 영역에서 지배하시고 통치하시는 삶을 갈망할 것이라고 여겼습니다.

그러나 이들을 보면 활기 있고 열정적이라는 사실은 분명했지만 그리스도의 주권에 대해서는 분명하지 않은 것 같았습니다. 이들은 심지어 자아부인이라는 개념도 별로 없는 듯이 느껴졌고 세상에 대한 그리스도인으로서의 인식도 부족해보였습니다.

그리스도인으로서 세상에 대하여 순결을 지켜야하며 거룩한 삶을 추구해야하며 깨어있어야 한다는 인식도 부족해보였습니다. 대체로 말하자면 이들은 순진하고 열정적이었지만 신앙의 기초가 부실한 편이었습니다. 나는 교제를 나눌수록 초기의 기쁨이 식어가고 실망스러운 마음이 일어났습니다.

은혜를 경험하고도 세상을 사랑하는 이들도 있다

이들 모임과 멀어지게 된 한 계기가 있었습니다. 매 주마다 한번씩 모이는 날이 있었는데 다음에 모이는 날이 명절이었습니다. 멤버 중의 하나가 엉뚱한 제안을 하였습니다. 우리 모두 지금은 술을 마시지 않지만 다음 주는 명절이니까 그날 하루만 일종의 기념일처럼 술을 한번만 마시자는 것이었습니다.

나는 이 어처구니없는 제안에 리더가 어떤 반응을 보일 지가 궁금했습니다. 나는 당연히 거절을 할 것이라고 생각했습니다. 그러나 내 예상과는 달리 그는 아주 심각한 표정으로 고민을 하고 있었습니다. 그는 유혹과 갈등 속에 빠져 있는 것 같았습니다.

나는 다른 멤버들의 표정을 살펴보았습니다. 그리고 놀랐습니다. 그들은 모두 그리움이 가득한 표정으로 리더의 결정을 기다리고 있었습니다. 그들의 표정을 보면 정말 간절하게 한잔을 하고 싶다는 얼굴이었습니다. 그 자리에서는 결국 결정을 내리지는 못하고 차후에 담당 목사님께 물어보고 허락을 맡자는 결론을 내리게 되었습니다.

나중에 담당 목사님께 허락을 구하다가 한참 야단만 맞고 이들의 꿈은 수포로 돌아가고 말았다는 것을 알게 되었습니다. 하지만 나는 이미 정이 떨어져서 더 이상 그 모임에 나가지 않게 되었습니다.

그리스도를 갈망하고 은혜를 경험하고 사모하면서 동시에 세상과 육의 타락한 문화와 욕망을 즐거워한다는 것이 나에게는 이해가 되지 않았습니다. 나는 그들이 순진한 사람들이기는 하지만 그리스도 안에서의 친밀한 교제를 나누는 것은 곤란하다고 여기게 되었습니다.

나는 헌신과 자아포기가 거의 되지 않은 상태에서도 주님이 은총을 베풀어주실 수 있으며, 은총의 경험 후에도 지식이나 헌신도가 저절로 증가되는 것은 아니며 여전히 세속적인 상태에 있을 수도 있다는 것을 알게 되었습니다. 은사적인 경험과 영적 성숙도는 비례하는 것이 아니라는 것도 이해하게 되었습니다.

갈등을 각오해야 한다

방언을 경험하고 그로 인하여 주님과의 새로운 차원.. 더 아름답고 친밀하고 감미로운 관계로 나아가게 된 것은 몹시 행복한 일이었습니다. 그러나 한편 그것은 다른 측면으로 갈등을 만들어내는 면도 있었습니다. 빛이 있는 곳에 그림자도 생기는 것처럼 말입니다. 나는 주님과의 관계에 있어서 행복했지만 인간관계에 있어서는 더 고독하고 고립된 것처럼 느껴졌습니다.

방언을 하게 된 것은 행복한 일이었지만 그에 따른 갈등과 문제가 있는 것도 사실이었습니다. 좋았던 관계가 불편해지기도 했습니다. 어디서 그런 것을 주워왔느냐고 대놓고 비아냥거리는 사람들도 있었습니다. 호의적인 대화를 나누다가 내가 방언을 한다는 것을 아는 순간 얼굴빛이 달라지는 이들도 있었습니다. 방언에 대해서 적대시하며 방언하는 사람을 이상한 사람 취급하는 이들이 있었습니다.

처음에 나는 이러한 갈등이 이해되지 않았습니다. 단순히 주님을 더 사랑하고 싶을 뿐인데, 왜 이러한 반응이 있는 것인지 이해가 되지 않았습니다.

나는 경험을 통해서 방언을 경험하고 은사적으로 발전해갈수록 더욱 더 조심하고 또 조심해야 하는 것을 알게 되었습니다. 방언과 은사들에 대해서 많은 오해가 있기 때문입니다. 또한 이미 방언을 받은 사람들이 행했던 많은 잘못으로 인해서 방언을 하는 사람들은 똑 같이 취급을 받는다는 것을 알게 되었습니다. 어떤 유명한 그리스도인이 잘못을 행했을 때, 모든 그리스도인들이 같이 욕을 먹는 것처럼 말입니다.

공격이 있을 때 방언을 하는 사람은 그러한 공격에 대해서 온유하고 겸손한 태도를 보여야 합니다. 방언을 하는 사람은 말씀을 도외시하고 허공에 붕 떠 있는 것이 아니라는 것을, 신비주의자이며 감정주의자이고 사역자를 거스르는 질서거역자이며 몸이 아파도 병원치료를 거절하고 오직 기도와 방언만 하는 비이성적인 사람이 아니라는 것을 보여주어야 합니다.

또한 은사가 부분적으로 열렸다고 특별한 사람이 되는 것은 아니며 항상 사모하고 낮아져야 하며, 겸손하고 섬김에 힘쓰고 비난을 받을 수 있는 소지를 주지 말아야 합니다. 그래도 욕을 먹을 때는 변호하지 않고 감사하며 주님만을 바라보아야 합니다.

당시에 나는 아주 미성숙했기 때문에 이런 것들을 잘 알지 못했고, 그래서 갈등과 고독이 몹시 힘들었고 슬프기도 했습니다.

물론 나는 나의 경험과 선택을 전혀 후회하지 않았습니다. 그 이상의 갈등들, 아니.. 심지어 인생의 모든 것을 다 잃는다고 해도, 주님을 가까이 누리고 경험하는 것.. 그 아름다운 교제와 감미로운 행복감 속에서 사는 것은 전혀 비교가 되지 않는 일이며 전혀 바꿀 수 없는 일이기 때문입니다.

갈등과 어려움들은 내가 아직 알지 못하고 있는 영적세계의 원리들을 이해하고 분별하는데 도움을 주는 귀한 경험들이었을 뿐이었습니다. 그렇게 갈등하고 헤매면서 나는 새로운 것들을 배워가게 되었습니다.

더러 갈등도 있었고 실망도 있었고 비난을 받기도 했지만 그러나 방언을 하고 기도를 드리면서 얻어지는 기쁨은 무엇과도 바꿀 수 없었습니다. 홀로 기도실에서 기도하면서 방언으로 나누는 주님과의 친밀한 교제와 기도가 행복해서 죽을 지경이었기 때문에 그런 갈등들은 그리 대수롭게 느껴지지 않았습니다.

기도는 천국이다

방언을 하면 할수록 내게는 그리스도에 대한 갈망이 미친 듯이 더 일어났습니다. 기도할 때마다 너무 행복해서 미칠 것 같았습니다. 다른 것은 아무 것도 필요하지 않았습니다. 오직 주님, 그 임재로 충분했습니다. 결혼도, 아무 것도 필요하지 않았습니다. 나는 오직 기도로 평생을 살고 싶은 갈망이 간절하게 일어났습니다.

나중에 결혼을 해야 한다는 주님의 감동을 받게 되었습니다. 나는 평생 혼자 살면서 이 기도의 행복을 맛볼 수 없다는 것이 너무나 서운했습니다. 사역자의 길을 가야 한다는 말씀을 받았을 때도 너무 서운했습니다. 기도는 나에게 모든 것이었기 때문에 결혼으로, 사역으로 이 친밀감을 손상시켜야 한다는 것이 너무 가슴이 아팠습니다.

방언을 하면 할수록 가치관과 의식은 변화되어 갔습니다. 오직 주님을 아는 것.. 자든지 깨든지.. 주님을 바라보고 주님을 구하는 것.. 그것은 곧 천국이라는 것을.. 나는 선명하게 알게 되었습니다.

12. 또 다른 갈등들

바울은 고전 14장에서 "형제들아 신령한 것에 대해서는 너희가 모르기를 원치 아니하노니.." 하면서 방언에 대한 언급을 시작하였습니다. 이것은 방언이 신령한 것이며 신령한 언어인 것을 말해줍니다.

방언을 말하면 말할수록 방언으로 기도하면 기도할수록 그 사람은 신령한 감각이 생깁니다. 방언을 하기 전에는 별로 없었던, 별로 활동하지 않았던 영적인 감각이 생겨나는 것입니다.

영에 대한 감각이 생기면 영에 대한 어떤 느낌이나 인상, 분별력이 생기기 시작합니다. 예를 들자면 어떤 사람을 보았을 때 그 사람이 악한 영에게 시달리고 있다는 것을 갑자기 알게 됩니다. 물론 그 사람에 대한 아무런 정보도 없습니다. 그것은 그 사람의 외적인 모습이나 행동을 보고 논리적인 판단을 내리는 것과 다릅니다. 내 안에서 어떤 감각이 그렇게 느끼는 것입니다. 방언을 하면 할수록 그러한 인상이나 분별력은 점점 더 선명해집니다.

듣는 기도에는 준비가 필요하다

오래전 목회를 하고 있을 때 한번은 이런 일이 있었습니다. 나는 안면이 있는 어떤 자매와 통화를 하고 있었습니다. 나는 그녀와 통화를 시작하자마자 그 자매에게서 뭐라고 표현하기 어려운 불편하고 좋지 않은 압력감이 그녀를 짓누르고 있는 것을 느꼈습니다. 나는 그녀에게 물었습니다.

"자매님.. 악한 세력에게 공격을 받고 있군요. 불편하고 힘들지 않나요?"

그녀는 놀라서 대답했습니다.

"어머, 목사님! 저도 느껴요.. 갑자기 너무 힘들어져서 고통을 겪고 있었는데 그게 악한 세력이군요.."

나는 대답했습니다.

"그럼 악한 세력이지 좋은 세력이겠어요?"

나는 주의 이름으로 악한 세력을 결박하고 대적했습니다. 곧 수화기 너머로 그녀의 한숨 소리가 들려왔습니다.

"휴.. 이제는 살 것 같아요.."

나는 그녀에게 언제 그런 상태가 되었느냐고 물었습니다.

"지난주에 찬양세미나에 며칠 다녀왔었어요. 그때 세미나 프로그램에 침묵기도.. 듣는 기도 시간이 있었어요. 그 때 조용히 주님의 음성을 기다리고 있는데 갑자기 섬뜩한 느낌이 들었는데 그 이후로 머리가 아프고 무기력해지고 가슴도 불안해지고, 그 이후로 쭉 그랬어요."

"그랬었군요. 침묵기도와 듣는 기도는 좋은 기도이며 아름다운 기도예요. 하지만 충분한 준비기도 없이는 위험해요. 음성이나 임재를 기다리는 중에 영적으로 수동적인 상태가 되기 때문에 조심해야 하고 충분히 정화된 상태에서 그런 기도를 드려야 해요. 앞으로는 조심하도록 하세요."

"감사합니다, 목사님.."

듣는 기도는 일방적으로 혼자 외치고 부르짖는 기도보다 더 아름답고 풍성한 열매가 있는 기도입니다. 거기에는 일방적인 관계가 아닌 상호의 교제와 누림이 있기 때문입니다.

그러나 이 기도는 영적 수동성을 가져오기 때문에 충분한 발성기도의 훈련이 되지 않은 사람, 정서적으로 충분한 균형을 이루지 못하고 과도한 분노나 미움, 상처를 가지고 있는 사람에게는 조심이 필요합니다. 그러한 상태에서의 기다리는 기도는 악한 영들에게 공격의 기회를 줄 수 있기 때문입니다.

그러므로 듣는 기도에는 조심스러운 준비가 필요합니다. 특히 영의 분별에 대해서 배워야합니다. 영의 세계에는 성령만 계시는 것이 아니고 다양한 속이는 영들이 있기 때문입니다. 그들은 거듭난 신자를 완전히 사로잡을 수는 없지만 여러 측면에서 공격하고 괴롭힐 수 있습니다.

영의 분별에 대해서 이론적으로 원리적으로 가르치고 설명할 수는 있지만 그것을 실제로 느끼게 하는 것은 어렵습니다. 그것은 감각이 있어야 가능합니다. 음식의 맛에 대하여 설명을 듣는 것과 직접 맛보는 것은 다릅니다. 머리로 이해하는 것과 맛보고 느끼는 것은 다릅니다. 영분별의 문제도 기본적인 지식과 이해가 필요하지만 그것을 실제로 느끼는 것은, 살아있는 감각이 있을 때 가능해지는 것입니다.

감각이 깨어날 때 분별이 일어난다

방언을 하면 할수록 그런 느낌과 감각이 새롭게 됩니다. 방언을 하지 않을 때는 이것이 단순한 두통인지 단순한 심리적인 불안감인지 알 수가 없습니다. 그러나 방언을 많이 하고 영의 감각이 생기면 점차 선명하게 주님으로부터 오는 것과 악한 영으로부터 오는 것, 그리고 자연적인 것 사이의 차이를 느끼게 됩니다. 이것이 악한 영의 공격으로부터 오는 고통인지, 자연적이고 물리적인 고통인지, 그 차이를 분별하게 됩니다. 그것은 이론의 문제가 아니라 감각의 문제입니다.

물론 그러한 감각이나 판단을 완전한 것으로 단정할 수는 없습니다. 영의 성장에 따라 분별과 인식력은 섬세해지고 증가되고 정확해지기 때문입니다. 영적으로 경험이 많지 않을 때에는 분별에 실수를 하기도 합니다. 다만 분명한 것은 방언을 할수록 영의 움직임에 대한 내적인 감각이 일어나게 된다는 것입니다.

감각이 깨어날 때 지식은 실제가 된다

잠자고 있던 영이 깨어나고 영의 감각이 깨어나게 된다는 것은 놀라운 일입니다. 영의 감각이 깨어났다는 것은 갑자기 새로운 진리를 깨우치고 알게 된다는 것은 아닙니다. 다만 이전에 지식으로 머리로만 이해하고 있던 사실이 전혀 다르게 새로운 느낌과 감각으로 다가오게 된다는 것입니다.

하나님의 임재를 가까이 누리게 되고, 기도가 얼마나 좋은 것인지 말씀과 예배와 찬양이 얼마나 아름다운지 몸과 마음과 영으로 선명하게 느끼게 됩니다. 예를 들자면 경치를 보면서 '아, 참 좋은 경치야..' 하던 것이 온 몸으로 자연의 아름다움과 장엄함과 사랑스러움에 대해 전율을 느끼며 감지하고 감탄하게 되는 식이라고 할 수 있습니다.

영의 감각이 생길수록 예수의 이름에 대해서, 보혈의 능력에 대해서 선명하게 새로운 인식이 일어나게 됩니다. 말씀에 대한 이해와 통찰력이 단순한 지식을 넘어서 심령에 깊은 충격파를 가져다주게 됩니다. 이 상태가 되면 기도가 얼마나 아름다운 것인지, 예배와 찬양이 얼마나 행복한 것인지 인식하게 됩니다. 세상적인 즐거움보다 은혜의 맛에 취하고 사로잡혀가게 됩니다. TV의 드라마보다 예배를 드리고 기도를 하고 찬양을 드리는 것이 훨씬 더 기쁨이 되는 것입니다.

감각이 깨어날 때 영의 움직임을 감지하게 된다

그런데 이렇게 영적인 감각이 생기고 누릴 수 있으면 다 좋을 것 같지만, 동시에 불편한 문제도 생기게 됩니다. 영적인 흐름이나 움직임에 대해서 기쁨과 감동을 느끼는 것은 행복한 일이지만 반면에 그러한 흐름과 움직임이 없는, 오히려 좋지 않은 영이 흐르는 공간이나 예배에서는 답답함과 고통을 느끼기 시작하게 되는 것입니다. 이것은 많은 문제의 시작이 됩니다.

영적인 감각이 생기면 생길수록, 어떤 사람이 가지고 있는 영적 분위기나 흐름에 예민해지게 됩니다. 일부러 판단하지 않아도, 아니 판단을 하지 않으려고 애를 써도 상대의 영이나 마음, 그 흐름과 움직임을 느끼게 됩니다. 사역자에 대해서도 마찬가지입니다.

어떤 사역자가 말씀을 전합니다. 그의 메시지는 전혀 새로운 것이 아닙니다. 단순하고 많이 들어서 알고 있는 내용입니다. 그저 그리스도의 사랑에 대해서 이야기하고 보혈의 능력에 대해서 이야기합니다. 그런데 메시지를 들으면서 이상하게 가슴이 뛰고 감동이 오고 눈물이 흐르기 시작합니다.

또한 그와 반대가 되는 상황이 있습니다. 어떤 사역자가 유창한 논리와 탁월한 설득력, 웅변적인 톤으로 메시지를 전합니다. 그것은 아주 세련되고 아름다운 것입니다. 그러나 깊은 속에서 그저 냉랭하게 느껴집니다. 머리는 그 메시지에 동의하고 받아들이지만, 깊은 속의 영에는 아무 반응이 나타나지 않는 것입니다. 사역자의 메시지가 단순히 말 뿐인지, 아니면 그 안에서 내면의 흐름, 성령의 흐름이 있는지.. 그것을 내면의 영이 느끼고 반응하게 되는 것입니다.

외적인 찬양과 중심의 영에서 흘러나오는 찬양에 대한 인식

이것은 예배에 있어서, 기도와 찬양에 대해서도 마찬가지입니다. 어떤 이가 기도를 드릴 때 강한 전율과 감동으로 '아멘!' 이 나오는 경우가 있습니다. 그러나 어떤 이가 기도를 드리면 그의 기도가 아무리 조리가 있고 내용이 훌륭한 것이어도 답답하고 지루하게 느껴져서 이 기도가 언제 끝나나 기다리게 되는 경우도 있습니다.

나는 성령의 역사와 은사를 강조하는 어떤 집회의 철야기도회에서 성가대의 찬양을 들어 보았습니다. 그들의 화음이나 음악성에 대해서는 그다지 점수를 주기 어려웠습니다. 그러나 그들이 찬양을 할 때 강한 감동과 능력이 흐르는 것을 느낄 수 있었습니다. 반면에 영의 역사와 흐름에 대해서 별로 관심이 없는 교회의 철야기도회에 참여해서 성가대의 찬양을 들어본 적이 있었는데, 이들의 음악적 수준은 뛰어났고 음악을 전공한 이들도 많았지만 그들의 찬양은 너무 숨이 답답해서 견디기가 어려웠습니다.

음악성이 있고 노래는 잘하지만 전혀 헌신되어 있지 않고 그저 마지못해 봉사한다는 식으로 성가대에 서는 사람들도 있습니다. 심지어 평소에는 술을 즐기면서 성가대에 서는 사람들도 있습니다. 그러한 경우 영감이 둔한 이들은 단순히 그 사람의 음악 실력에 감동을 받을 것입니다. 그러나 영적 감각이 생길 경우, 그러한 노래, 찬양에 대해서 가슴이 너무나 답답하고 머리가 아픈 것을 느끼게 됩니다. 찬양을 드리는 사람에 대한 아무런 정보가 없어도 그 사람의 내적인 상태를 느끼게 되는 것입니다.

반면에 어떤 이가 음악 실력도 부족하고 소리도 그다지 곱지 않지만 주님의 은혜에 사로잡히고 방언으로 기도하며 발성으로 기도함으로 영의 흘러나옴에 대하여 경험한 이라면, 그의 찬양을 들으면 감동의 전율에 젖으며 눈물을 흘리게 됩니다. 깊은 바다가 서로 부름 같이 영은 같은 영의 움직임에 대해서 감지하고 기뻐하게 됩니다. 성령의 사람은 같은 영의 흐름에 대하여 기뻐하고 감격하는 것입니다.

감각의 깨어남으로 고통을 겪음

이러한 감각과 느낌이 새로워지면서 심각해지는 문제가 있습니다. 그것은 은혜와 감동이 있는 예배와 그렇지 않은 예배가 구별이 된다는 것입니다. 어떤 예배는 몹시 기다려지고 사모하게 되지만, 어떤 예배는 아주 지루하고 피곤하고 따분하게 느껴집니다. 문제는 자신이 다니고 있는 교회의 예배가 지루하고 따분하게 느껴질 때 발생합니다. 여기에서 많은 갈등이 시작되는 것은 충분히 예상할 수 있는 일입니다.

영의 흐름, 성령의 임재.. 그 충만한 흘러나옴과 감각을 경험한 후에 그렇지 않은 예배를 드리면 너무나 답답하고 힘들어지게 됩니다. 한동안 방언으로 기도하지 않고 부르짖어 기도하지 않고 입을 다물고 있으면 처음에는 영적으로 답답하고 막히게 되지만 서서히 영의 감각이 다시 닫혀 버리고 마비 상태가 되기 때문에 다시 이전의 형식적인 예배에 고통을 느끼지 않고 잘 버틸 수 있습니다. 그러나 계속적으로 영의 섬세한 감각과 기쁨을 맛보게 되면 그러한 예배에서 버티는 것은 점점 더 어렵게 됩니다.

교회나 사역자와의 관계에서 갈등이 일어날 수 있다

교회의 담임사역자나 교제를 나누던 다른 사람들과의 관계에 문제가 생기기 시작하는 것은 바로 이 시점입니다. 교회가 커서 평소에 교회의 다른 신자들과 별로 교제가 없이 교회에 다니는 경우는 그렇지 않겠지만, 작은 교회이고 평소에 가까운 관계를 가지고 있고, 봉사와 사역에 힘쓰던 사람이라면 심각한 갈등이 생길 수도 있습니다.

사역자는 충성스럽게 봉사하던 신자가 왜 갑자기 예배나 모임에 소홀하게 되는지 의아스럽게 생각할 것입니다. 그리고 상황을 알게 되면 몹시 불쾌하게 여기게 될 것입니다.

사역자의 입장에서 보면 교인이 자신이 인도하고 사역하는 예배나 모임에서는 감동을 못 받고 다른 곳에서 감동을 받는다면 그것은 별로 유쾌한 일이 아닙니다.

그러한 일이 있을 때 사역자는 자신이 성령으로 충만하지 못하며 성도의 영적 갈증을 충족시키지 못하는 것에 대해서 반성을 할 수도 있습니다. 혹은 낙심을 하는 경우도 있을 것입니다. 그러나 적지 않은 사역자들은 이러한 경우에 자기반성을 하기 보다는 교인에게 책임을 돌려서, 멀쩡한 신자가 갑자기 이상한 곳에 빠졌다고 여기는 것이 쉬울 것입니다.

이 경우 사역자는 그러한 신자에 대해서 설득을 하거나 위협을 하거나 해서 그들을 바로 잡으려고 할 것입니다. 이러한 상태에 있는 신자에게 당신은 감정에 빠져 있으며 말씀보다 체험을 중시한다거나, 비성경적인 경험에 빠져 있으니 바른 신앙, 정통적인 신앙으로 돌아오라고 설득할 것입니다. 말씀이 충만하지 않은 상태에서 기도에만 빠지는 것은 위험할 수 있다고 경고할 것입니다. 자기의 영적 상태에만 관심을 기울이는 것은 이기적인 것이며 주님이 주신 사명과 봉사를 소홀히 하는 것은 잘못된 것이라고 설득할 것입니다.

그러한 설득이 잘 되어서 서로 갈등이 잘 마무리된다면 다행이겠지만 잘 되지 않는다면 자칫 그것은 서로 간에 심각한 상처가 될 수 있습니다. 그것은 사역자에게 심한 배신감과 사역에 대한 좌절을 가져올 수도 있습니다. 성도에게도 깊은 좌절이 올 수 있습니다. 친밀했던 관계가 깨어지고 깊은 간격이 생기게 될 수 있습니다.

사역자와 관계가 불편해진다면, 다른 성도들과의 관계는 말할 것도 없습니다. 함께 친밀하게 지내며 삶과 사역을 나누었던 관계들이 교류가 끊기며 가까이 살아서 길에서 서로 만나도 눈도 안 마주치는 어색한 관계가 될 수 있습니다.

한 교회에서 오랫동안 신앙생활을 했어도 교회 문제 등으로 서로 갈등이 생기면 가룟 유다 운운하면서 서로 적대시하는 것은 한국교회의 상황에서 흔히 있는 일입니다. 오늘날 신자들은 입장이나 의견이 조금만 달라도 서로 마귀 취급하는 경향이 있습니다. 아무리 서로 친하게 지냈어도 교회 소속이 달라지면 그 순간 관계가 냉랭해지는 것은 흔히 있는 일입니다. 마치 다른 종교를 믿는 것처럼 말입니다.

이것은 가벼운 일이 아닙니다. 관계의 파괴란 실로 가슴 아픈 일입니다. 인간은 관계를 통해서 삶에서 가장 큰 기쁨을 얻으며 가장 큰 상처를 입습니다. 그런데 영적인 경험을 통하여, 주님과의 새로운 관계, 친밀한 관계를 얻게 됨을 통하여 이러한 아픔을 겪을 수도 있다는 것은 실로 안타까운 일입니다.

서로 존중하며 주님의 인도를 구해야 한다

이것은 답을 얻기 어려운 문제입니다. 신앙에 대한, 성령에 대한 경험이나 추구하는 방향이 일치하지 않는다면 같은 길을 가는 것이 반드시 좋다고 할 수 없습니다. 서로의 신앙이나 지향점이나 특성을 존중하면서 자연스럽게 서로 축복하고 지금까지의 관계에 대해서 감사할 수 있다면, 그렇게 헤어질 수 있다면 그것은 아름다운 일일 것입니다.

좋지 않은 것은 이러한 분리에 있어서 서로 간에 성숙하지 않은 태도를 보이는 것입니다. 나는 이런 이야기를 어떤 사역자의 간증 속에서 들었습니다.

어떤 성도가 다른 교회에서 하는 부흥회에 참석하고 은혜를 받았다고 하더니 교회를 옮기겠다고 하더라는 것입니다. 이 사역자는 그를 달래려고 찾아갔는데, 그 성도는 그를 무시하면서 '앞으로 목회하면서 밥 먹고 살려면 성령 받아요!' 하더라는 것입니다. 이 사역자는 나중에 성령충만의 경험을 하게 되었고 교회도 크게 부흥되었지만 그 순간에는 너무 화가 났다고 고백하였습니다.

이것은 너무 지나치고 비인격적인 태도입니다. 사역자를 무시해서는 안 됩니다. 사역자는 당연히 반발할 것입니다. 그는 성령을 받았다고 주장하는 사람들에 대해서 마음을 완전히 닫게 될 것입니다. '성령을 받는다는 것이 몸에 뭐가 오고 붕 떠야 하는 것인가?' 그는 분노함으로 그런 것에 대하여 열심히 부정적으로 가르치는 사역자가 될 것입니다.

사역자가 자기의 부족함을 인정하고 성도의 영적 갈증을 채워주지 못함에 대하여 아프지만 시인하고 성도를 자유롭게 주님의 인도하심에 맡기는 것은 성숙한 사역자의 특징이겠지만 그것은 많은 사역자에게 있어서 쉽지 않은 일입니다.

하지만 또한 성도들을 일체의 다른 집회에 참석을 금하고 일일이 막는 것도 쉬운 일은 아닙니다. 사역과 신앙의 방향은 각자가 다르며 같은 방향을 향하고 있는 것은 서로 아름다운 일이지만 다른 방향의 사람들을 압력에 의해서 억지로 잡고 있는 것도 서로 피곤한 일입니다.

사역자는 자기의 사역으로 인하여 감동과 변화를 누리지 못하고 있는 성도가 있을 때 그것이 온전히 성도의 책임이라고 여겨서는 안 됩니다. 사역자가 부족할 가능성도 많이 있습니다. 사역자가 그 영의 흐름, 그 충만한 은총의 흐름에 대해서 알지 못하며 자신이 그 통로가 되지 못할 때 아마 그는 사람들이 자기에게서 떠나지 않도록 계속 붙잡고 있으려고 할지도 모릅니다.

그러나 그것은 바람직한 일이 아닙니다. 그러한 경우 사역자는 주님께 기도로 인도하심을 구하며 모든 것을 주님께 맡기는 것이 좋을 것입니다.

모든 사역자들은 성도들이 은혜를 받기 원합니다. 그러나 가급적이면 자신을 통해서, 자신이 사역하는 교회와 예배를 통해서 은혜받기를 원합니다. 다른 사역자를 통해서, 다른 교회나 사역을 통해서 은혜를 받는다면 적지 않은 사역자들은 불편함을 느낄 것입니다. 순수한 마음으로 박수를 칠 수 있는 사역자들은 많지 않을 것입니다. 하지만 그렇다고 성도들이 일체 자신의 사역을 벗어난 다른 사역에서 은혜를 받으면 안 된다고 금하는 것은 주님 보시기에 합당한 일일까요?

만약에 성도가 방언을 사모하고 이를 통하여 은혜를 입고 교회를 떠나는 일이 생긴다면, 그것을 막기 위해서는 사역자는 성도들이 방언을 하지 못하도록 필사적으로 막을 수밖에 없을 것입니다. 하지만.. 그것은 정말 비참한 일이 아닐까요? 방언이 정말 잘못된 것이고, 이것이 신앙에 해가 되는 것이라면 다행이겠지만, 만약 이것이 성도에게 은혜를 베푸시는 주님의 귀한 통로가 된다면, 그것을 막는 것은 비극적인 일이 아닐까요?

사역자는 성도가 주님께 가까이 나아가도록 이끌어야 하며 그것을 방해하는 도구가 되어서는 안 될 것입니다. 사역자와 성도의 만남은 주님이 인도하시고 허락하시는 것이며 어차피 인생에는 많은 만남과 헤어짐이 있고 올 사람은 오고 갈 사람은 가게 되어 있습니다. 사역자는 그것을 주님의 손에 맡기고 인도하심을 구하여야 합니다.

성도도 주님의 인도하심을 구해야 합니다. 서로 존중하고 주님의 인도하심을 구해야 하며 결코 서로를 비난해서는 안 됩니다. 기도를 통해서 감동하시는 주님의 인도하심을 따르고 자신의 확신과 양심을 따라 가는 것이 좋을 것입니다.

무엇이 진정하고 좋은 길인지는 언젠가 주님이 판단하실 것입니다. 때로는 과정에서 겪는 여러 어려움이나 상처, 아픔들이 주님의 은총을 경험할 수 있는 아름다운 한 통로가 될 수도 있습니다.

은혜의 길에는 지불해야 할 대가가 있다

은혜를 경험하고 감동을 받고 주님을 가까이 친밀하게 누리는 것은 좋은 일입니다. 그것은 아름다운 일이며 감동적인 것입니다. 하지만 그 은혜의 결과 모든 상황이 좋게 풀려나가기만 하는 것은 아닙니다. 그에 따른 갈등의 소지도 적지 않습니다. 그것을 이해할 필요가 있습니다. 그러한 여러 갈등들에 대하여 전혀 준비되어 있지 않다면 그는 당황하게 될 것입니다.

그는 오해를 받을 수 있으며 공격을 받을 수 있으며 많은 좋은 관계들을 잃을 수 있습니다. 만일 그가 좀 더 성숙하고 지혜롭게 반응하며 주님의 돌보심과 인도하심을 의지하고 움직인다면 그러한 갈등들은 완화될 것입니다. 그러나 어떤 경우에는 아무리 조심하고 겸손하게 행한다고 해도 어려움이 있을 수 있습니다.

아무튼 이러한 갈등에 대하여 은총을 추구하는 신자들이나 사역자들은 각오하고 조심할 필요가 있습니다. 그러므로 온유하고 겸손해야 하며 결코 오만해서는 안 되며 함부로 주장해서는 안 되며 주님의 인도하심을 기다리고 기도해야 합니다.

사역자의 경우도 새로운 은혜의 세계가 열렸을 때에 비슷한 공격과 어려움을 겪을 수 있습니다. 동료의 세계에서나, 성도들로부터 말입니다.

지불해야 할 대가를 예상하고 선택하는 것은 각자 본인이 해야 할 일입니다. 은혜를 사모하지만 기존세력과의 갈등을 원치 않으며 그 자리에서 머물러 있기를 선택하는 것도, 또한 어떤 대가를 지불하더라도 앞으로 나아가기를 원하는 것도 개인이 선택해야 할 일입니다. 다만, 은혜의 길을 경험하고 주님과의 새로운 친밀한 관계를 사모하고 나아가기를 원한다면, 적어도 그 길이 쉽고 좋기만 한 것은 아니며 적지 않은 갈등과 분쟁과 대가를 지불할 수 있다는 것을 이해할 필요가 있을 것입니다.

13. 방언이 나타나는 스타일

　방언에 대한 사람들의 일반적인 많은 오해들이 있는데, 그러한 오해중의 하나는 성령이 임하시거나 방언을 하게 되는 경우에 사람의 의지가 완전히 성령에 사로잡히고 무력화되어 스스로를 통제할 수 없는 상태가 된다고 여기는 것입니다.
　성령의 역사를 구하는 기도를 드릴 때 흔히 '주님의 성령께서 강권 역사하여 주시옵소서!' 하고 기도하곤 하는데, 그러한 기도의 고백처럼 성령이 사람을 완전히 사로잡아서 저절로 어떤 역사가운데로 들어가게 되기를 희망하고, 또 그것이 성령으로 충만한 것이라고 여기곤 합니다.
　하지만 그것은 오해입니다. 성령께서 사람을 사로잡으실 수 있지만, 그렇다고 사람이 이성을 잃거나 통제력을 잃는 것은 아닙니다. 너무 성령의 역사가 강해서 스스로 몸이나 마음을 추스르기가 힘든 상황이 분명히 있는 것은 사실이지만, 그것은 자기 의지와 상관없이 이루어지는 것이 아닙니다.
　그러한 역사는 성령께서 강력하게 임하시기 전에 그 사람이 이미 성령께 동의하고 자기 의지를 그분께 의탁한 상태인 경우가 대부분입니다. 그렇지 않고 갑자기 성령께서 그 사람의 의지와 상관없이 놀랍게, 기적처럼 임하시는 경우는 거의 없습니다.

성령의 역사는 일방적인 것이 아니다

나의 경우는 집회를 인도할 때 성령께서 사람을 강력하게 사로잡으시는 것을 자주 보곤 합니다. 어떤 이들은 성령에 사로잡혀서 통제가 어려울 정도로 강력하게 진동하기도 하며 어떤 이들은 몸이 완전히 굳어져서 한동안 움직이지 못합니다. 그래서 다른 사람들이 한동안 몸을 주물러주고 그들이 깨어나서 움직일 수 있도록 도와주곤 합니다.

하지만 그러한 상태는 결코 주의 성령이 일방적으로 임하시고 역사하시는 것이 아닙니다. 그러한 상태는 모두 본인의 허락과 동의를 통해서 이루어지는 것입니다.

강력하게 진동하고 구르는 경우는 그러한 역사 후의 해방감과 기쁨을 알기 때문에 자기 몸을 성령께 맡길 때에 일어나는 것이 보편적입니다.

강력한 성령의 역사로 인하여 몸이 굳어지는 현상이 나타나는 것은 그러한 경험이 너무나 감미롭고 포근하고, 주님의 임재를 가까이 누리게 되며, 그 경험이 겉사람의 죽음에 매우 유익한 경험이 되기 때문에 본인이 그 세계에서 나오고 싶지 않아서 성령께 동의하는 가운데 그런 현상이 이루어지는 것이 보통입니다. 그러므로 본인이 원하면 얼마든지 그것을 거절할 수 있습니다.

성령은 결코 우리의 의지를 억압하고 일방적으로 운행하시지 않습니다. 그분은 우리가 사모하고 헌신하는 만큼만 우리를 사로잡으십니다.

성령의 외적인 역사에 대한 이러한 일반적인 오해 때문에 방언을 하는 모습에 대해서도 비슷한 오해가 있기도 합니다. 성령이 임하시면 외적으로 강하게 사로잡히게 되며 방언도 아주 강력하게 터져 나와야 한다고 생각하는 것입니다. 그래서 어떤 이가 강력한 행동과 큰 소리로 활발하게 방언을 하게 되면 그는 성령을 강하게 받은 것이고, 어떤 이가 거의 몸의 움직임 없이 조용히 작은 소리로 방언을 하고 있다면 그는 성령을 약하게 받은 것이라는.. 이런 식의 오해를 하는 경우가 많이 있습니다.

재미있는 것은, 성령의 역사는 믿음으로 받는 것이며 감정이나 외적 현상에 의지해서는 안 된다고 여기거나 가르치는 이들일수록 오히려 개인적인 영적 경험에서는 강렬한 역사를 원하며 그것이 옳다고 느끼고, 자기에게 그러한 강렬한 역사가 없으면 그것은 성령이 아니고 자기가 하는 것이라고 여긴다는 사실입니다. 물론 그것은 오해입니다.

성령의 역사는 일방적이지 않습니다. 그분은 우리의 인격을 존중하십니다. 그분은 우리의 허락을 기다리시며 우리가 그분을 신뢰하고 의탁한 만큼만 역사하십니다.

"예언하는 자들의 영은 예언하는 자들에게 제제를 받나니 하나님은 무질서의 하나님이 아니시요 오직 화평의 하나님이시니라" (고전14:32-33)

성령의 감동은 섬세하고 인격적이다

우리 안에 거하시고 임하시는 성령님은 예언을 할 때든, 방언을 할 때든 우리를 일방적으로 지배하지 않으시고 인격적으로 역사하십니다. 그분은 우리의 인격을 존중하십니다. 그분은 아주 섬세하게 말씀하시고 감동하시며 인도하십니다. 그분은 결코 억지로 하시지 않습니다. 그러므로 우리는 그분을 거절할 수도 있고 따를 수도 있습니다.

많은 사람들이 일시적으로 성령의 은혜 가운데 거하다가 실족하거나 그분과의 관계가 소홀해지는 이유도 그분이 너무 섬세하시며 그분의 음성도 너무 미세하시기 때문입니다.

그러므로 그분의 인도하심에 대해서 항상 깨어있고 사모하는 사람이 그것을 감지할 수 있으며 움직이는 스타일이 거칠고 함부로 자기 마음대로 생각하고 행동하는 사람은 성령께서 주시는 그 고요한 내적 감동을 감지하고 따르기가 어렵습니다.

그러한 이들은 성령의 능력과 은혜를 일시적으로 경험할 수는 있지만 그분과 지속적으로 동행하고 그 사로잡힘이 점점 더 증가되는 경우는 많지 않은 것입니다. 중심으로 그분을 사랑하고 사모하며 사소한 주님의 메시지에도 항상 깨어서 그 인도하심에 순종하고 반응하는 이들만이 성령과의 지속적이고 친밀한 관계를 누릴 수 있습니다.

나타나심의 현상 자체에 몰두해서는 안 된다

성령의 임하심은 그 인격의 임하심이므로 그 나타나는 현상 자체에 몰두해서는 안 됩니다. 외적으로 강력한 나타남이 있었다고 기뻐하거나 그것을 자랑스럽게 여겨서는 안 됩니다. 중요한 것은 우리 안에 거하시는 그분을 우리가 오랫동안 제한하였지만 이제 그것이 끝나고 그분이 외적으로 나타나셨다는 것입니다. 그러므로 어떤 형태로, 어떻게 나타나셨는지는 중요하지 않습니다. 그것은 각 사람의 기질이나 스타일에 영향을 받는다는 것을 이해해야 합니다. 그것은 성령을 강하게 받느냐, 약하게 받느냐의 문제가 아니고 그 사람의 기질이나 의지가 어떤 상태인가의 문제입니다.

오래 전 어떤 영성세미나에서 연세가 지긋하고 기품이 있어 보이는 한 사모님을 만났던 적이 있습니다. 그분은 약 50세 정도 되어보였는데, 우연히 바로 내 옆자리에 앉으셔서 자연스럽게 이런 저런 이야기를 나누게 되었습니다.

이 사모님은 많은 이야기를 했지만, 자기의 개인적인 이야기는 꺼리는 편이었습니다. 자신의 남편과 남편이 담임하고 있는 교회가 어느 정도 이름이 알려져 있기 때문에 자기는 남편 몰래 영성세미나에 다니는 것이라고, 남편이 알면 아주 싫어할 것이라고 하였습니다. 그 때 같이 참여했던 세미나는 성령의 기름부음과 여러 가지 주제를 가지고 있는 세미나였는데, 그녀는 거기에 대해서 별로 흥미가 없다고 하였습니다. 그녀의 말이 인상적이어서 나는 물었습니다. 관심이 없는데, 왜 여기에 오셨느냐고..

그녀는 대답하였습니다. 그녀의 관심은 오직 한 가지, 방언을 받는 것이라고.. 그래서 혹시라도 방언을 받을 수 있을까 싶어서 지금까지 영성과 관련된 많은 집회에 참석을 했는데 아직도 받지 못해서 몹시 실망스럽다고 하는 것이었습니다.

그 집회에서 방언에 대한 것은 다루지 않았습니다. 그런 세미나에 올 정도면 방언을 하지 못하는 사람은 거의 없었기 때문에 집회의 강사는 방언에 대해서 다루지 않았습니다. 그래도 사모님은 혹시나 하고 통성기도 시간에도 열심히 기대를 하면서 기도를 했지만 오늘도 여전히 주님은 자기에게 임하지 않으셨다고 몹시 안타까워하는 것이었습니다.

그녀의 모습을 보면서 나의 지난날의 방황이 떠올랐습니다. 그녀를 보고 있으니 그녀가 왜 방언이 나오지 않는 것인지 알 것 같았습니다. 그녀는 몹시 섬세하고 조용한 스타일이었고, 지적이고 사색적인 성품이었습니다. 그녀의 눈은 수많은 궁금증으로 가득했습니다. 그녀는 자기가 가지고 있는 의문이 풀리지 않은 상태에서는 결코 앞으로 나아갈 수 없는 기질의 사람으로 보였습니다. 나는 그녀에게 말했습니다.

"사모님은 방언에 대해서 의문과 갈등이 아주 많으신 것 같아요. 지금 바로 방언을 받기 위해서 기도하는 것 보다는 먼저 방언에 대한 의문점을 해결하시는 것이 필요하실 것 같은데요? 식사를 하시면서 대화를 나누는 것이 어떨까요?"

그녀는 웃으면서 식사를 사겠다고 했습니다. 그래서 우리는 근처의 중국집으로 가서 짜장면을 먹으면서 방언에 대한 진지한 대화를 나누게 되었습니다.

예상한 것처럼 그녀의 질문은 끝이 없었습니다. 그녀는 조용하고 차분하지만 논리적으로, 치밀하게 하나하나 질문을 던졌습니다. 나는 조심스럽게 그녀의 질문에 대답을 해주었습니다.

하지만 많은 질문이라고 해봐야 거기에는 몇 가지 기본적인 패턴이 있었습니다. 대부분의 사람들이 가지고 있는 방언에 대한 의문은 그리 복잡하고 심오한 것이 아니었습니다.

방언을 구하기는 하지만, 흔히 방언을 받았다고 할 때, 그게 정말 방언이 맞느냐? 사람이 만들어내는 것은 아니냐? 인격적으로 성숙하지 못한 사람이 더 쉽게 방언을 하는 것은 이상한 일이 아니냐? 방언을 계속 하면 과연 어떤 변화와 열매가 있느냐? 방언을 받지 못하는 사람이 있는 것은 아니냐? 모든 사람이 방언을 하는 것은 아니라고 했지 않느냐? 귀신이 주는 방언도 있지 않은가?

주로 이런 등등의 질문입니다. 질문은 단순한 것들이었지만, 그녀는 수없이 많은 생각 속에 사로잡혀 있었고 명확한 답을 가지고 있지 않았기에 선물을 주시는 주님을 온전히 신뢰하고 주님께 나아갈 수 없었습니다.

지나치게 많은 생각은 영의 흐름을 방해한다

생각이란, 기도에 있어서 장애요인이 될 때가 많이 있습니다. 생각은 영의 영역이 아닙니다. 기도를 하려고 하면 갑자기 꼬리를 물고 생각이 떠오르는 바람에 기도 줄을 잡지 못하는 이들이 많이 있습니다. 그렇게 생각이 끊임없이 움직이고 활동하면 영의 기능이 막히게 되어 기도가 어려워지게 됩니다. 그녀의 경우 생각이 많은 기질의 사람인데다가 여러 가지 의문이 끊이지 않으니 온전히 기도에 몰입하기가 어려웠습니다. 그래서 그녀는 많은 집회에 참석하고 기도에 힘을 쓰면서도 자주 자주 기도가 끊기고 갈등과 무기력 속에 빠지곤 했던 것입니다.

충분히 대화를 나눈 후에 그녀는 이제 어느 정도 이해한 것 같았습니다. 그녀는 방언이 특별한 사람만이 받는 것이 아니며 사모하는 모든 이들에게 주어지는 은총이며 선물인 것을 이해한 것 같았습니다. 방언이 나오지 못하도록 막은 것은 그녀 자신이었지, 성령님이 아니라는 것을 그녀는 이해한 듯 밝게 웃었습니다. 나는 말했습니다.

"자, 이제는 방언을 받으러 갈까요?"

그녀는 웃으며 기대하는 표정으로 따라 나섰습니다. 우리는 다시 집회 장소로 왔습니다. 집회는 끝났지만 사람들은 여기저기서 기도하고 있었습니다.

나는 내가 항상 인도하던 대로 회개의 고백 등 여러 고백들을 시키고 성령님을 초청하고 자신을 맡기도록 하였습니다. 그녀는 내가 시키는 대로 순순히 기도에 자신을 맡겼습니다. 그녀를 이끌면서 나는 내심 걱정이 되었습니다. 그녀가 워낙 조용한 스타일이어서 말을 하기는 했지만 너무 작아서 잘 들기가 어려웠습니다. 회개의 고백도, 헌신의 고백도.. 아주 집중해서 들어야 그녀의 소곤거리는 작은 음성을 들을 수 있었습니다.

나는 이렇게 소극적으로 기도하는 사람일수록 의심이 많아서, 방언이 강하게 터지지 않으면 '이건 내가 육으로 하는 것이 아닐까' 걱정한다는 것을 알고 있었습니다. 이들은 조용히 기도하면서도 성령께서는 강력하게 역사하기를 기대하는 경향이 있기 때문입니다. 그래서 나는 그녀에게 소리를 조금만 더 크게 하라고 권하기도 했지만 그것은 그녀에게는 어려운 일이었습니다. 내가 과거에 그렇게 하는 것이 어려웠던 것처럼 말입니다.

방언이 안 나올리는 없습니다. 그런 경우는 겪어본 적이 없었습니다. 그 때까지 수 백 명을 개인적으로 인도했지만 방언이 나오지 않는 사람은 본 적이 없었습니다. 거부하거나 관심이 없는 이들은 당연히 받을 수 없지만, 사모하는 이들이 받지 못하는 경우는 없었습니다.

다만 나오는 것은 확실한데 그녀가 의심하지 않고 받아들이며 계속 나아갈 수 있는가, 그것이 문제였습니다. 나는 그것이 걱정되었습니다. 어쨌든 나는 그녀를 위해서 기도를 해준 후 주님께 그녀를 맡기고 그녀에게 혼자 기도를 하도록 권한 뒤 다른 자리로 갔습니다. 그리고 그녀를 위하여 기도를 하고 있었습니다.

조금 시간이 지났지만 그녀에게는 아무런 변화가 없었습니다. 뒷자리에서 그녀를 지켜보자니, 그녀는 조그만 미동도 없이 한 자세로 기도하고 있었습니다. 고개를 조금 숙인 자세에서 작은 목소리로 중얼거리고 있는 것 같았습니다. 아무 소리도 들리지 않았습니다.

그렇게 아무런 변화가 없이 시간이 계속 흐르자 나는 걱정이 되었습니다. 30분쯤 시간이 지나고 아무런 변화가 없자 나는 살그머니 걸어서 그녀의 주변으로 갔습니다. 그녀가 졸고 있는 것인지 기도를 드리고 있는 것인지 궁금했기 때문입니다.

가까이 가서 그녀를 보자 그녀가 졸지 않고 기도를 드리고 있는 것을 알았습니다. 그녀는 아주 작은 소리로 방언을 하고 있었는데, 그녀의 눈에서 눈물이 계속 주르르 흐르고 있었습니다.

방언을 처음 받았을 때 혼자서 알아서 오랫동안 기도하는 경우는 드뭅니다. 대체로 처음에는 긴가민가하면서 방언을 하다가 중단을 하기 때문에 돕는 사람은 계속, 더 하라고 격려해주어야 합니다. 그러나 그녀는 혼자서 오랜 시간을 계속 울면서 방언으로 기도하고 있었습니다.

나는 그것을 보고 안심을 했습니다. 그녀는 감정을 거의 잘 드러내지 않는 스타일이었기 때문입니다. 그런 스타일의 그녀가 울면서 기도하는 것을 보면 무엇인가 그녀의 안에서 어떤 일이 일어나고 있는 것이 분명했습니다. 성령께서 그녀의 안에서 무엇인가를 행하시고 있는 것 같았습니다.

나는 계속 기다렸지만 그녀의 기도는 끝나지 않았습니다. 한 시간이 지나도 그녀는 여전히 요동이 없이 계속 흐느껴 울면서 방언을 하고 있었습니다. 조용히 부드럽게 방언을 드리며 그녀는 감사와 사랑의 고백을 하고 있는 것 같았습니다.

나는 더 이상 기다리지 못하고 그 자리를 떠났습니다. 마음속에서는 모든 사모하는 이들에게 은총을 베풀어주시는 주님께 대한 감사와 기쁨으로 가득 찼습니다. 그리고 어떤 스타일이든, 베드로처럼 단순하고 열정적인 사람이든, 바울처럼 지적인 사람이든.. 어떤 사람이든 그 사람에게 맞게 은총을 베풀어주시는 것이 감사했습니다.

방언은 각 사람의 달란트를 풍성하게 한다

방언은 각 사람의 달란트를 더욱 더 강력하고 풍성하게 합니다.

베드로와 같은 기질의 사람들은 방언을 지속적으로 할 때 신유나 능력이나 기적과 같은 은사들이 나타나게 됩니다.

이 사모님처럼 지적인 기질의 사람들은 방언을 하면 할수록 말씀에 대하여, 영적인 세계에 대하여 통찰력이나 깨달음이 증가될 것입니다. 새로운 이해가 일어나고 가르침에 있어서 성령의 기름 부으심이 증가될 것입니다.

정서적인 사람들은 방언을 하면 할수록 인간적인 애정에서 벗어나 영적인 애정, 주님 자신을 사랑하는 마음, 헌신하려는 열정, 술람미 여인처럼 주님을 신랑으로 여기고 갈망하는 마음이 더 증가될 것입니다.

방언은 모든 이들에게 그의 안에서 역사하시는 성령의 기름 부으심을 증가시킵니다. 어떤 기질의 사람이든지.. 주님을 사랑하는 사람이라면, 그는 주님의 은총을 경험하게 될 것입니다. 기질과 스타일과 어떤 것에도 상관없이 말입니다.

14. 사역자와 방언

95년에 경기도에 있는 K수도원에서 목회사역자들을 위한 영성수련회가 며칠 동안 있었습니다. 나도 참석을 했었는데, 전국에서 목회사역자들이 약 1000명 정도 모인 것 같았습니다. 이 수련회는 당시 많은 관심을 끌었던 미국, 캐나다 등지에서 있었던 영적 부흥의 흐름을 한국에도 소개하려는 것이었던 것 같습니다. 당시 부흥의 현장에서는 성령의 임재 속에서 많은 영적 현상들이 나타났기에 영성에 관심을 가지고 있는 많은 사역자들이 호기심과 기대를 가지고 참석하였습니다.

그러나 내가 느끼기에는 이 집회는 그다지 성공적이지 못했습니다. 백인들의 영성운동은 기본적으로 발성기도가 부족합니다. 그래서 영의 흘러나옴이 부족합니다. 그렇기 때문에 해외에서는 인상적인 사역이 있었다고 해도 한국에서는 그다지 맞지 않는 듯이 느껴졌습니다. 한국에서는 영적 은사를 좋아하지 않는 교회에서도 기본적으로 통성기도에 익숙하며 철야기도, 새벽기도 등의 집회에서 소리를 내서 기도하는 전통이 있습니다. 그래서 보수교단이든 진보적인 교단이든 오순절 계통이든 간에 기본적으로 은혜를 사모하는 경향이 있습니다. 기도를 많이 하는 사역자를 '신령한 사역자'로 보는 경향이 있습니다. 그러므로 이에 비해서 상대적으로 냉랭한 편인 외국의 집회는 한국 사람의 생리에 잘 어울리지 않는 것 같았습니다.

집회의 일정은 거의 끝이 나고 마지막 날 밤의 집회도 다 끝이 났습니다. 나중에 알게 된 일이지만 우연히 나의 신학대학원 동기들 대여섯 명 정도가 이 집회에 참석을 하고 있었습니다. 이들은 기대를 하고 왔다가 별로 기대했던 것을 얻지 못하고 아쉬운 마음에 서로 같이 모여서 교제를 하고 있다가 내가 이 집회에 온 것을 알게 되었습니다. 그래서 우리끼리 모임을 갖고 기도회를 하자고 이야기가 나와서 우리는 밤늦게 작은 기도방에 모이게 되었습니다.

신학대학이나 신대원에서 공부를 할 때 대부분의 신학생들은 자신감으로 가득합니다. 많은 문제를 가지고 있는 기존 신앙의 틀에 대하여 개혁적인 마인드가 가득하고, 자신이 그것을 이루겠다는 비전과 희망을 가집니다.

하지만 실제로 사역을 하는 가운데 그들은 무력감과 한계를 느끼게 되고 신학교에서 배운 지식만으로는 부족하다고 여기게 되며 그 무엇보다도 성령의 충만함과 능력이 필요한 것을 깨닫게 됩니다. 현실적인 목회사역의 많은 어려움 속에서 성령의 권능이 아니고는 사역을 하는 것이 정말 어렵다고 느끼게 되는 것입니다.

나는 실망 반, 기대 반으로 작은 방에 모여 있는 동기들에게 방언을 하는 이가 있느냐고 물었습니다. 그들 중에는 아무도 없었습니다. 은혜를 사모하고 방언기도를 하고 싶기는 했지만 아무도 방언을 하지 못했습니다.

어떤 기름 부으심보다 방언이 우선이다

나는 그들에게, 어떤 다른 특별한 기름 부으심보다도 방언을 받아야 한다고 말했습니다. 방언을 하지 못하면서 다른 특별한 은혜를 구하는 것은 바람직하지 않다고 말했습니다. 오순절 날에 성령이 오셨을 때, 그 때 제자들은 쓰러지거나 기적을 행한 것이 아니라 방언을 말하기 시작했다고 말했습니다. 방언이 은혜의 시작이며 거기서부터 다양한 성령의 역사와 흐름이 시작된다고 하였습니다.

그 이야기를 듣고 모두가 기뻐하였습니다. 나는 영의 흐름에 대해서, 은사에 대해서, 방언과 성령의 임하심에 대하여 질문을 주고받으며 충분히 이야기를 하였습니다. 그리고 성령이 임하시기를 같이 기도하였습니다.

당연히, 그 자리에 있던 이들은 다 같이 성령의 임하심을 경험하고 방언을 하게 되었습니다. 성령을 부어주시고 방언을 하도록 도우시는 것은 주님이 원하시고 기뻐하시는 것이므로 사모하는 이들에게는 임하는 것이 당연한 것입니다. 한 사역자는 전날 밤에 꿈에서 방언을 말했다고 하면서 꿈이 이루어졌다고 몹시 기뻐하였습니다. 다들 무엇인가 기대를 하고 왔지만 아무 것도 얻지 못하고 돌아가게 되어서 안타까웠는데 마지막 밤에 기대하던 것 이상을 얻었다고 몹시 기뻐하였습니다.

손을 통한 신유의 흐름

이 날 같이 기도하는 중에 나는 한 사역자에게 치유의 잠재적인 은사가 있는 것을 느꼈습니다. 그래서 어떻게 신유의 은사가 개발되고 발전되는가에 대해서 나누었습니다.

방언은 기본적인 은사이며 많은 은사들의 시작입니다. 모든 사람이 모든 은사를 얻는 것은 아니지만 방언을 지속적으로 하면 자기에게 주어진 은사들이 발전하게 됩니다. 또한 방언을 하면서 자기에게 주어진 은사들을 훈련해야 합니다.

흔히 사람들은 은사가 저절로 하늘에서 떨어지는 것으로 생각하지만 성령께서 역사하시는 것에도 메커니즘이 있습니다. 우리는 그분이 우리를 통해서 충분히 제한받지 않고 역사하시도록 자신을 열어놓아야 합니다.

성령을 의지한다고 하면서 입을 꼭 다물고 있어서는 아무도 방언을 할 수 없을 것입니다. 또한 신유의 은사를 기대하고 그렇게 사용되기를 원하면서 기도사역을 하지 않고 손을 사용하지 않는다면 그는 그러한 흘러나옴을 제한하게 되는 것입니다. 일반적으로 신유는 손을 통해서 나타나는 것이기 때문입니다.

"사도들의 손을 통하여 민간에 표적과 기사가 많이 일어나매" (행5:12)

"해 질 무렵에 사람들이 온갖 병자들을 데리고 나아오매 예수께서 일일이 그 위에 손을 얹으사 고치시니" (눅4:40)

나는 나에게 신유의 은사나 사명이 있다고 생각하지 않습니다. 아픈 사람들에게 손을 얹고 기도하면 어느 정도 회복이 일어나기는 했지만 이것이 내가 깊은 관심을 가지고 추구해야할 사명이라는 인식은 없었습니다.

나의 사역은 가르침에 대한 것입니다. 그런데 만약 나에게 신유의 은사들이 많이 나타난다면 나는 더욱 더 많은 도움의 요청에 시달리게 될 것입니다. 지금 현재에도 감당하기 어려운 많은 요구를 받고 있기 때문에 그것은 나에게 몹시 어려운 일이 될 것입니다.

다만 내게 신유에 대한 기름 부으심이 없어도 나는 그 기름 부으심이 임하고 증가되는 원리에 대해서는 어느 정도 인식하고 있었습니다. 내가 신유의 흐름과 원리에 대해서 나누자 이 사역자는 몹시 기뻐하였습니다. 그는 세미나가 끝난 후에 교회에 돌아가 방언과 기도에 힘쓰고 차츰 많은 신유의 역사가 나타났다고 하였습니다. 그 과정에서 교회도 외적으로 부흥의 역사가 나타나기 시작했다고 기뻐하였습니다.

나는 최근에도 가까이에 있는 사역자가 단순히 방언기도와 부르짖는 기도를 했을 뿐인데 자신의 사역에 신유가 자꾸 나타나고 있다고 신기해하는 이야기를 들었습니다.

그것은 아름다운 소식입니다. 하지만 특별한 일은 아닙니다. 방언과 발성기도는 우리 안에서 역사하시는 성령의 흐름이 나타나는 중요한 도구입니다. 그러므로 이를 통해서 초자연적인 역사가 일어나는 것은 하나도 이상한 일이 아닙니다.

우리가 안에 거하시는 성령님을 고요히 모셔두기만 한다면 그 영은 우리에게 특별한 일을 허락하지 않으실 것입니다. 그러나 우리가 방언을 말하고 소리를 표현함을 통해서 우리 안에 거하시는 성령이 나오시게 한다면, 우리는 당연히 성령의 풍성하신 역사를 누리고 경험하게 됩니다.

사역자들은 평신도보다 방언 받기가 어렵다

사역자를 돕는 것은 중요한 일이고 아름다운 일입니다. 사역자가 사역에 있어서 성령 충만의 필요성을 통감하고 은혜를 사모한다면 그것을 돕는 것은 보람 있는 일입니다. 사역자가 방언을 받고 싶어 할 때 그것을 돕는 것은 즐거운 일입니다.

하지만 그것은 평신도를 돕는 것보다는 어려운 일입니다. 평신도들은 단순히 부르짖어 기도하라고 권하고 안수하면 쉽게 은총을 경험합니다. 그냥 등만 두드려주어도 영적으로 폭발을 경험하는 사람들도 있습니다.

그러나 사역자들은 적지 않은 경우 주님과 성령을 제한하는 많은 개념과 논리를 가지고 있습니다. 성령 충만의 용어에 대하여, 의미에 대하여, 나타나는 현상에 대한 의문에 대하여, 신학적, 전통적, 교단적 입장에 있어서, 또 관계가 있는 다른 사람들의 시선이나 관계 등, 여러 가지 면에서 장애요인이 있을 때가 많습니다. 그러한 경우에는 돕는 것이 어렵습니다.

게다가 어느 정도 이름이 있는 사역자라면, 그것은 더욱 어려운 일일 것입니다. 이름이 알려져 있는 사역자라면 더욱 운신이 어렵습니다. 젊은 시절, 신학생 시절이나 초기 사역자 시절에 깊은 은총의 문이 열리지 않는다면, 나이가 들어서 어느 정도 사역의 성과를 거둔 후에 영적 세계가 열리는 것은 쉽지 않을 것입니다.

제자훈련으로 유명한 어느 사역자가 있습니다. 이 분이 미국에서 공부하실 때 은사집회를 한다는 신문광고를 보고 집회에 참석했습니다. 그날 밤 방언받기를 원하는 사람은 앞으로 나오라는 말을 듣고 앞으로 나가서 기도를 받았지만 아무 일도 생기지 않았습니다. 그러자 이 사역자는 하루를 금식하고 오겠으니 다음 날에 다시 기도해달라고 부탁했고, 강사는 허락했습니다.

이 사역자는 하루를 기도로 단단히 준비하고 집회에 다시 참석했지만 역시 아무 일도 일어나지 않았습니다. 실망해서 다른 사람들의 방언이 터지는 모습을 지켜보고 있었는데 강사가 사람들에게 같은 말을 반복하라고 지시하는 것을 보고, 또 그대로 따라하는 사람들을 보면서 화가 치밀어서 이것은 성령의 은사를 모독하는 것이라고 여기고 도중에 나와 버렸다는 것입니다.

이 사역자에게 이런 불쾌한 경험은 또 있었는데, 한번은 오순절 계통의 집회에서 은혜를 받고 깊은 감동과 눈물을 흘리고 있었는데, 옆에 앉아있던 젊은 목사가 방언을 받고 싶지 않느냐고 해서, 하고 싶다고 했더니 같이 기도하자고 해서 그 목사님 친구와 함께 세 사람이 기도실에 들어가서 기도를 했다고 합니다.

한국말로 '주여, 이 시간 방언을 하게 해 주시옵소서' 하고 간절하게 기도를 했는데 그 미국목사가 한국말로 기도하지 말고 영어로 해야 한다는 것이었습니다. 그래서 꼭 영어로 해야 하느냐고 물었더니 영어로 해야 한다고 해서 한 시간 이상을 서툰 영어로 열심히 기도했지만 아무 일도 일어나지 않았습니다.

이 사역자는 그 이후에는 절대로 그런 어리석은 짓을 하지 않았다고 합니다. 방언은 성령의 주권으로 허락하시는 은사임을 깨달았으며 계속 방언을 달라고 고집하는 것은 성령의 주권을 무시하는 불순종이라는 것을 깨달았다는 것입니다.

사역자들을 돕는 멘토가 필요하다

나는 이 사역자가 자신의 경험에 대하여 쓴 이 책을 읽고 너무나 가슴이 아팠습니다. 제자훈련의 대표적인 사역자인 이 분이 바르게 은사를 이해하고 경험했다면 그의 사역은 전혀 새로운 영역의 차원으로 들어갔을 것이며 한국교회에 제자훈련과 성령훈련이 가미된 놀라운 역사를 일으켰을 것입니다.

말씀에 무지하며 무관심한 은사사역에는 한계가 있습니다. 또한 은사에 대하여 무지한 말씀 훈련운동에도 한계가 있습니다. 말씀과 성령의 권능은 같이 움직여야 합니다. 그런데 무지하고 지혜롭지 않은 인도자를 통하여 사모하는 사역자의 마음 문이 닫히고 영성과 은사를 향한 길이 닫혀 버렸으니 너무나 안타깝고 마음이 아픈 것입니다.

만약 이 사역자가 바른 인도자를 만났더라면.. 인도자가 은사에 대하여, 하나님의 성령이 역사하시는 메커니즘과 원리에 대하여 충분히 이해할 수 있도록 납득시켰다면 그는 어떻게 되었을까요. 아마 놀라운, 이전에 맛보지 못했던 놀라운 하나님의 임재와 영광을 누리게 되었을 것입니다. 그리고 그의 사역은 달라졌을 것입니다.

사역자를 돕는 멘토는 가르침의 달란트가 있어야 한다

주님의 성령이 임하시고 흘러나오도록 인도하는 사역자는 지적인 피인도자들에게 충분히 그 원리를 설명해야 합니다. 입술을 주님께 맡기는 것이 어떤 의미인지 설명해야 합니다.

단순한 사람은 그저 단순하게 기도하여 은사를 경험하지만 머리에 생각이 많고 지적인 사람들은 수많은 상념들이 기도를 방해하기 때문에 먼저 지적인 동의를 얻어야 합니다. 베드로와 같은 단순형의 사람들은 단순하게 인도를 해도 성령을 체험합니다. 바울처럼 지적인 사람들은 지적인 납득이 먼저 필요합니다. 요한처럼 정서적인 기질의 사람들은 먼저 정서적인 걸림돌이 없는지 확인해야 합니다.

성령님은 인격이시므로 모든 사람들에게 동일하게 임하시지 않고 각 사람에게 맞춤으로 역사하십니다. 그리고 각 사람의 기질과 특성에 따라 임하는 은사도 다르며 은사가 임하는 스타일도 다릅니다. 인도자는 그것을 이해해야 합니다.

그 젊은 미국목사도 열정만 많았지 성령님의 효과적인 통로는 될 수 없었습니다. 한국말로 기도하든 영어로 기도하든 그것은 방언을 받는 데에는 아무 상관이 없는 것입니다. 어설픈 열정이 사람의 영혼을 오히려 해롭게 할 수 있는 것입니다.

직분은 주님의 주권이지만 영적 은사는 사모함에서 온다

무엇보다 안타까웠던 것은, 몇 번을 잠깐 시도해본 후에 원하는 것을 얻지 못하자 이것은 하나님이 원하시는 것이 아니며 계속 달라고 고집하는 것은 성령의 주권을 거스르는 불순종이라고 결론을 내버린 것입니다.

방언 받기를 포기하지 않고 계속 구하는 것이 성령의 주권을 거스르는 불순종이라면 나와 같은 경우는 아주 심하게 주권을 거스르는 사람이었을 것입니다. 나는 방언을 받기 위해서 수 없이 시도하고 수없이 실패했지만 포기하지 않고 추구했으며 거기에 목숨을 걸 정도였으니 말입니다.

우리가 주님께 복종하며 하나님의 뜻과 인도를 구해야 하는 것이 있고, 간절하게 사모하고 구해야 하는 것이 있습니다. 초자연적인 은사적인 것은 후자에 속한 것입니다. 간절하게 사모하는 자는 얻고 그렇지 않은 자는 얻지 못합니다. 이것은 성숙에 대한 문제가 아니고 열정에 대한 문제입니다.

어떤 이가 예언에 대하여 많은 관심을 가지고 추구한다면 그는 예언사역자가 될지 아닐지는 모르지만 적어도 예언에 대하여 많은 경험을 하게 될 것입니다. 어떤 사역과 직분을 맡기시는가 하는 것은 주님께 달려있는 것이지만 그것을 누리고 경험하는 것은 사모함과 열정에 달려 있는 것입니다.

어떤 이가 치유사역에 대하여 관심을 가지고 사모한다면 그는 전문적인 치유사역자가 될지 아닐지는 모르지만 많은 치유의 역사를 경험하게 될 것입니다.

직분은 주님께로부터 오지만 경험은 사모함에서 옵니다. 그것은 그러한 사모함과 열정을 주님께서 기뻐하시기 때문입니다. 그러므로 열정의 부족으로 인하여 경험하지 못하는 것을 하나님의 주권이나 섭리로 여겨서는 안 됩니다.

이러한 사모함은 주변의 영적 분위기에도 많이 좌우될 것입니다. 가까이에 은사를 사모하고 갈망하며 잘 사용하는 사람이 있다면, 은사가 임하도록 이끌고 돕는 사람이 있다면, 자연스럽게 그러한 사모함이 전염될 수 있을 것입니다. 사모하는 이들을 잘 도울 수 있는 사람, 갈증을 일으킬 수 있는 사람이 주변에 있다면 그것은 귀한 은총입니다.

어느 유명한 사역자의 오해

위의 사역자와 비슷한 이야기로 탁월한 강해설교자로 유명한 어느 사역자의 사례를 들 수 있습니다. 역시 인도자가 없어서 혼자서 오해 속에서 빠져나오지 못한 경우입니다. 이 사역자도 방언을 하고 싶어서 기도했고 그래서 한 동안 방언을 하게 되었는데, 나중에 알고 보니 그것은 방언이 아니었고 자기가 혼자서 한 것이었다는 것입니다.

나는 이 이야기를 듣고 몹시 안타까웠습니다. 방언의 초기에는 영감도 없고 통역도 안 되는 경우가 많습니다. 그래서 그 때에 자기가 하는 것이 성령이 주시는 방언이 아니라 스스로 인위적으로 하는 것이라고 생각하는 경우가 많이 생기는 것입니다. 이러한 오해는 방언을 하는 초기에 대부분의 사람들이 경험하는 오해입니다.

물론 이러한 오해는 조금만 더 앞서나간 인도자가 곁에 있다면 간단히 해결되는 문제입니다. 단순히 몇 마디의 조언만으로도 충분히 초보자는 앞으로 나아갈 수 있습니다. 문제는 그러한 인도자, 멘토가 주위에 없다는 것입니다. 그것이 정말로 문제입니다.

이 사역자는 미국에서 있을 때 은사적인 집회에서 있었던 경험을 이야기하였습니다. 한국에서는 유명하기 때문에 부담이 되어서 아무 집회나 참석을 할 수 없지만 미국에서는 자기를 아무도 모르고 그저 평범한 동양인에 지나지 않기에 부담 없이 갈 수가 있었다고 합니다.

그는 방언을 받기 위하여 인도자에게 기도를 받으려고 앞으로 나갔는데, 미국인인 그 강사는 소리를 내어서 기도를 하라고 했습니다. 그러자 이 사역자는 한국어로 열심히 기도를 했는데, 한국어를 알아듣지 못한 외국인 사역자는 말하기를 당신은 방언을 받았다고 말하더라는 것입니다. 이 사역자는 실망만을 안고 돌아올 수밖에 없었습니다.

이것은 가슴 아픈 이야기입니다. 이 사역자도 한국교회에 미치는 영향으로 보았을 때 그가 방언을 경험하고 성령의 은사와 그 흐름에 있어서 새로운 영역을 누리게 되었다면 한국교회에 커다란 영향을 주었을 것입니다.

그의 주위에 영성과 은사에 대하여 조언하고 도와줄 사람이 있었다면, 그러한 교제가 있었다면, 그에게는 새로운 영역이 열렸을 것입니다. 실로 안타까운 일입니다.

어려움을 극복한 사역자

이와 비슷한 다른 사역자의 사례가 있습니다. 이 사역자도 널리 알려진 사역자입니다. 이 사역자는 말하기를 성령의 은사나 능력을 사모하고 추구하려다가도 은사적인 신앙을 가진 이들의 비지성적이고 비인격적인 모습에 마음을 닫게 된다고 이야기한 적이 있었습니다.

그것은 사실입니다. 성령의 능력이나 은사들은 지적인 사람들보다는 단순한 사람들에게서 더 쉽게 나타나는 경향이 있습니다. 그러한 사람들 중에는 은사나 능력이 마치 자기가 훌륭해서 임한 것인 양 으스대고 자신을 드러내는 사람들이 있습니다.

하지만 그런 모습을 보고 은사와 성령의 역사에 대하여 마음을 닫아서는 안 됩니다. 그것은 일부 성숙하지 않은 그리스도인을 보고 복음에 대해서 마음을 닫는 것과 같이 잘못된 반응입니다.

그리스도인에게 부족함이 있더라도 복음과 주님께는 아무 문제가 없듯이, 은사를 주시는 분이나 은사 자체에는 아무런 문제가 없습니다. 오직 그 은사를 잘 관리하지 못하는 사람에게 문제가 있는 것입니다.

그러나 이 사역자는 나중에 그러한 문제에 대해서 극복을 한 것 같았습니다. 이 사역자는 안식년에 어느 선교단체에서 영성에 대한 훈련을 받고 은사들을 경험하게 되었습니다. 이 선교단체의 본부가 해외에 있기 때문에 가능한 일이었습니다. 국내에서라면 사람들의 시선 때문에 운신이 거북했을 것입니다.

그 이유는 한국교회의 성도들 가운데 자신이 소속된 교회의 담임 사역자를 하나님처럼 여기는 의식이 많이 있기 때문입니다. 그들은 자기 교회의 담임목회자는 하나님께 직접 말씀을 받고 인도를 받을 것이라고 여깁니다. 실제로 이 교회에 다니고 있는 어느 자매는 목사님이 해외의 다른 곳에서 영성훈련을 받았다는 이야기를 듣자 몹시 불쾌하다는 태도를 보였습니다. 담임목사님이 어디 다른 곳에 가서 무엇을 배웠다는 사실이 기분 나쁘다는 것입니다.

사역자가 배우는 것은 부끄러운 일이 아니다

이러한 태도는 별로 바람직한 것이라고 할 수 없습니다. 사역자가 배운다는 것은 결코 나쁜 일이 아닙니다. 사역자는 모든 것을 하나님과 직통하며 계시를 받고 움직이지 않습니다. 많은 부분에 대해서 기도하고 하나님의 인도를 받아야 하지만 또한 많은 것을 배우고 공부해야 합니다.

목회자가 가르치는 교리나 여러 중심 메시지도 신학교에서 배운 것이며 성경을 해석하는 원리도 자신이 소속한 교단의 방향이나 흐름에서 배우고 영향을 받은 것입니다. 그러므로 사역자가 무엇을 배운다는 것은 이상한 일이 아니며 하나도 부끄러운 일이 아닙니다. 사역자는 오직 하나님께만 직접 배우고 들어야 한다고 여긴다면 그것은 지나친 것입니다.

담임사역자를 하나님처럼 생각하는 성도들은 순진하기는 하지만 그것은 자신에게도, 사역자에게도 도움이 되지 않습니다. 이렇게 사역자에게 영광의 관을 씌우면 나중에 사역자의 인간적인 연약함을 보고 심각한 배신감을 느낄 수도 있습니다. 사역자뿐 아니라 모든 신자들도 하나님의 인도와 특별한 감동으로 특별한 깨달음을 얻기도 하지만 일상의 일반적인 도구를 통해서도 지식이나 도움을 얻곤 합니다. 그것은 이상한 일이 아닙니다.

하지만 현실적으로 이름이 있는 사역자가 성도들이나 주변 사람들의 눈치에서 완전히 자유로울 수는 없습니다. 바리새인으로서, 지도적인 입장에 있는 니고데모가 밤 시간에 주님을 찾아온 것도 그런 면이 작용했을 것입니다.

아무튼 이 사역자는 안식년이 끝난 후 돌아와서는 사역의 방향을 바꾸었습니다. 제자훈련과 함께 성령의 역동적인 역사하심에 대하여 열려있는 방향으로 전환한 것이었습니다. 그러한 방향전환은 성령님의 감동과 함께 개인적인 경험이 촉진제가 되었을 것입니다.

보통 이러한 사역방향의 전환에는 많은 어려움이 따릅니다. 그러한 것을 싫어하는 이들에 의해서 심한 갈등의 홍역을 치르기도 하고 심지어 교회가 갈라지기도 합니다. 그 때문에 성령중심의 사역을 하고 싶은 적지 않은 사역자들이 제직들이나 강력한 영향력을 가진 신자들의 눈치를 보다가 그러한 변화를 포기하곤 하는 것입니다.

그러나 이 사역자는 지혜와 인격이 조화된 리더십을 통하여 그러한 문제들이 나타나지 않도록 하였으며, 성공적으로 새로운 패턴의 사역을 잘 이루어갈 수 있었습니다. 이것은 몹시 인상적이고 아름다운 일입니다.

목회사역과 교회의 방향은 사역자의 목회철학, 경험, 가치관에 의하여 직접적인 영향을 받습니다. 만약 사역자가 말씀에 대한 풍성한 진리의 경험이 있고, 인격적으로도 그리스도의 인격과 향취를 가지고 있으며, 또한 깊은 영적 경험과 분별력을 가지고 하나님의 실제적인 임재와 영광의 세계로 성도들을 이끌어갈 수 있다면, 이는 얼마나 아름다운 일일까요?

그러나 현실적으로 많은 아름다운 사역자들이 주님을 사랑하고 사역에 헌신하지만 영적 세계에 대한 이해와 경험이 부족합니다. 그래서 많은 진리를 전하면서도 '왜 이렇게 성도들은 변화되지 않는가, 왜 나 자신도 변화되지 않는가, 승리의 삶, 풍성한 삶은 왜 이렇게 멀리 있는가' 로 갈등합니다.

그것은 영적인 경험, 은사적인 열림과 많은 관계를 가지고 있는 문제입니다. 육과 세상과 마귀와 싸우면서 충분한 무기에 대해서 잘 알지 못한다면, 승리를 경험하는 것이 어려운 것은 당연한 일입니다. 마귀들은 강력한 불화살을 쏘아대는데, 신자들은 이 영적 전쟁에 대하여 인식도 부족하고, 무기도 능력도 부족합니다. 그렇다면 승리가 어려울 수밖에 없는 것입니다.

단순한 성도들은 목회자가 모든 것을 알고 있다고 생각합니다. 하지만 그것은 전혀 사실이 아닙니다. 성도들은 어떤 사역자가 인품이 아름답고 존경할만하면 그가 가지고 있는 모든 판단이 다 옳은 것이라고 생각합니다. 그러나 과연 그럴까요? 어떤 이가 여행의 전문가라고 해서 요리에 대해서도 전문가라고 할 수는 없습니다. 어떤 이가 어학을 잘 하는 사람이라고 해서 역사나 수학까지 잘 한다고 할 수는 없습니다.

그것은 분야가 다른 것입니다. 그와 같이 인품의 아름다움과 말씀에 대한 많은 지식이 영계에 대해서도 예리한 분별력과 판단력을 보장해주는 것은 아닙니다. 많은 경우 예리한 지성은 영성의 원리의 이해나 각성에 있어서 전혀 무력합니다.

논리적으로 옳아보여도 영적으로 옳지 않을 수가 있다

어떤 전문가든, 자신의 부족한 부분에 대해서는 배우는 것이 필요합니다. 누구나 모르는 부분이 있을 수 있으며 그것을 공부하고 배우는 것은 하나도 이상한 일이 아닙니다.

나는 오래 전에 어떤 사역자가 영적 전쟁에 대해서, 악령에 대해서 강의하는 것을 들은 적이 있습니다. 그는 성경의 여러 부분을 인용하면서 탁월한 설명을 제시하였지만, 나는 그가 실제적인 영적 전쟁의 경험이 거의 없으며 실제로 귀신을 쫓아내고 영혼을 어둠의 세력으로부터 자유롭게 한 경험이 거의 없다는 것을 알 수 있었습니다.

나는 그가 실제적인 영적 전쟁의 실상과 전혀 맞지 않는 것을 가르치는 것에 대해서 놀랐습니다. 하지만 성경을 가지고 논리적으로 설득력 있게 설명을 했기 때문에 경험이 없는 이들은 그러한 모든 이야기가 다 옳다고 끄덕였을 것입니다.

영적 세계는 경험하지 않고 논리적으로 추론하는 것만으로는 알기가 어려운 세계입니다. 그러므로 경험하지 않은 것에 대해서 단언을 하는 것은 위험한 일입니다. 진정한 확신이 없는 것에 대해서는 가르치지 않는 것이 좋은 것입니다.

나의 경우에도, 내가 잘 모르는 것을 묻는 사람들이 많이 있습니다. 계시록에 대해서도 물어보는 사람들이 많이 있습니다. 나는 잘 모르겠다고 대답합니다. 모르는 것을 모른다고 이야기하는 것은 아주 편한 일입니다.

삼위일체에 대해서 묻는 사람도 있습니다. 역시 나는 잘 모르겠다고 대답합니다. 정말 모르기 때문입니다. 물론 신학교에서 배운 내용을 대충 나열할 수는 있겠지만 그것은 단순한 이해에 불과할 뿐, 그 깊은 신비에 대해서 도무지 감이 오지 않기 때문입니다.

목회사역자가 모든 것을 알고 있고 모든 질문에 대해서 답을 가지고 있다고 여기는 것은 순진한 생각입니다. 어떤 사역자이든지 끊임없이 공부하고 성령께로부터 오는 바른 깨우침과 진리를 구하고 기도하여 발전해 나아가야 합니다.

오늘날 한국교회는 외적으로 보면 많은 발전상을 가지고 있습니다. 그러나 내면적으로 보면 그리 건강하지 않습니다. 그리스도의 열매를 가지고 있는 신자들은 많지 않으며 세상적인 가치관에서 벗어나 그리스도적인 가치관, 삶을 지향하는 신자들도 많지 않습니다. 영적인 지식이나 경험에 대해서도 많이 부족합니다.

성경에 나타나는 초자연적인 하나님의 영광, 역사와 그 실제를 누리는 신자들은 참 부족합니다. 그리스도와의, 성령님과의 실제적이고 친밀한 교제를 누리는 신자들은 많지 않습니다. 영적 지식이나 분별력이 많이 부족합니다.

오늘날의 기독교는 서구의 영향으로 합리주의와 물질중심적인 면과 세상적인 요소를 많이 가지고 있습니다. 오늘날 어떤 신자가 주님과 가까이 교제를 누리고 기도의 기쁨과 은총을 경험한다면, 그런 사람들을 이상한 사람 취급을 하는 것이 이 시대 기독교의 추세입니다. 세상을 사랑하고 세상에서 출세를 하면 성공적인 신자이지만, 주님을 가까이 누리고 경험하는 신자라면 신비주의라고 생각하는 경향이 점점 더 강해져갑니다.

하지만, 기독교는 기본적으로 주님과의 친밀한 관계에 기초한 것입니다. 이 관계는 딱딱하고 따분한 것이 아닌, 가슴이 설레고 흥분되는 관계입니다.

이것은 아버지와의 친밀한 관계이며 또한 연인의 관계입니다. 영성이 발전될수록, 영혼이 깨어날수록 이 관계는 아름다워지고 깊어집니다.

사역자의 영이 풍성해질 때 교회에 풍성함이 임한다

 사역자들이 이 놀라운 세계를 경험할수록, 신자들의 영들도 풍성해질 것입니다. 사역자들이 변화될 수 있다면, 그 놀라운 영광의 세계를 맛볼 수 있다면, 예배는 달라질 것입니다.
 신자들은 예배 가운데 하나님의 성령이 강하게 임재하시는 것을 경험하게 될 것입니다. 사역자가 말씀을 선포할 때, 찬양을 드릴 때, 기도를 드릴 때.. 폭풍과 같은 성령의 거룩한 임재가 예배의 공간을 지배하시는 것을 경험하게 될 것입니다.
 그 영광의 역사가 임하게 될 때 사람들은 예배를 통해서, 기도와 경배와 찬양을 통해서 살아계신 하나님의 영광을 경험하는 것이 이 세상의 그 어떤 기쁨과도 비교할 수 없는 놀라운 영광인 것을 깨닫게 될 것입니다. 할렐루야.
 사역자가 변하면 한국교회가 바뀌게 될 것입니다. 방언이 모든 것은 아니지만, 이것은 아주 작고 미미한 것에 불과할지 모르지만, 그것은 큰 비의 소식이 임하기 전에 나타나는 엘리야의 손만 한 작은 구름과도 같은 것입니다. 방언으로 부르짖어 기도하며 주님을 갈망하며 구하는 사역자들을 통하여 예배에도, 모든 것에도 놀라운 일들이 일어나기 시작할 것입니다.

15. 집회에서 방언이 임할 때

나는 집회를 인도하는 가운데 성령의 임하심을 통한 은총들을 많이 경험하였습니다. 집회를 인도하는 가운데 말로 형용하기 어려운 주의 임재와 영광, 달콤함과 아름다움을 많이 누리고 경험하였습니다. 성령의 강력한 임재 속에서 사람들은 통곡하고 진동하고 귀신들은 발악하고 쫓겨나가는, 그러한 한바탕의 거룩한 폭풍우가 지나간 후에는 거룩한 정적이 있었습니다. 그것은 천국이 바로 세상에 내려온 것 같은 기쁨이었습니다.

그러한 성령의 임재와 아름다운 흘러나오심 중에서 무엇보다 가장 인상적이고 감동적인 장면은 이전에 그러한 성령의 임재를 경험하지 못한 이들에게 처음 방언이 터지고 그 영의 흘러나옴을 경험하는 순간이라고 할 수 있습니다.

그것은 마치 아기가 처음 세상으로 나올 때, 그것이 많은 사람들에게 기쁨과 감격이 되는 것과 같은 것입니다. 막혀 있었던 성령의 권능이 처음으로 폭발하듯이 흘러나올 때, 그것은 정말 아름답고 놀라운 감격과 은총의 순간이 됩니다. 그 집회는 바로 불같은 성령의 역사와 은총으로 가득해지게 됩니다. 그것은 잠자는 영혼을 깨우시는 귀한 은총의 순간입니다.

방언이 나타나는 순간을 성령이 처음 임한 순간이라고 할 수는 없습니다. 방언이 나타나는 것은 이미 받은 성령이 바깥으로 나타나는 것입니다. 처음 받는 것이 아닙니다. 이미 앞에서도 언급하였지만,

말씀을 받고, 복음을 깨닫고 주님을 영접하여 주의 이름을 부르고 주님과 관계를 맺을 때, 그는 이미 성령을 받았다고 할 수 있습니다. 누구든지 그리스도의 영이 없으면 그리스도의 사람이 아닙니다. (롬 8:9) 또한 성령으로 아니하고는 누구든지 예수를 주시라고 할 수 없습니다. (고전12:3) 그러므로 예수를 주라 부르며 고백하고 따르는 자는 그리스도의 영, 성령이 이미 그 안에 내주하고 계시는 것입니다.

문제는 바로 이것입니다. 그리스도의 영, 성령이 내주하시기만 하고 바깥에 나타나시지 않는다면, 우리는 풍성한 삶을 사는 데 어려움을 겪게 된다는 것입니다. 그리고 이 내주하시는 성령의 나타나심이 은사입니다. 방언은 그 중의 한 은사라고 할 수 있습니다.

가장 귀한 일은 주님을 영접하는 것이다

그러므로 이 세상에서 가장 귀하고 아름다운 일은 복음을 듣고 예수님을 우리의 구주와 주님으로 영접하는 것입니다. 그것은 거듭남과 관계된 것입니다. 이것은 세상과 영계에서 가장 놀라운 사건이 될 것입니다. 누가복음 15장 10절은 죄인 하나가 회개할 때 하나님의 천사들이 기뻐한다고 말합니다. 복음을 듣고 주님을 영접함으로 새로운 탄생이 이루어지는 것은 온 세상에서 가장 기쁜 소식이며 주님도, 천사들도 기뻐하는 일입니다.

나는 청년시절 이 기쁨을 누리고 경험하고 싶어서 노방전도를 즐겼습니다. 명동에서, 서울역에서, 고속버스터미널에서, 전철역에서 병원에서, 경찰서에서 전도하고 복음을 증거하는 것을 기뻐하였습니다. 복음을 설명한 후에 같이 손을 잡고 예수님을 영접하게 한 순간들은 잊을 수 없는 기쁨이고 감동이었습니다. 세상에서 그것보다 더 행복하고 아름다운 경험은 없을 것입니다.

나는 복음 집회에서 불신자들에게 주님을 영접시키는 초대를 할 때 항상 가슴이 떨렸습니다. 사람들이 자리에서 일어나서 사역자의 인도를 따라 주님을 영접하는 기도를 할 때는 항상 감동의 눈물을 주체할 수 없었습니다. 새 생명이 탄생하는 순간은 언제나 감동적입니다. 그것은 아가가 태어나는 것보다 더 아름답고 놀랍고 감동적인 것입니다.

그것은 성령께서 내재하시는 순간입니다. 그러나 그것만으로는 충분하지 않습니다. 그에게 임하신 성령이 나타나시고 실제적으로 그를 사로잡으시는 과정, 순간이 필요합니다. 그것이 성령의 임하심이며 나타나심입니다. 은사의 나타남입니다.

승리의 삶을 위하여 성령의 나타남이 필요하다

거듭남에는 복음이 필요하고, 복음의 받아들임이 필요하며, 주님과의 관계를 맺는 것이 필요합니다. 그러나 승리의 삶에는 성령의 나타남이 필요합니다. 역동적이고 권능적인 삶을 위하여 성령의 은사와 역사와 나타나심이 필요합니다. 그러므로 이 세상에서 가장 아름답고 놀라운 일이 복음으로 인한 거듭남이라면, 그 다음으로 가장 귀한 사건은 성령의 임하심, 나타나심이라고 할 수 있을 것입니다.

처음 성령의 임하심, 나타나심을 경험하게 되면 그 후에는 강렬한 성령의 임하심을 지속적으로 자주 경험하게 됩니다. 그러므로 그 첫 번째의 경험이 아주 중요한 시작이 되는 것입니다.

아가가 처음 이 세상에 태어나는 순간은 그 아가를 오랫동안 기다려왔던 부모에게 있어서 가장 아름답고 놀라운 순간일 것입니다. 그 아가는 10개월 동안 이미 엄마의 뱃속에 있었습니다. 그러나 뱃속에 아이가 있는 것과, 그 아이가 실제로 바깥으로 나오는 것은 다른 것입니다. 그 아이는 동일한 아이지만, 이제 부모는 그 아이를 직접 눈으로 보고 관찰할 수 있습니다. 아이를 만지고 안아보고 어르고 달랠 수 있습니다.

아이가 자라면서 아이의 존재는 점점 익숙해집니다. 아이가 자라면서 많은 발전을 이루고 아이와의 경험과 추억이 쌓이게 되지만, 그 모든 것보다 가장 감동적인 사건은 아이가 처음 태어나 부모와의 만남이 시작되는 순간입니다.

성령의 나타나심, 방언의 나타남도 이미 우리 안에 성령이 거하시고 방언의 영이 있었지만, 그 처음 만남의 순간은 마찬가지로 놀랍고 아름답고 감동적인 것입니다. 그것은 집회에 있어서 클라이맥스와 같은 것입니다.

사람의 안에 갇혀있던 성령이 처음으로 흘러나올 때 그것은 장관이며 영광으로 가득한 것입니다. 그것은 사도행전에 등장하는 오순절의 재현입니다.

주님을 영접하고 주를 부르는 것은 그리스도의 영과 관련된 것입니다. 주의 영이 임하시지 않고는 아무도 예수를 주로 부르고 시인할 수 없습니다.

의욕은 있었으나 충만하지 않았던 제자들

제자들은 오순절에 성령이 임하시기 전에 이미 그런 상태에 있었습니다. 그들은 주님의 명령을 수행하기 위하여 전력을 다해 기도에 힘쓰며 가롯 유다를 대신해서 다른 제자를 뽑았습니다. 그들은 이미 주를 부르고 구하며 주가 주신 사명을 감당하기 원했습니다. 그들은 이미 주의 성령을 안에 가지고 있었습니다. 그러나 그들은 충만하지 않았습니다. 의욕은 있었지만 충만하지 않았습니다. 의지는 있었지만 강하지 않았습니다.

그러나 오순절의 성령의 강력한 임하심을 경험하고 그들은 전혀 달라졌습니다. 그들은 더 이상 두려워 떠는 제자들이 아니라 강력한 권능으로 무장된 증거자가 되었습니다.

집회에서 오순절이 재현됨

집회에서 성령이 흘러나오고 사람을 사로잡을 때, 그것은 개인적인 오순절의 재현과 같은 것입니다. 이미 예수를 주로 알고 있지만, 신앙고백을 하지만 미지근하던 사람들이, 갑자기 열정적인 사람으로 바뀌게 됩니다.

집회의 분위기는 갑자기 달라집니다. 찬양도, 기도의 열기도.. 모든 것은 달라집니다. 하품을 하고 시계를 보던 이들이 갑자기 눈물바다가 됩니다. 사람들은 쓰러져 울고 통곡하고 회개하며 조용하던 예배는 아수라장이 되고 회개의 울부짖음과 헌신의 고백으로 가득해집니다.

이것은 성령이 임하셨을 때 나타나는 일반적인 현상입니다. 어떠한 인간적인 테크닉도 이러한 변화를 일으킬 수는 없습니다. 오직 주님의 성령만이 사람을 강력하게 하나님께로 이끌며 죄에 대한 감각을 일으키고 헌신에 대한 소원을 일으킵니다.

성령이 임하시고 모든 것이 바뀌어짐

오래전 어느 교회의 중고등부의 여름수련회에 강사로 참석했던 적이 있었습니다. 집회 인도는 힘들었습니다. 첫째 날, 둘째 날 밤까지.. 메시지의 전달도, 기도회 인도도 어려웠습니다. 학생들은 별로 관심이 없어 보였습니다. 집회시간이 되어 집회 장소에 가면 자리를 지키고 있는 이들은 거의 없었습니다. 내가 제일 먼저 도착하고 조금 기다리고 있으면 아이들은 하나둘 오기 시작했습니다. 세면을 하는 곳이 멀리 떨어져 있어서 집회시간에 맞추어 도착하기가 어렵다는 변명을 듣기는 했지만 그것만이 이유인 것 같지는 않았습니다.

이들이 성령의 임하심을 경험하게 되면 변화될 것이라고 나는 생각했습니다. 하지만 이 교회는 성령의 임하심이나 방언에 대해서 열려 있지 않았습니다. 나는 고민하다가 마지막 밤에 성령의 임하심을 초청하기로 결정을 했습니다.

마지막 밤이 되었습니다. 나는 성령의 임하심과 그 필요성에 대해서 강력한 메시지를 전한 후에 뜨겁게 기도와 찬양을 인도했습니다. 그리고 모든 사람들에게 자리에 일어서서 성령의 임하심을 구하며 입술을 주님께 맡기고 방언을 구하라고 하였습니다. 학생들은 부르짖기 시작했습니다. 나는 돌아다니면서 그들에게 기도를 해주었고, 여기저기서 방언이 터지기 시작했습니다. 흐느낌과 울부짖음이 동반되었습니다.

거의 모든 이들이 방언을 받았습니다. 그리고 그렇게 시작된 기도의 흐름은 멈추어지지 않았습니다. 놀란 사역자들이 방언기도와 통성기도를 멈추게 하려고 노력했지만 기도와 통곡의 흐름은 멈추지 않았습니다. 마지막 밤은 캠프파이어 시간이었지만 제대로 진행을 할 수 없었습니다. 대부분의 학생들이 계속 울면서 기도하고 있었기 때문입니다.

다음날 아침에 집회 시간에 내가 도착했을 때, 그 이전까지는 항상 내가 제일 처음에 도착했지만 그 날은 내가 가장 늦게 도착한 사람이었습니다. 집회가 시작하기 전에 이미 자리는 꽉 차 있었고 통성기도는 뜨거운 눈물로 가득했습니다.

성령의 임하심의 전과 후는 이렇게 엄청난 차이가 있었습니다. 기도의 기쁨과 감격이 너무나 선명하게 느껴지기 때문에 기도를 멈추기가 힘이 듭니다. 그 전에는 기도를 하게 하려고 온갖 노력을 해도 학생들은 잘 기도하려고 하지 않았습니다. 그러나 성령이 임하시고 방언이 터지게 되면 그 다음에는 간절하게 기도에 사로잡히게 됩니다.

젊은이들의 수련회에 강사로 다니면서 이와 비슷한 일들을 많이 겪었습니다. 주의 영이 오시기 전과 후는 너무나 다르다는 것을 말입니다.

어느 집회에서 있었던 일인데, 첫째 날에는 일부 학생들의 자세가 너무 거슬렸습니다. 다른 사람들이 뜨겁게 기도하는 것을 보고 비웃으면서 손가락을 자기 머리에 대고 빙빙 돌리는 학생도 있었습니다. 간절히 기도하는 모습을 보고 미쳤다고 조롱하는 것입니다.

하지만 그 다음날 그 학생도 비슷한 태도로 기도를 하게 되었습니다. 성령이 임하고 방언이 터지게 되자 그 학생은 마구 울부짖으면서 벽에다 머리를 짓찧으면서 회개 기도를 하는 것이었습니다. 아마 하루 전에 그 학생이 자기의 모습을 보았다면 당연히 미쳤다고 말할 것입니다. 성령께서 임하실 때, 그것은 기도의 자세, 예배에 임하는 태도를 완전히 바꾸어놓습니다. 그것은 새로운 세계입니다.

집회에서 성령이 임하고 방언을 통하여 흘러나오는 것은 너무나 아름답고 놀라운 일입니다. 그 공간에 가득하게 흐르는 거룩함과 감격과 충만함은 말로 표현하기 어렵습니다. 여기저기에서 터져 나오는 통곡소리는 너무나 아름답게 들립니다. 가슴을 찢으며 진실한 마음으로 회개하는 모습은 볼 때마다 가슴을 뛰게 합니다. 지금까지 주님께 헌신하지 않고 마음대로 살았던 것에 대한 처절한 회개, 그리고 자신의 인생과 목숨을 주님께 바친다는 헌신의 고백들.. 그러한 기도의 절규는 황홀한 아름다움입니다. 성령이 임하시고 방언이 터질 때 그것은 흔히 나타나는 현상입니다.

성령이 임하셨다고 해서 새로운 사실이 계시되는 것은 아닙니다. 복음은 이미 알고 있는 것입니다. 그러나 이미 알고 있는 복음이, 주님이, 보혈이.. 가치 있고 놀라운 것으로 새롭게 부딪치게 됩니다. 흑백TV가 갑자기 색깔이 선명한 컬러가 됩니다.

하나님의 임재는 아주 실제적인 것이며 감동적인 것입니다. 성령이 가까이 임하시면 오직 주님만을 더욱 더 사랑하게 됩니다. 일순간일수도 있지만, 적어도 한동안은 세상을 사랑할 수 없습니다. 자아를 사랑할 수 없습니다. 감격하고 울고 기뻐하게 됩니다. 어떻게 나 같은 자에게 주님이 이런 은총을 베풀어주실까? 하고 감격하게 됩니다.

집회 후의 변화된 삶들

수련회가 끝나고 그 열기가 이어지는 것은 흔한 일입니다. 어떤 교회의 학생회에서는 그 교회주변 일대의 부흥을 위하여, 주변에 있는 점집과 절들이 무너지도록 밤마다 기도회가 열리기도 했습니다.

성령이 임하시고 기도의 영이 임하면 기도처럼 아름다운 것을 발견하기 어렵게 됩니다. 그래서 자연히 기도에 빠지게 됩니다. 교회의 부흥을 위해서 기도하게 되며 사역자를 위해서 기도하게 됩니다. 우상이나 점집에 대해서 기도하게 된 것도, 영의 감각이 새로워져서 악령들의 움직임, 흐름에 대해서 예민해지기 때문입니다. 보통의 신자들은 그러한 것을 보면 약간의 불쾌감을 느끼고 그냥 지나가겠지만, 그러나 영의 감각이 새로워지면 그러한 곳에서 어떤 영적인 악한 힘을 느끼게 되고 불편함과 고통을 느끼게 됩니다. 그러므로 그 영들을 부수어버리는 기도를 드리게 되는 것입니다.

또한 방언을 하면서 영의 감각이 생기게 되면 TV에서 나오는 세상의 소리, 음악들이 아주 고통스럽게 느껴지게 됩니다. 컴퓨터 게임을 통해서 흘러나오는 악한 기운을 느끼게 됩니다. 그래서 그러한 것들을 대적하며 성결한 삶을 구하게 됩니다.

이성만으로 변화된 삶을 살기는 어렵다

영의 감각이 깨어나지 않으면 세상적인 것들이나 악한 것들을 이성으로는 옳지 않다고 여기지만 마음으로 그것을 즐기기 때문에 버리기가 어렵습니다. 그러나 영의 감각이 일어나면 그것들을 더 이상 즐길 수가 없고 그것들에게서 흘러나오는 악한 기운들을 통하여 고통을 느끼게 되기 때문에 그것들과 멀어지게 됩니다. 그렇게 세상의 영에서 벗어나게 되고 승리하는 삶이 실제적으로 시작되는 것입니다.

오늘날 겉으로 보기에는 균형이 잡혀 있는 성숙한 신자로 보이고, 충분한 성경적인 지식과 교리로 무장한 신앙적인 엘리트로 보이지만 은근히 세상을 적당하게 즐기면서 영적으로는 무기력한 삶을 살아가고 있는 이들이 많이 있습니다.

이들은 머리로 많은 것을 알고 이해하고 결단하려고 하지만 또 한편으로는 세상의 즐거움을 버리지 못합니다. 그리고 기도와 예배의 기쁨, 감격과 하나님의 영광스러운 임재에 대해서 잘 모릅니다. 그것은 영의 감각이 마비되고 병들어 있는 것입니다. 감각이 깨어나지 않으면 무기력한 신앙생활을 할 수 밖에 없으며 항상 억지로 의지를 동원해서 창백하고 메마른 길을 걸어가야 합니다. 그것은 몹시 비극적인 일입니다.

성령의 임재는 헌신을 일으킨다

젊은 시절, 중고등학생.. 대학생.. 청년 시절에 이와 같은 집회를 통하여 성령의 임하심을 경험하는 것은 아주 중요한 일입니다. 젊을 때 주님께 자신의 인생을 드리고 헌신하는 것은 인생에 있어서 가장 가치 있는 일입니다. 나이가 들어서 자신을 바친다면, 그것도 아름다운 일이지만 이미 많은 세월을 잃어버렸기 때문에 젊은 시절에 주님께 드려지는 것은 아주 귀한 일입니다.

그러나 젊은이들을 헌신하도록 인도하는 것은 어려운 일입니다. 사람들은 누구나 본능적으로 자기 마음대로 살고 싶어 합니다. 그래서 주님께 묶이는 것을 원하지 않습니다.

하지만 성령이 임하실 때, 모든 것은 달라집니다. 주님의 은혜와 능력이 폭포수처럼 임할 때 사람들은 기도의 달콤함과 주님의 임재의 영광을 알게 됩니다. 이들은 헌신의 감격에 빠지게 됩니다. 이들은 계속 기도하고 싶은 기도의 영에 잡히게 되며, 자신을 주님께 드리고 싶은 폭풍 같은 감동을 느끼게 됩니다. 그전에는 별로 매력적으로 보이지 않던 주님께 사로잡히는 삶이 너무나 멋지고 황홀하게 보이는 것입니다.

성령이 임하실 때 누구나 자신을 주님께 드리고 싶어집니다. 그리고 주님과의 친밀한 관계를 원하게 됩니다.

영의 감각이 일어날 때 사람들은 세상의 악한 문화가 싫어집니다. 세상이 아닌 주님에게서 기쁨과 맛을 느낍니다. 하지만 그것은 완전한 상태는 아닙니다. 그 상태를 유지하지 못하면 다시 이전의 상태로 돌아갈 수도 있습니다. 그것은 시작일 뿐이며 관리가 필요한 상태입니다.

성령의 임하심 후에 인도받음이 필요하다

많은 이들이 처음으로 성령의 임하심을 경험하고 감각이 새로워집니다. 그 이후는 사도행전에서 제자들이 성령을 받은 후에 그랬던 것처럼 점차적으로 성령의 인도를 받는 삶으로 나아가야 합니다. 자기 마음대로 기도하고 마음대로 결정하던 삶에서 주도권을 성령께 드리고 그분의 이끄심을 따라 살아나가는 것을 훈련해야 합니다.

하지만 많은 이들이 성령을 경험한 후에 그 이후의 방향에 대해서 잘 모릅니다. 어떻게 나아가야 하고 발전해야 하는지 잘 모릅니다. 그래서 많은 이들이 성령을 소멸하며 그 상태를 잘 유지하지 못합니다.

여기에는 경험자의 인도가 필요합니다. 지속적인 가르침과 조언이 필요합니다. 젊은이들의 경험을 분별하고 인도할 선배들이 필요합니다. 그들이 들은 음성과 그들이 받은 인도하심에 대해서 분별하고 조언할 사람들이 필요합니다. 그것이 바로 사역자들의 할 일입니다.

사도행전의 놀라운 부흥은 성령의 역사와 인도하심에 의한 것이었습니다. 사도행전 13장에는 제자들이 주의 인도하심을 구하며 기도할 때에 지도자인 바나바와 바울을 따로 세워서 파송하라는 명령이 떨어집니다.

"주를 섬겨 금식할 때에 성령이 이르시되 내가 불러 시키는 일을 위하여 바나바와 사울을 따로 세우라 하시니 이에 금식하며 기도하고 두 사람에게 안수하여 보내니라" (행13:2-3)

성령께서 그렇게 말씀하시고 인도하십니다. 누가 그런 계획을 할 수 있겠습니까? 한참 부흥하고 있는 교회에서 갑자기 담임목사와 부목사를 떠나보내라고 성령께서 말씀하십니다.
이러한 아무도 예상할 수 없는 명령과 인도하심은 사람이 볼 때에 위험한 일이었습니다. 그러나 그들은 순종했고 그 결과 많은 풍성한 역사들을 경험하게 되었습니다.
오늘날의 신앙, 오늘날의 교회는 너무나 사람들의 계획이 많습니다. 주님의 인도하심과 명령에 대해서 그다지 열려있지 않습니다. 사람들은 안전한 길을 원하며 주의 명령하심에 대하여 무엇이든지 순종하고 주도권을 내어드릴 준비가 별로 되어있지 않습니다. 이것이 오늘날 교회에서, 신앙에서 주님의 역사하심과 풍성하심을 너무나 적게 경험하는 이유입니다.
사역자들은 젊은이들이 헌신하도록 도와야 합니다. 영이 열리고 영의 감각과 기쁨을 경험하며 주의 성령의 인도하심을 받을 수 있도록 도와야 합니다. 오늘날 많은 사역자들은 젊은이들이 감정과 흥분 상태에 빠져서 무엇인가 잘못된 길로 가지 않을까 걱정합니다. 하지만 사역자가 그 영의 흐름과 움직임에 대해서 경험하고 알고 분별할 수 있다면 그것들을 관찰하고 제어하며 분별하고 도움을 줄 수 있을 것입니다. 은사와 영에 대해서 알지 못한다면 두려워하게 되고 오직 제어하기에만 힘쓰게 될 것입니다. 사역자는 영의 흐름에 대해서 알아야 하며 성령의 인도하심에 대한 경험이 있어야 합니다. 그래야 영혼들을 잘 도울 수 있습니다.

한번 성령의 임하심을 경험했다고 해서 그것이 자동적으로 유지되는 것은 아닙니다. 세상의 영들은 그렇게 녹록하지 않습니다. 그들은 잠시 물러갈 수 있지만 잠시 후에는 다시 전열을 가다듬어 공격을 할 것입니다.

그러므로 신자들은 그 영의 충만함을 유지해야합니다. 인도자는 젊은이들을 잘 인도하여 계속 방언을 하고 성령 안에서 살도록 격려해야 합니다. 지속적인 성장으로 이끌지 못하면 차츰 그 영의 충만함은 약해집니다. 그리고 점점 기쁨이 식게 됩니다. 그리고 조금씩 영이 눌리게 되다가 나중에는 감각이 다시 마비됩니다. 그러면 다시 이전과 비슷한 상태로 돌아가게 됩니다.

그러므로 지속적인 유지와 발전을 위해서 관리가 필요합니다. 어느 정도 시간이 지날 때까지 관리와 발전이 이루어지게 되면 그 다음부터는 스스로 나아갈 수 있게 됩니다.

나는 집회를 인도하는 가운데 주님의 풍성하신 은총들을 많이 경험하였습니다. 성령의 임재 속에서 사람들은 통곡하고 귀신들은 발작하고 사람들의 영에는 자유함이 있었습니다. 감동을 받은 메시지를 전하면 사람들은 흔히 내게 와서 "어떻게 저의 사정을 아셨어요?

정확하게 저에게 필요한 말씀을 주셨습니다." 하고 이야기하곤 하였습니다.

누구나 쉽게 영적 사역을 할 수 있다

어떤 이들은 나를 대단한 사람으로 여기기도 합니다. 특별한 영성인이며 특별한 기름부음을 받았다고 여기기도 합니다. 하지만 나는 그러한 관점이 어처구니없고 부담스러울 뿐입니다. 내가 하는 것이 있다면 나는 그저 방언을 하고 또 하고 열심히 하는 것뿐입니다. 그것이 다입니다. 그러면 주님이 모든 깨달음과 감동과 음성과 영감을 주십니다. 그러니 누구나 다 할 수 있는 것을 나도 할 뿐입니다.

그게 어려운 일인가요? 그것은 쉬운 일입니다. 단지 꾸준하기만 하면 됩니다. 그러면 집회를 인도하는 것도, 사람을 돕는 것도, 성령의 통로가 되는 것도 그리 어렵지 않게 됩니다. 오늘날 사역자들은 주님이 주시는 아주 쉬운 길을 놔두고 어려운 길을 찾고 있을 뿐입니다.

방언을 하면서 주님의 인도하심을 기다리면 주님이 집회 가운데 많은 은총을 베풀어주십니다. 충분히 방언으로 기도하고 강단으로 올라가 찬양을 시작하면 사람들은 처음부터 울기 시작합니다. 어떤 이든지 내가 하는 것만큼 방언으로 기도하면 자연히 영감이 예민해지고 집회에서 주님이 인도하시고 원하시는 것을 알고 행할 수 있습니다. 내게는 특별한 지식이 있는 것도 비결이 있는 것도 아니며 그저 방언을 많이 할 뿐입니다.

나는 집회에서 항상 방언을 합니다. 집회를 시작하기 전에 방언을 하며 집회를 인도할 때는 통성기도를 인도하며 방언을 합니다. 고린도전서 14장 19절은 많은 방언보다 깨달은 마음으로 가르치는 것이 낫다고 말합니다. 물론 방언으로 가르치는 메시지를 대신할 수는 없습니다. 그러나 통성기도를 하면서 방언을 하는 것은 상관이 없을 것입니다. 통성기도는 가르치는 것이 아니고 한 마음으로 부르짖어 기도하는 것이기 때문입니다.

기도인도자가 강력하게 방언으로 기도하면 그것은 전체 회중이 담대하게 기도하는 데에 도움이 됩니다. 그래서 나는 집회를 인도하면서 항상 방언으로 기도하고 방언으로 찬양합니다. 그럴수록 내 영은 주님의 성령으로 충만해지고 자유롭게 되며 말씀을 전할 때 강력하고 충만한 메시지를 전하게 됩니다. 사역자가 집회를 시작하기 전에 방언으로 충분히 기도하게 되면 집회에 참석하는 회중은 동일한 말씀을 전해도 무엇인가 평소와는 다른 능력이 말씀에 흐르는 것을 느끼게 됩니다.

'산골짜기에서 온 편지'로 유명하신 토레이 신부님은 오랫동안 방언을 사모하다가 드디어 하게 되었는데, 나는 강원도 황지의 예수원에 참여했다가 이 분의 집회에서 다음과 같이 말씀하시는 것을 들었습니다.

"내가 방언을 충분히 하고 말씀을 전했을 때 사람들이 내게 와서 말했습니다. '신부님.. 오늘 신부님이 말씀을 전하시는데, 어떤 능력이 흘러 나왔습니다. 그것을 느낄 수 있었습니다.' 그래서 어느 날은 방언을 하지 않은 채로 말씀을 전했습니다. 그런데 집회를 마치고 사람들이 와서 말했습니다. '신부님.. 오늘은 말씀을 듣는데 그 능력이 흐르지 않았습니다.'"

토레이 신부님은 그렇게 웃으며 말씀하시면서 방언기도에 따르는 능력에 대하여 설명하시는 것이었습니다.

직접 시도해본 사람은 이 말이 사실이라는 것을 알게 될 것입니다. 충분히 방언으로 기도하고 말씀을 전할 때 거기에는 성령의 능력이 함께 따르게 됩니다. 나는 집회를 할 때 마다 그 능력에 힘입어 사역합니다. 그것은 아주 단순한 일입니다.

그러므로 나는 집회를 할 때 방언하는 것을 싫어하는 곳에는 가지 않는 것을 원칙으로 하고 있습니다. 집회나 기도 중에 방언을 할 수 없으면 영이 너무나 답답해서 자연스럽게 메시지를 전하기 어렵기 때문입니다. 나는 성령을 제한하는 것을 원하지 않으며 또한 공연한 분란이 일어나는 것도 원하지 않습니다.

사모하는 이들은 주님의 은총을 얻게 될 것입니다. 그러나 원하지 않는 이들에게 억지로 선물을 주려고 할 필요는 없습니다. 가치를 모르는 이들은 선물을 받아도 그것을 유지하지 못할 것이며 사용하지 않고 창고에 넣어둘 것입니다. 그것은 아무런 유익이 없는 일입니다. 나는 사모하는 이들을 돕고 싶지만 싫어하는 이들에게 강요하고 싶은 의도는 전혀 없습니다.

집회에서 방언이 흐를 때.. 그것은 가장 아름다운 순간입니다. 방언을 말할수록 성령이 흘러나오고 그는 성령의 지배 가운데 들어가게 됩니다. 그는 점점 하늘에 속한 것들을 경험하고 누리게 될 것입니다. 하루아침에 모든 변화가 이루어지지는 않습니다. 그것은 아름다운 시작에 불과합니다. 그러나 그 영의 흐름을, 인도하심을 지속적으로 사모하고 갈망하며 나아간다면 그 작은 시작은 점점 더 충만하고 거대한 물줄기로 바꾸어지게 될 것입니다.

16. 방언에 대한 여러 오해들

방언에 대하여 일반적으로 가지고 있는 많은 오해들이 있습니다. 실제적인 경험에 입각하지 않은 추론에 의해서, 혹은 선입견 등에 의해서 일어나는 많은 오해들이 있습니다. 이 책이 학술적인 책은 아니므로 그러한 모든 오해들에 대해서 분석하고 정리해서 답을 제시해야 한다고 생각하지는 않지만, 그러한 오해들은 방언을 경험하고 그 아름다움과 풍성함을 누리는 것에 걸림돌이 될 수 있으므로 몇 가지 오해들에 대해서 다루어보려고 합니다.

방언을 받는다는 표현에 대하여

먼저 이야기하고 싶은 것은 '방언을 받는다' 는 표현에 대한 것입니다. 흔히 방언을 받는다는 표현을 사용하고 심지어 성령을 받는다는 표현을 하기도 합니다. 지금까지 없었던 어떤 것을 새롭게 얻는 것으로 여기는 것입니다. 그러나 이미 여러 번 언급한 바와 같이 그것은 오해입니다. 우리는 성령을 새로 받는 것이 아닙니다. 성령님은 우리 안에 거하십니다. 우리는 방언을 새로 받는 것이 아닙니다. 그 영은 이미 우리 안에 있습니다. 우리 안에 있는 것이 나타난 것이지 새로 받은 것이 아닙니다.

"그러므로 내가 너희에게 알리노니 하나님의 영으로 말하는 자는 누구든지 예수를 저주할 자라 하지 아니하고 또 성령으로 아니하고는 누구든지 예수를 주시라 할 수 없느니라"(고전12:3)

"각 사람에게 성령을 나타내심은 유익하게 하려 하심이라"(고전12:7)

우리가 예수를 주시라고 고백하는 것은 이미 성령으로 말미암은 것이며 그 성령이 우리 안에 거하시는 것입니다. 그리고 우리 안에 거하시는 그 성령의 역사가 나타난 것이 은사들입니다.

거듭난 사람이라면, 주님을 믿으며 그 구속을 믿으며 주님을 개인적으로 영접하고 주를 따르려고 하는 사람이라면, 방언은 이미 그의 안에 있습니다. 그러므로 방언을 하지 않는 사람은 방언을 안 하는 것이지 못하는 것이 아닙니다.

물의 성질 중의 하나는 100도로 열을 가할 때 끓는다는 것입니다. 어떤 물이든지 100도의 열을 가하면 끓습니다. 빗물이든, 수돗물이든, 계곡의 물이든, 강물이든.. 물은 끓을 수 있는 조건이면 끓습니다. 어떤 물이든 가스레인지 위에 올려놓고 열을 가하면 조금 후에 부글부글 끓어오르는 것을 볼 수 있습니다.

하지만 열을 가하지 않으면 끓지 않습니다. 어떤 물이 한 번도 열을 받아본 적이 없다고 합시다. 이 물은 한 번도 그릇에 담겨져서 열을 받고 끓어본 적이 없습니다. 그렇다면 그 물은 끓지 않는 물일까요? 아닙니다. 그 물은 뜨겁게 가열되는 경험을 하지 않았을 뿐이지 원래 끓지 않도록 만들어진 것이 아닙니다. 모든 물은 충분히 열을 가하면 끓으며 문제는 다만 열을 받았느냐, 받지 않았느냐 하는 것입니다.

예수를 믿는 사람, 그리스도를 믿는 사람은 그리스도의 영을 받은 사람입니다. 누구든지 그리스도의 영이 없으면 예수를 그리스도로 믿을 수 없습니다. 믿는 자는 누구나 거듭난 영을 가지고 있습니다.

"만일 너희 속에 하나님의 영이 거하시면 너희가 육신에 있지 아니하고 영에 있나니 누구든지 그리스도의 영이 없으면 그리스도의 사람이 아니라"(롬8:9)

우리는 거듭난 영을 가지고 있으며 그리스도의 사람입니다. 우리는 예수를 주와 그리스도로 부릅니다. 우리는 영을 가지고 있습니다.

"너희는 다시 무서워하는 종의 영을 받지 아니하고 양자의 영을 받았으므로 우리가 아빠 아버지라고 부르짖느니라 성령이 친히 우리의 영과 더불어 우리가 하나님의 자녀인 것을 증언하시나니"(롬8:15-16)

우리가 하나님을 아버지라고 부르는 것이 가벼운 일입니까? 아닙니다. 그것은 놀라운 일입니다. 우리가 하나님을 아버지라고 감히 담대하게 부르는 것은 양자의 영을 받았기 때문입니다. 성령께서 우리 안에서 하나님이 아버지라고 증언하시기 때문입니다. 그것은 계시로 인한 것이며 스스로 도를 닦고 깨달아서 된 것이 아닙니다.

우리는 영을 가지고 있습니다. 그리고 성령께서는 우리의 영안에 거하십니다. 그런데 성경은 방언으로 기도하는 것이 영으로 기도하는 것이라고 말합니다.

"내가 만일 방언으로 기도하면 나의 영이 기도하거니와.."(고전14:14)

영이 있는 사람은 영으로 기도할 수 있다

방언은 영의 기도입니다. 내 안에서 나의 영이 기도하는 것입니다. 우리의 혼, 마음, 이성으로 기도하는 것이 아닙니다. 그런데 믿는 사람은 거듭난 영을 가지고 있는데, 영이 있는 사람이 왜 영으로 기도를 할 수 없겠습니까? 특별한 이유가 없는 한, 특별한 환경이나 여건에서 자라지 않은 이상, 한국 사람은 한국말을 할 것입니다. 미국 사람은 영어를 말할 것입니다. 그와 같이 거듭난 사람, 영의 사람은 영의 언어를 말할 수 있고 영의 기도를 드릴 수 있습니다. 그것은 자연스러운 일입니다.

우리 안에 영이 있다면, 그 영은 움직이고 표현하고 그 어떤 기능을 발휘할 것입니다. 영의 언어는 그 중의 하나입니다. 우리 안에 있는 영에게 부어진 성령의 감동을 통해서 영이 우리에게 죄감을 느끼게 하고, 주님을 갈망하는 마음을 일으키고, 기도와 예배의 소원을 일으키고, 복음전도의 열정을 일으키는 것처럼.. 영으로 말하고 기도하고 싶은 감동이 일어나며 말할 수 있는 것도 영의 기본적인 기능 중의 하나입니다.

그러므로 이 사실을 인식할 수 있기를 바랍니다. 방언을 하는 것은 특별한 일이 아닙니다. 그리고 특별한 사람들만이 받는 것이 아닙니다. 자신은 절대로 방언을 할 수 없다고 생각하는 이가 있다면 그것은 오해입니다. 특별히 본인이 원하지 않는다면 성령께서 강제로 그의 입을 열게 하셔서 방언을 하도록 하시지는 않을 것입니다. 그러나 본인이 원한다면 누구나 방언을 할 수 있습니다. 복음을 받아들이고 주님을 영접하고 주를 따르기로 결단한 사람은 누구나 그 영을 받은 것이며 영의 언어로 기도할 수 있습니다.

문제는 내부에 임하신 주의 영이 충만한 상태가 되어 바깥으로 흘러나오는 것입니다. 화산이 폭발했을 때 뜨거운 용암이 바깥으로 흘러나오는 것처럼 충만하고 뜨거운 상태가 되어 그 영이 흘러나오게 하는 것입니다. 그렇게 뜨거워진 상태에서 속의 영이 바깥으로 흘러나오는 것이지 방언을 새로 받는 것이 아닙니다.

그러므로 오해가 없기를 바랍니다. 당신의 안에는 주의 영이 거하시며 그 영은 풍성하고 충만하게 당신을 사로잡으시며 당신을 통하여 흘러나오기를 원하십니다. 당신이 방언을 하지 않는다면 그것은 못하는 것이 아니고 안 하는 것입니다.

사람이 방언을 주는 것이 아니다

그러므로 당신은 다른 사람을 통해서 방언을 받는 것이 아닙니다. 당신의 안에 이미 주의 영이 거하시기 때문입니다. 어떤 이들은 자신에게 오면 방언을 받을 수 있다고 말합니다. 그러나 방언을 줄 수 있는 사람은 없습니다. 선물을 주시는 분은 오직 주님이시며 성령을 통하여 선물을 주십니다. 사람은 그것을 돕고 안내할 수 있을 뿐입니다.

나는 30여 년간 수많은 사람들이 방언을 할 수 있도록 개인적으로 도왔습니다. 그리고 방언을 받지 못하는 사람은 한 사람도 본 적이 없었습니다. 성경을 가지고 충분히 대화를 주고받으며 마음에 의문이 풀리고, 주의 영의 역사하심을 사모하게 되면 그 자리에서 누구나 다 방언을 받는 것을 경험하였습니다. 당신도 아직 방언을 경험하지 못했지만 하기를 원한다면 할 수 있을 것입니다.

방언은 특별한 경험이 아니며 새로 무엇인가를 받는 것이 아닙니다. 그것은 우리 안에 있습니다. 그 은사가 흘러나오고 발전되게 하는 것은 우리에게 달려있는 것입니다.

방언 뿐 아니라 모든 은사들은 이미 우리 안에 거하시는 성령으로 말미암아 우리에게 이미 부어진 것입니다. 다만 그것이 나타나고 발전되는 것은 다른 문제입니다. 여자가 아이를 낳을 때 한 번에 완전한 사람의 모습을 낳습니다. 한번은 머리를 낳고, 그 다음에는 손가락을 낳고.. 하는 것이 아닙니다.

다만 완전한 모습으로 태어나지만 아직 몸의 기능이나 활동이나 이성이나 감정이 발전되지 않은 미숙한 모습으로 태어납니다. 그리고 그 미숙한 아이가 자라면서 배우고 경험하며 차츰 다양한 기능과 활동을 하게 됩니다.

그와 같이 거듭날 때 우리의 영은 새로 태어나며 그 영에게는 이미 모든 것이 있습니다. 그리고 영적으로 성장해가면서 이미 잠재된 모든 영의 기능들을 발전시켜나가게 됩니다. 방언이 이미 우리 안에 있으며 열린 마음으로, 믿음으로 시도할 때 할 수 있음을 충분히 이해한다면, 우리는 모두 다 방언으로 기도할 수 있을 것입니다.

'다 방언을 말하는 자인가?'의 표현에 대하여

다음으로 언급하고 싶은 흔한 오해는 고린도 전서 12장 30절의 "다 방언을 말하는 자이겠느냐" 라는 말씀에 대한 것입니다. 이 말씀은 수사적으로 '다 방언을 말하는 자는 아니다' 라는 의미를 가지고 있기 때문에 모든 사람이 방언을 할 수 있는 것은 아니라는 것을 주장하는 근거로 흔히 언급됩니다.

그러나 이 말씀을 기록한 바울은 같은 편지에서 '방언 말하기를 금하지 말라' 고 했으며 (고전14:39) '내가 너희 모든 사람보다 방언을 더 말하므로 하나님께 감사하노라' 고 말했으며 (고전14:18) '나는 너희가 다 방언 말하기를 원한다' 고 말했습니다. (고전14:5)

그렇다면 '너희 모두가 방언을 하기를 원한다' 는 말과 '다 방언을 말하는 자이겠느냐' 는 말은 상호모순이 되는 것일까요? 문장의 직접적인 의미를 살펴보면 두 문장은 서로 모순됩니다. 한 문장은 모든 사람이 방언을 하기를 원한다고 말하고 있고 다른 문장은 모든 사람이 방언을 말하는 자는 아니라고 합니다.

그러나 이것은 문맥을 보면 간단하게 해결되는 문제입니다. 고린도전서 12장에는 은사에 대한 언급이 두 번 있는데 첫 번째 언급되는 것은 12장 7절부터 11절까지로 이것은 성령의 나타나심에 의한 은사의 나열입니다.

"각 사람에게 성령을 나타내심은 유익하게 하심이라 어떤 사람에게는 성령으로 말미암아 지혜의 말씀을, 어떤 사람에게는 같은 성령을 따라 지식의 말씀을, 다른 사람에게는 같은 성령으로 믿음을, 어떤 사람에게는 한 성령으로 병 고치는 은사를, 어떤 사람에게는 능력 행함을, 어떤 사람에게는 예언함을, 어떤 사람에게는 영들 분별함을, 다른 사람에게는 각종 방언 말함을, 어떤 사람에게는 방언들 통역함을 주시나니 이 모든 일은 같은 한 성령이 행하사 그의 뜻대로 각 사람에게 나누어 주시는 것이니라" (고전12:7-11)

이것은 성령의 나타내심을 통하여 각 사람에게 신령한 능력의 기능이 드러나는 것입니다. 여기서는 각 은사의 특성과 기능을 보여주고 있습니다. 보통 우리가 은사라고 하는 것이 이것입니다.

그런데 고린도전서 12장 후반부에 나타나는 은사의 두 번째 나열은 이것과 다릅니다. 그것은 전혀 다른 성격을 가지고 있습니다.

고린도전서 12장의 전반부는 이방인의 삶을 살다가 성령을 통하여 예수께로 가는 것을 언급하고 그리고 성령을 통하여 여러 은사들이 나타남을 말하고 있습니다. (고전12:1-11)

그리고 나서 12절부터 다루는 주제는 직분, 지체에 대한 것입니다.

"몸은 하나인데 많은 지체가 있고 몸의 지체가 많으나 한 몸임과 같이 그리스도도 그러하니라 우리가 유대인이나 헬라인이나 종이나 자유인이나 다 한 성령으로 세례를 받아 한 몸이 되었고 또 다 한 성령을 마시게 하셨느니라" (고전12:12-13)

모든 믿는 이들이 한 성령 안에서 하나이고 한 몸이라는 것을 말하고 있습니다.

"몸은 한 지체뿐만 아니요 여럿이니 만일 발이 이르되 나는 손이 아니니 몸에 붙지 아니하였다 할지라도 이로써 몸에 붙지 아니한 것이 아니요 또 귀가 이르되 나는 눈이 아니니 몸에 붙지 아니하였다 할지라도 이로써 몸에 붙지 아니한 것이 아니니 만일 온 몸이 눈이면 듣는 곳은 어디며 온 몸이 듣는 곳이면 냄새 맡는 곳은 어디냐 그러나 이제 하나님이 그 원하시는 대로 지체를 각각 몸에 두셨으니 만일 다 한 지체뿐이면 몸은 어디냐 이제 지체는 많으나 몸은 하나라 눈이 손더러 내가 너를 쓸 데가 없다 하거나 또한 머리가 발더러 내가 너를 쓸 데가 없다 하지 못하리라"(고전12:14-21)

몸 안에는 여러 지체들이 있다고 합니다. 그 지체들은 각자 특성이 있고 다르지만 다 서로 필요한 것임을 강조합니다.

"그뿐 아니라 더 약하게 보이는 몸의 지체가 도리어 요긴하고 우리가 몸의 덜 귀히 여기는 그것들을 더욱 귀한 것들로 입혀 주며 우리의 아름답지 못한 지체는 더욱 아름다운 것을 얻느니라 그런즉 우리의 아름다운 지체는 그럴 필요가 없느니라 오직 하나님이 몸을 고르게 하여 부족한 지체에게 귀중함을 더하사 몸 가운데서 분쟁이 없고 오직 여러 지체가 서로 같이 돌보게 하셨느니라 만일 한 지체가 고통을 받으면 모든 지체가 함께 고통을 받고 한 지체가 영광을 얻으면 모든 지체가 함께 즐거워하느니라 **너희는 그리스도의 몸이요 지체의 각 부분이라**" (고전12:22-27)

몸의 지체 중에는 약하고 불필요하게 보이는 부분도 있지만 그것들도 다 요긴하며 그렇게 약한 부분을 돌볼 때 우리의 몸에도 유익하다는 것입니다. 이 몸과 지체의 비유를 사용하여 결론적으로 언급하려는 것은 무엇일까요? 그것은 바로 27절의 말씀에 있습니다.

"너희는 그리스도의 몸이요, 지체의 각 부분이라"

몸의 지체가 다르지만 한 몸인 것처럼 우리는 모두 다른 것 같지만 그리스도의 몸에 붙어있는 지체로서 한 몸이라는 것입니다. 이 말을 하기 위해서 몸에 붙어있는 지체들, 눈, 귀, 코.. 등의 언급을 하면서 사람의 몸에 붙어있는 지체들이 다 필요하고 중요한 것처럼 너희도 다 각자의 직분과 기능을 가졌으나, 각자다 다 중요하고 서로를 위하여 필요한 것이니 너희는 서로 싸우지 말고 서로 사랑하고 화합

하라는 것입니다. 그리고 이러한 문맥 속에서 이어지는 것이 28절부터 30절까지의 은사에 대한 두 번째 언급입니다.

"하나님이 교회 중에 몇을 세우셨으니 첫째는 사도요 둘째는 선지자요 셋째는 교사요 그 다음은 능력을 행하는 자요 그 다음은 병 고치는 은사와 서로 돕는 것과 다스리는 것과 각종 방언을 말하는 것이라 다 사도이겠느냐 다 선지자이겠느냐 다 교사이겠느냐 다 능력을 행하는 자이겠느냐 다 병 고치는 은사를 가진 자이겠느냐 다 방언을 말하는 자이겠느냐 다 통역하는 자이겠느냐" (고전12:28-30)

이 은사들은 직분을 의미한다

여기에서 언급되는 은사들은 앞에서 한 몸 안에 코와 귀와 입과 같은 지체가 있다고 언급한 것처럼 은사 자체에 대한 언급이 아니고 그리스도라는 몸에 붙어있는 지체로서 교회의 사역과 직분에 관련되어 언급된 것입니다. 그러므로 이것은 은사 자체가 아니라 은사를 사용하는 사람에 대한 언급입니다.

앞부분에서 언급된 은사들은 지혜의 말씀, 지식의 말씀, 병 고치는 은사, 방언 등.. 은사 자체를 말하는 것입니다. 또한 방언하는 것, 방언 통역을 하는 것, 예언을 하는 것, 병을 고치는 것.. 과 같이 행위를 말하는 것입니다.

그러나 두 번째 부분에서 언급된 은사들은 은사들 자체나 은사의 행위가 아니라 은사의 직분, 은사를 사용하는 사람을 말하고 있는 것입니다. 교회를 위한 직분으로서 사도라는 직분을 가지고 있는 사람, 선지자의 직분을 가지고 있는 사람, 교사의 직분을 가지고 있는 사람을 말하는 것입니다. 은사 자체가 아니라 그 은사의 직분을 받은 사람을 말하는 것입니다.

교회에 여러 직분이 있지만 모든 사람이 하나의 직분을 받은 것은 아니며 직분은 다 다르다는 것입니다. 그러므로 사도의 은사가 있지만 다 사도의 직분을 받은 것은 아닙니다. 교사의 은사도 있지만 다 교사의 직분을 받은 것은 아닙니다. 이것을 말하고 있는 것입니다. 직분의 다양함을 말하기 위하여 앞에서 비유로 "온 몸이 눈이면 듣는 곳은 어디뇨?" 하고 말한 것입니다.

그러므로 앞부분에서 언급되는 방언은 방언은사 자체를 말하지만 여기서 말하는 방언은 방언을 말하는 사람, 방언을 말하는 직분을 받은 사람을 이야기하는 것입니다.

본문의 문맥을 보면 '방언을 말하는 자'를 직분으로 보지 않는 것이 더 이상할 것입니다. 12절부터 끝까지 지체와 직분에 대해서 이야기하고, 여러 직분들, 사도, 선지자, 교사.. 들을 나열하다가 갑자기 직분이 아닌 단순 은사로서 방언을 언급한다면 그것은 더 이상합니다.

그것은 가수, 회사원, 자영업자, 의사, 변호사.. 그렇게 가고 있다가 갑자기 '밥 먹기' 하는 것과 같습니다. 직업을 나열하다가 갑자기 행동 자체를 언급한다면 그것은 문맥에 맞지 않습니다.

'방언을 말하는 자'도 역시 직분이며 사역입니다. 오늘날 우리는 이러한 사역이나 직분에 익숙하지 않습니다. 우리는 목사나 교사라는 직분에는 익숙합니다. 그러나 '방언을 말하는 자'라는 직분이 있다면 "그런 직분도 있나?" 할 것입니다.

'방언을 말하는 자'는 지금은 그러한 직분이나 사역을 발견할 수 없지만 초대 교회 당시는 충분히 있을 수 있는 것입니다. 당시의 집회에서는 방언을 하고 통역을 하고 예언을 하는 일은 흔히 일어나는, 자연스러운 모습이었습니다.

초대교회의 집회는 일정한 틀이 없었다

"그런즉 형제들아 어찌할까 너희가 모일 때에 각각 찬송시도 있으며 가르치는 말씀도 있으며 계시도 있으며 방언도 있으며 통역함도 있나니 모든 것을 덕을 세우기 위하여 하라 만일 누가 방언으로 말하거든 두 사람이나 많아야 세 사람이 차례를 따라 하고 한 사람이 통역할 것이요 만일 통역하는 자가 없으면 교회에서는 잠잠하고 자기와 하나님께 말할 것이요 예언하는 자는 둘이나 셋이나 말하고 다른 이들은 분별할 것이요 만일 곁에 앉아 있는 다른 이에게 계시가 있으면 먼저 하던 자는 잠잠할 지니라" (고전14:26-28)

"시와 찬송과 신령한 노래들로 서로 화답하며 너희의 마음으로 주께 노래하며 찬송하며" (엡5:19)

성령의 역사가 제한될 때 집회는 일정한 격식과 틀에서 벗어나지 않습니다. 집회는 프로그램을 따라 진행되며 아무도 특별한 일을 기대하지 않습니다. 그러나 성령이 충만하게 역사할 때 거기에는 생동감이 있으며 집회에서 어떤 일이 일어날지 아무도 예측할 수 없으며 주님께서 직접 임하셔서 집회에 참여하시고 영향을 끼칩니다.

사도행전이나 초대교회의 집회에서는 그러한 분위기가 일반적이었습니다. 일정한 격식과 틀에 따라 묵도를 하고 대표기도를 하고 성가대가 준비된 찬양을 하고.. 하는 식으로 이루어지지 않았습니다. 집회 중에 갑자기 어떤 사람이 성령의 감동을 받고 주님이 주시는 메시지를 전하기도 하고, 찬송의 영감이 떠올라 신령한 찬양을 하는 이들도 있고, 신령한 찬양에 대한 누군가의 화답이 있으며 갑자기 어떤 사람이 일어나서 방언을 하고.. 그러면 반대편에서 다른 사람이 일어나 통역을 하면서 주님이 주시는 말씀을 전하고.. 이런 모습은 고린도 교회에서 일반적인 것이었습니다. 거기에는 격식과 틀이 없었습니다. 아무도 그것을 미리 준비하고 연습하지 않았습니다. 그것을 주도하는 것은 오직 성령이었습니다.

주님은 메시지를 주실 때 한 사람에게 메시지를 주시면 될 텐데, 왜 굳이 한 사람이 방언을 하고 다른 사람이 통역을 하고.. 이런 식으로 메시지를 전하시는 것일까요?

그것은 그러한 성령 안에서의 교통을 통해서 주의 몸이 하나인 것을 나타내시기 위함일 것입니다. 이처럼 한 사람이 단독으로 사역하지 않고 여러 사람 안에서 동일한 성령이 역사하시므로 주의 몸 된 교회의 일체와 연합이 실제적으로 이루어지던 것이 초대 교회에 성령이 왕성하게 역사하던 때의 일이었습니다.

집회에서의 공적인 방언과 통역

그러므로 '다 방언을 말하는 자이겠느냐' 에서의 방언을 말하는 자는 집회에서 공적으로 방언을 말하는 자를 의미합니다. 집회에서 공적으로 방언을 말하는 자가 있었고 공적으로 통역하는 자가 있었습니다. 그 둘이 합해져서 집회에서 주님의 메시지를 전달할 수 있기 때문입니다. 만일 통역하는 자가 없으면 방언을 해서는 안 됩니다. 그것은 아무 유익을 끼치지 못하기 때문입니다.

지금 이 시대는 성령의 주도 하에서 자유롭게 집회를 하는 경우는 별로 없는 것 같습니다. 오순절 계통 교단의 집회도 예배의 형식에 있어서는 장로교, 감리교 등의 전통교단에 비해서 별로 차이가 없는 것 같습니다. 아마 정식예배가 아닌 자유로운 집회가 따로 있을지는 모르지만 적어도 공적인 예배 형식에서는 그다지 다르지 않은 것 같습니다.

그러므로 집회 중에 공적으로 방언을 하는 것은 거의 보기 어렵습니다. 나는 오래 전에 어떤 선교 단체에서 한 사람이 찬양 인도 중에 방언을 하고 다른 이가 통역을 하는 것을 본 적이 있었고 오순절 계통의 집회에서 사역자가 집회를 인도하면서 방언을 하고 이어서 자신의 방언을 통역하는 것을 가끔 보기도 했습니다.

나의 경우에도 집회를 인도하면서 가끔 방언을 말한 후에 통역으로 메시지를 전한 적도 있었습니다. 이런 것이 공적으로 '방언을 말하는 것'이라고 할 수 있을 것입니다. 초대 교회와 같이 오늘날도 성령 안에서 자유롭게 예배를 드리는 일이 많이 있으면 이렇게 집회에서 공적으로 방언을 말하고 통역이 나타나는 일이 일어날 것입니다. 그렇지 않은 일정한 틀 속에서의 집회에서라면 이러한 사역은 나타나기 어려울 것입니다.

아무튼 이렇게 집회에서 공적으로 방언을 말하거나 통역을 하는 것은 특별한 사역이며 모든 사람에게 주어지는 사역은 아닙니다. 그러므로 '다 방언을 말하는 자이겠느냐'는 말씀은 '모든 사람이 다 집회에서 방언을 말하는 직분을 받은 것은 아니다.'라는 의미라고 할 수 있습니다. 그것은 오늘날 드물게 나타나는 것이지만, 주로 집회를 인도하는 사역자에게 주어지는 것입니다.

결론적으로 '다 방언을 말하는 자이겠느냐'는 말씀은 '모든 사람이 방언을 말할 수 있는 것은 아니다'로 해석될 수 없습니다. 본문의 문맥은 모든 사람의 직분이 다르지만 다 귀하고 가치 있는 것이므로 서로 싸우지 말고 연합하고 사랑하라는 의미에서 여러 직분들을 나열하고 있는 것이며, 모든 사람이 방언을 받을 수 없다는 의미로 언급하고 있는 것이 아닙니다. 직분이 아닌 개인적인 기도 생활에서는 '나는 너희가 다 방언 말하기를 원한다' (고전14:5)는 말씀을 적용하는 것이 더 문맥과 이치에 합당할 것입니다.

집회에서는 방언을 해서는 안 되는가

오래 전에 목회 사역을 하고 있을 때의 일입니다. 주일 예배를 마치고 집에서 쉬고 있는데 모르는 분으로부터 전화가 왔습니다. 그분은 오늘 내가 인도한 예배에 참석했었다고 하며 자신은 은퇴한 목회자이며 내가 졸업한 학교의 선배라고 자기소개를 하였습니다. 그분은 오늘 예배에서 내가 예배 중에 방언을 했다고 하시며 마구 꾸짖으셨습니다. 성경에 집회 중에는 공개적으로 방언을 하지 말라고 했는데, 왜 공적인 예배에서 방언을 하느냐고 마구 화를 내셨습니다. 그분은 거듭 '아, 우리 총신이 왜 이렇게 되었어?' 하시는 것이었습니다.

난처해진 내가 '예배의 다른 부분에는 불편한 점이 없으셨나요?' 했더니 '아, 다른 건 다 좋았어요. 설교도 좋았고.. 방언만 안 하면 다시 가지.. 방언만 안 하면 계속 갈 거요.'

나는 입장이 난처해졌습니다. 나는 예배 중에 항상 통성기도를 시키고 앞에서 기도를 인도하면서 방언을 하곤 합니다. 하지만 그것을 중단하고 싶은 마음은 없었습니다. 다행히 그분은 더 이상 집회에 참석을 하시지 않았습니다.

흔히 방언을 공적인 예배에서 사용하는 것은 잘못이라고 생각합니다. 그것은 주로 다음과 같은 구절에 근거한 것입니다.

"만일 통역하는 자가 없으면 교회에서는 잠잠하고 자기와 하나님께 말할 것이요" (고전14:28)

"내가 너희 모든 사람보다 방언을 더 말하므로 하나님께 감사하노라 그러나 교회에서 네가 남을 가르치기 위하여 깨달은 마음으로 다섯 마디 말을 하는 것이 일만 마디 방언으로 말하는 것보다 나으니라" (고전14:18-19)

통역하는 자가 없을 때에는 잠잠하고 혼자서 방언을 하라고 하는 것은 공적인 의미의 방언을 말하는 것입니다. 어떤 이가 공적으로 방언을 말하고 그 방언을 통역하는 자가 있으면 그 방언을 통해서 공적인 메시지가 성도들에게 전달됩니다. 그러나 통역자가 없으면 대중이 알아들을 수가 없습니다. 그러므로 그럴 때는 공적으로 방언을 말해서는 안 됩니다. 그는 집회에서는 잠잠하고 개인적으로 하나님께 기도하는 용도로만 방언을 사용해야 합니다.

그러나 여기서 잠잠하라는 것은 집회에서 방언을 하지 말라는 것이 아닙니다. 다른 사람들에게 전달하기 위해서 방언을 사용하지 말라는 것입니다. 그러므로 개인적으로 기도하기 위해서 방언을 사용하는 것에는 아무 문제가 없는 것입니다.

통역이 없을 때는 잠잠하라는 것, 교회에서 깨달은 마음으로 다섯 마디 말을 하는 것이 일만 마디 방언으로 말하는 것보다 낫다고 하는 것.. 이것은 방언의 용도가 메시지를 전달하고 가르치는 것에는 적합하지 않다는 것이며, 설교를 대치할 수 없다는 의미입니다. 개인적으로 기도하는 데에 사용하는 것에는 방언이 전혀 문제가 되지 않습니다.

통성기도 시간은 설교시간이 아니다

예배에서 통성기도를 드리는 순간은 말씀을 듣는 시간이 아닙니다. 그 시간은 메시지를 받는 것이 아니라 다 같이 개인적으로 하나님께 기도를 드리는 시간인 것입니다. 그러므로 그 순간은 개인기도의 상황과 같다고 할 수 있는 것이며, 기도의 인도자가 청중의 개인기도를 돕는 면에서 방언으로 기도하는 것은 전혀 이상한 일이 아닙니다.

만약에 청중들이 눈을 뜨고 사역자의 메시지를 기다리고 있을 때 사역자가 방언으로 말을 한다면, 그에 대한 통역이 따르지 않는 한 그것은 아주 이상한 일이 될 것입니다. 사역자가 말한 의미를 아무도 모를 것이기 때문입니다. 그러나 모든 청중이 각자 개인적으로 기도를 드리고 있을 때는 아무도 사역자에게 집중을 하고 있지 않습니다. 사역자가 무슨 말을 하는지, 기도를 드리는지 관심을 가지지 않습니다.

이렇게 통성으로 기도를 할 때는 오히려 사역자가 방언으로 기도를 드리는 것이 기도 인도에 나은 면도 있습니다. 왜냐하면 기도 인도자는 대체로 앞에서 기도를 인도할 때 마이크를 사용하고 있기 때문에 그의 기도 소리, 내용은 사람들에게 다 들려지게 됩니다. 그러므로 사역자의 기도 내용이나 기도 소리가 청중들의 기도에 방해가 될 수도 있습니다. 청중들이 사역자의 기도 내용을 듣느라고 개인기도에 집중을 하지 못할 수도 있는 것입니다.

그러나 사역자가 방언으로 기도하면 청중은 그 기도의 내용을 알아들을 수 없기 때문에 방해를 받지 않고 개인기도에 몰입할 수 있습니다. 또한 사역자의 방언기도를 통해서 흘러나오는 강력한 영의 흐름, 움직임을 통하여 기도에 동력을 얻기도 합니다. 그런 면에서 통성기도를 인도하면서 드리는 사역자의 방언기도는 고린도전서 14장에서 말하는 방언제한의 경우에 해당되지 않는다고 할 수 있는 것입니다.

집회에서 공적인 메시지를 전달하기 위하여 방언을 사용할 때에는 통역이 있어야 합니다. 그러나 메시지를 전달할 목적이 아니라면 인도자도, 청중도 누구나 방언을 할 수 있습니다. 개인적으로 기도하는 용도라면 모든 사람이 방언을 할 수 있는 것입니다.

그러므로 집회의 통성기도에서 방언을 사용하는 것은 충분히 가능한 것입니다. 가르치는 용도가 아니라면, 개인적인 기도의 용도로 방언을 사용하고 있을 때는 '자기와 하나님께 말하는' 용도로서 방언을 충분히 얼마든지 할 수 있는 것입니다.

방언은 성숙한 사람의 표지인가

방언에 대한 흔한 오해는 신앙심이 깊고 성숙한 사람이 방언을 받을 수 있다는 생각입니다. 자격이 있어야 방언을 받을 수 있으며 할 수 있다고 여기는 것입니다. 그래서 방언을 할 수 있는 사람은 1등 신자이고, 하지 못하는 사람은 2등 신자로 여기는 이들도 있습니다.

그러나 이것은 오해입니다. 방언을 성숙의 표지로 여긴다면 거기에는 많은 갈등이 생길 수 있습니다. 주님을 사랑하며 자신이 신앙에 열심이 있다고 여기지만 방언을 하지 못하는 이들은 상실감과 불쾌감을 갖게 될 것입니다. 이들은 방언을 하는 사람들의 미숙한 모습을 접하면 불쾌감과 의심이 증가될 것입니다.

방언이 신앙의 수준을 보여주는 것이라면 방언을 하지 못하는 이들은 자신의 신앙이 열등한 것이 아니라는 것을 입증하기 위해서 방언은 잘못된 것, 무가치한 것이거나 악령으로부터 온 것이라는 쪽으로 이해하려고 할 것입니다.

이와는 정반대로 방언은 지적이나 여러 면에서 수준이 낮은 사람들이 받는 것이라는 인식도 있습니다. 이렇게 방언을 수준이 낮은 은사로 여기고 무시하게 되면 방언에 대하여 그다지 공격적인 태도를 취하지는 않게 될 것입니다. 그러나 어쨌든 이러한 인식도 역시 오해입니다. 방언은 성숙과도, 미성숙과도 아무 상관이 없습니다. 방언은 은사이며 선물입니다. 그것은 받는 사람의 수준과는 아무 상관이 없습니다.

방언은 성숙이 아니라 사모함으로 받는다

중요한 것은 선물을 받는 사람의 수준이 아니라 그가 선물을 원하는가 하는 것입니다. 선물을 원하는 이들은 선물을 받을 가능성이 높습니다. 원하지 않는 이들은 선물을 받기 어려울 것입니다. 그것은 소원, 사모함의 문제이지 자격이나 조건의 문제가 아닙니다.

은사를 사모하지 않는 이들은 은사를 받기 어렵습니다. 가끔 자기 의사와 상관없이 방언이나 은사를 경험하는 이들도 있지만 그것은 일반적인 사례는 아닙니다. 대부분의 경우 은사를 원하고 사모하는 이들이 받고, 하게 되는 것입니다.

  신앙의 성숙은 열매와 관련이 있습니다. 은사는 열매보다 사모함과 관련이 있습니다. 성숙한 사람은 삶과 인격에 있어서 아름다운 열매를 맺게 됩니다. 그리고 사모하는 사람들은 은사와 능력을 경험하게 됩니다. 그러므로 은사는 사모하는 사람에게서 나타나는 것이며 열매는 성숙하고 헌신된 사람에게서 나타나는 것입니다.

  영적으로 헌신되고 성숙한 삶을 사는 사람이라고 하더라도 성령의 은사와 능력을 사모하지 않는다면 그에게는 은사와 능력이 나타나지 않을 가능성이 높습니다. 하나님은 인격적인 분이시며 각 사람의 열려진 부분을 통해서만 은총을 허락하십니다.

방언의 나타남은 기질과 관련이 있다

  방언을 받는 것, 방언이 나타나는 것에 대하여 결정적인 것은 자격이나 조건이 아니고 기질과 관련이 있습니다.

  앞에서 언급했던 것처럼, 방언은 새로 어떤 것을 받는 것이 아니고 이미 안에 있는 것을 나타내는 것입니다. 우리 안에 거하시는 성령님이 바깥으로 나타나시는 것입니다.

  속에 있는 것의 나타남은 성격과 관련되어 있습니다. 내적인 기질의 사람은 속에 있는 것을 잘 나타내지 않습니다. 외향적인 기질의 사람들은 속에 있는 것을 잘 드러냅니다. 방언은사의 나타남도 이러한 기질과 관련이 있습니다.

  화가 났을 때 그것을 속으로 삭이는 사람이 있고 바깥으로 표출하는 사람이 있습니다. 마음이 슬플 때 그것을 속으로 감추는 사람이 있고 울거나 하는 식으로 바깥에 나타내는 사람이 있습니다. 그것은 스타일의 문제입니다. 겉으로 조용한 사람이 덜 슬픈 것이 아니고 바깥으로 눈물을 보인다고 해서 더 슬픈 것이 아닙니다. 화를 겉으로 표현한다고 화가 더 많이 난 것이 아니고 화를 겉으로 드러내지 않는다고 해서 화가 나지 않은 것이 아닙니다. 그것은 다 스타일의 문제입니다. 이것은 성격이 좋고 나쁨의 문제가 아니고 기질의 문제입니다.

방언의 나타남은 성숙이나 미성숙의 문제가 아니고 이러한 기질에 많이 좌우됩니다. 자기의 마음을 잘 드러내지 않으며 생각이 많고 주위의 눈치를 많이 보는 스타일의 사람들은 내면의 감정만 억압하는 것이 아니라 영의 역사도 많이 제한합니다. 그래서 이러한 기질의 사람들은 감정도 억압되지만 영의 흐름도 억압됩니다.

베드로 같은 기질의 사람은 생각보다 행동이 먼저 앞섭니다. 이것저것 많이 재고 생각하지 않고, 어떤 생각이나 감동이 있으면 바로 움직이고 표현합니다. 어찌 보면 다소 유치하게 보일 수 있는 이런 기질의 사람들이 방언의 나타남에는 아주 유리합니다. 그러나 생각이 많고 행동이 적은 사람들, 많이 생각하지만 행동에 옮기는 것은 적은 사람들은 그 안에 성령을 받았지만 그 영의 흐름이 바깥에 드러나는 것이 아주 어렵습니다.

그러므로 방언은 받고 못 받는 문제가 아니고 나타남의 문제이며 내적인 기질의 사람들은 나타남에 있어서 불리한 면을 가지고 있는 것이지 성숙이나 미성숙과 같은 자격이나 조건의 문제는 방언의 나타남과 상관이 없다는 것을 이해해야 합니다. 이러한 방언의 특성을 이해할 수 있다면, 내적인 성품의 사람들도 자기의 기질을 잘 조절해서 성령의 나타나심을 충분히 누리고 경험할 수 있다는 것을 알 수 있을 것입니다.

방언은 예언보다 못한 것인가

고전 14장 4절은 '방언을 말하는 자는 자기의 덕을 세우며 예언하는 자는 교회의 덕을 세운다'고 말합니다. 5절은 '방언을 말하는 자가 통역하지 아니하면 예언하는 자만 못하다'고 말합니다.

이 말씀으로 인하여 사람들은 흔히 방언을 예언보다 낮은 은사로 오해하며 방언은 예언보다 낮은 것이지만 방언통역을 하게 되면 예언과 동등해진다고 생각합니다. 식으로 따지면 이렇게 되는 것입니다.

방언 〈 예언
방언 + 방언통역 = 예언

그러나 이러한 인식은 오해입니다. 방언은 결코 예언보다 못한 은사가 아닙니다. 이것은 은사의 성격을 말하는 것이며 용도를 말하는 것입니다.

14장 2절에서 '방언을 말하는 자는 사람에게 하지 아니하고 하나님께 하나니'라고 말합니다. 3절에서 '예언하는 자는 사람에게 말하여 덕을 세우며 권면하며 위로하는 것이요'라고 말합니다.

그러므로 방언은 하나님께 드리는 기도이며 예언은 사람에게 주어지는 하나님의 메시지로서 주 기능은 권면과 위로입니다. 하나님께 기도를 드리는 것과 사람에게 권면을 하는 것이 어떤 것이 더 우월한 행위라고 말할 수 있겠습니까? 기도도 필요하고 권면도 필요합니다. 이것은 은사의 성격과 용도를 말하는 것이지 우월을 말하는 것이 아닙니다.

방언을 말하는 자가 통역하지 아니하면 예언하는 자만 못하다는 말은 무슨 의미일까요? 14장 19절은 '교회에서 깨달은 마음으로 다섯 마디 말을 하는 것이 일만 마디 방언으로 말하는 것보다 나으니라' 하고 말합니다. 이 메시지는 문맥을 보면 간단하게 의미를 알 수 있습니다.

"그런즉 형제들아 내가 너희에게 나아가서 방언으로 말하고 계시나 지식이나 예언이나 가르치는 것으로 말하지 아니하면 너희에게 무엇이 유익하리요 혹 피리나 거문고와 같이 생명 없는 것이 소리를 낼 때에 그 음의 분별을 나타내지 아니하면 피리 부는 것인지 거문고 타는 것인지 어찌 알게 되리요 만일 나팔이 분명하지 못한 소리를 내면 누가 전투를 준비하리요

이와 같이 너희도 혀로써 알아듣기 쉬운 말을 하지 아니하면 그 말하는 것을 어찌 알리요 이는 허공에다 말하는 것이라 이같이 세상에 소리의 종류가 많으나 뜻 없는 소리는 없나니 그러므로 내가 그 소리의 뜻을 알지 못하면 내가 말하는 자에게 외국인이 되고 말하는 자도 내게 외국인이 되리니 그러므로 너희도 영적인 것을 사모하는 자인즉 교회의 덕을 세우기 위하여 그것이 풍성하기를 구하라 그러므로 방언을 말하는 자는 통역하기를 기도할지니" (고전14:6-13)

이것은 방언의 용도에 대해서 말하고 있는 것입니다. 사람들에게 가서 말할 때 계시나 지식이나 예언이나 가르치는 것으로 말하지 않고 방언으로 말하면 유익이 없다는 것입니다. 계시나 지식이나 예언이나 가르침은 알아들을 수 있습니다. 그러나 방언은 알아들을 수가 없습니다. 그러므로 가르칠 때는 알아듣는 소리를 해야 하며 그렇기

때문에 방언으로 교회에 덕을 세우고 유익을 주고 싶으면 통역을 구하라는 것입니다.

이 말씀은 방언의 사용용도가 개인기도라는 것이며 가르치는 용도가 아니라는 것입니다. 남들이 알아듣지 못하는 개인기도는 혼자서 하고, 통역을 통한 메시지가 있을 때만 사람들 앞에서 하라는 것입니다.

방언은 기도입니다. 우리 영이 하나님께 드리는 기도입니다. 이것은 대중을 위한 메시지가 아닙니다. 그런데 통역이 따르는 방언이 있습니다. 이것은 예언이나 계시의 형태를 띱니다.

보통의 방언은 '나의 하나님.. 이렇게 해 주시옵소서..' '나의 주님을 찬양합니다. 주의 영광을 높여드립니다..' 이런 식으로 말하는 주체가 나인데, 통역이 따르는 방언은 '내가 너희와 함께 있다', '두려워하지 말아라' 하는 식으로 말하는 주체가 하나님입니다. 이런 경우에 방언기도는 통역과 함께 예언이나 계시의 성격을 가지게 됩니다.

그러므로 이렇게 통역을 통해서 다른 이들에게 전달하는 메시지가 있을 때는 사람에게 덕을 끼칠 수 있지만 그렇지 않을 때는 자기의 개인적인 덕과 유익에 그친다는 것입니다. 그러므로 이 말씀은 방언과 예언의 용도를 말하는 것이지 은사의 우월을 말하는 것이 아닙니다.

교회의 덕을 세운다는 것은 교회의 다른 지체들, 다른 사람들에게 유익을 준다는 것입니다. 자기의 덕을 세운다는 것은 방언을 하는 자기 개인에게 영적 유익이 있다는 것입니다. 이 말씀으로 은사의 우월을 논할 수는 없습니다. 어떤 면에서는 더 중요하게 여길 수도 있습니다.

많은 은사들 중에서 방언 은사 외에는 개인의 덕을 세우는 것이 거의 없습니다. 대부분 교회의 덕을 세우며 다른 이들을 유익하게 하는 것입니다. 예언도 다른 이들의 덕을 세우며 치유도 다른 사람의 덕을 세우고 지식의 말씀도 다른 이들을 돕는 것입니다.

다른 은사들이 사역적인 것이라면, 방언은 개인적인 것입니다. 다른 은사들이 일하는 것이라면 방언은 개인적으로 쉬는 것이며 충전하는 것입니다. 이것은 용도의 문제이지 우월의 문제가 아닙니다.

사역자들이 자기의 영적 건강과 충전을 소홀히 하고 일에만 전념할 때 영적 탈진상태가 되는 것은 흔히 있을 수 있는 위험입니다. 그런 면에서 교회와 남의 덕을 세우는 것은 물론 중요하고 귀한 사역이지만 또한 자신의 덕을 세우고 영적으로 충만함을 받는 것은 사역의 준비로써, 기초로써 가치 있고 아름다운 것입니다.

이외에도 방언에 대한 오해는 많이 있을 수 있습니다. 하지만 그 모든 오해들을 다 다룰 필요는 없을 것입니다. 모든 오해들은 직접 방언을 하게 되고 그 은총과 풍성함을 맛보게 되면 자연히 사라지게 되는 것이기 때문입니다.

직접 경험하지 않으면 모든 오해들을 논리적으로 이해한다고 해도 별 유익이 없을 것입니다. 오해에 대한 기본적인 몇 가지 이해가 필요한 것은 그러한 오해들이 방언을 경험하고 누리는 것을 방해하는 것에 한해서입니다.

직접 방언은사의 그 풍성하심을 경험하십시오. 방언을 통해서 자기의 덕이 세워지고 하늘문의 열림, 영계의 열림을 경험하십시오. 모든 오해는 사라지고 당신은 그저 감사하고 기뻐하게 될 것입니다.

"내가 아버지께 구하겠으니
그가 또 다른 보혜사를 너희에게 주사
영원토록 너희와 함께 있게 하리니
그는 진리의 영이라 세상은 능히 그를 받지 못하나니
이는 그를 보지도 못하고 알지도 못함이라
그러나 너희는 그를 아나니
그는 너희와 함께 거하심이요 또 너희 속에 계시겠음이라
내가 너희를 고아와 같이 버려두지 아니하고
너희에게로 오리라" (요14:16-18)

17. 발성기도와 표현의 중요성

　방언은 주를 믿는 사람이라면 다 할 수 있는 것입니다. 예수를 그리스도로, 구원자로 나의 주님이라고 고백하는 이들은 다 할 수 있는 것입니다. 그들의 안에 성령님이 거하시기 때문입니다.
　그러나 믿는 자 중에서 방언을 하기 원하고, 하려고 시도하지만 하지 못하는 이들이 많이 있습니다. 그 이유는 무엇일까요? 그들의 안에는 성령님이 거하시지 않는 것일까요? 아닙니다. 성령이 아니고는 아무도 예수를 주라고 고백할 수 없습니다. 성령만이 우리를 그리스도에게로 하나님께로 이끌 수 있습니다.
　그들의 안에 성령이 거하시는 것은 분명한 사실입니다. 그러나 그들이 방언을 하지 못하는 이유는 그들의 안에 거하시는 성령이 바깥으로 흘러나올 정도로 그들이 충만하지 않기 때문입니다.
　은사는 성령의 나타남입니다. 새로운 창조가 아니라 안에 있던 것의 드러남입니다. 그런데 드러남에는 일정한 조건이 필요합니다. 물은 100도로 가열하면 끓습니다. 뜨거워지면 끓게 되는 것입니다. 물이 끓는 것은 물에게 새로운 기능이 생기거나 변질된 것이 아니라 가열됨을 통해서 물의 한 특성이 나타난 것입니다. 온도가 떨어지면 물은 다시 잠잠해질 것입니다. 그러므로 물이 끓는 것을 보고 물이 미쳤다거나 변질되었다고 아무도 생각하지 않습니다. 열이 사라지면 물은 원래의 모습으로 돌아갈 것을 다 알기 때문입니다.
　또한 물이 지금 끓지 않고 있다고 해서 저 물은 끓는 은사를 받지 않았다고 여기는 사람은 아무도 없습니다. 지금 아주 고요하고 잔잔한 상태에 있는 물이라도 일단 열을 가하기만 하면 그 고상함은 사라지고 펄펄 뛰게 될 것을 다 알기 때문입니다.

성령의 처음 나타남은 뜨거울 때 이루어진다

우리 안에 거하시는 성령의 나타남도 비슷합니다. 그것은 뜨거운 상태에서 나타납니다. 일단 한번 나타나게 되면 어느 정도의 기간이 지난 후에는 자연스럽게 항상 원할 때는 방언으로 기도할 수 있습니다. 그러나 방언이 처음으로 나타날 때는 그가 영적으로 아주 뜨겁게 달구어졌을 때입니다. 대부분의 사람들에게 처음 방언의 나타남을 경험하는 순간은 뜨겁게 통성으로 기도하거나 뜨겁게 찬양을 드릴 때입니다. 그렇게 영적으로 뜨거운 조건에서 성령의 임하심, 나타나심이 이루어지게 됩니다.

자기도 모르게 방언이 나타나는 경우

방언에 대해서 전혀 모르며 가르침을 받은 적도 없고 관심도 없는 이들이 방언의 나타남을 경험하는 일이 있습니다. 그들은 방언에 대해서 배운 적도 없고 알지도 못하니 당연히 방언의 은사를 구하지 않았을 것입니다.

그런데 그러한 이들이 자기도 모르게 방언을 받게 되는 것입니다. 그것은 어떤 경우일까요? 강력하고 뜨거운 집회에서 간절하게 통성기도를 드릴 때 그러한 일이 흔히 나타날 수 있습니다. 이들은 기도 중에 갑자기 혀가 꼬이는 느낌을 받게 됩니다. 하려고 하는 말이 나오지 않고 갑자기 혀가 말려드는 것입니다. 그러면서 속이 뜨거워집니다. 이들은 이러한 현상에 대해서 배운 적이 없기 때문에 깜짝 놀랍니다. 아니면 단순히 자기가 기도 중에 흥분을 해서 순간적으로 혀가 꼬였다고 생각합니다. 이들은 다시 정신을 차리고 차분하게 기도를 드립니다. 그러면 혀가 꼬이는 현상은 더 이상 나타나지 않습니다.

그 현상이 아주 강력하게 나타나는 바람에 놀라서 자기가 어떻게 된 것이 아닌가 걱정하는 사람도 있습니다. 또한 그러다가 자연적으로 방언으로 기도를 하게 되는 사람도 있습니다. 자기가 하는 것이 방언인지도 모르고 그렇게 계속 하는 사람도 있습니다.

이러한 것은 그들의 안에 거하시는 성령의 역사가 영적으로 뜨거운 조건 속에서 바깥으로 드러난 것입니다. 그러나 본인이 그 현상에 대해서 모르고 억제를 하게 되면 그 현상은 사라집니다. 성령은 우리를 인격적으로 대하시기 때문에 우리의 억제에도 불구하고 그러한 현상이 계속 나타나게 하시지는 않습니다.

그러므로 뜨겁고 강력한 집회에 자주 참석하는 이들은 이러한 현상을 경험하고 방언을 말하게 될 가능성이 아주 많습니다. 또한 방언에 대해서 가르치고 뜨겁게 통성기도를 시키는 교회에 다니거나 그러한 집회에 참석하게 되면 방언이 나타나는 것은 자연스러운 일입니다.

그러한 교회에 다니거나 그러한 집회에 참석하지도 않았는데 혼자 개인적으로 기도하다가 혀가 꼬이는, 그러한 현상을 경험하고 방언이 터지는 사람도 있습니다. 이러한 사람들은 거의 통성기도에 능한 사람들입니다. 소리를 내어서 기도하고 발성으로 뜨겁게 기도하는 데 익숙한 사람들입니다. 주를 믿는 모든 이들의 안에 성령이 거하시므로 누구든지 강력하게 기도하고 부르짖어 기도하면 안에 거하시는 성령의 흐름이 바깥에 나타나게 되는 것입니다.

그러므로 기질적으로 뜨겁지 않은 사람이라면, 소리를 내어서 기도하는 것에 익숙하지 않은 사람이라면, 그 안에 성령을 모시고 있다고 하더라도 그 영의 나타남을 경험하는 것은 어려운 일입니다. 그가 성령을 모셔두기만 하고 바깥으로 흘러나옴을 허용하지 않기 때문입니다.

평소에는 거의 소리를 내어서 기도하지 않다가, 개인적으로 급한 문제가 생겨서 기도원에 가서 문제의 해결을 위해서 뜨겁게 기도하다가 방언이 터지는 경우도 있습니다. 그는 방언에 관심도 없고 그저 문제해결과 응답을 받기 위해서 간절하게 기도를 한 것인데, 그 과정에서 영적인 온도가 뜨겁게 되는 바람에 성령의 나타남으로 방언이 임한 것입니다. 이러한 사례들을 통해서 나타나는 원리는 아주 간단한 것입니다. 우리 안에 거하시는 그 영의 역사가 영적 뜨거움을 통해서 바깥에 나타나게 된다는 것입니다.

영적으로 뜨거울 때 방언이 나타난다는 원리를 통해서 왜, 어떤 이들에게 방언이 나타나지 않는지를 이해할 수 있을 것입니다. 그것은 아주 간단합니다. 뜨거우면 방언이 나타나고 뜨겁지 않으면 방언이 나타나지 않습니다. 뜨거우면 물이 끓고 뜨겁지 않으면 물이 끓지 않는 것과 같습니다.

이 뜨거움은 몸의 뜨거움이다

여기서 '뜨겁다'는 표현은 내면적인 뜨거움을 말하는 것이 아니라 외적인 뜨거움을 말하는 것입니다. 그것은 마음으로 느끼는 뜨거움이 아니라 몸으로 느끼는 뜨거움입니다. 속으로 아무리 열정이 있고 사모함이 있어도 몸이 뜨겁지 않고 몸으로 간절하게 뜨겁게 발성으로 기도하지 않는다면 방언은 나타나지 않습니다. 방언은 마음에 임하는 은사가 아니라, 몸에 나타나는, 혀에 임하는 현상이기 때문입니다.

그러므로 마음이 아무리 뜨거워도 그 마음의 뜨거움을 몸으로 표현하는 데 익숙하지 않은 사람이라면 방언은 나타나기 어렵습니다. 방언은 마음이 뜨거울 때 나타나는 것이 아니라 몸이 뜨거울 때 나타나는 것입니다. 그러므로 마음에 아무리 간절함이 있어도 입이 조용한 상태에 있으면 방언은 나타날 수 없습니다.

배가 고픈 사람이 마음으로 아무리 사모하고 음식을 갈망한다고 해도 입을 벌리지 않으면 음식을 먹을 수 없을 것입니다. 음식은 마음으로 먹는 것이 아니며 입으로 먹는 것이기 때문입니다. 방언은 마음으로 하는 것이 아니고 입으로 하는 것이기 때문에 입이 잠잠하다면 그는 방언을 말할 수 없습니다.

그러므로 방언의 나타남은 신앙의 문제나 성숙의 문제가 아니라 기질의 문제인 것입니다. 사모하지 않아도 방언이 나타나는 사람이 있고 사모해도 방언이 나타나지 않는 사람이 있는 것은 이렇게 기질적으로 방언이 나타나기 쉬운 사람이 있고 어려운 사람이 있기 때문입니다.

소리를 내는 것에 익숙해져야 한다

그러므로 방언을 경험하는 데 있어서 중요한 것은 몸의 표현과 발성에 익숙해지는 것입니다. 소리를 내어서 기도하고 소리를 내어서 찬양하는 것에 익숙해지는 것입니다. 소리는 영의 흐름에 아주 중요한 것입니다. 소리를 내는 것에 익숙하지 않다면 거기에는 많은 부자유함이 있습니다.

말씀을 읽을 때 눈으로만 읽고 묵상하는 것과 소리를 내어서 읽는 것 사이에는 엄청난 차이가 있습니다. 분명하고 강한 소리로 말씀을 읽을 때 그것은 우리의 영을 활성화시킵니다. 그것은 말씀에 대한 이해를 넘어서 말씀의 영, 기운을 우리에게 충만하게 합니다.

소리를 내어서 기도하는 것과 속으로 기도하는 것은 영의 자유함에 있어서 많은 차이가 납니다. 깊은 기도의 훈련이 되어 있지 않은 한 묵상기도는 오래 지속하기 어렵습니다. 묵상으로 오래 기도하다 보면 잡념이 떠오르고 졸음이 오고 무기력해지게 됩니다. 그러므로 분명한 소리를 내어서 기도하는 것이 좋은 것입니다.

찬양도 소리를 내어서 합니다. 전도도, 설교도.. 신앙의 중요한 요소들은 다 소리와 관련되어 있습니다. 소리를 내는 것을 통하여 영의 움직임, 흐름이 일어납니다.

그런데 소리를 잘 내지 못하는 사람들이 있습니다. 소리 내는 것을 좋아하지 않는 사람들이 있습니다. 이것은 기질적인 것이기도 하지만 습관이기도 합니다. 하지만 이것은 별로 바람직한 상태라고 할 수 없습니다.

이들은 자유함을 얻지 못하고 영적인 묶임을 경험하기 쉽습니다. 발음을 분명하게 하지 못하며 자기의 원하는 것을 분명하게 말하는 것에 어려움을 겪는 사람들이 있습니다. 그것은 영적으로 자유롭지 않은 상태입니다.

이러한 사람들은 방언을 받기가 어렵습니다. 그리고 방언이 나타나도 강하고 분명하게 나타나지 않기 때문에 본인은 그것이 방언인지 의심하기 쉽습니다. 또한 방언을 받고 의심하지 않고 사용하게 된다고 해도 방언이 발전해 나아가는 데에도 어려움을 겪게 됩니다. 그러므로 이들은 자신의 상태를 이해해야 하며 그 상태가 자유로운 것이 아님을 이해하고 극복하려고 노력해야 합니다. 소극적인 상태에서 벗어나 자신을 표현하고 드러내는 것에 익숙해질 수 있도록 노력해야 합니다.

말의 표현이 어려운 것은 묶여있는 것이다

말로 자신을 표현하는 것에 익숙하지 않은 사람들은 감정의 표현에도 어려움을 겪습니다. 속에서는 화가 나도 그것을 겉으로 표현하지 못합니다. 마음에 애정이 있어도 그것을 나타내지 못합니다. 두려움이 있어도 그것을 드러내지 못합니다.

이러한 상태는 마음이 이미 많이 억압되고 묶여져 있는 상태입니다. 그것이 기질적인 이유로 생겼든, 환경적인 문제이든, 상처로 인하여 생긴 것이든 간에 마음의 표현을 잘 하지 못할 때 거기에서 많은 오해가 생길 수 있으며 문제가 생길 수 있습니다.

어떤 사람에게 상처를 받고도 표현하지 못하기 때문에 상대방은 그것에 대해서 전혀 모를 수 있습니다. 마음속에 많은 고민이 있어도 드러내지 못하기 때문에 사람들은 전혀 눈치 채지 못합니다. 마음속에 애정이 있어도 표현하지 못하기 때문에 상대방은 알지 못합니다. 그러므로 사람들과 깊은 마음의 교류가 어렵고 인생이 고독해질 수밖에 없습니다. 이것은 묶임의 상태이며 거기에서 자유함의 세계로 가야합니다. 이렇게 표현에 어려움을 겪는 사람은 점점 생각만 많아지며 행동에도 어려움을 겪게 됩니다. 생각이 많아지고 행동이 적어지면 그것은 영적인 흐름에도 장애를 일으킵니다. 신앙에 있어서도 개념적인 지식은 증가하지만 실제적인 자유함은 경험하고 누리기 어렵습니다. 갈등만 증가됩니다.

말을 하는 것은 아름다운 일이며 중요한 일입니다. 표현에 어려움을 겪는 것은 묶여있는 것입니다. 이러한 기질의 사람들은 자신의 상태를 객관적으로 분별하고 자기의 약점을 이해하고 극복하려고 하는 자세가 필요합니다. 그러한 사람이 자신을 깊은 사람이라고 여기며, 말의 표현에 익숙한 사람들을 쓸데없이 말이 많은 사람들이며 천박한 사람들이라고 여긴다면 그것은 곤란한 일입니다.

소리의 표현은 많은 풍성함을 가져온다

신앙의 고백과 표현에 있어서 언어는 아주 중요합니다. 로마서는 이렇게 말합니다.

"네가 만일 네 입으로 예수를 주로 시인하며 또 하나님께서 그를 죽은 자 가운데서 살리신 것을 네 마음에 믿으면 구원을 받으리라 사람이 마음으로 믿어 의에 이르고 입으로 시인하여 구원에 이르느니라" (롬10:9-10)

마음으로 믿어 의에 이르고 입으로 시인할 때 구원에 이른다고 성경은 말합니다. 마음으로 믿는 것이 중요하지만 또한 그 믿는 것을 입으로 시인하는 것도 중요합니다. 그것은 우리의 마음속에 있는 것을 이 물질세계에 나타나게 합니다. 구원의 역사가 실제적으로 우리의 삶 속에 이루어지고 나타나게 합니다.

우리는 믿는 것을 말해야 합니다. 소리 내어서 표현해야 합니다.

강력하게 외치고 표현해야 합니다. 강하게 소리 내어서 기도해야 합니다. 성경에는 부르짖어 기도하라는 수많은 명령이 있으며 소리 내어서 부르짖어 기도할 때 응답하신다는 많은 약속들이 있습니다. 소리 내어 기도하는 것, 부르짖어 기도하는 것은 우리의 영혼을 자유롭고 풍성하게 합니다.

"너는 내게 부르짖으라 내가 네게 응답하겠고 네가 알지 못하는 크고 은밀한 일을 네게 보이리라" (렘33:3)

부르짖어 기도하는 것은 유치한 신앙이 아닙니다. 그것은 말씀에 순복하는 것입니다. 어린아이처럼 단순한 마음으로 하나님께 나아가는 것입니다. 부르짖어서 기도한다면 모든 사람은 방언을 경험할 수 있으며 많은 은사와 주의 영광의 임재를 누리고 경험할 수 있습니다. 소리 내어서 기도할 때 영의 흐름과 나타남이 이루어지기 때문입니다.

그러나 소리 내어서 기도하는 것에 익숙하지 않은 이들은 그러한 자유함과 풍성함을 누리기 어려울 것입니다. 자기의 속에 있는 마음을 잘 표현하지 못하는 이들이 있습니다. 마음의 소원을 드러내는 것을 부끄럽게 여기는 이들이 있습니다. 그것은 자유로운 상태가 아닙니다. 자기가 원하는 것을 분명하게, 구체적으로 말하고 구할 수 있도록 훈련해야 합니다.

방언을 받지 못하는 사람은 없습니다. 자신이 원치 않거나 기질적으로 방언이 임하는 조건을 피하거나 접하지 않는 것뿐입니다. 뜨거운 형태의 집회를 좋아하는 이들은 쉽게 방언을 받을 것입니다. 그러한 것을 싫어하는 이들은 조용한 형태의 교회나 집회를 선호할 것이며 부흥회나 특별집회가 아니라면 강력한 집회에 참석하기 어렵고 그러므로 방언을 경험할 기회가 별로 없을 것입니다.

이러한 원리들을 이해한다면, 무엇이 방언이 나타나는 것을 어렵게 하는지 이해할 수 있을 것입니다. 어떻게 영의 나타남을 구하며 준비해야 하는지도 이해할 수 있을 것입니다.

방언의 나타남을 원한다면, 발성 기도를 훈련해야 합니다. 분명히 소리를 내어서 기도하는 것을 훈련해야 합니다. 자기의 기도제목과 소원을 구체적으로 말하고 기도하는 것을 부끄러워해서는 안 됩니다. 부르짖어 기도하는 것을 천박하게 보아서는 안 됩니다. 성경의 많은 하나님의 사람들은 부르짖어 기도했습니다.

강력한 소리로 성경읽기를 훈련하라

소리 내어 발성으로 기도하는 것이 어렵고 익숙하지 않다면 성경을 소리 내어서 읽는 것을 훈련하는 것이 좋을 것입니다. 성경은 하나님의 말씀을 성령의 감동을 받아 기록한 것으로 성경의 저자는 성령입니다. 그러므로 성령의 감동과 숨결이 있는 성경을 큰 소리로 읽을 때 그것은 우리의 영을 뜨겁게 하고 감동시킵니다.

시편에는 기도문이 많이 있는데, 시편의 기도문을 본인이 기도하는 심정으로 간절하게, 뜨겁게 읽는 것은 영을 충만하게 합니다. 그것은 우리의 영적 온도를 뜨겁게 올라가게 합니다. 소리 내어서 기도하는 것에 익숙하지 않은 이들도 성경을 큰 소리로 읽는 것은 조금만 연습하면 어렵지 않게 할 수 있을 것입니다.

읽을 때 중요한 것은 교과서를 읽듯이 기계적으로 읽지 말고 감정을 넣어서 간절하고 뜨겁게 읽는 것입니다. 기도문을 읽을 때는 간절하게 부르짖어 기도하는 마음으로 읽는 것입니다. 그것은 읽는 사람의 영을 활성화시킵니다. 이렇게 소리를 내어 성경을 읽는 것을 훈련하다보면 차츰 소리를 내어서 기도하는 것에도 익숙해질 수 있을 것입니다.

성경을 강하게 읽다가 방언이 터지는 것을 본 적은 없지만, 나는 그럴 수도 있지 않을까 생각합니다. 성경은 성령께서 감동하시고 기록하신 것이며 방언도 성령의 감동을 통해서 나타나는 것입니다. 성경과 방언은 그 근원이 같기 때문에, 성경을 읽으며 방언이 나타나기를 기도하는 마음으로 읽으면 점차 내면의 성령이 강하게 외부로 임하셔서 혀가 꼬이고 새 언어가 나타날 가능성도 있다고 생각합니다. 그렇게 되기를 기대하면서 혀가 꼬이는 현상이 나타나게 되면 혀를 성령께 맡기고 믿음으로 담대하게 방언으로 기도해도 좋을 것입니다. 분명한 것은 이러한 성경읽기와 발성기도의 훈련이 성령의 나타나심에 결정적인 도움이 된다는 것입니다.

몸을 풀어 놓으라

우리의 안에 거하시는 성령을 제한하지 않고 나타낸다는 의미에서 입술과 혀만을 풀어놓지 말고, 몸의 전체적인 활동도 풀어놓는 것도 좋은 일입니다.

성령은 우리 안에서 영의 차원에서 계시지만 나타나실 때는 육의 차원, 몸의 차원에 나타나십니다. 방언도 몸에 나타나는 것입니다. 그러므로 몸의 상태에 영향을 받습니다. 몸이 굳어있고 묶여 있으면 나타나는 것이 어렵습니다. 그러므로 몸이 굳어져서 성령의 나타나심을 제한하지 않도록 몸을 풀어주어야 합니다. 성령의 나타나심을 몸이 제한하지 않도록 손을 들고 기도하거나 박수를 치거나 조금씩 움직여주거나 하는 것이 좋습니다.

그렇다고 성령이 임하시게 하려고 온갖 난리법석을 칠 필요는 없습니다. 성령께서는 그러한 인위적인 방법을 통해서 오시는 분이 아니기 때문입니다. 그러나 지나치게 굳어있는 몸보다는 적당하게, 자연스럽게 풀어져있는 몸의 상태가 성령을 제한하지 않을 것입니다.

내성적인 사람들은 이런 일이 쉽지 않을 것입니다. 기가 죽은 사람들, 자기표현을 잘 하지 못하는 사람들은 더 어려울 것입니다. 소리 내어 기도하는 것이 어려운 사람들, 몸을 움직이는 것이 힘든 사람들은 이러한 시도가 쉽지 않을 것입니다.

그러나 진정 성령의 나타나심을 원한다면, 구한다면 이러한 시도는 할 필요가 있습니다. 우리는 영적인 차원에서도 주님을 누려야 하고, 몸의 차원에서도 주님을 경험할 수 있는 것이 좋습니다. 몸을 자유롭게 움직일 수 있고, 말할 수 있고, 부르짖어 기도할 수 있고 성령 안에서 춤까지 출 수 있다면.. 그것은 우리의 몸과 영혼을 놀랍도록 자유롭게 할 것입니다.

실패의 추억담

지금의 나는 자연스럽게 소리와 몸을 사용할 수 있지만, 이전의 나의 경우 이러한 표현은 너무나 어려운 것이었습니다. 나는 말하는 것을 힘들어 했고, 움직이는 것을 힘들어 했습니다. 춤을 추는 것은 고사하고, 예배에서 찬양을 인도하는 이들이 간단한 율동을 시켜도 나는 거의 따라할 수 없었습니다.

그것은 너무나 어색했고, 굴욕적으로 느껴졌고 힘들었습니다. 차라리 그러한 집회에서 도망하는 것이 더 쉬웠습니다.

지금 생각해보면 내가 간절히 사모하고 또 사모하는 데도 불구하고 성령의 나타나심을 경험하지 못했던 것은 그러한 나의 소극적인 기질 때문이었습니다.

지금도 생각나는 비참한 실패의 기억이 있습니다. 성령의 나타나심, 방언을 받고 싶어서 시도했다가 또 다시 좌절했었던 또 하나의 기억입니다.

당시 나는 고등학생이었던 것으로 기억합니다. 그때 나의 누나는 총신대학교에 다니고 있었습니다. 나의 매형이신 목사님도 총신대학의 같은 학년이었고 나도 나중에 총신을 다니게 되었는데 이날 밤의 기억은 비록 실패로 끝나기는 했지만 몹시 인상적인 것이었습니다.

누나가 총신을 다니고 있을 때 학교 내에서 기도의 바람이 뜨겁게 불고 있었습니다. 어떻게 시작된 것인지는 모르지만 학생들은 매일 밤마다 뒷동산에 모여서 간절하게 통성기도를 드리는데, 성령의 역사가 아주 강렬해서 모두가 방언을 하며 성령의 임재 속에서 넘어지고 난리가 난다는 것이었습니다.

누나의 자랑스러운 간증을 듣고 있자니 부러워서 미칠 지경이었습니다. 누나는 성령이 강하게 역사하고 있는 현장인 그 동산에 오기만 하면 방언은 그냥 다 터진다고 하였습니다. 나는 그 이야기를 듣고 솔깃하여 나도 그곳에 가서 기도할 수 없겠느냐고 부탁을 하였습니다. 누나는 쾌히 허락하면서 리더격의 사람에게 같이 도와달라고 요청을 하겠다고 하였습니다.

많은 기대를 가지고 사당동에 있는 학교를 찾아갔습니다. 방언을 받고 싶어서 많은 유명한 집회에 참석했지만 실패했었는데 이번에는 성령의 역사가 강하게 나타나는 현장이고 도와주는 분도 있다니까 혹시나 하는 기대를 가지고 두근거리는 마음으로 약속장소에 도착했습니다.

도착한 곳은 비어있는 한 강의실이었습니다. 시간은 어둑한 밤이었고 그리 많지 않은 십 여 명의 학생들이 조용히 기다리고 있었습니다. 같이 모여서 산으로 가려는 것 같았습니다. 누나는 한 청년에게 나를 소개했고 그는 고개를 까딱했습니다. 그가 내게 존댓말을 하는 것이 부담스러웠지만 어쨌든 나는 기대감으로 마음이 설레었습니다.

아무도 말을 하는 사람은 없었습니다. 시간이 좀 더 흐르고 사람들이 좀 더 모이자 그 청년이 "가실까요.." 하고 한 마디하고 사람들은 말없이 그를 따라 산으로 가기 시작했습니다.

나도 따라서 기도의 뒷동산으로 갔습니다. 별 다른 프로그램은 없었고 다들 뜨겁게 통성으로 기도하기 시작했습니다. 방언으로 기도하는 사람들도 있었고 찬양을 드리는 사람도 있었습니다.

나도 혼자 무릎을 꿇고 간절하게 기도를 드리려고 했습니다. 기도의 열기는 뜨겁게 느껴졌지만 나는 여전히 소리를 내어 기도할 수가 없었습니다. 사모는 했지만 입을 여는 것이 내게는 몹시 어려운 일이었습니다.

아까 인사를 했던 청년이 내게 와서 기도를 해주었습니다. 성령님이 임해달라고 충만함을 받게 해달라고 뜨겁게 간절하게 기도해주었습니다. 나도 뜨거운 기운을 느꼈습니다. 그러나 나는 입이 떨어지지 않았습니다. 그는 나에게 같이 통성기도를 하자고 했습니다. 나는 동의했지만 이상하게도 도무지 입이 벌려지지 않았습니다. 그 청년은 통성으로 기도하면서 이 동생분의 입을 열어달라고 간절하게 기도했습니다. 나도 그것을 원했지만 도무지 입이 열리지 않았습니다. 나는 마음으로 간절히 기도했지만 나의 입술은 잠잠히 있었습니다. 나를 도우려고 애쓰고 기도하는 그 청년과 누나에게 미안했지만 미안한 마음만 커지고 나에게는 아무 일도 일어나지 않았습니다.

물론 지금은 무엇이 잘못되었는지.. 어떻게 해야 하는지를 잘 압니다. 지금에 와서 생각해보면 그 청년은 옆에서 뜨겁게 기도를 해주는 것보다 먼저 대화를 통해서 상대방의 긴장을 풀어주고 자연스럽게 소리를 내어 기도할 수 있도록 권면하는 것이 더 좋았을 것입니다.

시간이 흐르고 밤은 깊어져 아무 것도 얻지 못한 나는 슬픈 마음으로 집으로 돌아왔습니다. 돌아오는 길에 누나가 말했습니다.

"네가 입을 꼭 닫고 있는 것이 너무나 답답하더라.. 저 입이 열리기만 하면 은혜가 터지고 방언도 터질 텐데.. 그래서 네 입이 열리게 해달라고 간절히 기도했는데.. 끝까지 입을 안 열기에 안타깝더라.."

누나의 말이 공감 되었습니다. 누나는 이미 오래전부터 유창한 방언을 하고 있어서 나는 그녀가 몹시 부러웠었습니다.

누나의 말처럼 나도 답답했습니다. 입을 열고 싶었지만 그것이 되지 않았습니다. 이때는 입을 여는 훈련을 해야 하며 믿음으로 담대하게 입을 벌려야한다는 것을 알지 못했습니다.

그날 밤 집으로 돌아오는 길은 너무 멀고 슬프고 고독한 밤이었습니다. 모든 사람들이 방언으로 기도하고 있었는데 또 다시 나 혼자 방언을 할 수 없었습니다.

지금은 내가 주님을 제한하는 많은 요소를 가지고 있을 뿐이고 주님이 나를 싫어하시는 것은 아니라는 사실을 알고 있지만 그때는 그렇게 여기지 않았습니다. 내가 너무 악해서 주님이 나를 싫어하신다고 생각했습니다. 내가 너무 못되어서 주님의 은혜를 누릴 자격이 없는 것이라고 생각했습니다. 그 밤은 너무나 슬픈 밤이었습니다.

지금 내가 알고 있는 것을 그때 알았더라면 나는 주님의 충만한 임재를 그때 경험했을 것입니다. 그리고 그 이후의 많은 방황도 할 필요가 없었을 것입니다.

지금 나는 그 시절의 나와 같이 영적인 무지로 인하여 주님의 놀라운 은총을 그냥 지나치는 많은 영혼들을 위하여 이 책을 쓰고 있는 것입니다. 주님은 당신을 사랑하십니다. 주님은 당신에게 아무런 조건과 자격을 요구하지 않고 은총을 베푸십니다.

당신이 잘못된 행실을 가지고 있더라도 주님은 그것으로 인하여 당신을 외면하지는 않으실 것입니다. 왜냐하면 주님의 은혜와 능력을 통해서 당신은 비로소 변화된 삶, 승리하는 삶을 살 수 있기 때문입니다.

은혜를 구하십시오. 방언을 구하십시오. 당신이 원한다면 당신은 그 은총을 누릴 수 있습니다. 그리고 그로부터 많은 변화와 승리를 경험할 수 있습니다. 아무 조건 없이 단순히 사모하기만 한다면 말입니다. 할렐루야..

18. 방언으로 기도하기

　이 장에서는 방언으로 기도하기를 원하지만 아직 하지 못하는 이들이 방언으로 기도할 수 있도록 그 과정을 안내해보려고 합니다.
　성령의 은사도, 역사도 오직 주님이 주시며 주님이 하시는 것입니다. 사람이 은사를 나누어주거나 할 수 있는 것이 아닙니다. 다만 그 길을 조금 앞서서 걸어가다가 여러 시행착오를 겪으면서 주의 영의 역사와 흐름을 조금 경험한 사람이 다소의 조언을 할 수 있을 것입니다.
　여기서 안내하는 과정만이 옳으며 좋다고 할 수는 없습니다. 성령께서는 각 사람들에게 그분의 방법으로 직접, 또는 다양한 방식으로 역사하실 것입니다. 이곳에서는 조언을 받기 원하는 이들을 위하여 간단한 과정을 이야기하고 싶습니다.
　집회에서나 개인적으로 사람들을 도울 때 이러한 과정들을 거쳤고 많은 풍성한 역사들을 경험했기 때문에 이 글을 읽고 실행하는 이들도 특별한 일이 없는 한 성령의 나타나심을 경험하고 방언으로 기도하게 될 것이라고 생각합니다.
　방언을 처음으로 하는 데 있어서 옆에서 같이 도와주고 기도를 같이 해주는 경험자가 있으면 크게 도움이 될 것입니다. 그러나 도와주는 이가 있다면 좋겠지만 없다고 하더라도 이 안내하는 과정을 잘 따라올 수 있다면 방언으로 기도하는 것이 가능할 것입니다.

1. 방언을 하는 것에는 아무 자격 조건이 없음을 이해한다

앞장에서 이미 언급했던 것처럼 방언을 하는 것에는 아무런 자격 조건이 필요 없습니다. 사모하기만 한다면 누구나 방언을 할 수 있습니다.

이미 반복하여 언급한 것처럼 방언은 믿는 자의 안에 이미 있는 것이므로 방언을 받는다는 표현은 적절한 것이 아닙니다. 많이 사용되어 익숙한 표현이어서 방언을 받는다고 표현하는 것일 뿐, 방언은 이미 당신의 안에 있으므로 이제 나타나기만 하면 되는 것입니다. 이 사실을 믿지 않아도 당신이 뜨겁게 기도하면 방언이 나올 것입니다. 그러나 믿는다면 더 쉽게 방언의 나타남을 경험하게 될 것입니다.

은사를 경험하지 못한 이들은 다른 것에 대해서는 부정적이거나 열등의식이 없으면서도 은사나 영적인 것에 대해서만은 '나는 안 될 거야. 나만은 못 받을 거야.. 나는 주님 보시기에 너무 부족하고 부끄러워..' 하는 의식이 많이 있습니다. 이상하게도 방언을 받으려 하거나 그러한 상황이 되면 불안한 마음이 일어나기도 하고 도망가고 싶은 마음이 일어나는 경우도 있습니다. 심각한 긴장감을 느끼는 이들도 있습니다. 그런 마음은 누가 일으키는 것일까요?

악한 영들이 일으키는 생각에 속지 말라

그것은 악한 영들입니다. 악한 영들은 신자가 방언을 받고 영적으로 강건해지면 그들이 타격을 받고 쫓겨나게 되기 때문에 신자들이 은사를 경험하는 것을 강력하게 방해합니다. 악한 영들이 방해하는 방법은 주로 두려움을 심는 것입니다. '너는 절대로 할 수 없을 거야' 하는 생각을 일으키거나 막연한 두려움들, '내가 이것을 하면 이상한 일이 생기지 않을까?' 하는 식의 두려운 생각을 그들은 넣어줍니다.

그들은 양심을 자극하여 죄책을 심기도 합니다. '너 같은 것이 방언을 받겠다고? 너 같이 엉망으로 사는 사람이 방언을 받겠다고? 정말 웃기는군.' 하는 식의 생각을 일으켜 낙심하게 만들기도 합니다.

악한 영들은 유혹적인 생각의 방해를 심기도 합니다. '내가 방언을 하고 성령의 충만함을 입으면 세상의 즐거운 것들을 다 포기해야 하는 것은 아닐까? 그건 너무 삭막하고 따분한 삶을 살게 되는 것은 아닐까?' 하는 마음들을 일으키기도 합니다.

또는 의심을 일으키기도 합니다. '이건 내가 하는 것이 아닐까? 인위적으로 성령의 역사를 조작하는 것은 아닐까? 이건 방언이 아니야..'

이런 식으로 악한 영들은 갖가지 혼란과 의심과 두려움을 심어주곤 합니다. 그렇기 때문에 경험이 있는 인도자가 곁에서 돕는 것이 큰 힘이 됩니다. 경험자는 차분하게 자기의 경험에 입각해서 피인도자에게 자신감을 심어주고 악한 영들이 심어주는 속임이나 두려움을 극복할 수 있도록 도우며 그들을 굳건하게 할 수 있기 때문입니다.

조력자가 없더라도 일단 첫 단계에서는 두려움을 물리치고 자신감을 가지는 것이 필요하고 중요합니다. 자격조건을 따져서는 아무도 하나님 앞에 설 수 없음을 깨달아야 합니다. 우리는 그리스도의 구속을 통하여 그의 이름으로 아버지 앞에 나아갑니다. 결코 우리의 의와 자격으로 아버지께 나아가는 것이 아닙니다. 그러므로 그 의를 힘입어 담대하게 나아가야하며 이미 우리 안에 성령을 주신 하나님이 이제 그 성령의 은사가 나타나게 하실 것도 믿고 기대해야합니다.

2. 거리끼는 죄에 대하여 고백해야 한다

성령은 거룩한 영입니다. 그분은 죄와 더러움을 싫어하십니다. 죄는 성령을 제한합니다. 그러므로 지속적으로 죄를 지으며 죄에 대하여 가볍게 여긴다면 그것은 성령의 임하심을 방해할 수 있습니다. 그러나 그렇다고 해서 모든 죄를 다 버려야 성령의 역사하심을 체험할 수 있는 것은 아닙니다. 주의 보혈을 통한 죄사함의 은혜와 성령의 역사가 아니고는 아무도 죄에서 승리를 경험할 수 없기 때문입니다. 그러므로 과거의 모든 죄에 대해서 남김없이 자백을 하고 죄사함의 확신을 얻을 때까지 기다려야 할 필요는 없습니다. 모든 죄를 다 고백해야 성령이 임하신다고 할 수는 없습니다.

그러나 그럼에도 불구하고 거리끼는 죄에 대한 사죄의 고백은 필요합니다. 죄책감은 성령의 임재를 제한할 수 있습니다. 주님께서 우리를 용서하셨다고 하더라도 우리가 그 사실을 믿지 않고 괴로워한다면 우리 스스로 성령의 임하심을 막을 수 있습니다. 그러므로 담대함을 얻기 위하여 거리끼는 죄에 대한 사죄의 고백은 필요합니다.

이러한 고백이 없어도 성령께서는 임하시고 방언을 주실 것입니다. 그러나 성령님의 나타나심 이전에 자신을 정결하게 하고 그의 임재를 기다리는 것은 아름다운 일입니다. 그것은 그의 풍성하심을 좀 더 예민하게 누리고 경험하는 데에 도움이 될 것입니다.

지금 이 순간의 죄책을 내려놓고 고백하라

지금까지 지내온 모든 죄에 대하여 일일이 다 고백할 필요는 없습니다. 그렇게 철저하게 하려면 많은 시간이 필요할 것입니다. 다만 지금 이 순간에 마음에 죄책이 들고 거리낌이 있는 것을 주님께 고백하며 용서를 구한 후에 주님의 용서를 받아들여야 합니다. 지금 느껴지는 죄책은 지금 이 순간에 성령께서 감동하시고 말씀하시는 것이기 때문입니다.

자기가 평소에 자주 넘어지는 어떤 문제로 인하여 자책이 된다면, 그것을 고백하며 사죄를 해야 합니다. 또한 성령께서 마음속에 계속 말씀하시고 감동하시는데 본인이 순종하지 않고 있는 부분이 있다면, 그리고 그것을 느낄 수 있다면 그것을 고백해야 합니다.

예를 들어서 어떤 사람에게 커다란 상처를 받았는데, 주님께서 기도할 때마다 그 사람을 용서해야 한다는 감동을 주신다고 합시다. 본인이 그것을 선명하게 느낀다면 그는 지금 그것을 내려놓아야 합니다. 순종해야 합니다. 고백과 회개의 요점은, 잘 모르는 죄에 대해서는 할 수 없지만 지금 이 순간에 성령께서 지적하시는 죄에 대해서는 고백하고 내려놓아야 한다는 것입니다. 그래야 내적으로 부담이 사라지고 자유롭게 되며 성령의 역사하심을 좀 더 자유롭게 경험할 수 있게 됩니다.

"만일 우리가 우리 죄를 자백하면 그는 미쁘시고 의로우사 우리 죄를 사하시며 우리를 모든 불의에서 깨끗하게 하실 것이요" (요일1:9)

이 말씀을 단순히 받아들이고 적용하여 마음에 거리낌이 있는 것을 고백하고 그 분의 구속으로 인하여 죄가 용서되고 깨끗해졌음을 믿어야 합니다.

죄의 고백에 있어서 조심스럽게 돌아보아야할 것이 있습니다. 그것은 과거에 성령의 은사와 역사에 대하여 부정적으로 폄하하거나 공격적인 태도를 보인 적이 있었는가 하는 것입니다. 성령님은 인격이시므로 그러한 태도는 비록 무지로 인한 것이었다고 하더라도, 성령님의 은사와 역사를 제한할 수 있습니다. 이것은 일반적인 행위의 죄와 다릅니다.

성령을 제한했던 것에 대한 사죄가 필요하다

오래 전의 일이어서 기억이 가물거리지만, 나는 어떤 집회에서 어떤 사역자를 만나서 도와주었을 때 이러한 문제로 인하여 성령님의 임하심이 제한되었던 기억이 있습니다.

방언으로 기도하고 싶어 하는 그를 나는 평소에 하던 대로 도와주었습니다. 그러나 그는 방언으로 기도하지 못했습니다. 이미 방언에 대해서 충분히 이야기했고, 사죄의 기도도 드렸으며 충분히 소리를 내어서 기도를 했습니다. 그는 소리를 내어서 기도하는 것에도 그리 어려움을 겪지 않았기 때문에 나는 쉽게 방언이 나오리라 생각하고 있었습니다. 그러나 좀처럼 방언이 나오지 않아서 나는 혹시나 하고 그에게 물어 보았습니다. 이전에 혹시 방언이나 성령의 은사에 대하여 부정적으로 말하거나 가르친 적이 있느냐.. 그는 머리를 긁적이며, 전에 잘 몰라서 그렇게 말했던 적이 있었다고 시인을 하였습니다.

나는 그에게 사죄의 기도를 하는 것이 필요하다고, 의도적인 방해는 아니지만, 성령은 인격이시며 그러한 태도는 성령을 아프게 하는 것이므로 사죄의 기도를 하는 것이 좋겠다고 말했고 그는 바로 수긍을 하고 다시 나와 떨어져서 개인적으로 조용히 기도를 하였습니다.

얼마 후에 우리는 다시 성령의 임재를 기다리며 기도하였고 그는 곧 유창하게 방언으로 기도할 수 있게 되었습니다. 나는 이러한 경우를 그리 많이 보지는 못했습니다. 한두 번 정도의 사례를 기억하지만, 성령의 은사에 대한 부정적인 표현이 그분의 역사를 제한하는 것은 분명한 것 같습니다. 대체로 사역자들이 이러한 잘못을 저지르곤 합니다.

만일 당신이 방언의 은사에 대하여 부정적인 인식을 가지고 있으며 그렇게 가르치고 말해왔지만 그러한 입장이 옳다는 확신을 가지고 있다면 그에 대하여 사죄의 기도를 할 필요는 없을 것입니다. 언젠가 주님 앞에 나아갔을 때 주님께서는 모든 것을 판단하실 것입니다.

그러나 당신이 과거에 그렇게 한 것에 대하여 그것이 옳지 않다고 느끼거나 입장을 바꾸었다고 여긴다면, 당신은 사죄 기도를 해야 합니다. 잘못되었다고 알고 있으면서도 그냥 지나치는 것은 옳지 않습니다. 잘못은 누구나 할 수 있지만 그것을 인정하고 사죄하는 것은 필요한 것입니다.

그렇다고 이 문제를 가지고 지나치게 비통하게 울부짖으며 회개를 할 필요는 없을 것입니다. 이것은 다시는 사함이 없다고 언급되어지는 성령훼방과 같은 무거운 죄에 해당하는 것이라고 할 수는 없습니다. 이것은 뻔히 알면서도 고의적으로 성령을 훼방하고 공격하는 행위와는 다릅니다.

그러므로 그러한 과거의 경험이 있다면 잠시 주님께 죄송하다고,

알지 못해서 그렇게 말한 것을 용서해달라고 기도하면 됩니다. 그리고 그렇게 기도했으면 주님께서 용서하신 것을 믿어야 합니다.

3. 강력한 소리로 기도하며 성령의 임하심을 구한다

이제는 물이 끓는 것을 실제적으로 준비하는 단계입니다. 물이 끓기 위해서는 뜨겁게 덥혀져야 합니다. 이 단계가 가장 중요하다고 할 수 있습니다. 방언이 흘러나올 수 있도록 충분히 덥혀져야 하기 때문입니다.

화산이 폭발하면 용암이 흘러나옵니다. 그 용암은 없던 것이 새로 창조된 것이 아니고 원래 산의 깊은 곳에 숨겨져 있던 것입니다. 그 감추어져 있던 용암이 폭발을 통해서 강력하게 흘러나오는 것입니다. 이와 같이 지진 같은, 화산의 폭발과 같은 강력한 외적인 조건을 통해서 내부에 있는 성령의 흐름이 나타나게 됩니다. 오순절에 임하셨던 성령의 급하고 강한 바람도 물론 때가 차서 임하신 것이지만 십일 동안 제자들이 전심을 다해 간절하게 기도에 힘쓸 때 임하신 것입니다.

조력자의 기도나 주위의 뜨거운 분위기가 도움이 된다

이때가 옆에서 기도해주는 조력자가 가장 필요한 순간입니다. 여러 차례 언급했듯이, 방언을 경험하지 못하는 가장 기본적인 이유는 성령이 내면에 안 계셔서가 아니라 소극적이고 뜨겁지 않아서 흘러나오지 않는 것이기 때문인데, 방언을 경험하지 못하는 이들은 뜨겁게 기도하고 소리를 내는 것을 가장 어려워하기 때문입니다. 그래서 혼자서 기도하는 것보다 조력자가 옆에서 같이 뜨겁게 기도해주는 것이 좋으며 충만한 집회에 가서 같이 통성기도를 할 수 있으면 좋은 것입니다.

이러한 원리를 이해했다면, 은사집회나 성령의 임하심을 특별히 기도해주는 집회에 가지 않아도, 일반적인 심야기도회나 뜨겁게 기도하는 새벽기도회가 있다면 그러한 곳에 가서 기도해도 기도의 동력을 얻을 수 있으며 그러한 영적 분위기는 방언이 흘러나오는 데에 도움이 됩니다.

그렇게 뜨겁게 통성으로 기도하는 분위기에서 지금의 단계를 밟아서 개인적으로 기도를 하면 옆에서 누군가가 도와주는 것과 비슷한 효과를 얻을 수 있으며 그렇게 기도하는 중에 성령의 나타나심을 경험할 수 있습니다. 갑자기 몸이 뜨거워지거나 입에 불같은 느낌이 들거나 혀가 꼬이면서 이상한 언어가 나타나는 것을 경험하게 됩니다.

개인적으로 기도하든, 집회에서 같이 기도하든 간에 중요한 것은 이 단계에서는 소리를 내어 뜨겁게 기도하는 것입니다. 내 안에 거하시는 성령이 흘러나올 수 있도록 나를 강하게 움직이는 것입니다. 소리 내어 기도하는 것이 익숙하지 않고 어려운 이들은 찬양을 크게 반복해서 하는 것도 좋습니다. 앞에서 이야기한 것처럼 성경을 큰 소리로 강하게 읽는 것도 좋습니다. 기도도, 찬양도, 성경읽기도.. 다 성령의 역사와 은혜가 흘러나오고 뜨겁게 하는 데에 도움이 됩니다. 소리는 영의 역사와 직접적인 관계가 있습니다. 소리를 충만하게, 강하게 낼 수 있다면 당신은 충만한 성령의 역사를 경험할 수 있습니다.

성경말씀을 강하게 읽는 것은 말씀을 단순히 눈으로 읽는 것과 다릅니다. 이미 알고 있고 많이 읽었던 내용이라도, 강하게 소리를 내어서 읽을 때 소리를 통하여 흐르는 영적인 힘은 속에 충격을 줍니다. 그것은 내적인 기름부음을 증가시킵니다.

찬양이 은혜가 되는 것도 은혜로운 가사의 내용을 힘차게 소리 내어 부를 때 그 발성을 통하여 심령에 전달되기 때문입니다.

기도를 하는 것도, 찬양을 하는 것도, 성경을 읽는 것도.. 그 중요한 요점은 소리를 내는 것입니다. 소리는 어떤 개념이 단순히 이론을 넘어서 우리의 영혼에 실제가 되도록 도와줍니다. 소리는 영적인 실제를 전달하는 중요한 통로이기 때문입니다.

소리가 작을 경우 의심하기 쉽다

그러므로 소리를 내는 것을 싫어하고 어려워하는 이들은 성령의 임하심에 있어서도 많은 제한을 받게 됩니다. 그래서 일반적으로 지적인 성향의 사람들이 성령의 구체적인 역사와 은사들을 경험하는 것에 어려움을 겪는 것입니다. 그들에게 성령이 안 계신 것이 아니라 그들이 소리를 통한 외적인 표현에 익숙하지 않기 때문입니다.

소리를 내어 강하게 기도하는 면이 조금 부족해도 방언으로 기도할 수는 있을 것입니다. 그는 내면에 성령을 모시고 있기 때문입니다. 그러나 방언이 나오더라도 그는 의심을 하게 될 가능성이 많습니다. 소리를 강하게 내지 않을 경우, 그의 육이 강하게 성령에 붙잡히지 않기 때문에, 방언이 나오기는 하지만 별 느낌이 없고 밋밋하게 느껴지게 됩니다. 그러므로 '이게 방언이 맞나?' 하고 생각할 수 있습니다.

이상한 것은 평소에 지적이고 합리적인 기질을 가지고 있는 사람들, 평소에 느낌을 무시하고 사실 자체에 집중하는 것이 옳다고 믿으며 가르쳤던 이들이 오히려 영적경험에 있어서는 어떤 강한 느낌을 구하며, 그것이 성령이 역사하시는 중요한 증거라고 여기는 것입니다. 그리고 그들이 기대하는 강력한 느낌이 없으면 이것은 방언이 아니고 자신이 인위적으로 하는 것이라고 의심하는 경향이 있다는 것입니다.

그래서 방언을 처음 받을 때 이런 의심의 여지가 생기지 않도록 통성으로 뜨겁게 부르짖어 기도하는 것이 좋은 것입니다. 그렇게 부르짖어 기도할 경우에 방언이 터지면서 성령의 역사하심을 아주 역동적으로 느끼게 되고 감동을 받게 되므로 의심을 하지 않게 됩니다. 방언이 터지면서 성령의 강력한 임하심에 동반되는 감동과 기쁨과 눈물, 주님께 대한 감사와 찬양, 사랑과 헌신의 마음 등은 오직 성령이 주실 수 있으므로 그것을 의심하기는 어렵습니다. 성령께서 강력하게 임하셨을 때는 누구나 그 은혜에 사로잡히게 되며 의심이 일어나기 어렵습니다.

영적 경험은 초기에 강력한 것에서 시작되어 점차 잔잔한 쪽으로 진행된다

영적경험에는 강력한 것과 잔잔한 것이 있습니다. 대체로 처음에 임하는 것은 육체가 느낄 수 있을 정도로 강력한 것이 보통입니다. 이러한 것은 강력하지만 깊은 것은 아닙니다. 그러나 영적 경험이 반복될수록 체험은 잔잔하고 깊은 쪽으로 진행됩니다. 이러한 이치는 어린아이들이 처음에는 활동이 많고 급하게 움직이다가, 점점 자라고 나이가 들수록 차분해지는 것과 같습니다.

그와 같이 영적 경험은 처음에는 강력하게 나타납니다. 처음에는 불과 같고, 지진이 일어나는 것처럼 강력한 경험들이 나타납니다. 그러다가 차츰 섬세하고 잔잔하고 깊은 내면적인 경험으로 바뀌어가게 됩니다.

처음에 일어나는 경험은 대체로 외적이고 강력한 것입니다. 영적 경험이 많지 않은 이들은 내적인 감각이 발전되어 있지 않기 때문에 그처럼 강력한 것이 아니면 감지하기 어렵습니다.

바울과 엘리야의 경험

바울이 처음으로 겪었던 다메섹에서의 경험은 아주 선명하고 극적인 것이었습니다. 그는 주의 음성을 듣고 빛 가운데 거꾸러졌으며 그 경험이 너무 충격적이어서 삼일을 금식하면서 보냈습니다. 그 경험은 그의 인생, 사역의 방향을 완전히 바꾸어 버렸습니다.

그는 그 당시에 영적으로 아주 둔감한 상태에 있었고 하나님을 대적하는 위치에 있었지만 그 사실을 전혀 알지 못했습니다. 그렇게 어두운 영적 상태에서 만약 주님께서 세미한 음성으로 내적으로 나타나셨다면 그는 그것을 전혀 알아듣지 못하고, 분별하지 못했을 것입니다.

엘리야는 바알선지자와의 사력을 다한 영적전쟁 후에 몹시 탈진하게 됩니다. 그 때 이세벨의 메시지를 듣고 그는 낙담하여 도피하게 됩니다. 그는 천사의 인도를 받아 걸어서 하나님의 산 호렙에 이르러 굴속에 들어가 칩거하게 됩니다.

그 때 그를 회복시킨 것은 하나님의 세미한 음성이었습니다. 하나님은 그 때 강한 바람 가운데 계시지 않고 지진 가운데 계시지 않고 불 가운데에도 계시지 않았으며 그 후에 세미한 소리로 말씀하셨습니다.

엘리야가 아니었다면 아마 그 세미한 음성을 듣지 못했을지도 모릅니다. 그러나 엘리야는 이미 많은 하나님 체험, 많은 강력한 체험을 한 사람이었습니다. 그는 이미 불 가운데 역사하시는 하나님, 권능 가운데 역사하시는 하나님을 체험하였습니다. 그러나 엘리야가 낙담하고 좌절하고 있던 이때에 임하시던 하나님은 고요하고 잔잔하고 깊음 가운데 말씀하시는 하나님이었습니다.

이와 같이 체험은 처음에는 외적이고 강렬하게 나타나는 것이 보통입니다. 그리고 서서히 내면적이고 깊은 것으로 바뀝니다. 권능의 하나님을 체험하다가 서서히 인격적이고 내면적인 하나님, 깊고도 은밀한 거룩과 영광의 지성소의 경험으로 나아가는 것입니다.

체험은 바깥에서 안으로 발전해간다

나는 집회를 인도하면서 그러한 경험을 많이 겪었습니다. 초기에 강력한 집회를 할 때 사람들이 나타내는 요란한 반응을 보고 많이 놀랐습니다. 성령의 강력한 임재 앞에서 사람들은 울부짖고 쓰러지고 구르고 도무지 정신이 없었습니다.

강한 힘에 사로잡혀서 데굴데굴 구르는 이들도 더러 있었는데 어찌나 몸이 빨리 돌아가는지, 아마 어떤 능숙한 체조 선수도 그렇게 할 수는 없었을 것입니다. 그것은 어떤 힘에 사로잡혀야 가능한 것이었습니다. 악한 영이 나가는 과정에서 강하게 발작 현상을 보이는 이들도 많았는데 너무나 강렬해서 주위 사람이 다치지 않도록 항상 관리해줄 사람이 필요했습니다.

나는 기질적으로 이러한 강력한 외적 현상을 그리 좋아하지 않는 편이어서 성령의 역사를 막을 수도 없고 많이 불편하게 느꼈습니다. 그래서 찬양을 하거나 기도를 하면서 사람들이 울고 쓰러지고 하는 모습을 보이면 그것을 절제시키기 위하여 기도와 찬양을 중단하고 휴식시간을 가지곤 하였습니다.

그러나 집회가 반복되고 사람들의 체험이 지속되면서 체험들은 차츰 외적인 강렬함에서 내적인 고요함으로 바뀌는 것을 알게 되었습니다. 사람들은 점점 뜨거움보다는 평화로움을 경험하게 되었고 외적으로 강한 동작이 나타나는 것보다는 내적인 깊은 임재를 누리게 되었습니다.

나는 경험을 통해서 체험이란 외적인 것에서 시작하여 내적인 것으로 발전해가는 것임을 알게 되었습니다. 썬다싱의 경우에도 그가 영적 경험을 처음 할 때는 육체도 느낄 수 있는 강렬한 경험이었지만, 나중에는 내적인 영으로만 그것을 느낄 수 있다고 이야기하였습니다.

영적 체험이 처음에는 육에서 시작한 강력한 것이었다가 차츰 내적이고 잔잔한 경험으로 발전해가는 것은 아마 겉사람을 사로잡아서 치유하고 정화시킨 후 점점 내면의 영을 일으켜 가는 과정이 아닌가 싶습니다.

아무튼 영적 경험이나 감각이 부족한 이들에게 있어서 처음에는 강력하게 소리를 내어 부르짖어 기도하고 말씀을 읽으며 찬양을 드리는 것은 필요하고 중요합니다. 그것은 영의 감각을 깨우고 성령의 임하심을 누리고 경험하는 데에 유익한 것입니다.

강렬한 경험은 낮은 경험, 기초적인 경험이라고도 할 수 있습니다. 그것은 깊은 경험이 아닙니다. 외적이고 강렬한 경험에는 인격적이고 내적인 변화보다 주로 권능의 역사가 많이 나타납니다. 점차 체험이 내면적인 것이 될수록 인격과 삶에 아름다움과 사랑스러운 열매들이 많이 나타납니다.

그러나 낮은 수준, 깊지 않은 것이라고 해서 건너뛰어서는 안 됩니다. 초등학교가 유치한 것이라고 해서 대학교부터 입학을 할 수는 없습니다. 기본 과정도 거쳐야 합니다.

그러므로 당신이 아직 충만한 영적 경험이나 분별력이 부족하다면 당신은 가급적이면 강렬하게 부르짖어야 합니다. 아직 성령께 사로잡힌 분명한 경험, 분명한 나타나심의 경험이 부족하다면 당신은 뜨겁고 강력하게 부르짖어야 합니다. 방언이 임하기 전에 강력하고 간절하게 부르짖어 기도하는 것이 필요합니다. 그것은 당신의 영적 발전에 아주 유익한 것입니다.

단순한 내용을 강하게 반복해서 부르짖으라

이때에 어떻게, 어떤 내용으로 기도할 것인가는 각자의 감동에 따라가면 됩니다. 이때는 성령의 임하심과 나타나심을 구하고 기다리는 것이니 그런 면을 기도하면 될 것입니다. 이해를 위하여 간단한 기도문을 제시해보겠습니다. 마음에 감동이 되는 성경구절을 반복해서 뜨겁게 읽거나, 평소에 좋아하는 찬송을 뜨겁게 되풀이 한 후에 이렇게 기도할 수 있습니다.

"살아계신 나의 하나님, 지금 나에게 임하여주시옵소서.. 지금 이 순간에 임하여 주십시오. 주님께서는 성령의 충만을 받으라고 하셨습니다. 그리고 성령을 주신다고 약속하셨습니다. 구하는 자에게 성령을 주신다고 말씀하셨습니다. 지금 저는 성령을 원합니다. 성령님께 사로잡히기를 원합니다. 저는 성령으로 충만해지기를 원합니다.

저는 주를 따르기 원합니다. 주님을 따르기 위하여, 주님의 사명을 감당하기 위하여, 주님의 충만함이 필요합니다. 저를 채워주십시오. 저는 저의 힘으로 살기를 원치 않습니다. 저를 붙드시옵소서.. 나를 채워주십시오. 당신이 필요합니다. 저를 드리오니.. 부디 저를 붙드시옵소서.. 지금.. 나에게 임하여 주시옵소서.. 권능으로.. 불로 저에게 오시옵소서.."

많은 내용으로 복잡하게 기도할 필요는 없습니다. 간절하게 원하는 것을 단순히 반복하여 기도하는 것이 좋습니다. 비슷한 내용을 반복하는 것은 중언부언하는 것이 아닙니다. 마음에 없는 이야기를 거듭 반복하는 것이 중언부언입니다.

그러므로 성령의 임하심을, 간절하게 반복해서 구하십시오. 지금 이 시간에 임해달라고 뜨겁게 부르짖고 외칠 때 중심이 뜨거워지며 감동을 받게 됩니다. 어느 정도 시간이 지날 때까지 계속 그렇게 부르짖으십시오.

기도의 시간은 꼭 얼마를 해야 한다는 것은 없습니다. 나의 경우 사람들을 인도해줄 때 약 10분에서 20분 정도의 시간을 주고 기도하도록 하였습니다. 처음에는 옆에서 같이 간절하게 큰 소리로 기도해주다가 상대방이 소리 내어 기도하는 것에 어느 정도 익숙해지면 혼자서 기도할 수 있도록 멀리 떨어져서 기도하곤 하였습니다.

어느 정도 기도해야 한다는 법칙은 없지만, 본인이 느끼기에 어느 정도 뜨겁고 충만해졌다고 느낄 수 있을 때까지 하는 것이 좋습니다.

차가 움직일 때 처음에는 시동이 잘 걸리지 않을 때도 있습니다. 걸려도 처음에는 속력을 바로 내지 못합니다. 어느 정도 차가 달린 후에 '부앙~' 하고 속력을 내어 달릴 수 있습니다. 기도도 시동이 걸려서 순탄하게 달리는 느낌이 있으면 그것으로 좋습니다. 기도를 시작한 지 10분, 20분이 되었지만 아직 순탄한 느낌이 부족하다면 좀 더 기도해야 합니다. 어느 정도 충만하고 뜨거운 감동이 온다면 다음 단계로 갈 수 있습니다. 어느 정도가 충만한 상태인가, 어느 정도로 뜨거워야 성령님이 임하실 수 있는 상태인가.. 이것은 주관적인 것이므로 정확하게 설명하기 어렵습니다.

그런데 이것을 자동차가 '부앙..' 하고 달리는 것으로 예를 든 이유는 성령의 언어, 방언의 나타남이 나중에는 좀 더 변화가 있지만 처음 나타날 때는 대체로 자동차가 달리는 것처럼 연속된 음절, 언어의 형태로 나타나기 때문입니다.

논스톱으로 기도하라

우리가 보통 말을 할 때는 논스톱으로 이어서 말을 하지 않습니다. 생각을 하면서 한 마디씩 말을 하게 됩니다. 그런데 성령의 언어가 시작될 때는 언어가 쏟아지는 것 같은 느낌이 듭니다. 한 마디씩 이어지는 것이 아니고 한 음절이 "라라라라라.." 하는 식으로 연속적으로 이어지는 것입니다.

그래서 마치 자동차가 달리는 것 같은 느낌이 들기도 합니다. 마치 웅변을 하는 것 같은 느낌이 들기도 합니다. 내 안에서, 나의 영이 어떤 강력한 메시지를 가지고 열정적인 웅변을 하는 것 같은 인상을 받기도 하는 것입니다.

그렇기 때문에 방언을 간구하는 기도를 드릴 때는 가급적이면 기도를 한 단락씩 끊어서 하지 말고 연속적으로, 논스톱으로 뜨겁게 기도하는 것이 좋습니다. 입이 쉬고 있어서는 안 됩니다. 달려다가다 멈추어서는 안 됩니다. 그것은 영의 뜨거움을 상실하게 합니다. 그러므로 논스톱으로 뜨겁게 불을 지피면서 성령의 임하심, 나타나심을 기다려야 합니다.

빠르게 기도하라

중요한 것은 빠르게 기도하는 것이 필요하다는 것입니다. 오순절 날에 성령이 임하셨을 때 거기에는 "급하고 강한 바람 같은 소리"가 있었습니다. 성령이 강력하게 임하며 방언이 처음 터질 때, 그것은 빠른 소리로 나타납니다.

나는 많은 사람들에게 방언이 임하는 것을 보았지만 방언이 천천히 나오는 것은 본 적이 없습니다. 모든 사람들이 처음 방언을 하면서 급하고 빠르게 방언을 하였습니다. 그러므로 강하게 기도하며 빠르게 기도하는 것은 방언의 나타남에 도움이 됩니다. 그것은 방언이 나타나는 조건에 부합됩니다.

천천히 느리게 기도하면 방언이 나타나는 데 도움이 되지 않을 것입니다. 천천히 기도하다 보면 머리에 이 생각, 저 생각들이 떠오르게 되고 그렇게 되면 영의 흐름이 무디어지게 됩니다. 지금은 간절하게 기도하고 성령의 운행을 기다리는 시간이지 생각하는 시간이 아닙니다.

자전거를 처음 배우는 사람이 자세를 잡는 데에 집중하여 천천히 달리면 자전거는 넘어질 것입니다. 그러므로 돕는 사람은 자전거가 넘어지지 않도록 뒤에서 자전거를 잡아주고 밀어줍니다. 자전거의 속도가 유지될 수 있도록 하는 것입니다. 방언이 처음 나올 때도 이 원리와 비슷합니다. 그러므로 속도를 유지해야 합니다. 성령이 급하고 강한 바람처럼 운행하셨던 것처럼, 논스톱으로 급하고 빠르게, 뜨겁고 강력하게 부르짖어 기도해야 합니다. 그 상태를 어느 정도 유지하면 속에서 영적 폭발이 일어나게 됩니다.

4. 혀를 성령께 맡기고 기도하라

앞 단계에서 어느 정도 뜨겁고 강하게 부르짖어 기도하는 데에 성공하였고, 성령의 충만함을 달라고 기도하였다면, 아마도 성령의 임하심을 어느 정도 느꼈을 가능성이 많이 있습니다. 기도하는 중에 온 몸이 뜨거워지거나 가슴이 뜨거워지는 느낌, 혹은 온 몸에 전기가 오르는 느낌, 입안이 얼얼해지거나 혀가 꼬이는 것 같은 느낌이 생겼을 수 있습니다. 이미 언급했지만, 그러한 것들은 내면의 성령님이 이제 표면으로 나타나고 있는 현상입니다. 오랫동안 안에 거하시던 성령님이 이제 드디어 외부로 표현되기 시작하시는 것입니다.

많은 비경험자들은 성령의 은사나 역사나 감동이 아주 특별한 것으로 생각하지만, 실제로 경험을 해보면 그것은 특별하고 새로운 것이 아니라 이미 자기가 부분적으로 순간순간 경험했었던 것임을 알게 됩니다. 그러한 감동과 역사를 자신이 그저 스쳐지나가 버리고 무시했을 뿐이지 성령은 그 전부터 자기 안에 계셨고 역사하셨던 것입니다. 성령의 실제적인 역사를 경험할수록 그러한 인식을 선명하게 갖게 됩니다.

방언을 달라고 부르짖어 기도하는 동안 혀에 어떤 느낌이 임했다면 그 다음부터 중요한 것은 더 이상 우리말로, 한국어로 기도해서는 안 된다는 것입니다. 지금부터는 혀를 성령께 맡기고 속에서 올라오는 새 언어로 말을 해야 합니다.

그것은 익숙하지 않은 경험입니다. 사람은 항상 머리로 무엇인가를 생각하고 그것을 혀로 말하는 습관이 배어있기 때문에 머리로 생각하지 않은 말을 나오는 대로 한다는 것은 처음에는 정말 이상한 느낌입니다. 하지만 그렇게 해야 합니다. 어떤 사람도 동시에 2개 국어를 할 수 있는 사람은 없습니다. 방언으로 말을 하려면 기존에 사용하던 언어를 중단해야 합니다.

어떤 이들은 이미 방언이 임해서 혀가 더 이상 말을 하기가 어려움에도 불구하고 계속 떠듬거리며 힘들게 방언을 달라고 우리말로 기도하기도 합니다. 이 때 우리말을 중단하고 새로운 언어로 말을 시작하면 간단합니다. "라라라라.." 하는 발음이 시작되든, "라바바바.." 하는 식의 단어가 시작되든 상관없습니다. 그냥 나오는 대로 단어를 말해내면 됩니다. 그 다음부터는 성령님이 인도하시는 대로, 그 흐름에 따라 입을 맡기면 됩니다.

우리말을 그치고 속에서 나오는 대로 말할 때 방언이 나타난다

3단계에서 우리말로 부르짖어 기도하는 중에 그러한 현상이 왔다면 간단합니다. 그대로 기도하면 방언이 터집니다. 그러나 영이 충만해지고 뜨겁게 되기는 했지만 아직 혀에 어떤 현상이 오거나 저절로 방언이 나오지 않는 경우에는 지금의 4단계로 들어가야 합니다. 그것은 펌프질을 할 때 먼저 한 바가지 마중물을 붓는 것처럼 이제 우리말을 그치고 믿음으로 혀를 주님께 맡겨서 나오는 대로 언어를 말해내는 것입니다.

앞에서 이미 이야기했듯이, 나의 경우는 처음으로 방언을 받을 때 간절히, 뜨겁게 오랜 시간을 기도하고 있었습니다. 그러나 혀의 떨림이나 어떤 현상을 느끼지는 못했고 그저 소리 내어서 방언을 달라고, 성령의 권능이 임하기를 원한다고 우리말로 간절하게 기도만 하고 있었습니다. 나는 아주 뜨거운 상태에 있었고 일어선 자세로 온 몸을 흔들고 주먹을 쥐고 흔들면서 소리를 지르고 있었지만, 그 때까지 방언을 하지는 못했습니다.

그러다가 누군가의 인도를 받고 "할렐루야!" 했을 때 갑자기 뜨거운 힘에 사로잡히게 되었습니다. "할렐루야!"를 끝까지 하지도 못했고 "할..!" 하는 순간에 강력한 능력에 붙들려 온 몸이 강력하게 진동을 하면서 사로잡히게 되었습니다.

내가 강력하게 부르짖어 기도하고 있었을 때 성령은 이미 강하게 임하시고 있었습니다. 그러나 우리말로 기도를 하고 있었을 때는 성령이 나를 사로잡으실 수 없었습니다. 그 순간에 있어서 우리말은 성령의 통로가 아니었던 것입니다.

그러다가 우리말을 그치고 "할..!" 하는 순간에 이미 가까이 임하셨던 성령이 나를 강하게, 충만하게 사로잡으셨던 것입니다. 그것은 거의 1초가 될까 말까 할 정도로 순식간에 일어난 일이었습니다.

물론 나의 경험을 보편적인 사례로 여겨서는 안 될 것입니다. 모든 경험들은 다 개별적인 것이며, 개별적인 상황과 특성을 따라 나타나는 것으로, 어떤 하나의 경험을 일반적인 것으로 볼 수는 없습니다.

나의 경우에는 당시에 아주 뜨겁고 강렬한 기도가 충만하게 쌓여서 거의 폭발할 것 같은 상태였습니다. 그러므로 성령의 임하심도 그와 비슷하게 강렬하고 충만한 상태로 나타나셨다고 할 것입니다.

분명한 것은 내가 우리말을 그치고 다른 언어를 시작했을 때 성령이 임하셨다는 것입니다. 이것을 기억해야 합니다. 우리말이 아닌, 새 언어로 말을 할 때 그것은 성령의 통로라는 것입니다. 우리말이 아닌 어떤 단어든지, 속에서 떠오르는 것을 믿음으로 시도할 때 성령은 그 새로운 언어를 통해서 흘러나오십니다.

어떤 이들은 새로운 단어가 바로 튀어나오기도 하고 어떤 이들은 마음속에서 어떤 단어, 언어가 떠오르기도 합니다. 입으로 나타났든, 속에서 떠올랐든 그 언어를 말해야 합니다. 그것이 시작입니다. 대체로 행동적인 기질의 사람들은 언어가 입술에서 바로 나오며, 사색적인 기질의 사람들은 언어가 입에서 나오기 전에 먼저 속에서 떠오르는 것 같습니다. 그것은 기질의 차이이며 어느 쪽이 더 강하게 역사하였는가 하는 문제는 아닙니다.

몸을 드리는 만큼 성령이 사로잡으신다

성령의 임하심과 역사에 대한 흔한 오해가 있는데, 그것은 성령이 임하실 때 나타나는 외적인 현상의 강력함 여부에 따라 충만함이다, 아니다, 하는 것을 판단하는 것입니다. 어떤 사람이 강한 진동을 하면 그것은 성령이 충만하게 임하신 것이고, 그다지 강력한 현상이 없이 조용히 방언을 하고 있으면 그것은 성령이 약하게 임하신 것이라고 여기는 것입니다.

그것은 오해입니다. 강한 성령과 약한 성령이란 개념은 존재하지 않습니다. 성령께서 강하게 임하시고 살짝 임하시고.. 이러한 표현도 옳지 않습니다. 성령은 누구에게나 똑같이 거룩하시고 강력하신 분입니다. 다만 그 임하심의 정도는 각 사람의 개방의 정도입니다.

그것은 자신을 얼마나 주님께 개방했으며 드렸는가의 문제입니다.

어떤 사람은 자기의 의식과 감정을 주님께 온전히 드렸을지도 모릅니다. 그러나 몸은 드리지 않았을 수도 있습니다. 몸의 행동에는 자신이 가지고 있는 어떤 잣대가 있어서 그 몸의 행동을 성령께서 온전히 사로잡으시고 사용할 수 있도록 드리지 않았을 수도 있습니다. 또한 어떤 이들은 몸의 행동에는 그다지 제약이 없어서 성령께 다 드렸지만, 감정을 주님께 맡기지 않았을 수도 있습니다. 그렇다면 그런 측면에서 그는 성령을 제한할 것입니다. 어떤 이들은 생각을 온전히 드리지 않았을지도 모릅니다. 이것은 우리에게 달려있는 것이며 성령께 달려있는 것이 아닙니다.

태양이 강렬하게 빛날 때 우리가 방안에서 창문에 커튼을 치면 우리는 그 빛을 적게 받을 것입니다. 어떤 이는 아예 암막 커튼을 칠 수도 있습니다. 그러면 그 방에는 빛이 거의 들어오지 못하여 암흑과 같이 될 것입니다. 그것은 태양의 문제가 아니고 방에 있는 사람의 행동의 문제입니다.

당신의 몸에 성령의 은사와 역사가 충만하고 강력하게 나타난다면 당신은 그 흐름에 몸을 맡기면 됩니다. 당신에게는 몸에 별 다른 장애가 없는 것입니다.

그러나 당신이 몸에 역사하시는 성령께 온전히 개방된 상태가 아니라면, 당신은 주님께 자신의 몸을 좀 더 개방하면 됩니다. 그분은 우리를 온전히 사로잡기를 원하시며 자신에게 몸을 의탁하는 이들을 사용하실 것입니다.

이 단계에서는 우리말을 그치고 혀를 성령께 맡겨서 속에서 나오는 무슨 말이든지 해야 합니다. 전 단계에서 몸에 이미 현상이 나타났으면 그대로 따라하면 됩니다. 아직 특별한 현상이 나타나지 않았다면 그 때는 믿음을 사용해서 우리말을 중단하고 새 언어로 말을 시작해야 합니다.

이 때 3단계에서 4단계로 들어가는 시점은 어느 정도 뜨거워졌다고 여겨지는 시점입니다. 이 때 조력자가 있으면 그는 이제 3단계에서 4단계로 나아갈 수 있다고 판단을 할 수 있을 것입니다. 그러나 혼자서 하고 있다면, 그 때는 자신이 판단을 내려야 할 것입니다.

대체로 3단계에서 어떤 느낌이 있어서 바로 방언을 시작하는 경우보다는, 3단계를 마치고 믿음으로 4단계를 시작해서 새 언어를 말하기 시작할 때 방언을 시작하는 사람들이 많은 것 같습니다. 나의 경험으로는 그랬습니다.

느낌이 없을 때는 믿음을 사용해야 한다

성령의 기름 부으심과 믿음은 서로 상호보완적인 면이 있습니다. 성령의 역사와 인도를 구할 때 우리 몸에 그 기름 부으심을 느낀다면 그대로 나아가면 됩니다. 거기에는 믿음을 사용할 필요가 없습니다. 그러나 마음속에 감동과 확신은 있는데 아무런 기름 부으심이나 느낌이 나타나지 않을 때가 있습니다. 이때는 믿음을 사용해야 할 때입니다.

예를 들어서 치유기도를 할 때, 기도하는 사람이나 기도를 받는 사람이 어떤 느낌을 받을 때가 있습니다. 치유 기도자는 기도를 하는 중에 손에서 뜨거운 열기가 나가는 것이 느껴지기도 하고 기도를 받는 사람이 몸에 전기와 같은 것이 임하는 느낌, 열이나 시원한 느낌을 받을 수도 있습니다.

이때는 치유에 있어서 믿음을 사용할 필요가 없습니다. 무엇을 보았고 경험했다면 거기에는 믿음이 필요하지 않습니다.

그러나 기도자나 기도를 받는 이가 주님의 감동이나 메시지를 받았지만 현실에는 아무런 현상이 나타나지 않을 때가 있습니다. 그 때는 믿음을 사용해야 합니다.

사람들은 보통 몸에 어떤 느낌이 나타나는 기름부음의 현상을 좋아합니다. 성령이 임하시는 것도 갑자기 몸이 뜨거워지거나 음성이 선명하게 들리는 등, 몸이 느낄 수 있는 강한 권능에 사로잡히는 것을 좋아하고 그러한 경험이 진실된 것이고 좋은 것이라고 여깁니다. 예를 들어 다메섹으로 가던 바울이 빛과 음성에 사로잡혀서 거꾸러지는 것과 같은 현상이 자기에게도 나타나기를 기대합니다.

하지만 대체로 그렇게 외적으로 나타나는 현상들은 초기의 경험이라고 할 수 있습니다. 영적으로 감각이 둔한 사람들을 위하여 주님께서는 처음에 그러한 현상들을 허락하실 때가 있지만 점차로 영이 눈을 뜨고 영감이 발달하면서 그러한 현상은 줄어들게 됩니다. 그리고 점점 내적인 깨달음과 확신이 오게 됩니다. 말씀을 읽으며 믿음이 강하게 일어나는 식으로 성령의 인도를 받게 되는 일이 많아집니다.

혈루증을 앓던 여인의 믿음과 느낌

혈루증을 앓고 있던 여인은 주님의 옷자락을 만졌을 때 자신이 치유된 것을 알았습니다. 그리고 주님도 자신에게서 치유의 능력이 나간 것을 느끼셨습니다.

"예수의 소문을 듣고 무리 가운데 끼어 뒤로 와서 그의 옷에 손을 대니

이는 내가 그의 옷에만 손을 대어도 구원을 받으리라 생각함일러라 이에 그의 혈루 근원이 곧 마르매 병이 나은 줄을 몸에 깨달으니라 예수께서 그 능력이 자기에게서 나간 줄을 곧 스스로 아시고 무리 가운데서 돌이켜 말씀하시되 누가 내 옷에 손을 대었느냐 하시니" (막5:27-30)

여인이 믿음으로 예수님의 옷을 만졌을 때 그녀는 어떤 힘이 그녀에게 임하는 것을 느낄 수 있었습니다. 그리고 주님도 치유의 능력이 나간 것을 아셨습니다. 그녀가 처음에 주님의 옷을 만진 것은 믿음의 행위였지만, 치유의 능력이 임했을 때 그녀는 이제 그것을 직접 느끼게 되었습니다. 혈루의 근원이 마른 것을 그녀는 몸으로 알았던 것입니다. 이제는 믿음을 사용할 필요가 없었습니다. 그녀는 몸이 치유된 것을 이미 느꼈고 알았기 때문에 그것을 받아들이기만 하면 되는 것이었습니다.

이것은 치유에 있어서 몸이 느낄 수 있도록 능력이 나타난 케이스입니다. 그러나 그렇지 않은 치유의 경우도 성경에는 많이 나타납니다. 겉으로는 아무런 특별한 역사나 현상이 나타나지 않아서 치유가 된 건지 아닌지 알 수가 없는 경우가 많이 있는 것입니다.

믿음과 순종을 통한 치유사례들

나병환자 나아만의 경우도 그러했습니다. 그는 병의 치유를 위하여 엘리사를 방문했고 요단강에 가서 몸을 일곱 번 씻으라는 엘리사의 처방을 받았지만 처방을 받은 후에도 그의 병은 전혀 차도가 없었습니다. 차도는커녕 그의 처방이 전혀 납득할 수 없는 비상식적인 것이어서 나아만은 화를 내고 떠나려 했던 것입니다. 그러나 지혜로운 종들의 조언을 듣고 그는 처방에 순종하였고 그 결과 깨끗이 치유를 받을 수 있었습니다. (왕하5:9-14)

이 경우에 능력과 기름부음은 먼저 임하지 않았습니다. 아무런 치유의 느낌도 없었습니다. 그러나 믿음으로 순종하였을 때 그 결과로 치유가 따라 왔습니다. 이처럼 치유가 느낌이나 능력의 임함을 통해서 먼저 오는 경우가 있고, 아무런 느낌이 없지만 믿음의 행위를 했을 때 나중에 치유가 오는 경우가 있습니다.

요한복음 9장에 나타나는 맹인의 치유도 믿음의 순종에 의하여 치유가 나타난 케이스입니다. 주님은 진흙을 이겨서 맹인의 눈에 바르시고 실로암 못가에 가서 씻으라고 하셨고, 맹인은 순종함으로 보게 되었습니다. 실로암 못에 씻기 전까지는 그에게 볼 수 있다는 어떤 느낌도 없었습니다. 그러나 말씀에 믿음으로 반응했을 때 그는 보게 되었습니다. (요9:6-7)

나병이 치유된 열 명의 환자도 처음에는 치유의 느낌이 없었습니다. 그러나 '가서 제사장에게 너의 몸을 보이라' 는 주님의 말씀을 듣고 순종하여 갈 때 도중에 깨끗해진 것을 알게 되었습니다. (눅17:14)

역사가 나타나는 두 가지 유형

이와 같이 역사가 나타나는 두 유형의 사례를 우리는 확인할 수 있습니다. 첫째 유형은 그 역사를 직접 느낄 수 있고 볼 수 있도록 임합니다. 여기에는 믿음을 사용할 필요가 없습니다. 직접 나타났기 때문입니다. 성령의 기름 부으심과 능력이 먼저 나타나는 경우입니다.

두 번째 유형은 감동이 있고 말씀이 있지만 현실에는 아무 느낌도 현상도 나타나지 않기 때문에 믿음을 사용해야 하는 유형입니다.

베드로는 밤새 수고하였으나 고기를 잡지 못했을 때 '깊은 데로 가서 그물을 내려 고기를 잡으라'는 주님의 말씀을 받았습니다. 그가 말씀을 들었을 때 고기가 많이 잡힐 것 같은 느낌이나 감동은 전혀 없었습니다. 그러나 베드로는 대답합니다.

"선생님, 우리들이 밤이 새도록 수고하였으되 잡은 것이 없지마는 말씀에 의지하여 내가 그물을 내리리이다"(눅5:5)

그리고 그는 엄청나게 많은 고기를 잡고 놀라서 주님 앞에 엎드리게 됩니다. 이것도 현상이나 느낌이 앞서지 않고 말씀에 대한 순종과 믿음의 행위에 역사가 나중에 따라오는 케이스입니다. 이렇게 두 번째 케이스가 더 많은 것을 볼 수 있습니다.

이스라엘 백성이 모세의 인도를 따라 애굽을 나올 때 애굽왕 바로는 마음을 돌려서 군대를 이끌고 이스라엘을 추격했습니다. 그 때 하나님의 권능으로 홍해가 갈라져 이스라엘은 무사히 애굽을 탈출할 수가 있었습니다. 이때는 하나님의 능력으로 홍해가 먼저 갈라진 후, 이스라엘 백성이 그 위로 건넜습니다.

"모세가 바다 위로 손을 내밀매 여호와께서 큰 동풍이 밤새도록 바닷물을 물러가게 하시니 물이 갈라져 바다가 마른 땅이 될지라 이스라엘 자손이 바다 가운데를 육지로 걸어가고 물은 그들의 좌우에 벽이 되니"(출 14:21-22)

그러나 요단강의 경우는 달랐습니다. 요단강은 먼저 갈라진 후에 이스라엘 백성이 건넌 것이 아니라, 말씀에 순종하여 믿음으로 제사장들이 흐르고 있는 요단강물에 발을 대자 흘러내리던 물이 그쳐서 쌓이게 되었던 것입니다.

"온 땅의 주 여호와의 궤를 멘 제사장들의 발바닥이 요단 물을 밟고 멈추면 요단 물 곧 위에서부터 흘러내리던 물이 끊어지고 한 곳에 쌓여 서리라"(수3:13)

"요단이 곡식 거두는 시기에는 항상 언덕에 넘치더라 궤를 멘 자들이 요단에 이르며 궤를 멘 제사장들의 발이 물 가에 잠기자 곧 위에서부터 흘러내리던 물이 그쳐서 사르단에 가까운 매우 멀리 있는 아담 성읍 변두리에 일어나 한 곳에 쌓이고.."(수3:15-16)

홍해바다는 마른 땅이 드러났을 때 그 위를 걸어서 건넜지만, 요단강물을 건널 때는 물이 많이 넘칠 때였고 여전히 물은 흐르고 있었습니다. 눈으로 보았을 때 그 물은 전혀 건널 만하지 않았습니다. 그러나 제사장들이 말씀에 순종하여 물을 밟았을 때 물은 흐름이 끊어지고 멈추었습니다.

어떤 때는 보이는 현상과 나타나는 느낌을 따라가도 좋을 때가 있지만 어떤 때는 믿음을 사용하여 보이는 것, 느껴지는 것을 거절하고 나아가야 할 때가 있습니다. 대체로 신앙의 초기에 첫 번째 유형이 많이 나타나며 믿음이 자랄수록 두 번째 유형이 많이 나타난다고 할 수 있습니다.

잠시 동안 믿음을 사용하라

방언을 받기 위하여 간절하게 부르짖고 기도할 때 어떤 현상이 나타난다면, 혀가 통제되지 않고 이상한 느낌이 있다면, 그대로 우리말을 그치고 새 언어를 말하기 시작하면 됩니다. 그러나 아무런 현상이 없다면, 그리고 어느 정도 뜨겁고 충만한 상태가 된다면 그 다음에는 믿음으로 혀를 주님께 맡기고 속에서 나오는 대로 아무 말이나 하면 됩니다.

짧은 순간이지만, 이때는 자신이 바보가 된 것같이 느껴집니다. 하지만 그 순간은 길지 않습니다. 길어야 몇 분을 넘기지 않을 것입니다. 나의 경우처럼 불과 몇 초가 걸릴 수도 있습니다.

많은 사람들이 실패하는 이유는 스스로 입을 벌려서 방언이 나오도록 성령에게 협조해야 하는데 입을 벌리지 않고 성령이 알아서 역사하시도록 가만히 있기 때문입니다. 우리가 분명히 알아야 할 것은 방언을 말하는 것은 우리 자신이라는 것입니다. 성령이 방언을 말하시는 것이 아닙니다.

방언을 말하는 주체는 성령이 아니고 우리 자신이다

"오순절 날이 이미 이르매 그들이 다같이 한 곳에 모였더니 홀연히 하늘로부터 급하고 강한 바람 같은 소리가 있어 그들이 앉은 온 집에 가득하며 마치 불의 혀처럼 갈라지는 것들이 그들에게 보여 각 사람 위에 하나씩 임하여 있더니 그들이 다 성령의 충만함을 받고 성령이 말하게 하심을 따라 다른 언어들로 말하기를 시작하니라" (행2:1-4)

성령은 방언을 말하는 분이 아니고 말하게 하시는 분입니다. 성령의 말하게 하심을 따라 방언을 말하는 것은 우리 자신입니다. 성령께서는 우리 안에서 언어를 주시고 감동을 주십니다. 언어의 발음에 대한 어떤 인상을 일으키기도 하십니다.

우리는 그 언어와 감동을 느낄 수도 있고 못 느낄 수도 있습니다. 성령께서 아주 가까이 임하셔도 영적으로 둔한 우리는 모를 수 있습니다. 사실 아무 느낌도 없다는 것은 실제로 아무 것도 없는 것이 아니라 본인의 감각이 둔해서 느끼지 못하는 것입니다. 영감이 둔한 이들은 성령의 미세한 감동을 잘 감지할 수 없습니다.

그러므로 믿음을 사용해서 혀를 주님께 맡기는 것이 필요한 것입니다. 기름부음과 느낌이 있으면 그 감동을 따라 나아가면 됩니다. 그러나 느낌이 없으면 믿음으로 움직여야 합니다. 믿음으로 방언을 말하기 시작하는 것은 자연스러운 일이며 하나도 이상한 일이 아닙니다.

그렇게 새 언어를 시작한 지 불과 몇 분이 되지 않아서 속에서 저절로 그 언어들이 쏟아지는 것을 느끼게 됩니다. "랄랄라라라.." "라따따따따.." 같이 단음절이 반복되기도 하고 "아르비아 사르비아.." 하는 식으로 단어와 같이 보이는 형태가 반복되기도 합니다.

처음에는 강하게 크게 30분 이상 방언으로 기도하라

단어와 음절을 말할 때 우물거리며 약하게 발음하지 마십시오. 큰 소리로 강하게 해야 합니다. 강력하고 큰 소리로 말할 때 그 영의 흐름은 더욱 더 충만해집니다. 그러므로 처음에는 반드시 크고 강하게 방언을 말해야 합니다.

그 음절들이, 단어들이 한심해보이고 유치해보여도.. 그것을 멈추지 마십시오. 처음에 방언이 터졌을 때는 강하게, 큰 소리로 논스톱으로 적어도 30분 이상은 해야 합니다. 그렇게 시작되는 물줄기가 속에서 어떤 변화와 감동을 가져오는지.. 그렇게 계속 하다보면 느낄 수 있습니다. 놀라운 변화들이 시작되는 것을 경험하게 됩니다.

이야기가 길어졌기 때문에 다시 한 번 간단하게 과정을 요약해보겠습니다.

1. 방언을 하는 것에는 아무 자격 조건이 없음을 이해하라.

기억하십시오. 당신은 방언을 받을 수 있습니다. 성령은 당신의 안에 계시며 방언은 당신의 안에 있습니다. 아무 조건 없이 자격 없이 단순히 사모한다면 당신은 방언을 말할 수 있습니다.

2. 거리끼는 죄에 대하여 고백하라.

성령은 거룩한 영입니다. 양심에 가책이 되는 죄를 고백할 때 당신의 영은 맑고 예민해지며 성령의 임하심을 좀 더 선명하게 경험할 수 있습니다. 특히 은사와 성령의 역사에 대하여 부정적으로 말한 적이 있다면 사죄의 고백을 하는 것이 필요합니다.

3. 찬양을 하거나 강하게 소리 내어서 성령의 임하심을 구하라.

영 안에 있는 성령의 역사가 바깥으로 나타나려면 뜨겁게 달구어져야 합니다. 그 중요한 열쇠는 소리입니다. 강하게 소리를 내어서 내면의 성령이 바깥으로 흘러나오게 하십시오.

강하게 소리 내어 성경을 읽고 찬송을 드리고 뜨겁게 방언을 달라고 기도하십시오. 부르짖어 기도하십시오. 지금 이 시간, 성령이 임하게 해달라고 강력하게 기도하십시오. 10-20분 정도 기도하면 될 것입니다.

4. 혀를 성령께 맡기고 기도하라.

충분히 뜨겁게 기도했다면, 충분히 마음에 감동이 되고 뜨거워졌다면 어느 시점에서 우리말로 기도하기를 그치고 입술과 혀를 주님께 맡겨야 합니다. 그리고 믿음으로 떠오르는 단어나 음절을 소리내어 말해야 합니다. 우물거리지 말고 크고 강하게 30분 이상 소리내어 기도해야 합니다. 그것은 단순히 연습이 아니라 실제로 기도입니다. 당신의 영이 기도하는 것입니다.

이렇게 할 때, 아주 특별한 경우가 아니라면 대부분은 방언을 하게 됩니다. 그 다음부터는 이제 속에서 나오는 대로 따라가면 됩니다. 이제부터는 성령께서 직접 이끄시고 감동하실 것입니다.

그 다음부터의 과정과 방향에 대해서 다음 장부터 좀 더 자세하게 설명하겠습니다. 당신에게 방언이 임한 것을 축하드립니다. 다만, 주의할 것은 결코 거기에서 멈추지 말라는 것입니다. 한 때의 호기심으로 방언을 받고 그것만으로 만족하는 것은 안타까운 일입니다. 오늘날 방언을 받은 이들, 방언을 하는 이들은 아주 많이 있습니다. 그러나 방언을 충분히 발전시켜서 더 깊은 영역으로 나아가는 이들은 많지 않습니다.

많은 사람들이 처음에는 호기심과 열정을 가지고 시작하지만 별로 나아가지 못하고 오랜 시간이 지나도 초기의 그 상태에 그대로 멈추어 있습니다. 나는 당신은 그렇게 되지 않기를 바랍니다. 당신이 더욱 더 갈망한다면, 성령께서는 더 아름답고 깊은 곳으로 당신을 이끌 것입니다. 할렐루야.

"너희는 다시 무서워하는
종의 영을 받지 아니하고 양자의 영을 받았으므로
우리가 아빠 아버지라고 부르짖느니라
성령이 친히 우리의 영과 더불어
우리가 하나님의 자녀인 것을 증언하시나니"

(롬8:15-16)

19. 방언의 내용과 발전과정

　방언을 반대하는 사람들 중에는 방언을 하는 것이, 의미도 모르고 뜻도 없는 말을 무한정 반복하는 것이 무슨 의미가 있으며 유익이 있느냐고 하는 이들이 더러 있습니다. 이러한 이야기는 불신자들이 믿는 자들을 조롱하면서 예수를 믿으면 밥이 나오냐고, 떡이 나오느냐고 하는 말과 비슷한 이야기입니다. 자신이 알지 못하는 세계에 대하여 자기 생각으로 단순하게 판단하는 것입니다.

　어떤 외국인들이 있는데, 그들이 모국어로 서로 대화를 나누는 것을 우리나라 사람이 듣고 말하기를, 저렇게 아무런 의미도 없고 말도 안 되는 이야기를 하고 있는 것이 참 답답하다고 한다면, 그것은 옳은 것일까요? 물론 옳지 않습니다. 그들의 말이 아무 의미가 없는 것이 아니라 본인이 그 의미를 못 알아듣는 것뿐입니다. 맹꽁이들이 밤새 울어대는 것을 보고 저렇게 쓸데없이 시끄럽게 울어대기만 한다고 생각한다면 그것은 오해입니다. 사람들이 못 알아들을 뿐 그들은 목적이 있고 뜻이 있어서 그들의 언어로 표현하고 있는 것입니다. 성경은 말합니다.

　"그런즉 형제들아 내가 너희에게 나아가서 방언으로 말하고 계시나 지식이나 예언이나 가르치는 것으로 말하지 아니하면 너희에게 무엇이 유익하리요 혹 피리나 거문고와 같이 생명 없는 것이 소리를 낼 때에 그 음의 분별을 나타내지 아니하면 피리 부는 것인지 거문고 타는 것인지 어찌 알게 되리요 만일 나팔이 분명하지 못한 소리를 내면 누가 전투를 준비하리요 이와 같이 너희도 혀로써 알아듣기 쉬운 말을 하지 아니하면 그 말하는 것을 어찌 알리요 이는 허공에다 말하는 것이라
　이같이 세상에 소리의 종류가 많으나 뜻 없는 소리는 없나니 그러므로 내가 그 소리의 뜻을 알지 못하면 내가 말하는 자에게 외국인이 되고 말하는 자도 내게 외국인이 되리니 그러므로 너희도 영적인 것을 사모하는 자인즉 교회의 덕을 세우기 위하여 그것이 풍성하기를 구하라 그러므로 방언을 말하는 자는 통역하기를 기도할지니" (고전14:6-13)

방언에는 의미가 있다

　세상에 소리의 종류는 많으나 뜻 없는 소리는 없습니다. 그러나 내가 알아듣지 못하면 그 나라의 언어를 알아듣지 못하는 외국인이 된 것과 같습니다. 그러므로 방언을 말하는 자는 다른 이들이 알아들을 수 있도록 통역을 구하라고 합니다.
　이것은 방언은 의미가 있는 말이지만 통역이 없으면 그 말을 알아들을 수 없으니 듣는 사람을 위하여, 알아들을 수 있게 전달하기 위해서, 통역이 있어야 한다는 것입니다. 이 말씀은 방언에 의미가 없다는 이야기가 아닙니다. 의미가 분명히 있지만 그 의미는 일반적으로는 알아들을 수 없는 것이며 통역이 있어야 의미를 알 수 있다는 것입니다.
　방언에는 의미가 있습니다. 그것은 그저 쓸데없이 흘러나오는 말이 아닙니다. 다만 그것은 통역이 없는 한, 알아들을 수 없을 뿐입니다. 그리고 그렇게 방언을 알아들을 수 없는 것은 당연한 일이며 하나도 이상한 일이 아닙니다.

"방언을 말하는 자는 사람에게 하지 아니하고 하나님께 하나니 이는 알아듣는 자가 없고 영으로 비밀을 말함이라"(고전14:2)

"내가 만일 방언으로 기도하면 나의 영이 기도하거니와 나의 마음은 열매를 맺지 못하리라"(고전14:14)

방언은 사람에게 하는 말이 아니고 하나님께 하는 것입니다. 사람이 들으라고 하는 것이 아니고 하나님께 드리는 것입니다. 하나님께 드리는 기도라고 하더라도 우리말로 한다면 알아들을 수 있겠지만 방언은 영으로 비밀을 말하는 것이기 때문에 사람은 그것을 알아듣지 못합니다.

방언을 하는 것은 우리의 영이 기도하는 것입니다. 그러므로 사람의 이성으로는 그 영의 언어와 내용을 알아듣지 못하며 이해하지 못합니다. 그러므로 우리의 마음은 열매를 맺지 못합니다. 알아듣고 이해해야 깨달음을 얻는다든지, 결단을 하고 회개를 한다든지 할 텐데, 무슨 내용인지 모르니 열매를 맺을 수가 없는 것입니다.

하지만 이성이 알아듣지 못한다는 것이 방언의 유익을 사라지게 하는 것이 아닙니다. 우리의 마음은 그 내용을 알아듣지 못한다고 하더라도 방언을 하면 할수록 우리의 내부에서 놀라운 일이 벌어지게 됩니다. 우리의 이성으로는, 마음으로는 이해할 수 없고 알 수 없는 놀라운 역사들이 방언기도를 통해서 풍성하게 이루어지고 나타나게 되는 것입니다.

방언의 내용은 무엇인가

그렇다면 방언을 통해서 말해지는 내용은 어떤 것일까요? 성경은 방언은 나의 영이 기도하는 것이며 하나님께 하는 것이며 영으로 비밀을 말하는 것이라고 말합니다.

여기서 주목할 것은 '영의 기도' 라는 표현입니다. 방언은 나의 영이 기도하는 것입니다. 마음이 기도하는 것이 아니며 이성으로 기도하는 것이 아닙니다. 감정으로 기도하는 것이 아닙니다. 방언은 이성과 감정으로 기도하는 것이 아니고 영으로 기도하는 것입니다.

사람은 몸을 통하여 물질세계와 접촉합니다. 그리고 마음, 즉 이성과 감정과 의지를 통하여 환경과 자아를 인식하며 몸을 다스립니다. 그리고 영을 통하여 하나님과 교통합니다. 하나님은 영이시므로 우리도 우리의 영을 사용하여 하나님과 교통합니다. 영으로 하나님을 예배하고 사모합니다.

우리의 마음과 이성은 하나님을 알 수 없습니다. 우리의 이해로는 하나님을 알 수 없습니다. 우리의 마음은 논리적인 사고를 통하여 합리적으로 생각하고 추리와 분석을 하지만, 그것으로는 하나님을 이해할 수 없으며 복음을 이해할 수 없습니다. 우리는 믿음을 통하여 성경에 나타난 하나님, 그리고 복음을 받아들임으로써 하나님과 관계를 맺게 됩니다.

우리의 마음은 하나님을 관념적으로 이해할 수는 있지만 하나님과 교제할 수는 없습니다. 사모할 수는 없습니다. 하나님을 갈망하고 구하는 것은 영의 기능입니다.

우리가 우리 의지를 통하여 믿음으로 복음을 받아들이고 주님을 영접할 때 우리의 영이 거듭납니다. 새롭게 태어납니다. 그리고 그때부터 우리의 영이 새로워집니다. 성령이 우리 안에, 우리의 영 안에 거하시게 됩니다. 그 결과 하나님에 대한 갈망이 일어나고 말씀에 대한 기갈이 일어납니다. 영감이 살아있다면 말씀에 대한 갈증을 느끼게 됩니다. 영은 말씀을 먹고 살아가게 되기 때문입니다.

또한 성령은 거룩한 영이시므로 죄에 대하여 불편한 감각이 일어나게 됩니다. 악하고 더러운 것들에 대하여, 세상적인 것들에 대하여 불편한 감각이 일어나게 됩니다. 이러한 것들이 우리 안에 거하시는 성령의 작용이며 우리 영의 작용입니다. 우리 안에 거하시는 성령이 이렇게 우리의 영을 새롭게 하시는 것입니다.

방언은 풍성하게 하는 영의 기도이다

방언기도는 영의 기도입니다. 이 기도는 영의 역사를 충만하고 풍성하게 합니다. 그러므로 이 기도는 물질적이고 외적인 필요에 의한 기도와 다릅니다.

우리가 마음을 사용하여 기도할 때 우리가 기도하는 대부분의 기도 제목들은 영적인 문제보다는 현실적이고 물질적인 필요에 대한 것인 경우가 많습니다. 물질적으로 어려울 때, 자녀들의 부족한 등록금이나 어떤 필요가 있을 때, 우리는 그것을 위하여 기도합니다. 또한 현실적인 여러 문제들, 질병이나 대인관계의 문제나 중요한 선택의 기로에서 우리는 기도합니다. 그러한 기도가 잘못되었다는 것은 아닙니다. 그러나 영의 기도는 그러한 일반적인 기도와 다릅니다.

영의 기도는 영에 대한 기도입니다. 영의 건강과 회복에 대한 기도입니다. 영의 충만함과 풍성함을 위한 기도입니다. 신령한 은사들은 근본적으로 영의 회복과 풍성함을 위한 것입니다. 그것은 육의 필요에 대한, 현실의 필요에 대한 기도가 아닙니다. 영의 회복이란 하나님과의 관계회복을 말합니다.

많은 사람들이 예언에 대해서 바르지 않은 인식을 갖고 있습니다. 미래에 어떤 일이 일어나며, 조금 후에 좋은 일이 생기고.. 이런 것이 예언이라고 생각합니다. 점쟁이들은 '동쪽에서 귀인이 오고..' 하는 식으로 말을 하곤 합니다. 그러나 성경의 예언은 그러한 것이 아닙니다. 성경의 예언은 육신적인 복을 위한 것이 아닙니다. 영을 회복시키고 하나님께 나아가게 하는 것이 성경의 예언입니다. 하나님께 대하여 막혀 있는 것들을 제거하고 돕고 위로하고 권면하여 하나님께 나아가도록 영을 회복시키는 것입니다.

방언기도는 영을 풀어놓고 활성화시킨다

방언기도도 근본적으로 그렇게 영을 회복시키고 충만하게 하는 기도입니다. 그것은 부자가 되기 위한 기도가 아니며 이 땅에서 성공하기 위한 기도가 아닙니다. 방언기도는 영을 활성화시키는 기도입니다. 그렇기 때문에 방언을 하면 할수록 영의 기능이 활성화되고 충만해집니다.

주님을 믿지 않는 불신자들도 기도를 해준다고 하면 좋아하는데, 그것은 그들이 기도를 소원성취를 도와주는 도구라고 여기기 때문입니다. 평소에 신앙에 대하여 관심이 없는 이들도 중한 병에 걸리거나 어려운 시험을 치르거나 인생의 중요한 일이나 중대한 위기가 있을 때는 기도해주는 것을 좋아합니다.

그러나 그들의 영혼에 대하여 기도해준다면 별로 좋아하지 않습니다. 구원을 위하여 기도한다고 하면 좋아하지 않습니다. 왜냐하면 그들은 영의 세계에 대한 이해와 관심이 없기 때문입니다. 그들이 가지고 있는 관심은 오직 현실의 물질세계에 대한 것 뿐입니다.

어떤 사람이 절벽에 매달려 있다면 그에게 필요한 것이 돈이나 애정이나 대학의 합격이나 자격증의 획득과 같은 것이겠습니까? 그들은 모든 것보다 먼저 절벽에서 끌어올려져 목숨을 구해야 합니다. 지금 죽으면 지옥에 갈 사람이 사업이 잘 되면 뭐하고 대학에 가면 뭐하고 돈을 많이 벌면 무슨 소용이 있겠습니까? 그러므로 불신자들은 일상적인 그들의 소원을 이루기전에 먼저 구원을 받아야 합니다. 하나님과의 관계를 회복해야 합니다. 하지만 그들은 그 사실을 알지 못합니다. 영이 깨어나지 않았기 때문에, 영에 대한 감각이 없기 때문에 그렇습니다.

불신자들은 영이 깨어나지 않았기 때문에 그러한 사고를 가지고 있는 것이 당연하겠지만, 문제는 예수를 믿은 후에도 여전히 물질적인 사고방식을 가지고 있는 사람들이 많다는 데 있습니다. 이러한 사람들은 예수를 믿기는 믿지만 영이 거의 자라지 않아서 세상적인 가치관이나 사고방식으로 충만해있습니다. 이러한 사람들은 방언도 세상적이고 육신적인 목적을 이루기 위한 용도로 생각합니다.

하지만 그것은 방언기도가 무엇인지 모르는 것입니다. 방언기도가 무엇인지, 어떻게 사용하는지에 대하여 바르게 알지 못하고 사용하지 않으면 충분히 유익을 누릴 수 없습니다.

방언은 영의 기도로서 우리에게 물질적 유익이나 현실적인 이득을 주는 것이 아니라 영을 충만하고 풍성하게 하는 것입니다.

방언은 육의 억압에서 영을 자유롭고 강건하게 한다

복음을 듣고 그리스도를 영접하고 주로 모신 이들은 영이 살아나 있는 상태입니다. 그러나 충만한 상태는 아닙니다. 그들은 아직 어리기 때문에 아직 세상 중심의 사고와 가치관을 가지고 있습니다. 그들의 안에 있는 세상적인 인식과 욕망은 그들의 영을 압박합니다. 그들의 안에 있는 세상적인 인식과 욕망은 영에게 자리를 양보하려고 하지 않습니다. 그래서 주님을 영접한 후에 이러한 영과 육의 전쟁이 사람의 안에서 일어납니다.

이스라엘 백성은 출애굽을 한 후에 광야에서 많은 고난을 겪게 되는데, 그것은 그들의 안에 남아있는 애굽의 사상, 문화 등과 같은 애굽의 잔재를 깨끗이 청소해야 하기 때문입니다.

그들은 가나안으로 들어가기 전에 먼저 광야에서 애굽적인 요소가 깨끗이 정화되어야 합니다. 아직 정화되지 않은 사람들은 여전히 애굽을 동경하는 속성을 가지고 있어서 조금만 어려움이 오면 애굽에서 살던 때가 좋았다고 하며 애굽으로 돌아가고 싶어 하기 때문입니다.

가나안은 하늘에 속한 삶, 영적인 삶을 의미하는 것이며 애굽은 세상적인 삶, 육적인 삶을 의미하는 것입니다. 광야는 이렇게 애굽과 가나안이 충돌하고 영과 육이 충돌하는 과정의 공간입니다. 그러므로 주님을 영접하고 믿는 순간부터 영과 육의 투쟁은 치열하게 벌어집니다.

정화되지 않은 신자들이 가지고 있는 육적 가치관과 사고는 영을 억압하고 불편하게 합니다. 그런데 방언기도는 이러한 영을 강하고 충만하게 해줍니다. 육에 눌려 있던 영이 강건하고 충만하도록 회복시켜줍니다. 그러므로 방언을 할수록 영의 감각은 깨어나게 되고 깊은 속에서 새로운 내적인 인식, 사고, 감각이 일어나게 되는 것입니다.

통역에는 공감이 있다

　집회를 하거나 개인적으로 방언이 나오도록 도울 때 나는 가끔 그들이 하는 방언을 통역해주곤 하였습니다. 처음에 방언을 하는 이들 중에는 방언이 강하게 터져 나오면서 강한 기쁨과 확신을 갖게 되는 경우도 있지만, 그렇지 않고 밋밋한 경우도 많습니다. 그들이 평소에 뜨겁게 발성으로 기도한 경험이 별로 없을 때 주로 그렇습니다. 그런데 그러한 사람이라도 방언통역을 해주면 자기의 마음과 상태가 그대로 나타나는 것을 느끼면서 갑자기 통곡이 터지고 방언이 아주 강력한 것으로 바뀌는 것을 나는 많이 보았습니다.

　나는 방언이 터지도록 사람들을 많이 돕는 가운데, 방언을 처음 하는 사람이 방언이 터질 때 두려워하면서 한편으로 설레는 모습으로 방언을 할 때, 더러 그 내용이 선명하게 느껴질 때가 있었습니다. 그러면 나는 그를 돕기 위해서 큰 소리로 통역을 하곤 합니다. 그러면 방언을 하던 사람들은 눈물이 폭발하면서 방언이 더 강하게 나오는 것이 보통이었습니다.

　방언은 영의 기도인데, 옆에서 기도하며 상대방의 영에 집중을 하고 있으면 그 영의 흐름이 느껴지곤 합니다. 그러면 그가 방언기도를 하는 것에 맞추어서 "나의 하나님, 내가 하나님을 갈망합니다.." "나의 아버지, 내가 주를 찬양합니다.." 하고 통역을 합니다. 그의 영이 꼭 그렇게 말하는 것처럼 느껴지는 것을 그대로 말하는 것입니다.

　통역을 듣고 통곡하던 사람들에게 나중에 왜 울었느냐고 물으면 목사님이 말씀하시는 것이 자기 마음과 똑같다고 느껴지면서 저절로 속에서 눈물이 올라와서 울었다고 합니다. 왜 우는가 하면 자기의 영을 그대로 표현하는 것을 듣고 영이 감격하여 아멘 하는 것입니다.

영이 예민하게 발전된 사람은 다른 사람의 영의 기도를 듣고 자기의 영이 같이 반응하여 그것을 감지합니다. 그것을 통역이라고 할 수 있습니다. 그리고 그것을 분명한 언어로 해석해줄 때, 그것은 방언으로 기도하는 사람의 영을 더욱 더 충만하게 증폭시키게 되는 것입니다.

영의 기도는 그 사람의 마음상태와 다르다

언젠가 집회에서 사람들이 방언을 하도록 돕는 중에 이런 일이 있었습니다. 어떤 형제가 강하게 방언을 하고 있었는데, 그 내용이 '나의 하나님.. 내가 얼마나 하나님을 사모하고 기다려왔는지 모릅니다..' 하는 것으로 들렸습니다. 그런데 겉으로 느끼기에 그는 전혀 하나님을 사모하는 것으로 보이지 않았습니다.

이런 비슷한 경험들이 더러 있었는데, 예배 시간에 딴청을 하고 마지못해 자리에 앉아있는 것으로 보이던, 그러니까 주님을 사모하는 것과는 전혀 거리가 있는 것같이 보이던 소녀들이 방언이 터졌는데, 이들이 하는 방언의 내용을 통역할 때 겉보기와는 전혀 다르게 그 영이 너무나 주님을 간절하게 사모하는 내용이 느껴지는 것입니다. 그래서 속으로 이런 내용이 느껴지기는 하지만, '이게 맞나?' 하는 마음으로 통역을 한 적이 여러 번 있었습니다.

그런데 그렇게 통역을 하고 있으면 이러한 이들은 여지없이 통곡을 하면서 감사하고 회개하며 기뻐하는 것이었습니다. 나중에 이야기를 들으면 이러한 이들은, 그 통역을 들을 때 자기도 모르게 통곡이 나왔다면서 자기가 속으로는 하나님을 많이 사모했었던 것 같다고 말하곤 하였습니다.

이러한 경험을 통해서 알게 된 것이 있었습니다. 그것은 모든 사람들의 안에 영이 있으며 그 영은 그들의 겉모습과는 전혀 다르다는 것입니다. 그들의 겉사람에는 자아를 사랑하고 세상을 사랑하는 마음이 있었을지라도, 그의 안에는 주님을 갈망하는 영이 있었습니다. 모든 사람들의 안에 있는 영은 하나님의 형상으로 창조된 것입니다. 모든 사람들은 그 안에 자신이 알지 못할 뿐, 하나님을 찾고 갈망하는 영을 가지고 있었습니다. 다만 그 영이 갇혀 있고 깨어나지 않았을 뿐입니다.

그래서 피상적으로 하나님을 알고 있던 이들이 실제적으로 영이 깨어나자 자기 안에서 일어나는 놀라운 하나님의 은혜에 대한 갈망과 사모함을 느끼게 되었던 것입니다.

누구나 그 안에 하나님을 갈망하는 영이 있다

인간은 모두 근본적으로 하나님 없이는 살 수가 없는 존재입니다. 인간은 하나님을 예배하고 하나님과 교제하도록 창조되었습니다. 그러므로 자기를 지으신 하나님 앞에 나아가기 전까지 결코 진정한 평안과 만족을 얻을 수 없습니다. 하나님을 간절하게 찾지 않는 이들도 본인이 모를 뿐이지, 그들의 안에는 하나님을 찾고 예배하기를 원하는 영이 있는 것입니다.

그러므로 누구든지 영이 깨어나기만 하면 그 하나님의 임재 앞에서 거꾸러져서 내가 진정 지금까지 찾던 것은 바로 이것이었다고 고백하게 됩니다. 그들의 겉사람은 자아와 세상을 사랑했지만 그들의 깊은 속에 있는 영은 항상 하나님을 향하고, 찾고 있었던 것입니다. 다만 자신이 그것을 깨닫지 못하고 있었을 뿐입니다. 그의 영은 하나님을 갈망하고 있었지만 속에 갇혀있었을 뿐입니다. 그것이 바깥으로 나오게 되면 누구나 하나님을 간절하게 사모하게 됩니다. 왜냐하면 인간은 그렇게 살도록 창조되었기 때문입니다.

그러므로 사람의 겉모습만 보고 그를 함부로 판단해서는 안 됩니다. 어떤 사람도, 비록 겉으로 육신적으로 보이는 사람이라고 할지라도 그의 안에는 하나님을 갈망하는 요소를 가지고 창조되었기 때문입니다. 바리새인들은 세리와 창기의 겉모습만 보고 그들을 정죄하고 판단했습니다. 그들의 내부에 갈망하는 영이 있다는 것을 그들은 간과했습니다.

이처럼 모든 사람들의 안에 갈망하는 영이 있습니다. 중요한 것은 그의 안에 있는 그 영, 그 갈망을 어떻게 바깥으로 끄집어내는가 하는 것입니다. 그리고 그것이 바로 영혼을 돕고 인도하는 사역자의 역할이라고 할 수 있을 것입니다.

방언기도는 영의 기능을 예민하게 하고 발전시킨다

거듭난 이들은 누구나 그 안에 성령의 새롭게 하심을 따라 영의 감각이 있습니다. 그러나 초신자들의 경우, 또 오랫동안 믿어왔지만 영적인 세계를 모르고 이성으로만 믿어왔을 경우, 그들의 영은 미약하며 예민하지 않습니다. 그러나 방언을 경험하고 방언으로 기도하게 될 때 그들의 영감은 발전하기 시작합니다. 묶여져 있었던 영의 감각이 풀려나면서 감각이 새로워지게 되는 것입니다. 방언을 계속 할수록 그 감각은 점점 더 강해집니다. 예민해집니다.

처음에 나오는 방언기도는 대부분 단순한 음절이 되풀이되는 것이 보통입니다. '라라라라라..' 나 '따따따따따..' 하는 식으로 단순한 것입니다. 그러므로 그 기도의 내용이 대단한 것이라고 여기는 사람은 없을 것입니다. 처음으로 그 기도를 하는 사람은 본인 자신도 그 기도가 유치한 것이라고 생각합니다.

그러나 분명한 것은 그러한 방언기도를 계속할 경우, 그의 영은 점점 더 풍성해지며 그는 그 영으로 사로잡히게 된다는 것입니다.

방언을 하면 영의 기능들이 발전하게 됩니다. 그러므로 마음의 이성과 감정이 발달하는 것이 아닙니다. 지식이 많아지거나 감정적으로 풍성해지거나 하지 않습니다. 영적인 감각이 발달하기 때문에 영적인 세계에 대한 느낌이 많아지게 됩니다.

점차 하나님의 임재에 대해서 예민해지게 됩니다. 기도할 때, 찬양할 때, 그리고 말씀을 읽을 때 말로 표현하기 어려울 정도로 감동을 느끼게 됩니다.

방언을 충분히 말하기 전에는 기도를 드리거나 찬양을 하면서 울거나 하는 식으로 감정을 표현하는 일이 드물었던 이들이 쉽게 감동을 받고 눈물을 흘리며 깊은 기도와 은혜의 세계에 들어가게 됩니다. 하나님의 임재를 실제적으로 가까이 느끼게 되면서 비로소 믿는 자의 기쁨과 감격을 이해하게 되는 것입니다.

어두움의 영들, 어두움의 세계에 대한 지각도 증가된다

또한 영적 세계에 대한 지각력이 발전하면서 영계에는 빛의 영계만이 아니라 어두움의 영계도 존재한다는 사실을 느끼게 됩니다. 기도 중에, 또는 현실의 삶에서도 악한 영들의 존재를 느끼게 됩니다.

사람들을 통해서 역사하는 악한 영의 존재도 느끼게 되고, 세상의 문화를 통해서 역사하는 어두움의 영들도 점차 감지하는 감각이 증가됩니다.

방언을 하면 할수록 점차로 세상의 소리가 듣기 싫어집니다. 텔레비전에서 나오는 소리들, 세상 음악들에 대해 점차 불쾌한 느낌이 들고 거부감이 생깁니다.

전에는 세상음악을 좋아하던 이들도 점차 싫어하게 되고 노래방을 자주 가던 이들도 점점 답답해져서 가는 것이 힘들어지게 됩니다. 세상의 음악에서 나오는 악한 기운들, 어두움의 기운들을 선명하게 느끼게 되기 때문입니다.

내면의 거룩한 감각이 발달할수록 악하고 더러운 기운들을 느끼게 되고, 자기 안의 거룩한 영이 그러한 세상의 악한 영들과 대립하는 것을 느끼게 됩니다. 그래서 자연적으로 세상이 싫어지고 주님의 은혜를 사모하게 됩니다. 방언기도를 하면할수록 은혜 가운데 거하는 기쁨을 알게 되어 '주의 궁정에서의 한 날이 다른 곳에서의 천 날보다 나은즉 악인의 장막에서 사는 것보다 내 하나님의 성전 문지기로 있는 것이 좋사오니' (시84:10) 하는 시편저자의 고백을 실감하게 됩니다. 틈만 나면 기도하고 싶고 이전에 즐기던 다른 일들이 싫어지게 되는 것입니다.

성령에 대하여 민감해지는 것만큼 악한 영의 기운들도 느끼게 됩니다. 세상의 영들, 세상의 배후에 있는 영들을 느끼게 됩니다. 아직 지식적으로 충분히 이해하지 못한다고 해도 악한 영의 기운을 그냥 느끼게 되는 것입니다. 악한 영의 기운이 있을 때 섬뜩하고 소름이 끼치는 경험을 하게 되고, 성령의 은혜 안에 있을 때는 깊은 평안함과 기쁨과 감동을 느끼게 됩니다.

물론 이러한 상태는 방언의 초기에 많이 나타나는 은혜의 상태이며 방언을 하는 순간부터 죽을 때까지 한결같이 유지되는 것은 아닙니다.

영적 발전의 과정은 항상 오르막만 있는 것은 아니며 은혜의 시기와 식어지고 둔감해지는 시기, 다시 넘어지고 고통을 겪은 후에 회복되어 가는 시기를 거듭 반복하는 것입니다. 다만 처음에 방언이 터지고 영이 새롭게 회복되고 감각이 일어날 때는 그 충격이 아주 크기 때문에 그 차이가 선명하게 느껴지는 것입니다.

방언을 초기에 계속 하게 될 때, 바로 즉시 이러한 긍정적인 변화가 나타난다고 할 수는 없습니다. 영이 깨어나고 새로운 영계에 대한 새로운 감각이 일어나는 것은 방언을 시작하자마자 이루어지는 것은 아닙니다.

처음 방언을 할 때부터 기쁨이 오는 경우는 많지 않다

널리 퍼져있는 오해가 하나 있는데, 그것은 처음에 방언을 받으면 아주 감동과 기쁨이 충만할 것이라고 생각하는 것입니다. 그런 감동과 기쁨이 충만해야 진짜 방언이며, 그런 감격이 없다면 그것은 진짜 방언이 아니며, 엉터리로 흉내 내는 것이거나 혹은 자신이 혼자서 비슷하게 만들어낸 방언이라고 생각합니다.

하지만 그것은 오해입니다. 방언을 처음으로 경험하면서 감동과 기쁨을 경험하는 이들도 있지만 그렇지 않은 이들이 더 많습니다. 많은 사람들이 처음으로 방언을 할 때에는 그저 밋밋한 감각을 느낍니다. 혀는 아주 빨리 움직이지만 자신은 아무 즐거움을 느끼지 못하고 '이걸 계속 해야 하나?' 하고 생각하는 이들이 많이 있습니다.

그 이유는 무엇일까요? 방언이 분명히 성령으로부터, 주님으로부터 온 은사라면 거기에는 하늘의 기쁨과 감격이 있는 것이 정상이 아닐까요? 그런데 나의 영이 기도하는 것이 방언이라면, 왜 아무런 기쁨과 감격이 없는 것일까요?

방언은 자기 영의 상태를 보여준다

그 이유는 이렇습니다. 방언은 영의 표현입니다. 방언으로 기도하는 것은 영으로 기도하는 것입니다. 방언으로 찬양하는 것은 영으로 찬양하는 것입니다. 그러므로 방언을 할 때 그의 방언은 그 사람의 영을 표현해줍니다. 그 사람의 영적 상태를 표현해줍니다.

목소리를 들으면 우리는 그 사람의 상태를 알 수 있습니다. 화가 났는지, 기분이 좋은지, 차분한 상태인지 알 수 있습니다. 목소리는 그 사람의 상태를 보여줍니다. 그가 감기에 걸렸다면 우리는 그의 목소리를 듣고 그것을 알 수 있을 것입니다.

방언이 처음 나올 때 그 사람의 영이 충만하고 아름다운 상태라면 그의 방언은 아주 달콤하고 아름답고 행복하게 느껴질 것입니다. 그러나 그의 영이 자유롭고 풍성한 상태가 아니라면 그의 방언은 그의 그러한 영의 눌림을 나타낼 것입니다. 그렇기 때문에 방언의 경험이 많은 이들은 사람들의 방언을 들어보면 그 사람의 영적 상태나 감각에 대해서 어느 정도 분별할 수 있는 것입니다.

대체로 사람들은 자기의 영적 상태에 대해서 잘 모릅니다. 느끼지 못합니다. 영의 감각에 대해서 둔감합니다. 자기의 생각과 기분의 상태와 영의 상태를 혼동합니다. 기분이 좋으면 영도 좋은 것이라고 생각합니다. 그러나 그것은 맞지 않습니다.

마음의 느낌과 영의 느낌은 다르다

사역자들이 말씀을 준비하면서 좋은 아이디어를 깨달으면, 이 말씀을 전할 때 사람들에게 큰 은혜를 끼칠 것이라고 생각합니다. 그런데 막상 말씀을 전하게 되면 자신이 말씀을 묵상하던 때의 감동이 없고 이상하게도 속에서 차갑게 식은 것을 느끼게 됩니다. 사람들에게도 별 다른 감동을 주지 못하며 실패했다고 느끼게 됩니다. 그는 자신의 경험에 대해서 당혹하게 되는데, 그것은 마음의 감각과 영의 감각이 다른 것을 그가 알지 못하기 때문입니다. 마음에서 어떤 생각이나 감동이 있을 때, 그것은 영의 감각과 다른 것입니다.

사람들은 흔히 이 두 가지의 차이점을 분별하지 못하기 때문에 자기의 영적상태가 좋은지 나쁜지 모릅니다. 이곳에서 그 차이점과 분별에 대해서 많은 것을 이야기할 수는 없지만, 분명한 것은 자신이 이성으로 이해한 것과 영적인 실제를 누리는 것은 다른 차원의 것이라는 사실입니다.

이성으로는 충만하다고, 충분히 이해하고 깨달았다고 느끼지만 영으로는 아주 빈약할 수가 있습니다. 반대로 지식은 많지 않은 것 같은데 영의 실제가 충만하고 풍부하여 주님과 친밀한 교제를 누리고 있는 사람도 있습니다. 영의 느낌은 마음의 느낌과 다르기 때문에 많은 이들이 이러한 분별에 대하여 취약합니다.

밋밋하고 무감각한 느낌과 고통스러운 느낌

평소에 성결한 삶을 살며 죄로 인하여 자기 안에 거하시는 성령을 고통스럽게 하지 않고 영을 자유롭게 풀어놓은 사람들은, 방언을 처음 말할 때 방언이 아름답고 자연스럽고 풍성하게 나타납니다. 그렇지 않고 평소에 영의 눌림, 묶임이 많은 이들은 방언이 힘들고 거북하게 나오며 밋밋합니다. 방언이 고통스럽게 나오는 경우도 있고 밋밋하게 아무 감각이 없게 나오는 경우도 있는데, 고통스러운 것은 영의 상태가 억압되어 괴로운 상태인 것이고, 밋밋하고 무감각 상태인 것은 평소의 삶에 영의 억압이 심해서 감각이 아주 마비된 상태에 있는 것입니다.

방언을 할 때는 영의 감각이 나오므로 각 사람의 영적 상태가 드러나게 됩니다. 그래서 나는 방언을 들으면서 사람들의 상태에 대해서, 무엇을 조심해야 하는지, 권면을 해주기도 합니다.

방언의 첫 단계는 밋밋한 느낌이 많다

그러므로 일반적인 인식과는 반대로, 방언을 처음 하는 사람들의 영적 감각은 밋밋한 상태인 것이 보통인 것을 이해해야 합니다. 첫 단계에서 사람들은 대부분 아무런 느낌이 없이 방언을 합니다. 그렇게 아무런 감각이나 즐거움이 없이 방언을 하는 상태가 꽤 오래 진행되는 사람들도 있습니다. 그것은 그 사람의 영적 억압과 마비가 아주 오랫동안 진행되었기 때문입니다. 이들은 오랫동안 자기 안에 거하시는 성령을 제한하고 자기 이성을 따라, 혹은 감정을 따라 살아왔기 때문에 성령께서 탄식하시다가 자기 영과 함께 마비상태에 있는 것입니다.

기껏 사모하던 방언을 받았지만 아무 느낌이 없다면, 그것은 아주 실망스러운 일일 것입니다. 하지만 실망할 필요는 없습니다. 이제 영의 흐름이 시작되었기 때문에 실망하지 않고 계속 방언을 하다보면 점차로 영의 감각이 생기게 되고 방언을 할 때의 감각도 일어나게 됩니다.

방언의 두 번째 단계는 고통스러운 느낌이 많다

방언으로 계속하여 기도하면 영적 상태는 회복되기 시작하며 차츰 무감각한 상태에서 감각이 생기게 됩니다. 이것이 두 번째 단계입니다.

하지만 이 단계에서 바로 기쁨이 올 것이라고 생각해서는 안 됩니다. 오히려 반대입니다. 이 두 번째 단계에서 처음에 감각이 둔했던 사람은 방언을 계속할수록 내적인 고통이 드러나게 됩니다. 감미로움과 기쁨을 느끼기 전에 먼저 고통이 나타나게 됩니다.

그것은 억눌린 영의 치유과정이기 때문에 중간에 포기하지 않고 계속 하기만 하면 됩니다. 충분히 영의 눌림과 고통이 방언을 통해서 처리되면 서서히 방언기도를 드릴 때 기쁨과 감격을 느끼게 됩니다.

방언을 할 때 처음에는 아무 감각이 없지만 차츰 감각이 살아나게 되면 속에 막혀 있는 것, 그 동안 영을 억눌러 왔던 것들이 표출되기 시작합니다. 그 고통이 충분히 처리되는 과정을 통과한 후에야 비로소 기쁨과 감동을 느끼는 것이 일반적인 일입니다. 이 과정에서 '성령의 말할 수 없는 탄식' 과 같은 것을 경험하기도 합니다.

"이와 같이 성령도 우리의 연약함을 도우시나니 우리는 마땅히 기도할 바를 알지 못하나 오직 성령이 말할 수 없는 탄식으로 우리를 위하여 친히 간구하시느니라" (롬8:26)

성령께서 우리를 위하여 탄식하신다

성령은 우리 안에 거하십니다. 그러므로 우리가 하는 악한 생각과 악한 행동은 성령께 깊은 고통을 일으킵니다. 우리가 입을 다물고 있으면 우리의 영과 연합되어 있는 성령은 같이 억압되고 눌려서 그 고통을 표현하실 수 없습니다. 그러나 우리가 입을 벌려 방언을 말할 때 성령은 우리 영과 더불어 탄식과 슬픔을 드러냅니다. 그것은 고통스러운 과정입니다. 그러나 어느 정도 탄식을 통하여 고통을 내보내면 우리의 영은 자유롭고 편안한 느낌을 얻게 됩니다.

우리가 하는 방언이 어떤 내용으로, 어떻게, 어떤 메커니즘으로 우리의 영을 치유하는지 모르지만 우리는 성령께서 방언을 사용하셔서 우리의 영을 치유하시고 자유롭게 하는 것을 느낄 수 있습니다.

내적인 영의 억압과 고통이 처리되고 어느 정도 자유로운 단계에 이르기까지 어느 정도 시간이 걸리는지는 개인차이가 있을 것입니다. 특별한 문제가 없으면 며칠 정도 계속 방언을 하면 오랫동안의 억압과 눌림이라고 하더라도 대체로 사라지는 것 같습니다. 그러나 슬프게도 많은 사람들이 방언을 받고 일시적으로 하다가 곧 중단하고 맙니다. 그래서 방언의 체험이 한두 번으로 끝나는 이들이 많이 있습니다. 그렇게 해서는 그다지 유익을 얻지 못할 것입니다.

밋밋한 방언에서 점차 내재된 고통의 상태가 나타나는 단계의 방언으로 발전해 갈 때, 얼굴이 일그러지고 악한 영이 표출되는 경우도 있습니다. 이러한 경우를 보면서 마귀 방언을 받았다고 여기는 이들도 있는데 그렇지 않습니다.

간혹 무당이나 뉴에이지에 심취한 사람들과 같이 자신을 마귀에게 드린 경험이 있다면 그들은 마귀 방언을 받을 수도 있습니다. 그러나 그렇게 특별한 경우가 아니라면 대부분 이러한 경험은 마귀 방언이 아니라 방언을 하는 과정에서 그 전에 있었던 악한 영이 표출되고 소멸되는 과정이 이루어지는 것입니다.

어느 정도 방언을 계속하면 이 현상은 잠잠해집니다. 주위에 방언의 경험이 있는 사람이 같이 기도해주면 그 현상은 좀 더 빨리 사라질 것입니다.

처음부터 원액이 나오지 않는다

바다에서 유전이 발굴되어 시추작업이 진행될 때 처음부터 깨끗한 석유의 원액이 나오는 것이 아닙니다. 처음에는 시커먼 찌꺼기가 많이 올라옵니다. 한참 후에야 원유가 나오게 됩니다.

방언을 처음 시작할 때 처음부터 기쁨과 감격을 경험하는 경우도 있지만 대체로 처음에는 감각이 밋밋한 경우가 많습니다. 그 상태에서 방언을 계속 하면 어느 정도 시간이 지난 후에 속에서 고통과 슬픔의 느낌이 많이 올라옵니다.

이것은 영의 고통, 성령의 탄식이 나오는 것입니다. 이것은 아직 깊은 기도는 아니며, 다른 이들에 대한 중보기도와 같은 것도 아닙니다. 이것은 그의 안에 쌓여있던 죄와 주님의 고독.. 성령님의 상처가 표현되어 나오는 것입니다.

신자들은 대체로 자기 안에서 성령께서 얼마나 탄식하고 계시며 자신이 얼마나 주의 영을 고독하게 해왔는지 거의 모릅니다. 내적 감각이 없기 때문입니다. 그러므로 방언을 하고 영의 흐름이 바깥으로 나오게 할 때 자신의 안에 있는 성령을 제한한 것, 슬프시게 한 것들이 흘러나오게 됩니다. 이때는 슬픔이 한도 없이 올라오기도 하며 그러면 울고 또 울게 됩니다. 이 눈물은 고통스럽지만 동시에 행복한 눈물입니다. 거기에는 감격과 후련함과 회복이 있습니다.

방언의 세 번째 단계에서 기쁨과 풍성함을 맛보게 된다

이 두 번째의 고통과 슬픔의 표출 단계를 어느 정도 지나게 되면 비로소 세 번째 단계에 이르러 기쁨과 감격이 올라오며 찬양과 감사와 경배와 사랑의 고백, 감격이 끝없이 올라오게 됩니다. 방언의 맛을 알게 되고 통역이나 그 다음의 발전 단계로 나아가는 것도 세 번째 단계에서 부터입니다.

이때부터 비로소 방언을 통하여 충만한 은총과 자유함을 경험하고 기쁨을 누리게 됩니다. 방언을 적절하게 분별하고 사용하여 주님께 가까이 나아가는 도구로, 주님의 음성을 듣는 도구로 사용하게 됩니다. 하지만 이 단계에까지 이르는 이들, 아름답고 풍성하게 방언을 사용하며 유익을 누리는 이들은 많지 않습니다. 아쉽게도 많은 이들이 방언의 초기 상태에서 그다지 발전하지 못하고 있습니다. 그러므로 더욱 더 발전해가야 합니다.

방언의 발전은 한 순간에 이루어지지 않는다

방언은 영의 기도입니다. 이것은 방언이란 영이 건강하고 잘되기 위한 기도라는 의미입니다. 몸의 기도는 몸의 건강을 위한 기도일 것입니다. 마음의 기도는 마음의 건강과 행복, 마음이 원하는 것, 가족, 성공, 애정 등에 대한 기도일 것입니다. 영의 기도인 방언은 영이 건강하기를, 잘 되기를 구하는 기도입니다.

그러므로 방언으로 기도할수록 영이 건강해지고 충만해져서 주님을 사랑하게 되고 영적인 무기와 능력을 얻게 됩니다. 이것은 한 순간에 갑자기 이루어지는 것이 아니라 단계를 거쳐서 서서히 성장과 발전이 이루어지게 됩니다.

방언을 처음 할 때 많은 의문도 있고 두려움도 있을 수 있지만 충분히 계속 하게 되면 대부분의 의문이나 문제는 사라지게 됩니다. 많은 질문보다는 본인이 직접적으로 충분히 방언을 하면서 스스로 터득해나가는 것이 좋을 것입니다.

어느 정도 방언에 익숙해지기까지 걸리는 시간은 사람에 따라 개인 차이가 있겠지만 길어야 며칠에서 몇 주일 정도입니다. 비교적 초기부터 방언을 조금밖에 하지 않았는데도 충만한 감동과 변화를 경험하는 사람들도 있습니다. 이처럼 짧은 순간에 많은 변화를 경험하는 이들은 이미 충분한 기도가 쌓여있거나, 충분히 헌신이 되어 있거나, 방언을 받기 전에도 어느 정도 영감이 있어서 성령과의 내적 교류에 익숙한 상태일 것입니다.

초기에 특히 집중적으로 방언으로 많이 기도하라

방언이 처음 나타났을 때, 초기에는 방언을 충분히 하고 또 하는 것이 중요합니다. 처음 방언이 임하기 시작했을 때에는 영적으로 은혜가 쏟아지는 때이며 짧은 시간에 영적으로 발전할 수 있는 아주 좋은 시기입니다. 이 때 충분히 방언을 하며 주님께 나아갈 때 많은 변화들이 일어날 것입니다. 모든 것이 달라질 것입니다.

그러므로 이때에 충분히, 최대한 많이 방언으로 기도하십시오. 나중에는 방언기도 외에 마음으로 드리는 기도도 충분히 드리며 균형을 맞추어 가야 하지만, 이때는 가급적이면 방언을 집중적으로 하십시오. 만약 방언으로 기도할 시간을 내기 어렵다면 길을 걷는 시간에 방언으로 기도하십시오. 한 시간 정도 걸으면서 방언으로 기도하십시오. 주위에 사람들이 없다면 방언으로 찬송을 하면서 걸으십시오. 아침에 깨면 깨자마자 방언을 하고 잠을 자기 전에 방언으로 기도하며 꿈속에서도 방언을 하십시오.

당신은 천국이 어떤 것인지 경험하게 될 것입니다. 너무 아름답고 충만한 천국.. 주님의 깊고 달콤한 임재를 맛보고 누리게 될 것입니다. 할렐루야.

20. 방언과 영의 정화

방언은 나의 영이 기도하는 것입니다. 나의 몸이 기도하는 것이 아니며 나의 마음이 기도하는 것이 아닙니다. 그러므로 나의 영이 기도하는 것은 몸을 위한 기도가 아니며 마음을 위한 기도가 아니며 영을 위한 것입니다. 영이 건강하게 회복되고 충만하여 하나님께 나아가기 위하여 기도하는 것입니다.

마음은 겉사람의 의식입니다. 그러므로 영의 기도를 드리기 어렵습니다. 겉사람은 여러 가지 보이는 상황에 대해서 근심하고 걱정하고 소원하며 그러한 기도를 드립니다. 마음은 물질에 대하여 염려하고, 현실적인 필요나 소원에 대하여 걱정하며 기도하지, 영의 문제로 인하여 기도하려고 하지 않습니다. 마음은 혼의 세계에 속해 있으며 영의 세계에 대해서 모르기 때문에 그러한 기도를 드리기 어렵습니다.

혼의 마음은 영적인 세계를 알지 못하며 관심이 없습니다. 어떤 사람에게 영적인 열망이 있다면 그것은 그 사람의 혼, 마음에서 오는 것이 아니라 그 사람의 안에 있는 영에서 일어나는 것입니다.

방언은 혼을 정화시킨다

방언의 중요한 목적 중의 하나가 영의 정화이며 영의 눌림을 처리하는 것입니다. 그것은 엄밀하게 말하자면 영의 정화가 아니고 영을 누르고 있는 혼의 정화, 마음의 정화입니다. 영을 억압하고 있는 혼을 정화시키면 영은 자연히 정화됩니다.

영과 혼은 서로 붙어있기 때문에 서로 영향을 주고받습니다. 그러므로 혼이 병들어 있으면 그것은 영에게 고통을 줍니다. 이렇게 영이 혼의 의식을 통하여 억압되어 있으면 영은 자유롭게 하나님께 나아가 예배하고 교제할 수 없습니다. 그러므로 영은 영을 누르는 혼의 상처와 고통을 처리하고 싶어 합니다.

그것은 마치 몸이 여러 날을 씻지 못해서 찝찝할 때 깨끗이 목욕을 하고 싶은 것과 같습니다. 오늘날 사람들의 마음은 많이 병들어 있으며 그 병든 혼의 마음은 영을 무겁게 하므로 영은 이 혼의 압박에서 벗어나려 합니다. 그리고 방언기도는 영을 이 혼의 압박, 마음의 압박에서 벗어나게 해주는 중요한 도구입니다.

사람의 구조에 대하여

혼과 영의 관계에 대한 이해를 위하여 사람의 구조를 간단하게 설명해보겠습니다. 사람의 구조를 이야기할 때 흔히 2분설, 3분설, 전인설을 이야기합니다. 2분설은 사람이 영혼과 몸으로 되어있다는 이론이고 3분설은 영과 혼과 몸으로 되어 있다는 이론입니다. 전인설은 사람의 영혼과 몸은 서로 밀접하게 관계가 있기 때문에 따로 나누는 것은 의미가 없다는 이론입니다.

전인설은 일단 논외로 하는 것이 좋을 것입니다. 이것은 구조에 대한 설명이 아니기 때문입니다. 사람이 보이는 몸과 보이지 않는 마음, 영혼으로 되어 있다는 것은 구조적으로 누구나 알 수 있는 것입니다. 이것은 사람의 요소가 가지고 있는 성격을 이야기하는 것이며 구조를 다루고 있는 것이 아니므로 제외를 할 수 있습니다.

전인설을 제외하면 남은 것은 2분설과 3분설입니다. 사람이 영혼과 몸의 2부분으로 형성되어 있는가, 영과 혼과 몸의 3부분으로 되어 있는가는 학자들이 오랫동안 씨름하고 있는 문제입니다. 이것은 개인적으로, 교단적으로 취하고 있는 입장이 다릅니다.

나는 신학자가 아니므로 이것에 대하여 권위 있는 답을 제시할 입장은 아닙니다. 다만, 나는 개인적으로는 둘 중 어느 쪽을 취하여도 비슷한 것이 아닌가 하는 생각을 가지고 있습니다.

구조적으로는 2분설이 맞을 것입니다. 사람은 보이는 몸인 육체와 보이지 않는 영혼을 가지고 있습니다. 영혼은 육의 눈으로는 볼 수 없으나 분명히 존재하는 실재입니다. 무신론자들은 영혼의 존재를 믿지 않으며 육의 몸이 사라지면 인간은 소멸된다고 봅니다. 그러나 영혼의 존재는 불멸하는 실재입니다.

보이는 몸인 육체가 죽게 되면 육체의 안에 살고 있던 영혼이 몸을 떠나서 영계로 가게 됩니다. 이때 영혼은 단일적인 존재이며 영과 혼이 따로 따로 움직인다고 할 수 없습니다. 영은 천국에 가고, 혼은 다른 곳으로 가고.. 이런 식으로 따로 움직인다고 볼 수 없습니다.

그러므로 구조적인 면에서 영혼은 하나입니다. 그런데 그것을 성격, 기능적인 면에서 구분하면 영의 기능과 혼의 기능으로 나눌 수 있습니다. 이때의 구분은 구조적인 구분이 아니라 기능적이고 성격적인 구분입니다. 그러므로 구조적인 면에서 보면 2분설이 타당할 것이고 기능적인 면으로 본다면 3분설이 타당할 것입니다.

2분설을 주장하는 입장의 대표적인 위치에 있는 박형룡 박사님 저작의 인간론을 보면 3분설을 비판하면서 영에 영의 기능이 있고 혼에 '지, 정, 의'의 기능이 있다는 식으로 나누는 것보다는, 2분설을 취하여 영혼을 하나로 보고 지, 정, 의 기능과 함께 영의 기능을 포함하는 것으로 보는 것이 옳다고 합니다.

이것을 보면 영에 영의 기능이 있고, 혼에 지, 정, 의의 3가지 기능이 있다고 둘로 나누는 것이나 영혼에 지, 정, 의, 영.. 이렇게 4가지 기능이 있다고 하나로 보는 것이나 비슷한 것이 아닌가 싶습니다.

그래서 나는 영혼으로 표현하기도 하지만 자주 영과 혼으로 나누어서도 설명하곤 합니다. 그것이 이해와 설명이 쉽기 때문입니다. 영혼은 본체적으로, 구조적으로 하나이지만 영적인 세계를 이해하고 교통하는 영의 기능과 물질세상과 자아와 정신세계를 이해하고 교통하는 혼의 기능으로 나누어 얘기할 때, 이해와 설명이 쉬운 경우가 많습니다. 영의 감각과 기능, 혼의 감각과 기능은 서로 다르기 때문에 나누어서 설명할 때 이해시키기가 쉬운 것입니다.

영과 혼이 아니고 영혼으로 보아도 틀렸다고 할 수 없습니다. 그렇게 보아도 상관이 없습니다. 다만 나누어 이야기하는 쪽이 설명하기가 더 쉽기 때문에, 이해의 편의를 위해서 이런 식으로 표현을 하게 되는 것일 뿐입니다.

만약 이것이 복잡하다면 그저 혼을 마음이라고 생각하고, 마음과 영은 다른 기능을 가지고 있다는 정도로 이해하면 됩니다.

영과 혼의 기능은 서로 다르다

영과 혼은 다른 영역입니다. 영은 영계를 이해하고 경험하고 교통합니다. 혼은 지성과 감정과 의지의 영역이며 자아적이고 정신적인 영역입니다. 영이 발달한 사람은 영계에 대하여 이해와 경험이 쉽습니다. 영적인 것에 대해 쉽게 반응하며 영들을 잘 느낍니다. 하나님의 임재에 대해서 알고 경험하며 어둠의 영들을 분별하고 느낍니다. 그 전쟁에 대해서 선명하게 느낍니다.

혼이 발달한 사람은 그 혼의 특성에 따라 반응하고 느낍니다. 혼 중에서 이성이 발달한 사람은 지혜와 논리가 뛰어납니다. 감정이 발달한 사람은 감수성이 많아서 정서적 느낌이 많고 풍부하며 애정도 많고 상처도 잘 입습니다. 의지가 발달한 사람은 열정이 많고 행동력이 뛰어납니다. 이러한 것들이 혼의 특성이며 혼의 발달에 따라서 삶이나 성격이 나타나게 됩니다.

혼이 강할 때 주님께 굴복하지 않는다

그런데 이러한 혼이 너무 강하면 문제가 생깁니다. 이성이 발달한 이성적인 혼의 사람은 주님을 따르는 것보다 논리를 따르며 옳고 그름을 따릅니다. 주님이 감동하시고 말씀하시는 것을 찾지 않고 자기 생각을 의지합니다.

정서적인 혼이 강한 사람은 주님보다 애정과 감정을 따릅니다. 이러한 사람은 쉽게 마음이 상하며 감정의 기복이 심합니다.

의지적인 혼이 강한 사람은 주님이 말씀하시기 전에 먼저 움직이려고 하고 고집이 세서 주님께 잘 굴복하지 않습니다. 잘못을 알았을 때도 고집을 부릴 때가 많습니다.

이렇게 혼이 강한 사람은 주님께 굴복하지 않고 자기 마음대로 하기 때문에 삶에서 어려움을 많이 겪습니다. 많은 어려움을 통과한 후에야 혼은 조금씩 약해져서 주님께 굴복하게 됩니다.

십자가를 경험하고 통과하게 될수록 지적인 사람은 자기의 생각보다 주님이 말씀하시는 것을 받으려고 합니다. 정서적인 사람은 자기의 감정을 따르는 것보다 주님이 원하시는 것을 따르려고 합니다. 의지적인 사람은 고집을 버리고 주님의 뜻을 구하게 됩니다. 사람의 혼은 많은 고통과 실패를 통해서 비로소 낮아져서 자기 마음대로 살지 않고 주님의 뜻대로 살기를 원하게 됩니다.

영은 주님을 갈망하고 주님과 교류하는 기능입니다. 하나님은 영이시며 우리의 영을 통하여 말씀하시고 교류하시고 감동하십니다.

고전 6장 17절은 "주와 합하는 자는 한 영이니라"고 말합니다. 우리는 영을 통하여 주님과 연합될 수 있습니다. 그러므로 우리는 영을 통하여 우리 안에 거하시는 성령의 감동을 받고 그의 아픔과 탄식을 느낍니다. 그러한 감각은 혼의 이성이나 감정으로 느끼는 것이 아니라 우리의 영으로 감지하는 것입니다.

그러므로 영의 기능과 혼의 기능이 전혀 다른 분야인 것을 알아야 합니다. 혼의 이성이 발달하여 예리하고 날카로운 지혜와 논리를 가지고 있다고 하더라도, 영의 기능이 잘 발달되어 있지 않으면 그는 하나님을 느끼고 연합하기 어렵습니다. 그러한 사역자들의 메시지를 들으면 성경을 논리적으로 이해하고 동의할 수 있지만 그 심령이 뜨겁게 주님께 사로잡히는 영의 역사가 나타나지 않습니다. 혼의 이성이 채워진 것이지 영이 양식을 먹은 것이 아니기 때문입니다.

혼의 감정이 발달해서 사소한 일에 감상을 느끼고 애정과 눈물이 많은 사람은 세상과 사람에 대하여 감성적으로 반응할 수 있지만 주님을 향해서 그 심령이 뜨거워지기 어렵습니다. 의지가 발달한 이들은 열심히 비전을 가지고 움직이는 것을 좋아하지만 그 의지가 주님께 드려지지 않았을 때는 거칠고 사납고 공격적인 열매들도 같이 나타나게 됩니다.

이렇게 혼의 기질들은 그것이 주님께 드려지지 않으면 기질적인 우상이 되어 주님을 방해하고 영을 방해하게 됩니다. 어떤 이는 이성이, 어떤 이는 감정이, 어떤 이는 의지가 주님과 영을 방해합니다. 어떤 이들은 자기의 이성으로 완전히 이해되고 납득될 때까지 주님이 인도하시는 것을 따르지 않습니다. 어떤 이들은 감정이 흥분될 때까지 주님의 인도를 따르지 않습니다. 어떤 이들은 주님이 막으셔도 자기 의지와 고집을 꺾지 않습니다. 이것이 혼이 강한 사람들이 주를 잘 따르지 못하는 이유입니다.

혼은 영의 세계를 이해하지 못한다

"내가 만일 방언으로 기도하면 나의 영이 기도하거니와 나의 마음은 열매를 맺지 못하리라" 라는 고린도 전서 14장 14절의 말씀은 영과 혼에 대한 이러한 이해의 기초 위에서 그 의미를 잘 알 수 있습니다.

방언으로 기도하면 영이 기도하는 것이기 때문에 영이 깨어나고 발달하게 됩니다. 성령은 방언으로 말하게 함으로써 영이 깨어나고 발달하게 합니다. 영이 발달할 때 성령의 감동과 메시지를 잘 이해하고 반응할 수 있기 때문입니다. 그러나 혼의 마음, 이성과 생각은 열매를 맺을 수 없습니다. 내 영은 기뻐하고 좋아하는데, 혼의 마음은 그 내용이 무슨 내용인지 알 수 없기 때문입니다.

혼의 영역은 영의 영역과 다릅니다. 혼은 자아와 이 세상에 대한 것만을 생각하고 이해하며 영적 세계와 내세에 대해서 감지하지 못합니다. 혼의 이성은 천국에 대한 이야기를 들어도 그다지 갈망이 일어나지 않으며 피상적인 것으로 여겨집니다.

혼은 무엇을 먹을까 무엇을 마실까에 대해서 사로잡히고 걱정하고 낙심하지만 자신의 영적 상태에 대해서는 전혀 모르며 관심이 없습니다. 하나님의 뜻과 하나님의 영광에 대해서, 천국에 대해서, 개념적으로는 이해하지만 그 기쁨과 영광과 감격에 대해서는 경험할 수 없습니다. 이것이 혼과 영의 차이입니다.

그러므로 혼의 기능이 발달된 사람과 영의 기능이 발달된 사람이 경험하고 느끼고 아는 것은 전혀 다릅니다. 하나님의 영광에 사로잡혀 그 감격에서 헤어나지 못하는 사람이 있고 하나님에 대하여 많은 이해를 가지고 있지만 그 기쁨과 영광에 대해서 도무지 감이 잡히지 않는 사람도 있습니다. 그 차이는 곧 영이 발달한 사람과 혼이 발달한 사람의 차이입니다.

기도의 세계에 빠져서 하루 종일 기도하기를 원하며 감격과 기쁨이 한없이 일어나는 사람과 기도에 대해서 이론적으로는 논문도 쓸 수 있지만 실제로는 별로 기도하지 않는 사람의 차이도 영과 혼의 발달과 감각에 달려있는 것입니다.

영과 혼의 기능에 대해서, 차이에 대해서, 관계에 대해서, 그 흐름과 영향에 대해서 자세하게 기술하는 것은 이 책의 목적이 아닙니다. 그러므로 이 부분은 간단하게 언급하고 지나갈 수밖에 없습니다. 다만 영과 혼의 이러한 차이에 대하여 이해할 수 있다면, 혼의 마음으로 해야 할 부분이 있고 영으로 해야 할 일이 있다는 것을 이해할 수 있을 것입니다.

헌신되지 않은 혼의 마음은 영에게 고통을 준다

영과 혼과 몸을 나누어서 보는 사람들에게서 흔히 발견되는 약점은 혼과 몸을 나쁘고 악한 것으로 보는 시각입니다. 그러나 그것은 옳지 않습니다. 혼의 성장 과정에서 그런 단계가 있기는 하지만 근본적으로는 영도 혼도 몸도 하나님이 지으신 것이며 하나님의 영광을 위하여 사용되어야 하는 것입니다.

다만 인간이 타락함으로 인하여 영은 죽었고 혼은 병들었다는 사실을 이해해야 합니다. 타락한 혼, 타락한 의식은 말씀으로 충분히 변화되기 전까지는 영에게 고통과 압력을 주기 때문에 혼의 이성, 감정, 의지가 하나님께 드려져야 합니다. 그럴 때 혼은 영과 같이 동역하는 아름다운 도구로 쓰일 수 있습니다.

영은 몸에도, 혼에도 영향을 주기도 하며 받기도 합니다. 그런데 영이 충분히 성장하지 않은 이들은 영의 발언권이 약하므로 영향을 주는 것 보다는 받는 쪽이 더 많다고 할 수 있습니다. 그래서 변화되지 않은 혼의 마음에 걱정, 근심, 두려움, 분노, 미움 등의 감정이나 생각들이 일어나게 되고 그것은 영에 압박을 주며 영은 병들어가게 됩니다.

현실에서 영에게 중대한 타격을 주는 것은 몸보다는 혼의 마음입니다. 몸이 병들어 아플 때 우리에게 타격을 주는 것은 몸의 고통보다는 병에 대한 걱정입니다.

물질이 부족할 때 우리에게 심각한 고통이 되는 것은 돈이 부족하다는 사실보다 돈에 대한 걱정입니다. 항상 실제적인 고통과 문제를 일으키는 것은 현실 자체보다 혼의 걱정, 근심, 분노, 미움과 같은 어두운 의식입니다. 시험을 잘못 치르고 성적이 나빠서 자살하는 학생은 성적 때문에 자살을 하는 것이 아니라 성적에 대한 걱정 때문에 자살하는 것입니다. 그 모든 고통들은 잘못된 의식, 생각 때문에 일어나는 것입니다.

혼의 잘못된 의식으로 영이 고통을 겪음

이러한 혼의 잘못된 의식은 영에게 고통을 줍니다. 혼의 의식이 주를 향하지 않고 세상걱정과 근심, 자아에 대한 의식으로 가득 차 있기 때문에 이것들은 영에게 고통을 줍니다. 영은 하나님을 갈망하고 사랑합니다. 그러나 혼이 이처럼 과도하게 움직이고 있을 때 영은 눌리고 억압되어서 제대로 작용할 수 없습니다. 영은 처음에 고통을 느끼지만 이것이 쌓이면 마비되고, 급기야는 기능과 감각이 상실에 가까운 상태가 됩니다. 완전히 죽은 것은 아니지만 일종의 동면 상태, 식물인간과 같은 상태가 되는 것입니다.

오늘날 많은 신자들의 영이 그러한 상태에 있습니다. 예전에 한때 은혜를 입고 감동을 받은 때가 있었지만 지금은 세상 근심과 걱정으로, 생각으로 인하여 신앙과 복음과 천국에 대해서, 주님에 대해서 피상적인 지식이 있을 뿐 감동은 사라지고 신앙은 형식이 되어버린 상태입니다. 영이 죽은 것은 아니지만, 동면 상태에 있어서 아무런 감각을 느끼지 못하는 상태인 것입니다. 신앙의 교리에 대하여 알고 있고 이해하고 있지만 심령에는 아무런 뜨거움도 없으며 그 지식이 영안에 있지 않고 혼의 이성 안에, 기억 속에만 존재하는 것입니다.

방언으로 영이 풀려나기 시작한다

영이 깨어나는 방법이 오직 방언뿐이라고 할 수는 없습니다. 그러나 분명한 것은 방언으로 기도하는 것이 잠자고 있는 영을 일으키는 강력한 기도의 방법이라는 것입니다. 그것은 주님께서 우리에게 허락하신 아주 놀라운 선물입니다.

방언을 처음 시작할 때 대다수는 아무런 느낌이 없습니다. 대다수의 사람들에게 그것은 영의 실제가 열리는 시작입니다. 영이 기지개를 켜고 일어나는 것입니다. 어린 아기가 태어나자마자 걷고 말하고.. 그 모든 것을 순식간에 하지는 않습니다. 처음에는 울기 시작합니다. 그리고 차츰 여러 가지를 하게 됩니다.

복음을 받아들이고 영이 거듭나게 될 때 그에게는 영의 감각이 시작됩니다. 구체적으로 영의 몸이 움직이고 활동하는 것은 아니지만 영의 인식이 일어나기 시작합니다.

그것은 하나님을 아버지로 느끼는 인식이며 하늘나라에 대한, 영원에 대한 인식이며 죄에 대한 인식이며 삶의 중심이 주를 향해야 하겠다는 인식입니다.

이러한 인식은 성경을 읽고 배우면서 점점 더 굳건해지지만 기본적으로 그의 안에 있는 성령으로부터 오는 인식입니다. 그러나 이것은 성령으로부터 오는 인식이고 영의 작용이지만 영의 본체, 영의 몸이 실제로 활동하는 것은 아닙니다.

방언은 영의 몸을 움직이게 한다

방언을 하게 되면 영의 인식이 발달하기도 하지만, 실제로 영의 몸이 움직이며 감각이 움직이고 열리기 시작합니다. 희미했던 영적 세계가 점차로 확연하게 드러나고 느껴지게 되는 것입니다.

육체에는 육체의 몸이 있고, 육체의 생각이 있습니다. 그래서 육체의 움직임에는 몸이 움직이는 것이 있고, 생각이 움직이는 것이 있습니다. 그처럼 영에도 영의 몸이 있고, 영의 생각이 있습니다. 그래서 영체에도 영의 몸이 움직이는 것이 있고, 영의 생각이 움직이는 것이 있습니다. 성령을 통한 인식의 전환이 영의 생각이 움직이는 것이라면 방언을 통한 기도는 영의 몸이 움직이고 활동하는 것입니다. 그러므로 이 기도는 영의 인식을 바꾸는 측면도 있지만 영체, 영계에 대한 감각을 일으키게 됩니다.

영의 생각은 육신적인 의식을 영적인 의식으로 바꾸어줍니다. 영의 몸의 움직임, 활동은 영의 몸을 강하게 하여 능력과 권능이 실제로 움직이게 합니다. 그래서 방언기도를 강하게 많이 하는 사람일수록 귀신을 쫓아내고 능력을 발휘하며 많은 역사를 나타내게 됩니다. 실제로 그 영의 몸이 강건해지고 충만해지기 때문입니다.

사역자들이 혼의 지식이 많고 영의 지각이나 기능이 별로 발전하지 않은 상태라면, 그는 가르치는 것은 좋아하지만 안수 기도를 해주거나 축귀를 하거나 성도들의 묶여있는 문제들을 풀어주고 처리해주는 것에는 어려움을 겪게 될 것입니다. 그것은 서로 다른 영역이기 때문입니다.

방언이 터졌을 때, 일반적으로 방언을 통하여 처음 이루어지는 것은 눌려있던 영의 회복입니다. 영은 혼의 어두운 의식과 감정으로 인해 눌려서 기지개를 켜지 못하고 있는 상태입니다. 그래서 영은 방언을 통하여 억압된 눌림을 바깥으로 쏟아냅니다. 그 과정이 처음에는 답답하고 어렵지만 차츰 속에서 무엇인가가 복받치면서 눈물도, 트림도, 여러 가지 외적인 현상들도, 몸부림 같은 것도.. 일어나기 시작합니다.

잠은 마음이 휴식을 취하는 것이다

영의 몸이 처음으로 움직일 때 그를 누르고 있는 혼의 억압들을 처리하는 것은 꿈의 원리와 비슷합니다.

　밤에 잠을 자는 것은 영의 충전을 위한 것입니다. 밤에 쉬는 것은 몸이 아닙니다. 몸이 외적인 활동을 멈추기는 하지만 여전히 심장은 뛰고 숨도 쉬고 내부의 활동은 계속됩니다. 진정으로 쉬는 것이 있는데, 그것은 의식입니다. 생각의 활동이 멈춥니다. 이성이 잠잠해지는 것입니다. 이것으로 인하여 휴식이 이루어집니다.

　진정한 휴식은 혼의 멈춤, 의식의 멈춤입니다. 마음의 활동이 멈추는 것입니다. 사람의 모든 피로와 고통이 이성의 사고, 생각에서 시작됩니다. 그래서 이 이성, 혼의 작용이 멈추면 영이 활동하여 휴식이 이루어집니다.

　그런데 혼이 너무 강하고 긴장해있으면 뇌가 멈추지를 않아서 불면증이 생기고 문제가 생깁니다. 혼이 쉬어야 영이 활동해서 휴식과 치유가 이루어지는데 혼의 의식이 멈추지를 않으니 영이 일어나서 움직일 수가 없는 것입니다. 불면증의 고통은 겪지 않으면 이해하기 어려울 정도로 고통스러운 것입니다.

　혼이 활동을 멈추고 안식하면 영이 일어나 영계의 에너지를 수신합니다. 그래서 잠을 자는 것이 휴식이 됩니다. 뇌가 너무 긴장해있어서 잠이 쉽게 들지 못하는 이들은 머리를 잠잠하게 안식하는 훈련을 해야 합니다. 혹은 많이 걷기 등의 운동을 해서 머리의 긴장을 풀어주어야 하는 것입니다.

꿈은 혼의 정화를 위한 것이다

　잠을 자면서 꿈을 꾸는데 이 꿈은 혼의 정화를 위한 것입니다. 혼의 의식, 감정 중에 어두운 것들이 많으면, 두려움이나 불안, 미움,

스트레스 등이 많으면 영은 불편함을 겪게 되어 자유롭게 활동할 수가 없습니다. 그래서 꿈을 통하여 두려움이나 분노나 슬픔이나.. 하는 것들을 표출하고 정화시키는 것입니다.

꿈을 통하여 영계의 계시를 받는 경우도 있습니다. 성경에는 그러한 사례가 많이 나옵니다. 그러나 그러한 경우는 현실에서는 그리 많지 않습니다. 대부분의 사람들이 경험하는 꿈들은 계시를 위한 것이 아니라 혼의 정화를 위한 것입니다. 꿈을 통해서 마음은 정화되고 영은 묶임과 부담에서 벗어나 자유롭게 활동을 하게 됩니다.

이 때 영의 활동은 거듭나지 않은 불신자들의 경우 생명을 유지하는 기본적인 작용을 할 뿐입니다. 그러나 신자들의 영은 잠을 통하여 더욱 풍성한 활동을 펼치게 됩니다. 방언을 하고 영이 충만하고 맑아진 이들은 꿈에서도 방언을 하거나 주님과 같이 걷거나 천상의 행복을 누리기도 합니다.

혼이 충분히 정화되면 잠을 통해서 높은 영계에서 오는 달콤하고 행복한 휴식을 경험하게 되며 꿈도 정화를 위한 것을 넘어서 영계의 계시나 주님과의 교제와 누림이 가득한 아름답고 풍성한 꿈을 누리게 됩니다.

방언을 할 때 혼의 억압이 바깥으로 터져 나온다

일반적으로 사람의 혼은 타락했기 때문에 그 의식이 하나님을 향하지 않고 어둡고 무겁습니다. 그래서 각종 걱정, 근심, 분노 등이 그 영을 누르고 무겁게 합니다. 하나님의 영광에 이르지 못하게 방해합니다. 집회에서 잠시 은혜를 입었다가도 곧 세상의 생각, 혼의 염려로 영이 무거워지고 답답해집니다. 이러한 혼의 압박을 통하여 점차 영의 감각은 마비되고 병들게 됩니다. 이 혼의 압박을 처리하고 치유하는 것이 방언의 한 기능입니다.

방언기도를 시작할 때, 영을 덮고 있는 혼의 눌림이 바깥으로 터져 나오면서 회복이 시작됩니다. 억압된 영의 활동이 일어나면서 눈물이 한없이 나오는 사람도 있습니다. 속에 억압된 영의 고독, 성령의 탄식을 경험하는 이들도 많습니다.

속에서 한없는 눈물이 터져 나오면서 '내가 얼마나 고독했는지 아느냐..' 하는 주님의 메시지를 느끼면서 통곡하는 이들도 많습니다. 그것은 방언을 통하여 혼의 눌림이 처리되고 영의 활동이 시작되고 있는 것입니다.

영을 덮고 있는 이 묶임과 눌림을 충분히 내보내야 합니다. 영을 덮고 있는 그러한 묶임은 기본적으로 과다한 혼의 작용 때문입니다. 주님의 통제 아래 있지 않은 모든 잡다한 생각과 감정들은 영에 압박을 줍니다. 정서적인 문제들.. 지나친 분노, 슬픔, 고통, 염려들이 영을 누릅니다.

악령들도 영에 압박을 가하는데, 그 방법은 주로 생각을 통하여 압박하는 것입니다. 악한 영들은 영 안에 직접 들어올 수는 없습니다. 영 안에는 오직 성령님만 거하실 수 있으며 사람의 영은 오직 주님과만 연합할 수 있습니다. 그러나 악한 영들은 외부에서 압박하고 고통을 줄 수 있습니다.

그러므로 방언을 통하여 영의 기도를 드릴 때 우리의 영을 누르고 있는 그러한 과다한 혼의 압박이나 악한 영의 억압을 토할 수 있습니다. 강하게 방언을 하면 눌려있던 영이 기지개를 켜면서 영의 막혀있는 흐름을 바깥으로 내보내며 영을 억압하고 있던 과다한 생각, 감정, 악한 세력들의 눌림이 바깥으로 나가게 됩니다. 그 과정에서 눈물, 통곡, 강력한 감정의 표출이 이루어지기도 하며 강력한 발작이나 몸부림의 표출이 이루어지기도 합니다.

속의 압박을 강력하게 토해내라

이렇게 강력하게 정화와 회복이 이루어지기 위해서는 조용하게 방언을 하는 것보다 가슴으로 방언을 토하며 온몸에 힘을 주고 강력하게 방언으로 부르짖어야 합니다. 그렇게 할 때 정화와 회복이 빨라집니다.

조용히 방언을 해도 회복이 이루어지기는 하지만 더디게 됩니다. 그것은 자연이 회복을 위하여 강력한 태풍이나 산불 등을 사용하는 것과 같습니다.

태풍이나 산불은 자연의 자체 정화과정으로 병균이나 나쁜 기운들을 깨끗하게 만드는 효과가 있는 것입니다. 조용히 내리는 빗물은 대지에 스며들어 추수를 돕지만 강력한 홍수나 소낙비는 대지를 정화시킵니다.

방언도 초기에는 부드럽게 하는 것보다 강력하게 온 힘을 다해서 하는 것이 영의 정화에 도움이 됩니다. 강력하게 방언을 하면 강력한 성령의 불이 임하여 자리에서 데굴데굴 구르면서 악한 영들이 발작하면서 나가기도 하고 강력한 능력과 은혜를 경험하기도 합니다. 강력한 성령의 능력과 은혜가 임하는 집회에서 이러한 일은 흔하게 이루어집니다. 이것은 이성을 초월하여 우리의 영과 혼을 깨끗하게 하시고 사로잡으시는 성령의 권능입니다.

어떤 이들은 이 과정에서 눈물이 계속 하염없이 흘러나옵니다. 그동안 알지 못하고 성령의 역사를 무시하고 제한했던 것들, 영의 감동과 흐름을 거역하고 멋대로 말하고 멋대로 살며 자기 안에 거하시는 성령을 고독하게 한 것 등.. 한없이 쌓여져 있는 영의 탄식과 고통을 느끼게 됩니다. 가슴 아픈 눈물이 한없는 통곡으로 흘러나오며 그래서 울고 또 울게 됩니다.

점점 더 영이 자유롭게 됨

그리고 그렇게 시간이 흐를수록 영은 점점 가벼워집니다. 세상근심, 염려, 걱정들이 점점 사라지게 됩니다. 마비된 영이 감각이 풀리면서 해방이 시작됩니다.

주님의 임재가 얼마나 달콤한지, 기도하는 것, 예배하는 것이 얼마나 놀라운 일인지.. 주님의 은혜가 얼마나 감사한지.. 자신을 받아주시는 주님의 사랑이 얼마나 감사한지.. 말씀이.. 주님의 음성이 얼마나 꿀같이 달게 느껴지는지 모릅니다.

한없는 기쁨, 놀라운 행복감이 올라옵니다. 자연스럽게 주님을 향한 사랑의 고백이 일어납니다. 초기의 방언이 밋밋한 것이었다면 중간의 방언은 눌림의 표출, 치유과정이 이루어지는 것으로 전쟁과 같이 요란합니다.

그리고 어느 정도 정화와 치유의 과정이 마무리되면 찬양과 감사와 희락이 올라옵니다. 이때는 주로 찬양의 방언을 드리게 되며 사랑의 고백과 헌신을 고백하는 방언이 주를 이루게 됩니다.

이때 경험하게 되는 기쁨과 평안은 환경이나 외적 조건에 의한 것이 아니라 그의 영이 회복되고 충만케 되어 영계의 높은 영역으로 상승했기 때문에 임하는 것입니다.

사람의 영은 살아있을 때도 항상 영계와 교통하고 있는데, 그 영의 발전수준에 따라서 낮은 영계와 접하기도 하고 높은 영계와 접하기도 합니다. 영이 성장하지 않아서 영계의 낮은 영역에 있을수록 그의 의식은 두려움과 불안 쫓김과 긴장으로 가득합니다. 그러다가 방언으로 눌림이 해소되고 영계의 높은 곳으로 올라갈수록 그에게는 기쁨과 평안이 가득하게 임하게 됩니다.

충분히 방언을 사용하고 영에 덮여있는 묶임들을 처리하고 나아갔을 때 방언의 언어는 아주 아름답고 듣기에 사랑스러우며 그의 영은 기쁘고 달콤합니다.

하지만 방언이 충분히 발전하여 아름답고 사랑스러우며 높은 상태에 도달한 이들은 그리 많지 않습니다. 대부분의 방언하는 이들은 영의 수준이 그다지 깊지 않으며 방언을 별로 발전시키지 못한 상태에 있습니다.

많은 이들이 혼과 영을 분리시켜서 혼의 더러움과 과도한 활동으로부터 영을 보호하고 자유롭게 하며 아름답고 풍성한 지역으로 나아가고 깊은 경배와 헌신의 수준까지 나아가지 못하고 있습니다. 그저 낮은 영역, 육적이고 혼적인 영역에 머물러서 기계적으로 방언을 할 뿐이며 영광의 세계에 이른 이들이 드뭅니다.

그러나 성령의 인도하심을 따라 바르게 나아간다면 방언기도를 통하여 놀라운 풍성함의 세계로 나아가는 길을 경험할 수 있을 것입니다.

다만 이 부분을 이해해야 합니다. 방언기도를 충분히 바르게 하는 것을 배울 때 방언기도를 통해서 일시적으로 아름답고 풍성한 곳으로 나아갈 수 있지만, 그것이 성숙은 아닙니다. 그것은 일시적으로 영이 높은 곳으로 올라가는 것이지 혼의 인격이 성장하는 것이 아닙니다.

혼의 생각, 감정, 의지가 주님께 드려져야 한다

혼에게는 의식이 있고 인격이 있는데 일시적으로 방언을 통해서 혼의 더러움과 어두움을 처리하고 높은 곳으로 나아갔다고 해도 의식은 아직 충분히 진리를 깨닫지 못하고 여전히 육적인 수준에 있을 수 있습니다.

이것은 방언을 많이 한다고 해서 해결되는 문제가 아니며 말씀을 통해서 깨닫고 헌신되어 그리스도께 모든 의식, 생각, 감정, 삶의 중심이 드려져야 합니다. 그래서 혼의 인격도 주님께 사로잡혀 변화되어야 합니다. 그렇기 때문에 영의 기도인 방언기도로만 만족해서는 안 되고 영의 기도와 마음의 기도, 영의 찬양과 마음의 찬양이 같이 드려져야 하는 것입니다.

혼에는 인격이 있습니다. 이것은 말씀을 깨달음으로 주님께 굴복되어야 합니다. 혼의 이성도, 감정도, 의지도 주님께 굴복되어져야 합니다. 그렇게 혼이 온전하게 드려질 때 더 이상 영을 방해하지 않으며 오염시키지 않고 영의 통로가 되어서 영의 계시와 감동을 지혜롭게, 아름답게 나누어주는 도구가 될 수 있습니다.

그러므로 영도 발전해야 하지만 혼도 발전해야 합니다. 영만 발전하면 잠시 집회 중에 하늘의 높은 영역에 이르렀다가 집회가 끝나고 집으로, 사회로 돌아가면 다시 세상 근심과 욕심에 사로잡히고 자기중심적인 삶을 살게 됨으로 자기 안에 거하시는 성령을 다시 탄식시키고 고통스럽게 할 것입니다.

그래서 은사적으로는 발전했는데 혼적으로, 인격적으로는 낮은 이들이 있습니다. 영만을 중시하고 혼과 몸을 무시하는 이들도 있는데 그것은 건강한 삶이 아니며 영적으로 급상승과 급하강을 반복하는 조화롭지 못한 삶을 살게 됩니다. 그러므로 영과 함께 이것들도 보존되고 발전해야 합니다.

　방언은 정화과정이며 영의 발전과정입니다. 많은 사람들이 방언으로 기도를 하고 있지만 각 사람의 방언의 수준과 단계는 천차만별입니다. 많이 발전시킨 사람도 있고 몇 십 년 전에 방언을 받았을 때보다 별로 나아가지 못한 사람들도 있습니다. 그러므로 방언을 들으면 그 사람의 영적 수준이나 상태를 알 수 있는 것입니다.

　방언은 영의 정화와 성장을 위한 하나의 도구입니다. 유일한 도구는 아니지만 아주 강력한 도구입니다. 영적인 것들을 이해하고 사용하여 한없는 기쁨이 있는 주님의 지성소, 영광의 세계로 나아가야 합니다. 방언은 그곳으로 이르게 하는 하나의 아름다운 도구입니다. 할렐루야..

21. 방언 기도의 내용과 통역

방언은 영의 기도이며 영의 언어입니다. 그것은 의미가 있는 기도입니다. 겉으로 보기에 단순한 음절을 반복하는 것 같이 보이는 방언도 그의 영을 고양시키고 회복시키며 많은 유익을 줍니다. 그러나 그 기도의 내용을 알아듣지 못하는 것은 몹시 답답한 일입니다.

고린도전서 14장 13절은 교회의 덕을 세우기 위하여 방언을 통역하기를 기도하라고 말합니다. 이것은 공중집회에서 누군가 방언을 했을 때 그 내용을 통역함으로 듣는 사람들에게 유익을 주라는 것입니다.

다른 사람들에게 덕을 세우고 유익을 끼치는 것도 필요하지만 자기 개인에게도 방언의 내용을 이해할 수 있다면 그것은 유익할 것입니다.

두 가지의 통역

통역은 두 가지가 있습니다. 그 두 가지는 자기가 하는 방언을 통역하는 것과 다른 사람의 방언을 통역하는 것입니다.

여기서 기본이 되는 것은 먼저 자기의 방언을 알아듣고 통역하는 것입니다. 자기의 방언을 알아듣지 못하는 이가 다른 이의 방언을 알아듣기는 어려울 것입니다.

물론 성령께서 갑자기 영감을 주셔서 다른 이의 방언을 알아들을 수 있도록 하실 수 있겠지만 보통은 먼저 자신의 방언을 알아듣게 되고 그러면서 차츰 다른 이들의 방언도 알아듣게 됩니다. 은사들은 대개 일정한 패턴을 통해서 발전해갑니다. 하늘에서 갑자기 떨어져서 순식간에 완전해지는 것이 아닙니다.

사람들은 은사들이 어느 날 갑자기 나타나는 것으로 생각하지만 은사가 나타나고 발전해가는 데에는 어떤 조건들이 있습니다. 우리가 그러한 조건들에 반대방향으로 나아간다면 은사는 나타나거나 발전하지 않을 것입니다. 그러나 우리가 그러한 조건들에 가깝게 나아간다면 은사는 나타나고 발전할 것입니다. 그것은 꽃이 적절한 온도와 기후의 조건이 이루어졌을 때 활짝 피어나는 것과 같습니다.

통역을 시도해야 한다

방언통역을 위해서는 방언을 통역하기를 원해야 하며 이를 위하여 기도해야 합니다. 또한 기도만 할 뿐 아니라 실제로 통역을 하려고 믿음으로 시도해야 합니다.

방언을 달라고 기도만 하고 있으면 방언을 할 수가 없으며 어느 시점에서 믿음으로 방언을 말해야 합니다. 방언을 스스로 말하기 시작하는 것은 우리 자신입니다. 성령께서 대신 말해주시지 않습니다. 성령께서는 감동을 주시고 우리는 그에 순종하여 방언을 말해야 합니다.

이 원리는 방언의 통역에 같이 적용됩니다. 우리는 방언의 통역을 위하여 기도해야 하며, 어느 시점에서는 우리가 믿음을 가지고 담대하게 통역을 시도해야 합니다. 그렇지 않고 계속 통역이 저절로 나오기를 기도하기만 하면 통역을 할 수 없습니다.

모든 은사나 하나님의 역사가 같은 원리를 통해서 나타나게 됩니다. 어떤 이가 예언을 하기 원한다면 예언을 하기 위하여 기도를 하고 어느 시점에 감동이 오면 믿음으로 예언을 해야 합니다. 로마서 12장에서 은사를 사용하는 원리를 제시하면서 예언에 대해서는 6절에 "혹 예언이면 믿음의 분수대로" 라고 말합니다. 예언의 은사를 사용하는 데 있어서는 믿음의 분량에 따라서 해야 한다는 것입니다. 믿음은 은사의 사용에 있어서 중요한 기초입니다. 물론 여기서의 믿음은 구원에 이르는 믿음과는 다른 의미입니다.

신유의 은사도 역시 믿음과 관련이 있습니다. 어떤 이가 자신에게서 신유의 역사가 나타나기를 기도했다면 그는 어느 시점에서 실제로 치유를 위하여 기도하는 것을 시도해야 합니다. 시도하지 않고 기도만 하고 있으면 아무도 실제의 역사를 경험할 수 없습니다.

어떤 이가 어느 대상의 구원을 놓고 기도하고 있다면 기도만 하지 말고 어느 시점에 이르러 복음을 전해야 합니다. 어떤 문제를 놓고 기도하고 있다면 어느 시점에 이르러 그것을 실행에 옮겨야 합니다. 많은 이들이 두려워서 기도만 하고 실제로 시도하지는 않습니다. 그저 저절로 이루어지기를 원합니다. 하지만 믿음의 원리는 기도한 후에 어느 시점에서, 성령의 감동과 인도가 있을 때 움직여야 하는 것입니다.

지금이 움직일 시점인가? 지금이 성령의 인도와 감동의 순간인가? 이 부분은 각자가 시도하면서, 실패와 성취의 경험을 반복하면서 터득해야 할 부분입니다.

누구나 성령께서 인도하시는 그 시점에 대한 판단을 실수할 수 있습니다. 그러나 가만히 있어서는 실수도 하지 않겠지만 성취도 없을 것입니다.

안전한 곳에 숨어있지 말라

대부분의 사람들이 성취하지 못하는 것은 안전한 곳에 머물러 있기 때문입니다. 그러나 성취를 원한다면 안전을 거절하고 믿음의 시도를 해야 합니다. 그렇게 할 때 성취는 이루어지기 시작합니다.

거기에는 실패와 시련이 따를 수 있습니다. 치유를 위하여 기도하고 믿음을 가지고 선언했는데 그것이 이루어지지 않아서 망신을 당하거나 낙담을 경험할 수 있습니다. 그러나 그러한 실패의 경험은 믿음과 치유에 대한 실제적인 지식을 얻으며 치유자로 성장하는 데에 도움이 됩니다.

그러므로 실패하는 것이 두려워도, 거절당하는 것이 두려워도 성령께서 강권하신다는 감동이 있을 때 믿음으로 나아가야 합니다. 그럴 때 전도의 열매와 여러 믿음의 열매, 사역의 열매를 얻을 수 있습니다. 실패했다면 다시 주님께 묻고 어디에서 감동을 잘못 받았는지, 아니면 주를 위하여 수치를 감당해야 하는 부분인지 주님께 물어야 합니다. 오늘날 대부분의 신자들에게서 은사들이 나타나지 않는 이유는 은사가 없어서가 아니라 두려워하고 시도하지 않기 때문입니다.

통역은 우리 안에 있다

방언통역도 마찬가지입니다. 방언이 우리 안에 있는 것처럼 통역도 우리 안에 이미 있습니다. 성령이 우리 안에 계십니다. 그것을 실제로 경험하는 것은 우리가 우리 안에 거하시는 주의 영을 제한하는가, 풀어 놓는가에 달려있는 것입니다. 나의 기질과 취향과 입장과 경험을 놓아드리고 주님이 역사하실 수 있도록, 나를 사용하시도록 내어 드리는가? 에 달려 있을 뿐입니다.

우리 안에 거하시는 성령께서 영의 언어를 주시고 말하게 하시고 기도하게 하십니다. 그 영의 언어를 혼이 못 알아들을 뿐입니다. 우리가 우리 자신을 개방하고 그분을 풀어놓는다면 우리는 새로운 영역을 경험하게 될 것입니다.

생각이 잠잠해져야 영이 움직인다

다만 방언을 풀어놓는 것과 방언통역을 풀어놓는 것은 약간 다른 차원인 것을 이해해야 합니다. 방언은 언어의 은사입니다. 이것은 몸을 통해서, 혀를 통해서 나옵니다. 그러므로 몸의 경직됨, 혀의 경직됨을 풀어놓아야 합니다. 그래서 특별히 발성기도의 훈련이 중요합니다.

방언의 통역은 역시 입으로 말해내는 것이기는 하지만, 그러므로 역시 소리를 내어 표현하는 것이 중요하지만, 의식을 통하여 영감이 표현되는 것입니다. 그러므로 나의 의식을 제어하고 성령의 의식을 받아들여야 합니다. 나의 생각을 내려놓고 성령의 생각을 받아야 합니다.

그러므로 방언을 받기에 가장 방해되는 것이 소극적인 입술, 활발한 발성기도의 부족이라면, 방언통역이 나오기에 가장 방해되는 것은 생각입니다. 생각이 아주 많고 그것이 주님께 드려지지 않은 것입니다. 그것이 통역을 하는 데에 방해가 됩니다. 나의 생각, 혼의 생각이 많아서 영의 생각을 받아들이기가 어려운 것입니다.

평소에 불면증이 있을 정도로 뇌가 긴장되어 있고 생각이 끊임없이 많은 사람들은 각종 신경성의 스트레스도 많이 받지만 통역이나 예언의 은사가 나타나는 데에도 어려움이 많은 사람들입니다. 그러므로 이들은 자주 머리를 잔잔하게 하고 안식하는 훈련을 하는 것이 필요합니다. 생각이 끊임없이 움직일 때 "머리는 잠잠하라. 주 안에서 안식하라. 너는 성령께 복종할지어다." 하고 자주 선언하는 것이 필요합니다.

아이들이 개천에 숨어있는 가재나 물고기를 잡으려고 돌멩이를 흔들곤 합니다. 그 밑에 숨어있는 것을 잡으려고 합니다. 이때 가재나 물고기는 돌 밑에 숨어서 움직이지 않습니다. 위험하기 때문입니다. 그러나 아이들이 장난을 그치고 사라져서 조용해지면 그들은 돌 밑에서 나옵니다.

성령의 영감은 이와 같습니다. 혼의 의식, 뇌가 활발하게 움직이고 있을 때, 생각이 많을 때는 영감이 잘 나타나지 않습니다. 의식이 피곤할 때, 조용히 안식하고 있을 때, 그 때 비로소 잔잔한 영감, 내적인 메시지가 떠오릅니다.

그러므로 생각이 복잡하고 쉬지 않는 사람은 영감을 느끼기 어렵습니다. 그의 안에 성령이 안 계신 것이 아니라 그가 성령을 의식하지 않고 자기 마음대로 생각이 움직이기 때문입니다.

그렇게 생각이 쉬지 않는 삶은 밤이나 낮이나 안식이 없고 질병과 스트레스가 끊이지 않는 삶입니다. 우리의 몸도, 감정도, 의지도, 생각도.. 모든 것이 주님께 드려지고 사로잡혀지지 않으면 우리는 풍성한 삶을 살 수가 없습니다.

이러한 이들은 머리의 활동을 줄이고 몸의 활동을 늘리는 것이 좋습니다. 생각이 많은 사람들은 스포츠나 운동을 별로 좋아하지 않습니다. 이런 이들에게는 스포츠를 구경하는 것은 별로 유익이 되지 않지만, 직접 몸을 움직이는 것은 영성의 발전에도 많은 도움이 됩니다.

그것은 혼의 긴장을 풀어주어 뇌를 잠잠하게 합니다. 뇌에 안식을 주고 내면의 영이 흘러나오는 데에 도움이 됩니다. 영과 혼과 몸은 서로 적절하게 균형을 유지해야 영육간의 건강을 유지하고 풍성한 삶을 살 수 있습니다.

방언은 몸과 입을 통하여 나타남으로 몸과 입을 적극적으로 사용하여 성령이 흘러나오는 통로가 되도록 해야 합니다. 물론 이 말은 은혜를 추구하지 않는 사람이 몸과 입을 적극적으로 한다고 해서 아무나 은사를 받을 수 있다는 말이 아닙니다. 은혜를 사모하는 사람이 그러한 조건을 형성할 때 성령께서 좀 더 쉽게 그 사람을 통해서 흘러나오고 역사하실 수 있다는 것입니다.

또한 방언의 통역은 심령, 영감을 통하여 속에서 메시지가 떠오르는 것이기 때문에 머리를 잠잠하게 하고 내면을 활발하게 해서 내면의 메시지를 기다리고 받는 부분을 훈련해야 합니다. 이러한 기본적인 부분을 이해해야 합니다.

방언은 영이 주고 받는 대화이다

통역을 구함에 있어서 먼저 방언의 내용이 메시지의 주체에 따라 두 종류로 나뉨을 알아야 합니다. 하나는 나의 영이 기도하는 내용입니다. 이 때 방언을 하는 주체는 나 자신입니다. 나의 영입니다. 두 번째의 방언은 주님께서 내게 메시지를 주시는 것입니다.

성경에서 통역하기를 구하라는 것은 대중에게 메시지를 전달하기 위한 것으로, 이는 예언의 메시지와 같습니다. 그러므로 이 때 방언의 내용은 나의 영이 기도하고 말하는 것이 아니라 주님께서 말씀하시는 것입니다.

전자의 내용이 "나의 하나님, 내 영혼이 주님을 갈망합니다. 내가 주님께 가까이 가기를 원합니다.." 하는 스타일이라면, 후자의 경우는 "두려워 말아라. 내가 너와 함께 있다.." 하는 스타일로 나타납니다.

그러므로 방언은 나의 영이 기도하고 이에 대하여 내주하시는 성령께서 응답하시는, 그렇게 영으로 주고받는 대화라고 할 수 있습니다. 방언을 계속 하다보면 차츰 자기 방언의 내용이 자기 영의 기도인지, 아니면 주님이 주시는 메시지인지.. 그 미세한 차이를 영감으로 느끼며 분별하게 됩니다.

대략적인 방언의 종류

방언을 통역하는 훈련을 하기 전에 먼저 대체로 자기가 하는 방언이 어떤 내용인지, 관찰을 통해서 감으로 느낄 수 있습니다. 방언은 영의 언어이며 영의 상태가 나타나는 것이기 때문에 정확하게 내용을 알 수 없어도 방언을 하는 톤이나 느낌을 주의 깊게 살펴보면 대략적인 흐름을 알 수 있습니다. 어느 정도의 윤곽을 알 수 있으면 좀 더 섬세하게 이해하는 데에 도움이 될 것입니다.

방언은 영의 언어이며 이것은 머리보다 가슴에 가깝습니다. 성령은 감동으로 임하십니다. 그러므로 자신이 방언을 하면서 그 내용을 파악하려고 할 때는 가슴의 느낌에 주의하는 것이 좋습니다.

우리가 외국어를 알지 못한다고 해도 외국인들이 말하는 분위기와 톤을 보면 그들이 싸우고 있는지, 즐거운 대화를 하고 있는지, 화가 났는지, 심각한 이야기를 하고 있는지 느낄 수 있을 것입니다. 자기가 하는 방언을 이해하기 위해서도 그렇게 관찰을 하면 대체로 몇 가지 형태의 방언을 한다는 것을 알 수 있습니다.

첫째로, 가장 흔히 나타나는 방언은 간구하는 형태의 방언입니다. 무엇인가를 간절하게 구하는 것입니다. 방언은 영의 기도이므로 하나님 자신을 갈망하는 내용이 많습니다. 우리는 의식하지 못해도 우리의 영이 하나님 자신을 간절히 알기를 구하는 것입니다.

이런 방언을 통역하면 대체로 이런 내용의 기도입니다. "오, 하나님.. 나는 주님을 원합니다.. 사모합니다. 나에게 임하시고 붙들어주시옵소서.." 이런 내용의 방언을 하다보면 점차 속이 뜨거워지고 애절한 사랑의 마음이 일어나게 됩니다. 이렇게 통역을 해주면 당사자는 펑펑 울면서 "내 속에 그렇게 갈망하는 마음이 있는지 몰랐어요.." 하는 것이 보통입니다.

간구하는 형태의 기도에는 누군가를 위하여 중보기도 하는 형태도 있는 것 같습니다. 이것은 방언이 조금 발전한 상태에서 드려지는 것 같습니다. 초기에 방언으로 기도할 때는 영적 기갈이 몹시 심한 상태이기 때문에 주님의 임재, 주님 자신을 얻고 사로잡히기 위한 기도를 많이 드리는 것 같습니다. 그러나 어느 정도 주님과의 친밀한 관계를 누리고 경험하게 되면, 차음 사역적인 기도를 우리 안에 거하시는 주의 영이 시키시는 것 같습니다.

청년 시절, 밤마다 다니던 교회에 모여서 부르짖어 기도를 하곤 했는데, 어느 날 같이 기도하던 친구가 다른 자매의 방언으로 기도하는 것을 듣고는 "저 자매는 지금 외국의 작은 나라를 위하여 중보기도를 하고 있다. 그것이 영감으로 느껴진다."고 말했습니다. 나는 다른 이의 방언을 알아듣는 그의 이야기가 몹시 신기했는데, 성령께서는 필요에 따라서 그렇게 방언을 사용하여 다른 사람이나 사역을 위하여 중보도 시키시는 것 같습니다.

둘째로, 영과 혼의 고통과 눌림이 치유되는 과정의 방언이 있습니다. 현실의 문제와 고통을 호소하기도 합니다. 이런 방언을 할 때는 애절한 눈물이 나오기도 하고 가슴속의 깊은 통증이 나타나기도 합니다. 악한 세력의 뒤틀림이나 발작 같은 현상이 동반되기도 합니다. 두려움이 드러나기도 합니다. 슬픔과 외로움 같은 감정이 흘러나오기도 합니다.

이러한 방언은 하면 할수록 점점 마음이 편안해지고 안정되며 치유의 효과가 나타납니다. 이런 방언을 통역해보면 "나의 하나님.. 어디에 계십니까.. 나는 지금 견딜 수가 없습니다. 나의 하나님이여.. 나의 소리를 들으소서.. 나의 하나님이여.. 나를 불쌍히 여기소서.." 이런 형태로 나타나곤 합니다. 이런 통역을 하면 당사자는 심하게 통곡을 하는 일이 많습니다.

셋째로, 위의 기도에 이어지는 방언으로 포근한 위로와 안위가 느껴지는 방언입니다. 이것은 우리의 영이 하는 것이 아니고 성령께서 주시는 메시지입니다. 보혜사 성령이 위로하고 힘을 주시며 용기와 용서와 사랑의 메시지를 주시는 것입니다.

통역을 하면 주로 이런 형태로 나타납니다. " 내 사랑하는 딸아.. 왜 걱정하느냐.. 왜 염려하느냐.. 두려워하지 말아라.. 나에게 맡기어라.. 왜 너는 그렇게 스스로 자책하고 있느냐.. 오직 나의 보혈을 의지하여라.. 내가 너를 용서하였노라." 이런 통역 역시 폭풍 같은 눈물을 동반하는 것이 보통입니다.

넷째로, 방언을 하는 중에 자기도 모르게 강력하게 소리가 나오는 형태가 있습니다. 목소리도 커지고 굵어지고 거친 톤으로 나옵니다. 온 몸이 부르르 떨리는 전율이 일어나기도 합니다. 이것은 전쟁의 방언이며 악한 세력을 꾸짖고 대적하는 것입니다. 자기의 삶에 있었던, 혹은 그 당시 상황에서의 영적 공격에 대한 반격입니다. 악한 세력을 초토화하는 기도라고 할 수 있습니다.

이 기도를 한참 하고 나면 몸과 마음이 시원해지며 자유함과 담대함과 평강이 가득해지게 됩니다. 성령께서 이 기도를 주도하시기 때문에 어느 정도 악한 세력들이 파괴되었을 때 이 기도는 자동적으로 멈추어지게 됩니다.

다섯째로, 믿음을 고백하고, 하나님이 하신 일을 선포하는 형태의 방언이 있습니다. 하나님의 은총과 역사들을 선언하고 시인함으로 그 풍성함이 실제적으로 영과 혼과 몸 안에 이루어지는 것이 느껴지기도 합니다.

통역을 해보면 "나는 주님을 신뢰합니다! 주님은 모든 것을 이루셨습니다! 나는 주님을 강력하게 붙들 것입니다!" 이 방언은 하면 할수록 힘이 생기고 기쁨이 일어납니다. 우리의 영혼이 충전되고 강건해지는 것을 느끼게 됩니다.

여섯째로, 감사와 찬양, 경배와 사랑의 고백을 드리는 형태의 방언이 있습니다. 이 방언은 가장 아름답고 사랑스러운 방언입니다. 이 방언을 할 때 영이 가장 고양되며 맑고 거룩하고 순결한 기쁨이 속에서 한없이 일어납니다. 마치 내 영이 하늘 높이 날아오르는 것 같은 느낌입니다. 이 기도에는 종종 방언으로 드리는 찬양이 동반됩니다.

내용을 통역하면 대체로 이러한 형태입니다. "나의 하나님.. 주님은 얼마나 놀라운 분이신지요.. 내 영이 주를 찬양합니다. 거룩하신 하나님.. 내가 주를 사랑하고 또 사랑합니다. 나의 주.. 나의 하나님.. 경배합니다.." 이 방언을 할 때 얼굴에는 웃음과 기쁨이 가득하고 영혼에는 감격과 행복감이 넘쳐납니다. 온 몸과 마음이 가벼워지게 됩니다. 영적으로 발전하고 성장할수록 이런 방언이 많이 나타납니다. 방언에서 경배와 찬양, 사랑의 고백, 신뢰와 감사의 고백이 많이 나타납니다.

그렇다면 초신자는 이런 방언을 할 수 없을까요? 아닙니다. 그렇지는 않습니다. 오히려 초신자에게 더 쉽게 기쁨과 감미로움이 주어지곤 합니다. 다만 초신자는 그러한 아름다움과 풍성함을 그다지 오래 유지하지 못합니다. 초신자는 쉽게 유혹에 넘어지며 사소한 시험을 견뎌내지 못합니다. 그렇기 때문에 잠시 경배와 찬양의 방언을 드리다가 곧 비탄한 호소의 방언으로 나아가게 됩니다.

물론 그것이 나쁘다고 할 수는 없습니다. 그 모든 과정들은 성장에 있어서 필요하고 중요한 것이기 때문입니다. 은혜의 순간도, 좌절의 순간도 필요하고 아름다운 것입니다.

그러므로 영적으로 성숙할수록 경배와 사랑의 고백에 대한 방언의 비중이 많아집니다. 영이 많이 자랄수록 현실의 부침과 상관없이 주님께 대한 신뢰와 애정이 깊어지기 때문입니다. 그러므로 영이 치유되고 성장할수록 주님께 대하여 사랑의 영을 많이 느끼게 되며 주님을 연인처럼 여기게 됩니다.

이러한 것은 대략적인 방언의 내용입니다. 이 외에도 많은 알 수 없는 놀라운 비밀들, 내용들이 방언 안에 들어 있지만, 우리가 초보적인 상태에 있을 때 그러한 많은 내용들을 알지 못합니다. 그러나 감으로도 대강 어떤 스타일의 방언을 하고 있는지 우리는 느낄 수 있으며 이러한 기본적인 인식은 우리를 점차적으로 더 깊은 곳으로 나아가게 할 것입니다. 더 깊은 것들은 우리의 영감이 발전할수록 점차 섬세하게 내용이 들어오게 됩니다.

성경에 나타난 방언의 내용에 대한 언급

방언의 내용에 대한 이러한 인식은 실제로 방언을 충분히 하지 않으면 알기 어려운 것들입니다. 그러나 이러한 이해가 경험적인 것이기도 하지만 성경을 통해서도 방언의 내용에 대하여 약간의 힌트를 발견할 수 있습니다.

성경이 방언의 구체적인 내용에 대하여 상세하게 언급하고 있지는 않지만 방언이 나오던 당시 상황에 대한 언급을 보면 어느 정도 그 내용을 짐작할 수 있는 것입니다.

첫째로 통역이 필요한, 주님이 주시는 메시지를 담은 방언에 대한 언급입니다. 고린도전서 14장 13절에서 방언을 말하는 자는 통역하기를 기도하라고 했는데, 이것은 다른 사람에게 방언을 통하여 하나님의 메시지를 전달하는 것을 의미합니다. 그러므로 이러한 방언은 예언적인 형태와 내용을 가지고 있습니다.

"그런즉 형제들아 어찌할까 너희가 모일 때에 각각 찬송시도 있으며 가르치는 말씀도 있으며 계시도 있으며 방언도 있으며 통역함도 있나니

모든 것을 덕을 세우기 위하여 하라

만일 누가 방언으로 말하거든 두 사람이나 많아야 세 사람이 차례를 따라 하고 한 사람이 통역할 것이요 만일 통역하는 자가 없으면 교회에서는 잠잠하고 자기와 하나님께 말할 것이요"(고전14:26-28)

이 말씀은 초대교회 당시의 집회형태를 잘 보여주고 있으며 일정한 틀이 없이 성령께서 역동적으로 임하시고 이끌어 가시는 모습을 보여줍니다. 오늘날의 집회 형태는 초대교회와 달리 일정한 틀을 가지고 있으며 성령의 인도하심에 온전히 의탁하는 형태의 집회는 찾아보기 어려우므로 집회에서 누군가가 방언을 하고 다른 사람이 통역을 하는 것을 보기는 어렵습니다.

나는 청년시절에 예수전도단이라는 선교단체의 화요모임에 자주 참석하곤 하였는데, 이 모임에서는 성령의 인도하심에 비교적 열려 있어서 성령의 은사를 사용하는 것을 가끔 볼 수 있었습니다.

어느 날 참석한 화요모임에서의 일이었는데, 찬양을 인도하던 형제가 찬양을 인도하다가 갑자기 큰 소리로 단조로운 문장의 방언을 몇 번 반복하는 것이었습니다. 그것은 다소 돌발적인 느낌이었고, 그 상태로 잠시 정적이 흘렀는데, 몇 초의 시간이 지난 후에 맨 뒷좌석에서 어떤 자매가 일어서서 "너희는 기뻐하라. 항상 기뻐하라!" 하고 외치는 것이었습니다. 나는 그제서야 그들이 한 사람은 방언을 하고 다른 사람이 통역을 한 것임을 알게 되었습니다. 그것은 아주 단순한 메시지였지만 신선한 충격을 주었습니다.

찬양을 인도하던 형제는 아마 성령의 감동으로 자기 안에서 떠오르는 강한 방언의 감동을 느꼈고 비슷한 감동을 받은 한 자매가 그것을 통역한 것 같았습니다. 흔한 일은 아니었지만, 이 경험은 초대교회의 모임에서 방언과 통역이 어떻게 이루어졌는지를 실감나게 보여준 인상적인 경험이었습니다. 오늘날 우리의 예배에서 성령님의 주도하심을 좀 더 의탁한다면 우리는 성령의 개입과 풍성하신 은총을 좀 더 누릴 수 있으리라고 생각합니다.

주님으로부터 메시지가 주어지는 방언의 통역은 분명히 강력한 능력과 은총의 통로가 됩니다. 통역을 받을 때 그 사람은 강력한 영적 감동을 받게 됩니다.

오래 전 어느 집회를 인도하던 중 성령의 임하심을 초청하는 시간이 되자 많은 이들에게 방언이 나타났습니다. 모두가 뜨겁게 통성으로 기도하고 있었고, 나는 강단에서 내려와 돌아다니며 사람들에게 기도를 해주고 있었습니다.

나는 방언이 처음 터진 이들에게 기도해주면서 돕고 있었는데, 몇 사람에게는 강력한 통역이 나오는 것을 느꼈습니다. 주로 메시지 형태의 통역이었는데, "나는 너의 하나님이다! 내가 여기에 있다! 내가 너와 함께 하리라! 내가 너의 기도를 들었다! 두려워하지 말라!" 그런 내용이 강력하게 올라오는 것을 느끼고 강하게 선포했습니다.

이들은 처음 방언을 하는지라 익숙하지 않고 떠듬거리면서 방언을 하고 있었는데, 내가 그들의 방언을 큰 소리로 이와 같이 통역하자 "으아!" 하고 비명을 지르듯이 통곡을 하면서 아주 강력하고 유창하게 방언을 하기 시작하는 것이었습니다.

집회를 마친 후에 담임목사님은 그날 처음으로 방언을 받은 이들을 앞으로 불러내어 간증을 하도록 시켰는데, 통역을 받은 이들은 나의 통역을 받자 무엇인가 속에서 '울컥!' 하고 강력하게 솟구치면서 방언이 더욱 더 뜨겁고 강하게 나왔다고 하는 것이었습니다.

통역은 펌프의 마중물처럼, 방언하는 사람의 내면에 강력한 성령의 불을 일으키고 북돋아주는 면이 있습니다. 깊은 바다가 서로 부름같이 방언과 통역은 서로 조화되며 강력하고 충만한 영적 상태를 이끌어가는 것입니다.

둘째로, 오순절 날에 처음으로 나타난 방언에 대한 사람들의 언급입니다. 제자들이 처음으로 방언을 말할 때 큰 무리가 그들의 말하는 방언을 듣고, 각자 자기 지방의 방언으로 말하는 것에 놀라는 장면이 기록되어 있습니다. 그런데 이들은 방언을 알아들으면서 이같이 말합니다.

"우리가 다 우리의 각 언어로 하나님의 큰 일을 말함을 듣는도다 하고"
(행2:11)

오순절에 최초로 나타난 방언을 들으며, 언어가 다른 각 지방의 사람들이 그 말하는 내용을 모두 이해할 수 있었습니다. 제자들이 다양한 지역의 방언들로 말하고 있었기 때문입니다. 이것은 놀라운 일입니다.

그들이 알아들었던 내용에 대한 구체적인 언급은 없지만 '하나님의 큰 일'이라고 그들은 말합니다. 하나님의 큰 일이란 어떤 내용을 말하는 것일까요? 하나님의 하실 일에 대한 언급일까요? 하나님의 하신 일에 대한 언급일까요? 아니면 하나님의 성품에 대한 언급일까요?

이 방언을 듣는 이들이 경건한 유대인이었음을 감안하면 하나님께서 그들에게 소망이 되는 어떤 메시지를 주셨을 수도 있을 것이라고 추측을 할 수 있습니다. 그러나 분명한 내용을 알 수는 없습니다. 다만 하나님의 큰 일에 대한 언급이 있었다는 것입니다. 방언은 하나님에 대해서, 하나님과 관련된 메시지를 말하고 있음을 성경은 보여줍니다.

셋째로 고넬료의 집에서 베드로가 말씀을 전할 때 성령이 임하시고 방언이 임하는 장면에 대한 언급입니다. 여기서의 묘사를 살펴보면 방언의 내용에 대한 힌트를 발견할 수 있습니다.

"베드로가 이 말을 할 때에 성령이 말씀 듣는 모든 사람에게 내려오시니 베드로와 함께 온 할례 받은 신자들이 이방인들에게도 성령 부어주심으로 말미암아 놀라니 이는 방언을 말하며 하나님 높임을 들음이러라"
(행10:44-46)

여기서 방언의 내용이 어떤 것이었다는 명확한 언급은 없습니다. 그러나 성령의 부어주심에 따르는 두 가지 현상을 이야기하고 있는데, 그것은 방언을 말하는 것과 하나님을 높이는 것입니다. 고넬료의 집에서 성령이 임하시자 사람들은 그 영에 도취된 상태에서 방언을 말하고 '하나님을 찬양합니다. 하나님이여, 영광을 받으소서!' 하는 식으로 찬양을 드렸을 것입니다.

조용히 말씀을 듣고 있던 사람들이 갑자기 이런 반응을 보이자 베드로와 같이 온 일행들도 깜짝 놀랐습니다. 그들은 이미 이러한 분위기에 익숙해있었지만 이방인들에게도 성령을 부어주실 줄은 몰랐기 때문입니다.

실제로 성령이 역사하시고 방언이 나타나는 집회에서 이러한 분위기는 아주 익숙한 것입니다. 사람들은 성령의 뜨거운 열기 속에서 여기저기서 울고 방언을 하며 "감사합니다. 찬양합니다. 할렐루야.." 하고 기도하고 찬양하곤 합니다. 방언이 나타날 때 주님을 높이고 찬양하는 것은 흔히 있는 일입니다. 찬양을 드릴 때 방언이 나타나고 방언이 있을 때에 찬양이 더 일어나게 됩니다. 방언과 찬양은 흔히 같이 동반되는 것입니다. 이 말씀에서 성령이 임하시므로 방언과 하나님을 높이는 일이 나타났다는 것을 보면 방언의 내용도 하나님을 찬양하는 것이거나 그와 관련된 것일 가능성이 높다고 할 수 있습니다.

넷째로 고린도전서 14장의 언급입니다.

"내가 만일 방언으로 기도하면 나의 영이 기도하거니와.." (고전14:14)

여기서는 방언이 영의 기도인 것을 말하고 있습니다. 방언은 우리의 영이 하나님께 기도하는 것입니다. 영이 기도한다는 것을 말할 뿐, 영이 무엇을 위하여 기도한다는 내용은 나오지 않지만 영은 영의 필요를 위하여 기도할 것을 예상할 수 있습니다. 몸에서 몸이 필요한 것에 대한 욕망이 일어나는 것처럼 영에서는 영이 필요한 것에 대한 소망이 일어나고 기도가 나오는 것입니다.

다섯째로 이어지는 구절에서 언급됩니다.

".. 나의 마음은 열매를 맺지 못하리라 그러면 어떻게 할까 내가 영으로 기도하고 또 마음으로 기도하며 내가 영으로 찬송하고 또 마음으로 찬송하리라 그렇지 아니하면 네가 영으로 축복할 때에 알지 못하는 처지에 있는 자가 네가 무슨 말을 하는지 알지 못하고.." (고전14:14-16)

이 말씀은 방언만 하고 통역을 하지 못하면 자신의 마음도 알아듣지 못하고 다른 사람도 알아듣지 못한다는 내용입니다. 그런데 그 중에 '네가 영으로 축복할 때에..' 라는 말씀이 나옵니다. 여기서 방언기도의 내용에 축복이 들어간다는 것을 알 수 있습니다. 이것은 방언으로 기도를 드리면서 다른 이를 위하여 중보하거나 축복하는 내용이 있음을 보여줍니다.

여섯째로 이어지는 구절에 나옵니다.

"네 감사에 어찌 아멘하리요 **너는** 감사를 잘 하였으나 그러나 다른 사람은 덕 세움을 받지 못하리라" (고전14:16-17)

비슷한 맥락입니다. 알아듣지 못할 때는 유익이 없다는 것입니다. 그 언급 중에 방언으로 감사를 한다는 내용이 나옵니다. 방언으로 감사를 드리면 너는 감사를 잘 한 것이지만 상대방은 그 내용을 모르므로 아멘을 할 수 없다는 것입니다. 이것은 물론 통역의 필요성과 중요성을 언급한 것인데, 그 과정에서 방언의 내용에 감사가 포함되는 것을 보여줍니다.

일곱째로, 고린도 전서 14장 2절의 언급입니다.

"방언을 말하는 자는 사람에게 하지 아니하고 하나님께 하나니 이는 알아듣는 자가 없고 영으로 비밀을 말함이라"

방언의 내용이 영으로 비밀을 말하는 것이라고 합니다. 영으로 말하는 비밀이란 어떤 것일까요? 우리의 이성으로는 알 수 없는 영적인 지식일 수도 있습니다.

에베소서 6장 19절은 "복음의 비밀"에 대하여 언급하고 있습니다. 골로새서 2장 2절은 "하나님의 비밀인 그리스도"에 대하여 언급하고 있습니다. 2장 3절은 그리스도 안에 지혜와 지식의 모든 보화가 감추어져 있다고 말합니다.

마태복음 13장 11절은 "천국의 비밀"에 대하여 언급하고 있습니다. 44절은 천국을 "밭에 감추인 보화"라고 말합니다. 천국의 비밀, 그리스도의 비밀, 그 보화들은 감추어져 있습니다. 영적인 것들은 가치를 모르는 이들에게 숨겨져 있습니다. 방언은 영의 비밀을 말하는 것입니다. 방언은 숨겨진 영의 비밀을 드러나게 합니다. 깨닫게 하고 충만하게 합니다. 세상에 숨겨진 많은 보화들이 방언을 통하여 우리 영에게 계시되고 전달됩니다.

실제로 방언을 하면할수록 말씀 안에 감추어진 그리스도의 보화됨, 그리스도의 마음, 십자가의 비밀, 말씀의 오묘한 진리들이 열려지고 깨달아지는 것을 경험하게 됩니다. 방언은 영의 비밀을 열고 감추어진 보화를 우리에게 전달하는 기도입니다.

또한 방언의 비밀은 우리의 이성으로는 알 수 없는 미래의 일이거나 다른 이들의 필요에 대한 중보일지도 모릅니다. 그렇게 우리의 이성을 넘어서는, 우리가 알지 못하는 일을 위하여 중보기도를 드릴 때, 방언기도는 많은 유익을 끼치곤 합니다.

실제로 기도를 하는 중에 누군가가 떠올라서 그를 위하여 방언기도를 드리게 되었는데, 나중에 알고 보니 그 때가 몹시 기도가 필요한 상황이었고, 결과적으로 문제가 극적으로 잘 해결되는 일들이 더러 있습니다.

그러한 결과에 있어서 방언기도가 어떤 효력을 발휘했을 것이라는 사실은 의심의 여지가 없습니다. 그러나 구체적으로 우리가 어떤 내용으로 어떻게 기도했는지 우리는 알 수 없습니다. 우리는 감동과 충동을 따라 방언을 했을 뿐입니다. 그러나 그러한 많은 부분들이 비밀 가운데 있고 우리의 이성으로 이해하지 못한다고 하더라도 우리는 우리 영의 기도를 하나님께서 사용하신다는 것을 이해하는 것으로 충분할 것입니다.

방언기도의 내용은 이와 같이 많은 부분이 알려져 있으나 또한 많은 부분이 여전히 베일에 가려져 있습니다. 여러 측면을 우리는 이해할 수 있지만 많은 부분에 있어서 우리는 알지 못합니다. 그것은 여전히 비밀입니다.

이와 같이 성경은 방언의 내용에 대하여 부분적으로 밝히고 있습니다. 방언이 통역과 동반되어 다른 사람들에게 메시지로 전달되기도 하며, 하나님의 큰 일을 언급하기도 하며, 하나님을 높이고 찬양하기도 하며, 영의 필요를 간구하기도 하며, 다른 이들을 축복하기도 하며, 감사하기도 하며, 알지 못하는 비밀을 말하거나 중보하기도 한다는 것을 말해줍니다. 그리고 이 모든 것은 우리에게 유익을 끼친다고 말합니다.

"방언을 말하는 자는 자기의 덕을 세우고.." (고전14:4)

방언기도는 구체적인 내용을 가지고 있습니다. 그 내용들은 성경에 기록되어 있는데, 실제의 경험을 보면 성경에서 이야기하고 있는 내용과 비슷한 의미를 느끼게 됩니다. 방언을 통하여 영으로 간구하고, 위로의 메시지를 받으며, 주님의 하신 일을 믿음으로 고백하고 선언하고, 하나님을 높이고 감사하고 경배하고 찬양하며, 알지 못하는 일에 대해서 중보하고 축복하며 영적 전쟁을 치르고 승리의 경험을 하게 됩니다.

이러한 경험들은 우리의 영을 고양시키며 강건하게 하고 덕을 세웁니다. 단순히 기계적으로 방언을 해온 이들은 방언을 통한 풍성한 은총을 상대적으로 적게 경험했을 것입니다.

이제 단순한 기계적인 방언에서 벗어나 그 내용을 이해하고 적절하게 사용하며 방언을 통하여 더 깊고 풍성한 영적 세계로 나아가야 합니다. 우리는 성경이 권면하고 있는 것처럼 통역을 하기 위하여 기도하고 훈련해야 합니다. 다음 장에서 그 구체적인 방법을 살펴볼 것입니다.

22. 방언 통역의 원리와 과정

　방언은 영의 영역에 속한 것입니다. 그것은 영의 기도이며 영의 언어입니다. 그러나 방언기도는 영을 풍성하게 하지만 혼의 마음에는 즐거움을 주지 못합니다. 무슨 내용인지 알아들을 수가 없으니 마음은 열매를 맺을 수가 없습니다. 그러므로 마음은 방언으로 기도하는 것을 그다지 즐거워하지 않을 것입니다. 마음은 마음으로 기도하는 것을 좋아하지만 방언으로 기도하는 것은 그리 좋아하지 않을 수 있습니다.

　그러나 통역을 할 수 있다면, 방언기도의 내용을 알아들을 수 있다면 그것은 혼의 마음에도 유익이 될 것입니다. 마음은 즐거이 영의 기도에 동참할 것입니다. 방언은 영에 풍성함을 주지만 이제 혼이 그것을 알아듣는다면 혼에게도 풍성함이 임할 것입니다. 이성도 유익을 얻게 됩니다. 깨달음을 얻게 됩니다.

　우리의 영은 영계에 속하며 영계의 언어를 알아듣습니다. 우리는 영으로 영계의 계시를 얻습니다. 하지만 우리의 혼은 물질세계에 속해 있어서 그것을 알아듣지 못합니다. 우리의 영에 계시가 있는데 혼이 그것을 이해하지 못합니다. 우리가 꿈에서 어떤 지시를 받았는데, 잠에서 깨어난 후에 그 내용을 기억하지 못합니다. 그렇다면 유익이 없을 것입니다.

　꿈은 영의 영역이라 의식이 잠을 자고 휴식을 취하고 있을 때는 그 내용을 이해하고 알아듣지만 의식이 잠을 깨어 마음이 활동을 시작하면 기억을 잊어버리기 쉽습니다. 해가 뜨면 달이 지고 달이 뜨면 해가 보이지 않는 것처럼 마음과 영은 같이 활동하기 어렵습니다. 혼과 영은 같이 움직이기 어렵습니다.

꿈을 기억하려고 애쓰고 기록하며 꿈의 메시지를 이해하려고 노력하는 것은 영성의 발전에 많은 도움이 되는데, 그것은 혼이 영의 일에 참여하려고 하는 것입니다. 우리의 마음이 영의 일을 이해한다면 그것은 유익이 되는 것입니다.

영은 영계와 접촉하며 혼은 이 세상의 물질계와 접촉하기 때문에 혼이 지나치게 영의 일에 빠져서는 안 됩니다. 영에는 영의 특징과 원리가 있는데 혼이 그것을 모르고 물질세계의 이성의 관점으로 해석을 하려고 하면 그것은 오히려 혼란을 일으킬 것입니다.

그러나 혼이 균형 잡힌 이성과 감정과 의지를 가지고 있으면서 영의 일을 이해하고 돕는다면 그것은 큰 유익이 될 것입니다. 영이 주님으로부터 어떤 메시지를 받았는데 혼이 그것을 전혀 이해하지 못한다면 그것은 안타까운 일이 될 것입니다.

영은 하늘의 보물창고이다

영은 하늘나라의 보물창고와 같습니다. 영에는 천국으로부터 많은 메시지와 능력과 보화가 임합니다. 영에게 쌓여있는 그 보화들을 혼의 마음이 조금씩 알아간다는 것은 아름답고 놀라운 일입니다. 그것은 마치 보물창고를 열어가는 것과 같습니다. 혼이 영과 영의 세계를 이해할 수 있을 때 영에게 오는 압력을 이해하고 영을 보호하며 관리하고 협력하는 데에 큰 유익이 되는 것입니다.

다니엘도, 요셉도.. 영으로 계시와 메시지를 받았고 그의 혼으로 그것을 이해하여 덜덜 떨고 있는 왕에게 그 내용을 명확하게 설명하고 구체적인 해결책을 제시할 수 있었습니다. 이 경우에 계시와 깨달음은 영으로부터 오는 것이지만 그것을 이해하고 설명하고 대안을 제시하는 것은 혼의 지혜에서 나오는 것입니다.

오늘날 사실 많은 신자들이 그들의 영 안에 많은 지식과 메시지와 감동을 받고 있지만 그것을 이해하고 해석할 줄 모르며 자신의 영이 경험하고 있는 현상과 메시지를 이해하지 못합니다. 많은 사역자들이, 많은 신자들이 영감이나 어떤 인상을 받지만 그것을 그냥 지나쳐 버립니다. 그들은 계시나 메시지나 깨달음은 특별한 은사를 받은 사람들에게만 주어지는 것이라고 생각합니다.

그러나 그렇지 않습니다. 모든 믿는 사람들은 거듭난 영을 가지고 있으므로 주의 영으로부터 영감을 받고 인도를 받으며 많은 통찰력과 메시지와 경고를 받습니다. 그러나 그 신호는 아주 미약하기 때문에 그것을 감지하지 못하고 지나칩니다. 환경을 통해서도 많은 전조현상을 경험하지만 그것을 무시하고 지나갈 뿐입니다. 우리의 눈이 열릴 때 우리는 주님이 항상 우리와 동행하시고 수없이 우리에게 말씀하셨다는 것을 깨닫게 될 것입니다. 성경을 통해서, 영의 감동을 통해서, 환경을 통해서 수없이 우리에게 메시지를 전달하셨음을 깨닫게 될 것입니다.

오늘날 인간은 타락으로 인하여 마음과 생각이 높아져서 하나님을 떠나 스스로 주인이 되려고 하며 주님의 뜻을 묻지 않고 인도하심을 구하지 않습니다. 그리하여 주님으로부터 오는 영적 메시지에 관심을 갖지 않고 스스로의 이성적인 판단으로 모든 일을 결정하려고 합니다. 그러나 기억해야 합니다. 이성과 마음은 스스로 아무리 생각하고 연구해도 하나님의 뜻을 알 수 없습니다. 마음은 단지 주의 인도를 기다려야 합니다. 영에게 말씀하시고 감동하시는 주님의 뜻을 발견해야 합니다. 그 때 혼의 마음은 평화를 얻게 됩니다.

방언을 통역하는 것은 혼이 영의 일에 참여하는 것이다

방언을 통역하는 것은 혼이 영의 일에 참여하는 것입니다. 혼의 마음이 영계의 메시지에 대해서 조심하며 관찰하는 것입니다. 혼이 스스로 마음대로 움직이지 않고 영으로부터 주어지는 감동과 메시지에 관심을 기울이는 것입니다. 혼과 영이 따로 따로 걸어가지 않고 주안에서 서로 동역하고 협력하여 걸어가는 것입니다.

물론 방언을 통역하는 것이 혼이 영의 세계를 이해하는 유일한 길인 것은 아닙니다. 많은 길 중의 하나입니다. 다만 방언을 하는 것이 영을 활성화시키는 아주 강력한 길인만큼 그러한 영의 활성화에 혼이 참여할 수 있다면 그 풍성함을 더욱 크게 하는 것이 분명한 것입니다.

통역의 은사는 우리 마음대로 사용할 수 없다

통역에 대한 일반적인 오해가 있는데, 그것은 통역의 은사가 나타나게 되면 항상 언제나 이 은사를 사용할 수 있으며 모든 이들의 방언을 통역할 수 있다고 생각하는 것입니다. 그것은 오해입니다.

우리가 어떤 훈련을 통하여 어떤 기능을 갖게 되었다면 우리는 언제나 원할 때는 그 기능을 사용할 수 있을 것입니다. 예를 들어 오랫동안 피아노를 연습해서 어느 정도 잘 치는 수준에 도달했다면 언제든지 원할 때는 피아노를 연주할 수 있을 것입니다. 수영을 오랫동안 배워서 어느 정도 수준에 이르렀다면 언제든지 수영을 하고 싶을 때는 수영을 할 수 있을 것입니다. 탁구를 오랫동안 훈련했고 일정 수준에 이르렀다면 자기가 훈련했던 기능을 언제든지 사용할 수 있을 것입니다. 갑자기 탁구를 전혀 못 치는 사람이 되었다든지, 갑자기 피아노 연주가 안 된다든지, 수영하는 방법을 갑자기 잊어버렸다든지.. 하는 일은 없을 것입니다.

일반적인 기능이나 재능을 사용할 때 그러한 것이 당연한 일이기 때문에 우리는 초자연적인 은사에 대해서도 같을 것이라고 생각합니다. 그러나 그것은 다릅니다. 물질적인 영역과 영적인 영역은 그 운용되는 원리가 전혀 다릅니다.

물질적인 영역의 재능들은 일단 한번 훈련을 통해서 자신의 것이 되었다면 언제든지 그것을 사용할 수 있으나 영적인 영역은 그렇지 않습니다. 그것은 언제나 우리가 원하는 대로 사용할 수 있는 것이 아닙니다. 우리는 그것을 잠시 빌린 것에 불과합니다. 우리가 살고 있는 이 세상은 물질적인 영역이며 영계의 영역이 아닙니다. 자연적인 은사들은 물질적인 영역에 있지만 초자연적인 은사들은 영계의 영역에 있습니다. 그것은 우리의 소유가 아닙니다.

초자연적인 은사는 우리가 개발해서, 훈련해서 이루어진 것이 아닙니다. 우리는 단순히 받았을 뿐입니다. 그 은사들은 우리의 것이 아닙니다. 우리는 단지 그것을 사용할 수 있는 기회를 부여받았을 뿐입니다. 그 은사의 사용권은 여전히 은사의 주인이신 주님께 있습니다.

예를 들어 어떤 사람이 예언의 은사를 받았다고 합시다. 그는 아무 때나 원할 때는 예언을 할 수 있을까요? 아닙니다. 그는 예언의 은사를 받기는 했지만 하나님이 예언의 말씀을 주실 때만 그 은사를 사용할 수 있습니다. 어떤 사람이 병 고치는 은사를 받았다고 합시다. 그는 아무 때나 자신이 원하기만 하면 모든 병을 고칠 수 있을까요? 아닙니다.

은사의 사용권은 하나님께 있다

은사가 그에게 임했지만 그것을 사용하시는 분은 하나님이십니다. 그는 주님이 원하실 때만 그 은사를 사용할 수 있습니다. 이것이 초자연적인 은사의 특징입니다. 자연적인 은사나 재능은 각 사람이 그것을 자기가 원하는 대로 사용할 수 있습니다. 그러나 초자연적인 은사는 자기가 원하는 대로 사용할 수 없습니다. 그 은사는 오직 주님이 관리하시고 사용하십니다.

초자연적인 은사 중에서 방언은 가장 기본적인 것이며 비교적 자기가 자유스럽게 사용할 수 있는 은사에 속합니다. 방언은 한번 받으면 초기에 강하게 성령께 사로잡힐 때 외에는 자신이 원할 때 마음대로 방언을 할 수 있습니다.

그러나 그러한 방언은사라도 하더라도 그는 입을 벌려서 소리를 낼 수 있을 뿐이지 그 내용까지 자기 마음대로 할 수 있는 것이 아닙니다. 입을 벌리고 소리를 내는 것은 자연적인 행동입니다. 그러나 입을 벌릴 때 나오는 소리와 그 의미는 자신이 조절할 수 없으며 무슨 내용인지 모릅니다. 그러므로 방언도 결국 하나님이 사용하시는 것이며 어떤 것을 말하게 하심으로 그분이 원하시는 특정한 역사를 이루어 가시는 것입니다.

그렇다면, 통역이나 예언과 같은 초자연적인 은사를 받았다고 해도 그것을 자신이 자유롭게 사용하지 못한다면 그것이 무슨 의미가 있을까요? 물론 의미가 있습니다.

우리는 타락한 이후 오랫동안 자기 마음대로 살아왔기 때문에 하나님의 말씀과 명령에 따라 순복하는 것의 가치를 잘 깨닫지 못할 때가 많습니다. 그러나 인생의 진정한 행복은 우리 마음대로 무엇을 할 때가 아니라 하나님의 원하시는 것에 우리가 순복할 때 누리고 맛볼 수 있는 것입니다. 병 고치는 은사든, 예언의 은사이든, 방언통역의 은사이든, 그 은사들은 우리의 손에 있는 것이 아니라 주님의 손 아래 있는 것입니다. 우리가 일단 그분의 통로가 되면 그분이 원하실 때 언제든 우리는 그 통로가 될 수 있습니다. 그리고 그렇게 하나님의 통로가 되어 하나님의 뜻을 이루는 것은 귀한 일이며 의미 있는 일인 것입니다.

은사는 하나님의 통로가 되는 것이다

그러므로 초자연적인 은사를 받는다는 것은 자기가 개인적으로 사용할 수 있는 능력과 권세를 얻는 것이 아니라 하나님이 원하실 때 자신을 하나님이 사용하실 수 있도록 자신을 드리고 통로가 된다는 의미입니다. 자기의 유익이 아니라 주님의 뜻, 주님의 영광을 드러낼 수 있는 도구가 되는 것입니다. 초자연적인 은사를 받는 것은 하나님이 그 은사를 사용하실 수 있는 도구가 되는 길이 열린다는 것입니다.

그 은사를 받지 않았다면 하나님이 그런 측면에서는 그 사람을 사용하실 수 없을 것입니다. 그러므로 초자연적인 은사의 임함은 나의 자유가 아니라 주님의 자유입니다. 내가 할 수 있는 것이 많아지는 것이 아니라 하나님께서 하실 수 있는 것이 많아지는 것입니다. 하나님은 직접 일하시지 않으며 항상 도구를 찾으시며 부르시기 때문입니다. 우리는 자신이 하고 싶은 것에 대해서만 부르심을 받아들이지 말고 하나님이 원하시는 것에 대해서 부르심을 받아들여야 합니다.

아직 당신이 충분히 주님께 드려지지 않았다면 당신은 아마 실망했을지도 모릅니다. '내 마음대로 능력과 권세를 얻어서 마음껏 사용해야지.. 내 실력을 보여줘야지..' 하는 마음이 있었다면 실망스러울 것입니다.

하지만 아직 당신이 충분히 헌신되지 않았다면 부디 이 사실을 깨달아야 합니다. 인생을 내 마음대로 사는 것은 정말 비참하고 슬픈 일이며 우리의 삶을 주님께 드리고 주님께서 사용하시도록 즐거이 자신을 드리는 것, 즐거이 주님의 통로가 되는 것, 그것이 진정 아름다운 삶이며 행복한 삶이라는 것을 말입니다. 자기의 기분과 즐거움과 영광을 위하여 사는 삶은 너무나 비참하고 슬픈 삶이며 오직 주님을 사모하여 자신을 드리고 복종하는 삶이 진정 천국의 삶인 것을 이해해야 합니다.

통역이 조금씩 열리기 시작할 때, 당신은 그 부분을 통해서 하나님의 통로가 될 수 있습니다. 당신이 좀 더 발전할수록 당신은 좀 더 정확하게 주님의 뜻을 전달하는 도구가 될 수 있을 것입니다. 일반적인 기능의 발달은 자신이 마음대로 원하는 대로 그 기능을 발휘할 수 있는 것을 의미하지만, 영적이고 초자연적인 은사의 발전은 주님이 원하실 때 좀 더 우리를 사용하실 수 있는 빈도와 사용도가 증가되는 것을 의미합니다. 예를 들어 어떤 사람이 병을 고치는 도구로 사용된다면, 주님께 대한 헌신의 정도에 따라서 그 사람의 은사적인 발전도, 그가 주님께 사용되는 빈도도 증가될 것입니다.

항상 통역이 가능한 것은 아니다

　은사를 받은 후에도 은사의 주권은 주님께서 가지고 계시므로 통역이 열렸다고 해서 항상 통역이 가능한 것은 아닙니다. 그는 오직 주님이 원하실 때, 통역을 주실 때만 통역을 할 수 있습니다. 주의 영이 강하게 임하시고 영적으로 충만할 때 갑자기 통역이 느껴지게 됩니다. 옆에서 누군가 불러주는 것처럼 느끼게 됩니다. 그래서 말하는 것을 듣는 대로 통역을 말하게 되는 것입니다.

　그러므로 어떨 때는 선명하게 메시지를 느낄 수 있지만 어떨 때는 전혀 모를 수도 있습니다. 경험이 축적되면 '아, 저 방언은 이런 내용인 것 같다, 이 방언은 이런 내용인 것 같다..' 이렇게 느낄 수는 있지만 이것은 경험을 통해서 쌓여진 통찰력으로 판단하는 것이지 은사적으로 알게 되는 것은 아닙니다. 이성으로 판단하여 아는 것과 계시를 통하여 아는 것은 다릅니다.

　또 이해해야 할 것은 통역이 갑자기 하늘에서 떨어지는 것이 아니라 조금씩 열어져 가는 것이 보편적이라는 것입니다. 겉으로 보기에 은사는 어느 날 갑자기 떨어진 것 같지만 사실은 오래전부터 충분히 상황이 무르익어가다가 때가 되어 나타나는 것입니다.

　개구리가 갑자기 동면에서 깨어나는 것 같지만 날이 따뜻해지면서 서서히 깨어나는 날이 가까워지는 것처럼, 해가 갑자기 떠오르는 것 같지만 서서히 어둠이 걷히다가 마침내 태양이 나타나는 것처럼 영적 은사들도 점진적으로 가까이 오다가 충분히 익었을 때 떨어지게 됩니다.

　통역도 이와 같이 처음에는 전혀 감이 오지 않다가 서서히 조금씩 느낌이 생기고 감동이 생기고 발전해 나아가게 됩니다.

통역에는 여러 수준과 차원이 있다

그러므로 통역의 수준에도 많은 단계와 차원이 있습니다. 통역을 하는 사람은 모든 것을 다 듣고 알 수 있고 모르는 사람은 하나도 모르는.. 그런 것이 아닙니다. 방언 통역에는 수없이 많은 수준과 차원이 있습니다. 그것은 영어를 잘 하는 사람과 못 하는 사람의 두 종류로만 나눌 수 없는 것과 같습니다.

통역의 영감은 여러 가지 형태로 옵니다. 한 단어가 떠오르기도 합니다. 한 문장이 떠오르기도 합니다. 전체를 감으로 느끼기도 합니다. 처음에는 전체의 분위기를 느끼게 되는 것이 보통입니다. 다음에 단어나 문장이 떠오릅니다.

어떤 그림이나 이미지가 느껴지기도 합니다. 그럴 경우 그 이미지를 설명할 적당한 단어나 문장이 떠오르지 않아서 힘든 경우도 있습니다. 적절한 단어나 문장을 찾아서 말을 하게 되면 심령이 후련하고 즐겁습니다. 그러나 적절한 언어를 찾지 못하면 하고 나서도 뭔가 답답하고 충분히 표현하지 못했다는 느낌이 들기도 합니다.

나는 기도모임의 멤버들에게 통역훈련을 시키곤 했는데, 다른 이의 방언을 통역하면서 느낀 것을 종이에 적게 했습니다. 그런데, 여러 사람들이 어떤 느낌을 받았지만 그것을 문자로 표현하는 것에 어려움을 겪었습니다. 간신히 문장으로 표현하기는 했지만 뭔가 만족스럽지 않아 했습니다.

통역을 받은 사람은, 종이에 적힌 내용을 보았을 때도 감동을 받았지만, 그 내용을 적은 사람과 직접 만나서 이야기를 들을 때 더 큰 감동을 느꼈습니다. '그 말은 이런 감동을 느껴서 그렇게 표현한 것이다.' 하고 좀 더 자세히 그 느낌을 나누자, 더 깊은 감동의 분위기가 되었습니다. 종이에 쓴 것을 읽었을 때보다 직접 들었을 때가 더 선명하게 와 닿았다고 하였습니다. 그처럼 영의 감동을 언어로, 문자로 정확하게 표현하는 것은 어려운 일입니다.

이와 같이 통역이 떠오르는 형태는 다양합니다. 그리고 그것을 적절하게 표현하는 것에도 훈련과 경험이 필요합니다. 경험이 반복될수록 발전해갈 것입니다.

통역에는 여러 수준이 있으므로 처음 시도하는 이들에게 많은 것을 기대할 수는 없습니다. 어떤 이는 다른 사람의 방언을 통역하면서 그저 한 단어 '기쁨'이라는 단어가 떠올랐습니다. 그 외에는 아무 것도 알 수 없었습니다. 그래서 종이에 '기쁨'이라고 적었습니다.

그러나 통역으로 그 한 단어를 받은 사람은 몹시 기뻐했습니다. 자기가 최근에 계속 기쁨을 구했는데, 주님께서 자기의 기도를 들어주신 것 같았다고 기뻐했습니다. '기쁨'이란 아주 평범한 단어이지만 당사자에게 있어서 그것은 몹시 감동적인 것이었습니다.

방언을 하는 이들은 많이 있지만 통역을 구하거나 사용하는 이들은 그리 많지 않은 것 같습니다. 그러므로 통역하는 이들도 그리 깊고 선명한 수준에 이르는 이들은 드문 것 같습니다. 나의 경우도 그리 깊다고 할 수 없으며 단순한 문장이나 감동을 느낄 뿐입니다. 아주 가끔 통역의 깊은 수준에 이른 이들을 본 적이 있는데, 이들은 단어 하나하나를 상세하게 통역하고 있는 것이었습니다. 그러한 경우는 아무 드문 경우입니다. 하지만 누구나 충분히 기도하고 사모하면 더 발전해 나아갈 수 있을 것입니다.

마음에 감동이 오는 대로 바르게 통역을 하면 영이 시원합니다. 깊은 곳에 기쁨이 있고 자유함을 느낍니다. 그리고 듣는 자에게도 비슷한 감동이 옵니다. 그러나 적절하게 잘 표현하지 못하면 개운하지 않고 불편합니다. 그러므로 통역을 많이 할수록 발전해가게 됩니다. 해보지 않으면 발전할 수 없습니다. 처음 통역을 시도하는 이들은 누구나 실패에 대한 두려움이 있습니다. 그러나 막상 해보면 놀라운 감동과 기쁨을 느끼게 됩니다.

그러므로 초보적인 수준에 있다고 해서, 영감이 어둡다고 해서 훈련을 두려워할 필요는 없습니다. 우리가 어린아이처럼 걸음마를 한다고 해도 주님은 그것을 꾸짖지 않으실 것입니다.

청년시절에 나는 자주 나의 방언에 대한 통역을 받았습니다. 내가 신학대학에 가게 된 것도 나의 방언을 듣고 통역한 사람의 말에 의해서 시작된 것이었습니다. 그는 나의 방언을 듣고 내가 신학을 해야 한다고 주님이 말씀하셨다고 했습니다. 그 말이 사실인지 아닌지 확인하는 과정에서 금식을 포함해서 많은 기도가 필요했지만, 아무튼 그 기도를 시작하게 된 계기는 방언통역에서였습니다.

내가 어릴 적부터 다니던 교회에는 기도를 많이 하시는 집사님, 권사님들이 많았습니다. 이들은 기도원에도 자주 다니고 밤에는 자주 교회에서 주무시면서 기도를 하시곤 했습니다.

나는 그분들 중의 한분에게 자주 통역을 받았는데, 내가 받았던 것은 소리로 하는 방언이 아니고 글씨로 쓰는 방언이었습니다. 그때는 흔히 이것을 방서, 혹은 영서라고 했는데 나는 소리를 내어서 기도를 할 수 없는 도서관과 같은 곳에서는 답답해서 대신 방언글씨를 쓰곤 했습니다.

방언을 하는 사람은 누구나 어느 정도 있으면 방언글씨를 쓸 수 있습니다. 기도하면서 종이에 펜을 잡고 있으면 손이 저절로 움직여져서 글씨가 되곤 했습니다. 물론 손이 스스로 혼자서 움직여지는 것은 아닙니다. 자신이 원하지 않는데도 손이 움직이는 것은 아닙니다. 다만 방언으로 기도를 하면서 펜을 잡고 손을 주님께 맡기면 저절로 손이 움직이면서 글씨를 만들어가는 것입니다. 글씨의 모양은 영어의 필기체와 비슷한 모습이었습니다.

나는 자주 기도하면서 쓴 방언글씨를 몇 장 가지고 박 권사님이라고 하는 분에게 가지고 갔는데 그분은 방언이 쓰인 종이를 보면 손가락으로 짚어가면서 방언으로 읽었습니다. 그리고 읽으면서 내용을 바로 해석해주었습니다.

내용은 그리 특별한 것은 없었습니다. "내가 너와 함께 있다, 너의 기도를 들었다, 두려워하지 말아라, 인생의 계획을 나에게 맡겨라.." 등등의 메시지였던 것으로 기억이 납니다. 그러나 특별한 내용이 있는 것은 아니었지만 해석을 듣다보면 반드시 그중에 마음에 찔리는 부분이 있었고 기도응답에 해당되는 메시지가 있었습니다. 나는 몹시 흥미로워서 자주 방언글씨를 가지고 갔는데 이분은 웃으시면서 하나님께 본인이 직접 응답을 받아야 한다고, 이렇게 쉽게 받으려고 하면 안 된다고 잘 안 해주시려는 것이었습니다.

이분의 해석하시는 것을 보면 몹시 신기했습니다. 나의 마음을 알 수도 없고, 또 학력도 대강 기억하기에 초등학교도 졸업하지 못하신 분이라 무엇을 꾸며대거나 하실 수도 없는 분이었습니다.

이분은 분명히 영감을 가지고 있었습니다. 젊은 청년이었던 나와 친구들과 같이 대화를 나누면 지식적인 면에서는 많이 미흡하셨지만 분명히 하나님과 깊은 개인적 교제와 영감을 가지고 있었습니다.

한번은 친구가 이상한 예언을 하는 곳에 빠져서 몇 년간을 방황하였던 적이 있었습니다. 나는 이 친구를 이 권사님께 데리고 갔습니다. 권사님은 이 친구의 사정을 전혀 모르셨는데, 기도를 해주시면서 나의 친구에게 바로 하시는 말씀이 "네가 귀가 얇아서 사람들의 말을 듣고 고생을 많이 했구나.." 하시는 것이었습니다. 친구는 그 권면의 말을 듣고 반성과 회복에 많은 도움을 얻을 수 있었습니다.

이 기도하는 노인들은 별로 지식을 가지고 있지 않았지만 영감을 가지고 있었고 방언과 통역을 하였습니다. 생각이 복잡하지 않고 단순하셨기 때문에 주님과의 깊은 기도의 세계에 들어갈 수 있는 것 같았습니다.

많은 기도에는 많은 능력이 따릅니다. 적은 기도에는 적은 능력이 따릅니다. 그러므로 기도에도, 은사에도 다양한 수준이 있을 수밖에 없습니다. 방언의 통역에 있어서도 이렇게 주야로 기도하는 할머니들처럼 깊은 수준에 들어가신 분들도 있습니다. 또는 이제 처음으로 조금씩 영의 세계가 열려가는 분들도 있을 것입니다.

하지만 초보자의 소박한 발걸음을 주님께서는 어여삐 여기실 것입니다. 그리고 작은 은총과 깨달음을 기뻐하고 감사하는 이들에게 주님은 더 큰 은총을 부어주실 것입니다. 그러므로 우리는 자신의 미흡함에 대하여 실망하지 말고 용기를 내어 앞으로 나아가야 합니다.

통역훈련의 과정과 원리들

1. 통역하기를 사모해야 한다

첫째로, 통역을 위하여 가장 기본적인 것은 통역하기를 사모해야 한다는 것입니다. 모든 초자연적인 은사들은 그것을 간절하게 원하고 구해야 합니다. 초자연적인 은사들은 직분의 은사들과 다릅니다.

직분의 은사들은 구하는 것이 아니라 발견해야 합니다.

로마서 12장에 언급되어 있는 직분적인 은사들, 예를 들어 가르치는 은사나 다스리는 은사와 같은 것은 그것을 얻기 위하여 사모하고 간구하는 것이 아니라 원래 내게 주어진 은사가 무엇인지 찾고 발견해야 합니다. 그것은 사명과 같은 것이며 주님이 우리를 지으실 때 이미 그러한 기질과 성향을 주셨기 때문입니다.

그러나 초자연적인 은사들은 다릅니다. 그것들은 주님의 사역을 감당할 때 필요한 것이므로 사명적인 것과 다릅니다. 그것들은 우리가 사모하고 원해야 합니다. 열매는 성숙한 사람들이 얻는 것이지만 은사는 성숙한 사람이 아니라 갈망하고 사모하는 사람들이 얻는 것입니다. 그러므로 통역의 은사를 얻기 위해서는 기본적으로 간절히 사모하고 이를 위하여 구해야 합니다.

간혹 구하지 않은 이들이 자기도 모르는 사이에 은사를 경험하는 경우도 있습니다. 그러나 그러한 것은 결코 일반적인 사례는 아닙니다. 대부분의 경우 은사를 경험하는 이들은 간절히 사모하고 구하는 사람들입니다. 하나님은 인격적인 분이시기 때문에 우리의 의지를 반해서 억지로 역사하시는 일은 드뭅니다. 그런 일이 있다고 해도 그것은 특별한 경우이며 일반적인 사례라고 볼 수는 없습니다.

그러므로 통역을 위하여 먼저 간절하게 사모하십시오. 그리고 기도하십시오. 통역의 은사가 나타나게 해달라고 기도하십시오. 사모하고 기도하는 것은 가장 기본적으로 있어야 할 것입니다.

2. 내 안에 통역을 주시는 성령이 거하심을 믿어야 한다

둘째로, 통역을 얻기 위하여 필요한 것은 믿음을 가지는 일입니다. 통역을 새로 받는 것이 아니라 통역의 영감은 이미 자신의 안에 있으며 이제 필요한 것은 그것이 나타나는 일이라는 사실을 믿고 인식해야 합니다. 이것은 방언을 처음에 경험하는 원리와 같습니다. 성령은 이미 우리 안에 계십니다. 그러므로 통역의 영감은 이미 우리 안에 있습니다. 이제 우리에게 필요한 것은 그 사실을 믿고 그 영감의 충만함이 우리에게 나타나는 것입니다. 사람들은 흔히 새로운 능력을 받아야 한다고 생각합니다. 그러나 그렇지 않습니다. 성령은 이미 우리 안에 계시며 우리 안에 있는 그 성령의 능력이 바깥으로 흘러나오시는 것입니다.

물론 이것은 이미 믿는 자에게 해당되는 말입니다. 믿고 그의 은혜를 사모하는 이들에게 해당되는 것입니다. 복음을 받아들이고 주를 믿고, 자신을 주님께 드리며 그 은혜를 사모하는 이들에게 해당되는 것입니다. 그러한 믿음과 사모함은 오직 성령께서 일으키시는 것이기 때문입니다.

당신이 아직 복음에 대해서 잘 모르며 주님을 영접하지 않았다면, 당신은 복음에 대해서 듣고 배워야 합니다. 그런 상태라면 당신의 안에는 아직 성령이 오셨다고 할 수 없습니다.

그러나 예수님을 구주로 믿고 그 은혜를 사모하는 이들에게는 성령이 거하십니다. 그분은 사모하게 하시고 헌신하게 하시고 죄를 깨닫게 하십니다. 그러한 이들이 아직 은사를 사모하지 않는다면 그것은 성령이 계시지 않아서가 아니라 은사의 중요성과 가치에 대해서 배우고 사모하도록 도전을 받은 적이 없기 때문입니다. 모르는 것에 대해서 사모할 수 있는 사람은 없습니다. 은사는 오래 전에 이미 끝났다고 배우고 믿고 있으면 사모할 수가 없을 것입니다.

성령의 은사는 특별한 것이며 특별히 신령한 사람들에게만 주어지는 것이라는 의식, '나는 아직 전혀 아니다..' 하는 의식을 버리는 것이 중요합니다. 우리가 아주 부족하고 부족한 사람이라도, 아니 오히려 부족하기 때문에 우리는 주님이 필요합니다. 아직도 자신의 마음속에 세상을 사랑하는 마음이 있고 육성과 혈기가 처리되지 않아서 수시로 넘어진다고 해도, 그렇다고 그것이 성령께서 우리를 멀리하시는 이유가 되지는 않습니다. 주님은 자신의 부족함을 인식하고 주의 도우심을 구하는 자에게 임하십니다.

그러므로 나는 받을 수 없다고 생각지 마십시오. '주님은 내게 임하실 것이고 영감을 주실 것이다, 나는 임하실 주님을 신뢰하며 순종하고 따르며 누리겠다, 나는 더 이상 내 안에 계신 분을 제한하지 않겠다, 내 힘으로 살지 않고 그분이 주시는 영감과 인도하심으로 살겠다.' 그렇게 결심하는 것이 필요합니다. '나도 분명히 받을 수 있으며 경험할 수 있다, 여태까지 몰랐던 것은 내가 그분을 방해한 것이지 그분이 임하시지 않는 것이 아니다.' 이러한 인식, 깨달음이 중요합니다.

성령을 방해하는 것은 우리 자신이다

실제로, 그분을 방해하는 것은 우리 자신입니다. '그분은 나 같은 것에는 관심이 없으실 거야..' 하는 식으로 그분을 신뢰하지 않고 제한한 것도 바로 우리 자신입니다. 그러므로 우리가 그분을 제한한 것을 반성하고 회개하고 신뢰함으로 나아간다면 우리는 그분의 풍성하신 역사를 경험할 수 있습니다.

나는 주님의 음성을 듣는 기도를 자주 가르치는데, 그 음성과 메시지를 들은 이들은 이렇게 말하곤 합니다. '아, 이게.. 그거였어요?

그런 적이 많이 있었는데..'

사실 그렇습니다. 주님은 우리 안에 거하시며 말씀하시고 감동하십니다. 우리는 수없이 많은 주님의 메시지와 감동을 받았었습니다. 그러나 그것을 무시하고 지나쳤을 뿐입니다. 그러므로 그 감동을 인식하는 것을 배우게 될 때 '아, 그럼 그게 주님의 음성이었어?' 하게 되는 것입니다.

부디 믿음을 가지십시오. 성령은 당신 안에 거하시며 이제 흘러나오기를 원하십니다. 당신이 잘나서가 아니라 부족하기 때문에 은총을 베푸십니다. 겸손한 마음으로 주님께 나아가는 것은 좋은 일이지만 자기비하는 오히려 주님을 제한합니다. 그러므로 신뢰하고 믿음을 가져야 합니다.

또한 통역을 시도하는 데에 있어서 지나치게 긴장하거나 두려워할 필요는 없습니다. '내가 틀리면 어떡하지?' 하는 마음을 가지고 있는 이들이 많이 있지만, '틀려도 좋다, 틀릴 수도 있다..' 하는 마음을 가지는 것이 좋습니다.

경험이 많지 않은 이들은 영의 신호를 잘못 해석할 수도 있고 이것이 영의 감동인지 자기 생각인지 분별이 어려울 수도 있습니다. 하지만 그러한 분별력도 경험을 통해서 발전하기 때문에 틀리는 것이 있으면 수정하고 교훈을 얻으면 됩니다. 그것으로 충분합니다. 그러므로 별로 두려워할 이유가 없습니다.

3. 충분한 방언기도의 분량을 채워야 한다

셋째로, 방언으로 충분히 기도해야 합니다. 어느 정도 기본적인 분량을 채워야 합니다.

사모하는 마음이 생겼고, 받을 수 있다는 믿음이 생겼다면 마음의 준비는 된 것입니다. 이제는 실제적인 절차가 필요합니다. 내 안에 그분의 은혜가 있고, 이제 그것이 흘러나오는 것이 중요한 것이라면 그 다음에 할 일은 물을 끓이는 것입니다. 왜냐하면 물은 100도에서 끓기 때문입니다.

우리 안에 주의 영이 있어도 충분히 뜨겁지 않으면 그 영은 흐르지 않습니다. 우리 안에 성령의 영감, 통역의 영감이 있어도 충분히 뜨겁지 않으면 그 영은 흘러나오지 않습니다.

방언을 주신 분은 그 해석을 주실 수 있는 것이 분명합니다. 방언만 주시고 해석을 주시지 않을 리는 없습니다. 하나님께서 느부갓네살 왕에게 꿈을 주신 것은 해석을 주시기 위한 것입니다. 그러므로 우리에게 방언을 주신 이가 그 해석을 사모하는 이들에게 해석을 주실 것입니다. 우리 안에 방언의 영이 있다면 해석의 영도 있을 것입니다.

물론 방언이 나오는 100도와 통역이 나오는 100도는 성격이 다릅니다. 전자는 몸이 반응하고 후자는 영감이 반응합니다. 전자는 언어가 쏟아져 나오고 후자는 영감이 쏟아져 나옵니다.

그러면 어떻게 영이 흘러나올 수 있도록 뜨겁게 덥힐 수 있을까요? 그것은 일단 충분히 방언으로 기도하는 것입니다. 일단 충분한 방언기도를 통해서 영의 흐름과 움직임에 어느 정도 익숙해져야 합니다.

사람늘은 오랫동안 머리와 의식이 삶을 결정하는 데에 중요한 역할을 하였습니다. 영감으로 감동을 받고 하나님의 인도를 받는 삶을 사는 이들은 드물었습니다. 어떤 벽에 부딪치고 한계에 부딪힐 때, 어찌할 바를 모를 때만 하나님의 도우심과 인도하심을 기다렸지 평소에는 항상 머리의 의식으로 판단하고 결정하고 살아왔을 것입니다.

이제 방언을 시작한 사람들은 새로운 삶을 시작해야 하는데, 그것은 평소에 자주 영감으로, 감동으로 인도를 받고 결정하는 삶을 사는 것입니다. 그것을 위하여 먼저 충분히 방언으로 기도해야 합니다.

방언으로 기도하면서 여러 과정들을 어느 정도 통과하는 것이 필요합니다. 치유의 방언과정을 경험하고 고통이 풀려나가는 것을 경험하고, 전쟁을 벌이고 악한 영들을 부수는 방언을 경험하고, 감사와 경배와 사랑의 고백을 드리는 과정을 어느 정도 경험해야 합니다. 어느 정도의 과정을 경험할 때 영감이 서서히 일어나기 시작합니다. 그것은 어린아이가 눈을 뜨고 보는 법을 배우고, 손으로 무엇을 잡는 법을 배우고, 박수치는 법을 배우고, 움직이는 법을 배우는 것과 같습니다. 그렇게 감각이 일어나기 시작하는 것입니다.

그러므로 처음 방언을 받았을 때 일단 어느 정도의 충분한 방언기도의 분량을 채워야 합니다. 방언을 통해서 속이 시원해지고 기쁨이 오고, 고통이 오고, 몸에 오는 어떤 현상들을 경험하고.. 하는 과정들이 필요합니다. 어떤 이들은 그러한 과정이 없이 바로 영감이 오는 경우도 있습니다. 그러나 대개의 경우는 충분한 과정들을 통해서 영감이 일어나고 감각이 깨어나기 시작합니다. 오랫동안 혼으로 살아왔기 때문에 영의 감각이 깨어나고 일어나는 데는 어느 정도의 시간이 필요합니다.

그 시간이 어느 정도가 될지, 그것은 알 수 없습니다. 개인의 특성에 따라서 비교적 짧은 시간이 필요한 사람도 있습니다. 방언을 받자마자 통역을 하는 사람도 본 적이 있습니다. 물론 일반적인 사례라고는 할 수 없습니다. 어떤 이들은 조금 시간이 걸릴 것입니다. 특히 지적인 사람들은 좀 더 노력할 필요가 있습니다. 그들은 오랫동안 영감을 억압하고 있었을 가능성이 높습니다. 그러므로 회복에 좀 더 시간이 필요합니다.

짧은 시간에 여러 과정들을 통과하는 사람이 있는 반면, 오랜 시간이 지나도 그다지 발전이 없는 이들도 있습니다. 그러나 낙심하지 말아야 합니다. 쉽게 무엇을 얻는 사람은 쉽게 그것을 잃어버리며 어렵게 얻는 사람은 일단 얻고 나면 그것을 잘 놓치지 않습니다.

그러므로 일단 충분히 방언으로 기도하십시오. 방언기도의 절대 분량을 늘이십시오. 방언으로 기도하고 기도하면 할수록 내면의 영감이 깨어나게 되며 점점 통역을 받고 영감을 느끼기가 쉽습니다.

방언을 언제 받았는가는 그리 중요하지 않습니다. 오래 전에, 몇 십 년 전에 받았다고 하더라도 거의 사용하지 않는 이들은 그 경력이 별로 의미가 없습니다. 방언을 하지 않고 가지고만 있으면 그 유익을 전혀 누릴 수 없으며 영감이 거의 발달하지 않습니다. 그러나 받은 지 얼마 되지 않았다고 하더라도 꾸준히 지속적으로 방언을 해왔다면, 그 사람은 작은 터치를 통해서도 쉽게 영감과 통역을 얻을 수 있을 것입니다.

4. 머리를 잠잠하게 하는 훈련을 해야 한다

넷째로, 머리를 조용히 쉬게 하는 과정이 필요합니다. 그러한 훈련과 습관이 필요합니다. 그 의미에 대해서 이해해야합니다.

방언이 우리 안에 있지만 나오는 것을 제한하고 방해하는 것은 몸이 수동적이고 묶여 있는 것입니다. 방언은 몸으로 나오는 것이므로 몸의 움직임을 제한하는 것을 풀어놓아야 합니다. 소리 내어 발성으로 기도하고 몸을 움직이는 것을 훈련함으로 성령을 제한하지 말아야 합니다.

그런데 통역을 제한하는 것은 몸의 수동적인 상태가 아닙니다. 영감을 제한하는 것은 다른 데에 원인이 있습니다. 위에서 이미 언급하였듯이, 영감을 제한하는 것은 영감과 상극이 되는 의식의 지나친 활동입니다. 머리에 생각이 너무 많고 뇌가 긴장되어 있는 것입니다. 이것이 영감을 방해합니다. 속에 있는 영감이 막힘이 없이 잘 흘러가려면 머리가 그것을 방해하지 말아야 합니다. 머리가 조용하고 잔잔해야 합니다.

머리의 생각은 심령의 감동과 다른 것입니다. 그것은 다른 성격을 가지고 있습니다. 하나님의 음성을 묻고 기다리는 사람들이 가장 잘 속는 것이 머리의 생각을 하나님의 음성이라고 여기는 것입니다. 그것은 다릅니다.

생각은 나에게서 오는 것이며 영감은 하나님께로부터 오는 것입니다. 그러므로 나를 비우지 않으면 하나님은 말씀하실 수 없습니다. 나의 생각이 멈추지 않으면 그것은 하나님의 감동하심, 말씀하심을 제한합니다. 내가 조용해야 주님이 말씀하십니다. 내가 말하고 있으면 주님은 말씀하실 수 없습니다. 통역을 기다리는 훈련은 하나님의 음성을 듣는 훈련과 비슷합니다. 그러므로 머리를 쉬게 하고 하나님의 주시는 영감을 기다려야 합니다. 머리는 하나님의 음성을 들을 수 없습니다. 하나님은 영이시므로 영의 감동을 일으키시고 말씀하십니다.

그러므로 생각이 너무 많은 것은 영감을 아주 방해하고 제한합니다. 그렇기 때문에 평소에 생각이 끊이지 않는 이들은 영감의 흐름이 약합니다. 이들은 생각을 잠잠하게, 뇌를 안식하게 하는 것이 필요합니다. 생각이 많은 것은 뇌가 너무 긴장하고 있어서 끊임없이 생각을 수신하고 있기 때문입니다.

성령으로부터 오는 것은 감동이며, 이것은 뇌의 생각이나 논리적인 사고와 다릅니다. 혼의 생각과 영의 감동은 서로 반대의 성격을 가지고 있습니다. 그래서 생각이 많고 이성이 발달된 사람일수록 영감이 둔합니다. 머리형의 사람들은 머리를 제어하는 것을 훈련하지 않으면 성령의 임재를 누리는 것에 어려움을 겪을 것입니다.

생각이 끊이지 않는 사람들이 있습니다. 이들은 자신의 머리를 제어하지 못합니다. 자기가 생각을 하는 것이 아니라 생각이 자기를 끌고 다닙니다. 이들은 어떤 생각이 한번 떠오르면 거기에서 잘 벗어나지 못합니다. 이들은 원치 않는 생각에 쉽게 사로잡히고 그렇게 끌려 다닙니다. 그것은 묶임입니다. 그것은 뇌가 너무 긴장되어 있는 것입니다. 생각이 많은 이들은 예민하기 쉽습니다. 사소한 것, 사소한 생각에 이들은 사로잡혀 버립니다.

이들이 기도를 하려고 할 때 갑자기 수없이 많은 생각들이 그들을 혼란스럽게 합니다. 지금 할 필요가 없는 생각이 갑자기 그를 끌어당깁니다. 그래서 그들은 기도를 멈추고 갑자기 떠오른 생각을 확인하기 위해서 나갑니다.

방언을 할 때, 통역을 할 때, 성령의 역사하심을 많이 방해하는 것이 바로 이 생각을 통한 자극입니다. 그러므로 평소에 영의 풍성함을 제한하는 생각들을 다스리는 훈련을 해야 합니다.

생각이 쉬지 않을 때 멈추라고 말하라

그것은 아주 간단합니다. 생각이 끊임없이 올라오려고 할 때 단순하게 "멈춰!" 하고 말하면 됩니다. 사소한 일로 주의를 빼앗기게 되거나 마음이 상하려고 할 때 "멈춰!" 하고 말하면 됩니다. 기도를 할 때 생각이 방해되지 않도록 "머리야, 잠잠하라!" 하고 말하면 됩니다.

생각의 고요함, 잔잔함이 영성의 풍성한 흐름에 아주 중요한 요소인 것을 이해해야 합니다. 많은 사람들이 순간적으로 떠오르는 생각들에 속아서 마음의 평화를 잃고 기도를 망치곤 합니다. 물론 그 배후에는 영들의 속임과 공격이 있습니다. 충분히 방언을 하고 영감이 충만할수록 그러한 분별이 쉬워질 것입니다.

그러므로 기도 중에, 기도 전에 자주 생각을 다스리십시오. 생각에 끌려 다니지 말고 그것을 다루고 관리하십시오. "잠잠하라..", "평안하라..", "멈춰라.. 나는 지금 기도하는 중이다!" 하고 말하면 됩니다. 처음에는 생각을 멈추는 것이 어렵게 느껴질지 모르지만 그것은 그리 어려운 것은 아니며 곧 익숙해지게 됩니다. 생각을 다스리는 것은 하나의 습관입니다. 그렇게 반복하여 훈련할 때 점점 머리는 조용해집니다. 그래서 생각에 끌려 다니지 않고 필요할 때에 생각을 사용하며 원하는 대로 하나님의 감동과 영감을 감지하고 누릴 수 있습니다.

5. 방언을 하면서 그것을 조용히 관찰하라

다섯째로, 방언을 할 때 조용히 관찰해야 합니다.

방언을 받은 지 아주 오래 되었고, 그리고 방언으로 자주 많은 시간을 기도하면서도 자신이 하는 방언이나 다른 이들이 하는 방언을 듣고 아무 느낌이 없고 모르는 이들이 많이 있습니다. 이들은 방언으로 많이 기도하면 속이 편하고 시원해지기 때문에 방언으로 많이 기도합니다. 하지만 방언의 내용에 대해서는 전혀 모릅니다.

이렇게 방언을 오래 사용하면서도 통역을 하지 못하는 이유는 여러 가지가 있겠지만 대체로 이러한 사람들은 기계적으로 방언을 사용하는 경향이 있습니다. 방언의 내용을 알려고 하지 않고 무조건 기계적으로 반복하는 것입니다.

이렇게 기계적으로, 습관적으로 방언기도를 드리면서 이들은 언젠가 방언으로 이렇게 무조건 많이 하기만 하면 방언을 통역할 수 있지 않을까 기대하기도 합니다. 하지만 그것은 기대하기 어렵습니다. 방언을 기계적으로 습관적으로 오래 하고 있으면 물론 방언이 가지고 있는 여러 유익을 누릴 수 있지만, 그렇게 해서는 방언통역이 나오지 않습니다.

영어를 공부할 때 가장 중요한 것은 귀가 열리는 것이라고 합니다. 먼저 귀가 열려야 입이 열린다고 흔히 이야기합니다. 그래서 영어를 듣는 귀가 열리기 위해서 AFKN 이나 CNN 방송을 무작정 듣는 사람들이 있습니다.

하지만 아무런 대책 없이 아무 것도 모르는 채로 무작정 영어를 듣기만 한다고 해서 귀가 열리지는 않습니다. 듣기 전후에 본문 학습을 함께 병행한다든지, 어떤 부분만 집중적으로 듣는다든지, 따라하거나 들리는 부분을 필기해보고 다시 점검한다든지.. 하는 식으로 다른 방법을 사용하면서 들어야 합니다. 전혀 모르는 상태에서 그냥 듣고만 있으면 모르는 상태로 계속 있게 됩니다.

방언 통역도 그렇습니다. 그저 무작정 방언을 하는 것이 나쁘다고 할 수는 없습니다. 그것은 그 자체로 유익이 있습니다. 그러나 통역을 하기 위해서는 어느 정도 주의를 기울이면서 방언을 해야 합니다. '이 방언이 무슨 뜻일까? 내 영이 무슨 기도를 하고 있는 것일까? 지금 내 영은 어떤 상태인가? 울고 있는가? 슬픈가? 고통스러운가? 방언을 하는 톤은 어떤가?' 등등을 조용히 관찰하면서 방언을 해야 합니다. 나의 영은 방언을 하고 있지만 나의 혼, 마음은 방언하는 나를 조용히 지켜보고 있는 것입니다. 그렇게 약간의 주의를 기울이는 것입니다.

주의를 기울이고 있으면 어느 순간 알아차리는 순간이 옵니다. 어느 순간에 어떤 느낌이 올라오는 것입니다.

그렇다고 혼이 너무 집중을 해도 안 됩니다. 이 방언이 무슨 내용인지 알려고 너무 집중하면 안 됩니다. 그러면 혼이 긴장을 해서 오히려 방해가 됩니다. 어디까지나 혼은 긴장이나 집중이 아닌, 조용히 관찰하는 수준에 머물러야 합니다. 조용히 관심을 가지고 지켜보는.. 그 정도의 의식을 가지고 있으면 됩니다.

오랫동안 기계적으로 방언을 해왔던 사람은 이렇게 단순히 관찰하는 것만을 시도해도 상당히 많은 느낌과 영감을 얻을 수 있게 됩니다. 이러한 훈련을 통해서 방언통역도 하늘에서 갑자기 떨어지는 것이 아니라 조금씩 영의 감각이 생기고 그것을 이해할 수 있는 느낌이 증가된다는 것을 이해하고 경험하게 됩니다.

6. 방언을 크게, 간절하게 하라

여섯째로, 방언기도를 크게, 간절하게 해야 합니다. 이것이 통역에 유익합니다.

크고 간절하게 하는 방언이 조용히, 차분하게 하는 방언보다 더 훌륭한 방언이라고 할 수는 없습니다. 또한 그렇게 한다고 방언의 내용이 달라지는 것은 아닙니다. 다만 그것은 통역의 분별을 시작할 때 유리합니다.

방언에는 일정한 내용이 있습니다. 우리는 그 내용을 바꿀 수 없습니다. 속에서 영이 하는 것을 표현하게 해줄 뿐입니다. 우리가 어떤 노래를 부른다면, 크게 하거나 간절하게 하거나에 관계없이 그 노래의 곡조를 따라 부르게 됩니다. 작게 하든 크게 하든, 부드럽게 하든 강하게 하든 곡조는 같습니다.

우리는 방언의 감정이나 느낌을 만들어낼 수 없습니다. 만약 우리의 영이 슬픔과 애절함을 표현하고 있다면 그것은 필요해서 나온 것이며 우리가 즐거운 기분으로 바꿀 수 없습니다.

우리의 혼, 마음은 우리가 임의대로 바꿀 수 있지만 방언은 속의 영이 흐르는 것이기 때문에 우리는 표현할 수 있을 뿐 내용을 바꿀 수는 없습니다. 빠르게 할 수도 있고 천천히 할 수도 있지만, 차분하게 할 수도 있고 강력하게 할 수도 있지만, 우리는 그 내용을 바꾸지 못합니다.

속의 영에서 간절함이 있을 때, 조용히 방언을 하면 차분하고 부드럽게 그 간절함이 나올 것입니다. 그러나 뜨겁고 강하게 하면 그 간절함은 더욱 더 증폭되어 눈물과 한숨과 통곡으로 표현될 것입니다.

같은 내용인데, 왜 더 간절하게 하고 강력하게 하는 것이 통역에 좋은 것일까요? 그것은 증폭시키는 효과가 있기 때문입니다. 노안이 온 사람은 작은 글씨를 알아보기 어렵습니다. 그래서 돋보기를 사용합니다. 글씨를 크게 하면 알아볼 수 있습니다. 방언을 강하게, 크게, 간절하게 하는 이유도 비슷합니다.

영감이 예민하고 충만한 사람은 조용하고 부드럽게 흘러나오는 영의 내용도 감지할 수 있습니다. 그러나 영이 둔한 사람은 그것을 감지하기 어렵습니다. 그러므로 방언을 증폭시키는 것이 좋은 것입니다. 속에서 나오는 것을 최대한 증폭시켜서 크고 간절하게, 강력하게 하면 속에서 나오는 내용을 이해하기가 쉽습니다.

강력하게 외치면 자기 영이 하는 것이 울부짖음인지, 전투인지, 위로의 메시지인지.. 쉽게 느낄 수 있습니다. 어떤 사람이 조용히 말을 하고 있으면 그가 화가 난 상태인지, 낙심한 상태인지.. 기분이 좋은지 잘 알기 어렵습니다. 그러나 그가 큰 소리를 내면 멀리서도 그가 화가 나서 싸우고 있는 것인지, 울고 있는 것인지.. 쉽게 알 수 있습니다. 그러므로 증폭은 분별에 있어서 유리합니다.

7. 가슴을 토하듯이 부르짖어 방언하라

일곱째로, 심장을 토하듯이 가슴으로 부르짖어 방언을 하는 것입니다. 이것이 통역의 나타남에 있어서 가장 중요한 방법적인 열쇠라고 할 수 있을 것입니다.

이것은 여섯 번째 방법과 비슷하지만 조금 다릅니다. 여섯 번째 방법은 단순히 증폭시켜서 강하게 크게 하라는 것이고, 이것은 방언을 할 때 그 의식을 가슴, 심장에 두고 부르짖으라는 것입니다. 마치 웅변을 하듯이, 포효하듯이 가슴을 토하면서 방언을 하는 것입니다. 온 몸에 힘을 주고 두 주먹을 꽉 쥐고, 속에서 올라오는 대로 힘차게 가슴을 부르짖어 토하는 것입니다.

나는 이것을 가르칠 때 포효하는 방언이라고 말하곤 합니다. 그리고 통역을 하지 못하는 것은 대부분이 이 부르짖고 포효하는 방언을 모르기 때문이라고 말하곤 합니다.

이 방법도 여섯 번째 방법과 비슷하게 영을 증폭시키는 효과가 있습니다. 그러나 이 방법은 단순한 증폭보다 훨씬 더 강력한 결과를 일으킵니다. 이것은 심령에 좀 더 심오한 역사를 일으킵니다. 이것은 영혼에게 강력한 충격을 주고 영혼을 뒤집어 놓습니다. 이 기도는 방언을 더 깊고 충만하고 새롭게 합니다. 영의 기능이 활짝 일어나고 열리는 중요한 역할을 합니다.

방언을 하면서 우리가 항상 인식해야할 것은 방언이 영의 언어라는 것입니다. 그것은 혼의 언어가 아닙니다. 머리의 언어가 아닙니다.

선악과를 먹은 이후, 인간은 항상 머리가 주인이 되어 생각을 하고 말하고 행동을 하였습니다. 이것은 태어난 이후부터 지금까지 계속되었던 습관입니다. 그렇게 머리로 생각하고 머리로 이해하고 결정하고 말하는 것이 너무나 당연한 것이 되어서 우리는 영으로 말하고 움직이는 것이 아주 어색한 것이 되었습니다.

그러나 이제 이해해야 합니다. 방언은 머리로 생각하고 생각한 것을 말하는 언어가 아닙니다. 방언은 생각 없이 말하는 것입니다. 방언은 머리에서 나오는 언어가 아니라 영에서, 가슴에서 나오는 언어입니다. 이것은 보이는 것에 의해서 자극된 것이 아닙니다. 환경에 의해서 자극된 것이 아닙니다.

영의 중심은 뇌가 아니고 심장이다

방언은 속에서 나오는 언어입니다. 가슴에서 나오는 언어입니다. 그러므로 가슴으로 말하고 가슴에서 나오는 대로 토해져야 합니다. 영을 활성화시키기 위해서, 방언을 활성화시키기 위해서는 가슴에 의식을 두고 강력하게 부르짖듯이 방언을 하는 것이 아주 중요합니다. 가슴 속의 감정, 느낌.. 감동을 강력하게 풀어놓아야 합니다. 눈을 꽉 감고, 강력하게 마음을 토해야 합니다.

방언은 영의 표현이며 영의 중심은 뇌가 아니고 심장입니다. 사람의 생명은 뇌에 있지 않습니다. 뇌는 정교한 기계와 같은 것이며 생명이 아닙니다. 그것은 기능적인 것이며 인격적인 것이 아닙니다. 생명의 영은 심장에 가깝습니다.

그러므로 심장이 일어나야 합니다. 방언은 심장을 일으키고 회복시키는 중요한 도구입니다. 그러므로 부르짖고 포효하듯이 방언을 외치는 것이 아주 중요합니다. 이것이 핵심적으로 중요한 것입니다. 이것이 영이 열리는 중요한 요소입니다. 오랫동안 방언을 하고 있으면서도 통역을 하지 못하는 이들의 중요한 원인 중의 하나는 이렇게 강력하게 심령을 토하는 식으로 방언을 표현하는 것을 모르기 때문일 것입니다.

이렇게 강력하게 포효하듯이 가슴을 토하며 방언을 할 때 방언은 더 강력해지고 깊어지며 진행되어야 할 부분들이 속성으로 진행됩니다. 이것은 방언이 새로운 영역으로 진입하도록 도와줍니다. 가슴으로 토하고 포효하는 방언을 실행할 때 누구나 깊은 속에서 새로운 것들이 일어나는 것을 경험하게 됩니다. 그것이 즐거운 경험이든지, 아니면 고통스러운 경험이든지 간에.. 그것은 영의 회복이 이루어지고 통역의 영감이 일어나는 데에 중요한 기여를 하게 될 것입니다.

8. 속에서 나오는 느낌을 강력하게 큰 소리로 말하라

여덟 번째로, 이제는 구체적으로 속에서 올라오는 느낌을 분별하고 표현하는 과정입니다.

크게 가슴을 토하며 부르짖는 방언을 하는 과정에서 속에서 무엇인가 올라올 수 있습니다. 강력한 통곡이나 고통이나 발작과 같은 현상이 나타날 수 있습니다.

이것은 영의 메시지라기보다는 영을 억압하고 있는 혼의 상처가 흘러나오고 치유되는 과정입니다. 이때는 통역을 시도하기에 적당하지 않습니다. 이때는 그냥 속에서 올라오는 느낌을 표현하며 그것이 흘러가도록 내버려두는 것이 좋습니다. 그대로 사로잡히는 것이 좋습니다. 이것은 혼의 눌림을 처리하는 과정이며 처음에는 과격하고 강력한 현상이 나타날 수 있지만, 차츰 그 과격함은 부드럽고 온화한 것으로 바뀌게 됩니다. 그리고 그 과정에서 어떤 메시지나 느낌이 올라오게 됩니다.

어느 정도 충분히 방언기도가 드려졌다면, 분명히 속에서 올라오는 느낌이 있습니다. 아직 답답하고, 슬프고, 거친 느낌들이 올라온다면 그것들을 충분히 표현하고 흘러가게 두어야 합니다. 그러나 이제 어느 정도 그러한 부분들이 처리되고 정리되었으면 이제는 잔잔하게 올라오는 느낌들을 분별해야 합니다.

처음에 그 느낌이 올 때, 그것은 언어의 형태로 올 수도 있지만 말로는 표현하기 어려운 어떤 느낌이나 감동의 형태로 올 수 있습니다. 어떤 감동이 있는데, 그것을 딱히 말로 표현하기가 어려운 것입니다. 이 때, 어렵지만 그것을 표현해야 합니다. 예언의 감동도 비슷합니다. 처음에는 언어가 아닌 어떤 감동이나 느낌, 이미지의 형태로 올 수 있습니다. 이 때 이것을 표현해야 합니다.

일단 입을 열어서 말을 하기 전까지 그것들은 완성된 문장의 형태로 오는 것이 아닙니다. 그것은 불완전한 상태로 있습니다. 그러나 일단 입을 열어 그것들을 표현할 때, 비로소 감동이 선명해지고 구체화됩니다. 이것은 형태가 없는 것에 형태를 입히는 창조의 과정과 비슷합니다.

속에서 올라오는 느낌을 처음 언어로 표현했을 때, 그 때 묘한 느낌을 받게 될 것입니다. 만일 자기가 선택한 언어가 자기가 느낀 감동과 영과 일치되는 느낌을 얻을 경우 기쁨과 자유함과 시원함이 옵니다. 그 언어에 사로잡히게 되며 행복감이 올라옵니다. 그러나 적절하지 않다고 느껴지면 개운하지 않고 다소 답답하게 느껴집니다. 좋기는 좋은데, 뭔가 충분하지 않게 느껴집니다. 통역을 반복하면서 익숙해질수록 적절한 언어를 사용하게 되며 감동과 기쁨과 영감이 증가됩니다.

언어로 느낌을 표현할 때 중요한 것은 처음에는 큰 소리로 강력하게 하는 것이 필요하다는 것입니다. 나중에 익숙해지면 그다지 큰 소리가 필요하지 않습니다. 그러나 처음에는 크게, 강력하게 해야 합니다. 그것은 증폭의 원리와 같습니다.

감동을 강력하게 표현할 때 그것은 능력이 되고 실제가 된다

많은 사람들이 방언을 하면서 영의 감동을 느낍니다. 오랫동안 방언을 해왔던 사람이라면 그러한 감동이 미세하더라도 많이 있었을 것입니다. 하지만 그것을 언어로 통역을 하고 표현하는 사람은 별로 없습니다. 그저 그러한 느낌을 지나칩니다.

그러면 그것은 아직 언어를 입지 않았기 때문에 설계도의 형태만 있고 실제로 건축되지는 않은 건물과 같습니다. 그것은 움직이지 않는 그림과 같습니다. 그것은 알 속에서 깨어나지 않은 생물과 같습니다. 그러나 그것이 표현되어질 때, 그것은 달라집니다. 그것은 갑자기 생명을 덧입는 것과 같습니다. 건물은 건축되며 그림은 색조를 띄고 움직입니다. 그림 속의 새는 갑자기 소리 높여 지저귀기 시작합니다. 알 속의 새는 껍질을 깨고 나와서 뛰어다닙니다. 언어가 흘러나올 때, 그것은 갑자기 강력한 능력을 발휘하기 시작합니다. 여태까지 영감에 머물러 있었던 능력이 이제 강력하게 그를 지배하게 됩니다.

 방언을 계속 하고 있는데 마음속에서 '왜 내가 걱정을 하고 있지? 하나님이 나와 함께 계시는데..' 하는 느낌, 메시지가 떠오릅니다. 그 느낌은 속에 머물러 있습니다. 그러나 통역을 시도하면서 그 느낌을 큰 소리로 강력하게 언어로 외쳐서 표현해보십시오.

 "내가 여기 있다! 왜 두려워하느냐! 내가 여기 있다! 왜 두려워하느냐!"

 그는 곧 자신이 바닥에 엎드러져 울고 있는 것을 발견하게 될 것입니다. 그 메시지는 이제 영감이 아니라 살아있는 생명의 언어가 되어 그의 영혼과 몸에 충격을 일으키게 됩니다. 그것이 통역의 권능입니다.

 속에서 '하나님이 나의 기도를 들으신 것 같아.. 치료하실 것 같아..' 그런 느낌이 든다고 합시다. 그것을 강력하게 외칩니다.

 "내가 너의 기도를 들었다! 내가 너의 눈물을 보았다! 두려워하지 말라! 내가 치료하리라! 내가 치료하리라! 내가 치료하리라!"

 그렇게 강력하게 외칠 때 몸과 마음에 충격이 오며 울게 될 것입니다. 속에서 올라오는 느낌을 소리로 강력하게 외치기 시작할 때 그것은 영에게, 혼에게.. 몸에게 강력한 능력의 역사를 일으킵니다.

 "왜 의심하느냐! 왜 두려워하느냐! 내가 여기 있다!"

"나의 하나님.. 내가 하나님을 갈망합니다! 내가 주를 갈망합니다!"

"나의 하나님이여! 나를 채워주시옵소서! 나의 하나님이여! 나를 채워주시옵소서!"

"나의 하나님! 내가 주를 높이고 경배합니다! 주의 은혜와 사랑을 측량할 수가 없습니다! 나의 하나님.. 영광과 존귀를 받으소서!"

속에서 올라오는 이러한 감동을 큰 소리로 통역할 때, 그 때 주어지는 기쁨과 자유함은 말로 표현하기 어려운 것입니다. 놀라운 감동과 희열로 인하여 통곡하고 영광을 돌리게 됩니다.

그렇다면 이러한 내용의 통역을 자기 마음대로 만들어서 할 수 있을까요? 자기가 듣고 싶은 메시지, 필요한 이야기, 응답을 마음대로 외쳐도 되는 것이 아닐까요?

아닙니다. 그렇게 하면 통역이 되지 않습니다. 자기가 억지로 만들어낸 통역에는 감동도 기쁨도 없습니다. 혼자서 큰 소리로 "내가 여기 있다! 내가 너희 하나님이다!" 외쳐 보십시오. 별로 시원하지 않습니다. 큰 소리로 지른다고 무조건 행복한 것이 아닙니다. 속에서 영으로부터 오는 감동을 혼이 순종하여 표현한 것이 시원하고 행복하지 자기 혼으로, 이성으로 만들어낸 것이 자유함을 주는 것이 아닙니다.

조금 통역을 해보면, 방언을 하면 할수록 통역을 하고 싶은 감동과 메시지가 떠오르게 됩니다. 그리고 정확하게 표현했을 때 심령이 느끼는 기쁨의 감동과 잘못했을 때 느껴지는 심령의 뭔가 불편한 느낌들을 분별하게 됩니다.

"나의 하나님.. 내가 주를 갈망합니다. 어디에 계십니까.. 내가 주를 갈망하는데.. 하나님이여.. 어디에 계십니까.." 이런 통역이 나왔을 때 큰 소리로 방언을 하면서 계속 통역을 하면 자기 영이 더욱 더 갈급한 심령으로 방언을 하며 통곡이 나오는 것을 느끼게 됩니다. 통역을 할수록 그 영은 기름부음이 증가되어 강력한 감동으로 방언이 흘러나옵니다.

방언을 통역할 때에 속에서 성경의 말씀이 나오는 경우도 많이 있습니다. 이때도 똑같이 떠오르는 말씀을 큰 소리로 외치고 통역하면 기쁨과 감동으로 영혼이 새롭게 힘을 얻게 됩니다.

이렇게 통역을 꾸준히 하다보면 자기가 방언을 할 때 대체로 어떤 기도를 하고 있는지 느끼게 됩니다. 지금 방언을 하면서 능력을 받고 있는지, 치유를 받고 있는지, 전쟁을 하고 있는지, 중보를 하고 있는지, 주를 높이고 있는지, 사랑의 고백과 교제를 하고 있는지 느끼게 됩니다. 그래서 방언으로 기도하다가 중간 중간에 우리말로 기도와 통역으로 고백을 하고.. 하는 식으로 기도할 수 있게 됩니다.

모든 방언을 다 알아듣는 것은 아니며 부분적으로 이해하고 느끼게 됩니다. 그러나 부분적이라고 하더라도 그러한 통역의 사용은 방언기도에도 큰 힘이 됩니다. 지금 마음의 기도를 해야 할지.. 아니면 방언기도가 좀 더 필요한 상태인지 분별할 수 있게 됩니다. 영이 아주 힘이 들어서 방언기도를 많이, 계속 요구할 때도 있으며 영이 이제는 괜찮으니 마음의 기도를 해도 좋다고 하는 것을 느낄 수도 있습니다.

아무튼 지금까지의 여러 단계들을 훈련하고 경험하였다면 속에 어떤 감동을 받았을 것이고, 그것을 구체적으로 언어로 표현함으로써 통역이 흘러나오는 것을 경험할 수 있을 것입니다. 일단 그렇게 시작되었다면 그 다음부터는 직접 경험하면서 발전시켜가야 합니다.

요약정리

지금까지 통역을 위한 방법과 원리를 언급했습니다. 아직 방언의 분량이 적은 이들은 기본적인 분량을 채우는 것이 필요할 것입니다. 어느 정도 채워진 이들은 통역의 수준이 다양하기는 하지만 통역을 할 수 있습니다. 다시 간단하게 요약해서 정리해보겠습니다.

1. 통역을 위해서는 통역하기를 사모해야 합니다. 이렇게 기도하십시오.

"주님.. 주님은 교회의 덕을 세우기 위하여 방언을 하는 자는 통역하기를 기도하라고 하셨습니다. 저는 통역을 하기를 원합니다. 이것을 사모합니다. 저에게 역사하여 주십시오."

2. 통역의 나타남을 위해서는 믿음을 가져야 합니다. 우리 안에 성령이 거하시며 우리가 그분을 제한하지 않는다면 그분이 우리 안에서 흘러나오시며 우리에게 통역의 영감을 주신다는 것을 믿어야 합니다.

특별한 사람이 통역을 하는 것이 아니라 단순히 믿고 받아들일 때 누구나 그 영감을 받을 수 있다는 사실을 이해해야 합니다. 이렇게 고백해보십시오.

"주님.. 주님의 성령에 제 안에 거하심을 믿습니다. 저는 자격이 없고 부족하지만 주님께서 저를 통해서 역사하심을 믿고 받아들입니다."

3. 마음의 의식을 잔잔하게 해야 합니다. 마음이 바쁘고 급하고

긴장된 것은 우리 안의 영의 흐름을 방해합니다. 이렇게 고백해보십시오.

"주님.. 저는 제 안에 거하시는 성령의 영감을 받기 위하여 저의 생각을 내려놓기 원합니다. 제 마음이 조용해지기를 원합니다. 주의 이름으로 명한다. 마음은 잠잠하라. 긴장을 풀고 편안하라. 너는 조용히 주의 역사하시는 것을 기다리라."

4. 기계적으로, 습관적으로 방언을 하지 말고, 나의 영이 무슨 기도를 하는 것일까, 조용히 살피는 마음으로 관찰하면서 방언을 하십시오. 너무 집중해서 들으려고 하지 말고, 조용히 느끼려고 하십시오.

5. 크고, 간절하게.. 의식을 심장에 두고 토하듯이, 부르짖듯이, 포효하듯이 방언을 하십시오. 가슴을 토하십시오. 영이 활성화되며 심령의 억압도 치유되고 영감도 선명해지게 됩니다.

6. 어느 정도 충분히 크고, 강력하게 가슴을 토하고 나면 이제 조금씩 어떤 느낌이나 감동이 올라오는지 관찰하고 느껴보십시오.

7. 속에서 올라오는 느낌이나 감동을 과감하게 큰 소리로 외치십시오. 틀릴까, 내가 멋대로 하는 것이 아닐까 두려워하지 말고 담대하게 소리 내어서 선포하십시오. '두려워하지 말라.' 는 느낌이 일어나면 크고 강하게 "두려워하지 말라!" 하고 외치십시오. 속에 있을 때는 단순히 영감일 뿐이지만 소리 내어서 선포할 때 그것은 강력한 메시지가 되어 영혼에 긍정적인 충격을 주게 됩니다. 일단 시도해보

면 당신은 자신감과 확신을 얻을 수 있을 것입니다. 통역이란 아주 신비한 것이며 비밀스러운 것이고 깊고 높은 영적 경지에 이른 것이 아니라 하나님의 은혜와 사랑과 자비의 마음을 쉽게 느낄 수 있는 아름다운 도구인 것을 깨닫게 될 것입니다.

다른 사람의 방언통역도 원리는 같다

지금까지 다룬 것은 자신의 방언을 통역하는 것에 대한 것이었습니다. 다른 사람의 방언을 통역하는 부분은 다루지 않았습니다. 그 이유는 자기의 방언을 통역하는 것이나 다른 사람의 방언을 통역하는 것이나 별 차이점이 없기 때문입니다. 그러므로 자기 방언의 통역에 어느 정도 익숙해진 사람은 필요한 상황에서, 주님이 허락하실 때 다른 사람의 방언도 이해하고 통역하는 도구로 쓰일 수 있을 것입니다.

통역에 대하여 어느 정도 익숙해지면 다른 사람의 방언을 통역할 때 그 사람의 심령상태를 느끼거나 그 사람을 향하신 주님의 마음을 느끼게 될 수 있습니다. 그 사람을 향하신 주님의 안타까운 사랑의 마음, 그리고 그를 향하신 메시지를 느끼게 되는 일이 종종 있습니다. 통역을 할수록 그 느낌은 점점 더 선명해지기 때문에 초기에 하는 흔한 의심들.. '이것은 내 생각일거야.. 이것은 하나님이 주신 메시지가 아니야. 나의 선입견에서 나온 거야..' 하는 생각들에서 점점 자유로워지게 됩니다. 경험이 쌓일수록 의심은 사라지고 감격과 기쁨을 얻게 됩니다.

좀 더 경험이 쌓이면 영감은 점점 더 예민해져서 상대방을 직접 접하지 않아도, 상대방이 멀리 있어도, 그 사람에 대한 아무런 정보가 없어도 상대의 영적 상태를 어느 정도 느끼게 되며 그 사람을 향한 주님의 메시지도 느껴지게 됩니다. 처음에 이와 비슷한 경험을 하게 되면 몹시 신기하게 느끼지만 이러한 경험이 반복되면 조금 조심해야 할 부분들이 있습니다.

높은 마음을 조심하라

가장 조심해야 할 점은 이러한 영감이 쌓이면서 자신을 아주 영적인 사람이거나 선지자 비슷한 종류의 사람으로 인식하는 것입니다. 처음의 두려운 마음은 사라지고 조금씩 자신감이 올라오면서 마음이 높아지게 됩니다. 조금씩 자신의 경험을 자랑하게 되고 영적으로 보이고 싶은 마음이 일어나게 됩니다. 이것은 서서히 영적으로 병들어가고 있는 증상입니다.

영적 교제에 있어서 조심하고 피해야 할 사람은 바로 이런 사람들입니다. 자신을 대단한 존재로 여기고 거들먹거리면서 대접받기를 원하고 말을 함부로 해서 다른 이들에게 상처를 주는 사람들입니다.

주님의 성령을 받은 이들은 기본적으로 점점 주님의 성품을 닮게 됩니다. 그러므로 주와 가까이 교제할수록 온유하고 겸손해지게 됩니다. 그렇기 때문에 거칠고 사납고 거들먹거리는 사람들은 기본적으로 주님께 속한 사람이 아닙니다.

심지어 영적 도움을 주는 것을 이용하여 물질을 요구하는 사람들도 있는데, 이는 주님께 속한 사람으로 보기 어렵습니다. 주님께 속한 사람은 대접받는 것을 싫어하며 높임 받고 인정받는 것을 좋아하지 않습니다. 주는 것을 좋아하며 받는 것을 즐기지 않습니다. 대접받기를 좋아하고 거친 사람들은 좋지 않은 영의 영향을 받았거나 아직 성숙하지 않은 어린아이입니다. 전자의 경우라면, 악한 영의 영향이 있으니 위험하므로 가까이해서는 안 됩니다. 후자의 경우, 어린아이에게는 별로 도움이 될 것이 없으므로 가까이 하지 않는 것이 낫습니다.

우리는 그러한 이들과의 교제를 조심해야할 뿐 아니라 우리 자신도 영적으로 민감해지고 발전하면서 그런 사람들이 되지 않도록 조심해야 합니다. 항상 낮은 마음, 온유하고 상한 심령으로 주를 향한 갈망과 눈물을 유지해야 합니다. 그래야 안전합니다.

어린 사람일수록 자기의 경험을 간증이라는 명목으로 자랑하고 싶어 하고 가르치고 싶어 합니다. '무엇을 보았다, 들었다..' 하고 이야기하는 것을 좋아합니다. 경험을 과장하며 다른 이들의 숨겨진 잘못이나 문제를 드러내기도 합니다. 그러나 그것은 미숙한 것이며 자아의 영광을 드러내는 것이며 다른 이들에게 상처를 주고 공동체에 문제를 일으키게 됩니다. 그러한 자세는 일시적으로 은혜를 경험해도 곧 소멸하게 됩니다. 주님의 성품과 조화되지 않을 때 주의 거룩한 성령은 곧 소멸되십니다.

은혜를 입고 영적인 경험과 영적인 지식을 경험할 때 그것은 처음에 대단하게 보입니다. 하지만 그것은 그리 대단한 일이 아닌 것을 이해해야 합니다. 은총을 입는 것은 감사한 일이지만 그것은 특별한 일이 아니며 누구에게나 있을 수 있는 일입니다.

신약시대에는 누구나 성령을 모시고 있다

구약시대에는 특별한 사람들만이 성령을 받을 수 있었습니다. 왕이나 제사장이나 선지자들만이 성령을 받을 수 있었습니다. 그러나 지금은 신약시대입니다. 주님이 십자가에서 죽으셨고 그 후에 성령을 보내셨습니다. 그러므로 지금은 누구든지 믿기만 하면 다 성령을 받을 수 있습니다.

신약시대는 모든 믿는 자가 복음을 듣고 예수님을 영접함으로 자기 안에 성령을 모실 수 있습니다. 주의 성령을 모신 후에 자기 안에 있는 주의 성령의 나타나심을 경험할 수 있습니다. 그러므로 영적인 어떤 선물들을 경험했다면 그것은 거저 주어지는 은혜를 입은 것이며 자신이 특별하고 대단한 존재라서가 아닙니다. 오히려 부족하고 연약하고 한심한 이들에게 더 주님의 은총이 주어집니다.

주를 믿는 사람이면 누구나 그 안에 성령을 모시고 있습니다. 그들은 방언과 통역을 포함한 모든 은사를 지니신 주의 성령을 모시고 있습니다. 문제는 그 영을 풀어놓느냐, 묶어놓느냐에 달려있습니다.

방언을 하지 않는 사람은 안하는 것이지 못하는 것이 아닙니다. 통역을 하지 않는 사람은 안하는 것이지 못하는 것이 아닙니다. 예언을 하지 않거나 하나님의 음성을 듣지 않는 사람은 안 듣는 것이지 못 듣는 것이 아닙니다.

말씀의 진리, 영적 원리를 어느 정도 이해한다면 주님은 누구에게나 말씀하시는 것을 알게 됩니다. 치유의 은사도 마찬가지입니다. 그리스도인들은 자기 안에 성령을 모시고 있으므로 능력의 차이가 있을 뿐이지 다 치유의 은사가 있습니다. 믿지 않고 관심이 없고 발전시키지 않기 때문에 나타나지 않는 것일 뿐.. 지식의 말씀도, 초자연적인 지식도.. 다 우리 안에 있습니다. 우리는 많은 경우 주의 성령의 감동과 메시지와 경고를 그냥 무시하고 스쳐지나갈 뿐입니다.

물론 모든 사람에게 특정한 역사가 나타나는 것은 아닙니다. 누구나 어느 정도 치유를 경험할 수 있지만 누구나 치유사역자로 부름을 받은 것은 아닙니다. 누구나 예언을 할 수 있지만 누구나 예언사역 자로 부름을 받은 것은 아닙니다. 부름을 받은 이들은 자기가 부름 받은 사역에 대하여 많은 관심과 열정을 갖게 될 것이며 어느 정도 그 분량이 차면 역사가 나타나게 될 것입니다. 하지만 특별하고 강력한 역사로 쓰임 받지 않더라도 모든 믿는 자들은 그들을 위한 부르심과 능력과 은혜가 그들의 안에 있는 것입니다.

영성과 은사는 특별한 사람에게 주어지는 것이 아니다

영성이란 특정인의 소유물이 아닙니다. 신앙이 좋고, 깊이 성숙해서 나타나는 것도 아닙니다. 영적인 사람들에게 주님이 임하시는 것이 아닙니다. 주님이 임하셨기 때문에 영적이 되는 것입니다.

그것은 어린아이같이 단순하게 믿음을 가지고 있느냐의 문제이지 성숙의 문제가 아닙니다. 착해서 천국 가는 사람은 아무도 없습니다. 훌륭해서 주님의 사랑을 받는 이들은 아무도 없습니다. 다만 어린아이처럼 단순하게 그 사랑을 믿고 받아들이는 이들에게 주님이 나타나시는 것뿐입니다.

은사의 나타남은 믿음의 문제입니다. 은사가 끝났다고 믿고 구하지 않는 이들에게 은사는 나타나지 않습니다. 은사가 있지만 나같이 자격 없고 부족한 자에게는 오지 않는다고 믿으면 역시 그렇게 됩니다.

그러므로 주의 성령은 오늘날 실제적으로 임하시고 역사하시며, 나는 연약하고 부족하지만 부족하기 때문에 주님을 구하며, 주님은 사모하는 이에게 은혜와 은사를 주신다고 믿고 과감하게 나아가면 은사와 은혜가 나타나게 됩니다. 잘나서 나타나는 것이 아니고 어린

아이처럼 단순하고 순진하게 믿을 때 나타나는 것입니다. 그러므로 아무 것도 자랑할 것이 없습니다. 그저 믿음으로 취하고 감사하고 누리면 되는 것입니다.

중보기도에도 통역을 사용할 수 있다

이제 당신이 자기방언의 통역에 성공했다면, 다른 이들의 방언통역을 시도해보십시오. 가까이 영적으로 교제하며 주님을 나눌 수 있는 사람이 있으면 서로 기도하고 통역하면서 유익을 나눌 수 있을 것입니다. 이것을 같이 나눌 수 있으면 얼마나 서로에게 위로와 힘이 되는지 알게 될 것입니다.

만약 이러한 것들을 나눌 수 있는 사람이 별로 없다면 조금씩 중보기도를 해보십시오. 방언기도는 중보기도에 특별히 유익합니다. 주위의 어떤 사람을 위하여 기도하면서 방언을 해보십시오. 그리고 떠오르는 메시지나 느낌을 노트에 적으십시오.

당신은 당신이 받은 느낌을 확인할 수 있을 것입니다. 그런데 주의해야할 점은 선지자 분위기를 풍기면서 "네가.. 지금 근심하고 있도다.." 하는 식으로 이야기를 해서는 안 된다는 것입니다. 기도 중에 '이 사람이 밤잠을 못자고 근심하고 있는 문제가 있다. 위로가 필요하다' 는 느낌이나 메시지를 받았다고 합시다. 그러면 조용히 물어보면 됩니다.

"집사님.. 혹시 최근에 잠을 못 이룰 정도로 걱정하고 계시는 문제가 있습니까?"

대체로 상대방은 놀라면서 대답합니다.

"어머! 그걸 어떻게 아셨어요? 요즘 정말.."

"예.. 기도 중에 그런 메시지를 받게 되었어요.. 하나님께서.. '네가 잠을 이루지 못하고 걱정하고 있지만 내가 네 마음을 알고 있다. 염려하지 말라' 고 하시더군요.."

이런 경우 대부분 감동의 눈물을 흘리게 됩니다. "하나님이 나의 사정을 아시는군요.." 하고 말입니다. 사실 방언통역을 하다보면 가장 흔히 접하는 반응이 "하나님이 내 사정을 아시는군요.."하는 것입니다. 물론 성경을 보면 그런 말씀이 많이 나와서 하나님이 나의 사정을 아신다는 것을 이해하고는 있지만 직접적으로 그런 메시지를 접하면 더 감동을 받고 하나님의 사랑을 느끼게 되는 것입니다.

방언을 통역하면서 여러 사람들을 위하여 중보하십시오. 그리고 조금씩 그 기도의 범위를 넓히십시오. 메시지를 받고 기록하고 필요한 경우 전달해주십시오. 겸손하고, 조심스럽게 하십시오.

차츰 사람의 마음을 느끼게 되고 알게 되고 다른 이들을 도울 수 있게 됩니다. 하지만 결코 주장하는 자세, 가르치려는 자세를 갖지 말도록 조심하십시오. 남의 단점이나 문제가 보이면 어떤 경우에도 입을 열지 마십시오. 오직 숨어서 기도하십시오.

숨겨진 악이 보일 때, 그것은 맞지 않는 정보일 경우가 아주 많습니다. 그것은 악한 영이 당신을 넘어뜨리기 위해서 장난을 치고 있을 가능성도 아주 많습니다. 그러므로 조심스럽게 기도해야 하며, 보이고 느껴지는 것을 다 믿어서는 안 됩니다. 경험이 지속되면 분별력도 늘어납니다.

오직 높은 마음을 조심하십시오. 높은 마음이 들어오면 바로 순식간에 영적으로 망가집니다. 사단은 아주 교활한 존재입니다. 은혜를 입은 자들은 많지만 그것을 잘 관리하고 유지하는 이들은 많지 않습니다. 많은 이들이 약간의 은총을 입은 후 자랑하고 가르치고 함부로 말하다가 남에게 상처를 주고 공동체에 어려움을 주고 영적으로 떨어지곤 하였습니다.

처음에는 강하게 느낌을 선포해야 한다

처음에는 크게, 강력하게 느낌을 선포하며 통역해야 합니다. 하지만 점차 익숙해질수록 조용하게 영감이 올 것입니다. 그 후에는 방언을 그리 크게 하지 않아도 되며 통역을 크게 하지 않아도 됩니다. 필요할 때만 그렇게 하면 됩니다. 어느 정도 영감을 느끼고 그 흐름을 알게 되면 그 다음부터는 그 흐름대로 흘러가면 됩니다.

수시로 점점 그 감동과 영감을 느끼게 될 것입니다. 나중에는 방언이 없이도 통역이 나오며 예언의 메시지도 받게 되고 다른 사람의 상태도 느끼고 도울 수 있을 것입니다.

하지만 다른 이들을 돕는 것은 나중의 문제입니다. 처음에는 자신의 영을 충만하게 해야 합니다. 처음에는 먼저 자신의 영이 충분히 강건해지고 맑아져야 합니다. 사역은 항상 나중의 문제입니다. 자신이 어느 정도 자라지 않은 상태에서 사역에 뛰어드는 것은 바람직하지 않습니다.

사역자라면, 영성집회나 세미나를 인도하면서 이런 과정으로 사람들을 이끌면 대부분의 사람들이 영감을 얻고 통역이나 예언을 하게 될 것입니다. 충분히 낮은 마음과 사랑의 마음을 가르치고 조심한다면 은사들이 아름답게 나타나고 아름답게 쓰이는 것을 볼 수 있게 될 것입니다.

만일, 사람들이 거칠고 교만하며 주님께 대한 헌신이 부족하며 이기적 동기로 은사를 갖기를 원한다면, 은사로 인하여 성공이나 출세를 원한다면 그러한 분위기에서는 은사를 가르치지 마십시오. 훈련시키지 마십시오. 유익이 되지 않을 것입니다. 은사란 사랑과 헌신, 아름다움, 낮은 마음, 주를 향한 갈망의 마음에서, 그러한 분위기에서 추구되고 훈련되어야 합니다. 주님을 사랑하기 위하여, 주님의 마음을 알아가기 위하여 추구되어야 합니다.

어린아이같이 단순하게 믿음을 가지고 당신의 안에 거하시는 성령님이 흘러나오시게 하십시오. 당신이 자신의 부족함을 잘 안다면, 주님 없이, 성령님의 능력이 없이 도저히 승리의 삶을 살 수 없다는 사실을 잘 안다면, 그래서 오직 그 거룩한 권능에 사로잡히기를 갈망하고 또 사모한다면.. 주님은 당신에게 임하실 것입니다. 주님은 당신을 사로잡으실 것입니다. 주님은 당신에게 말씀하시고 영감을 주실 것입니다.

사모하십시오. 믿으십시오. 용기를 내어서 나아가십시오. 주님은 당신에게 은총을 베푸실 것입니다. 당신의 부족함에도 불구하고.. 아니, 당신이 부족하기 때문에 은총을 베푸실 것입니다. 할렐루야..

23. 방언 통역의 훈련과 간증

가끔씩 돕고 있는 기도모임회원들에게 방언통역에 대해서 간단하게 가르치고 통역을 하는 훈련을 몇 번 시도하였습니다. 이들 중에는 사역자들도 몇 분 있지만 대부분 평범한 직장인이나 가정주부들입니다. 특별히 영적이거나 하는 분들은 아닙니다.

다만 주님을 사랑하고 매주 기도모임을 하기 때문에 소리 내어 기도하는 것과 방언기도에는 익숙하신 분들입니다. 그런 정도라면 통역을 어느 정도 할 수 있다고 생각하기에 통역의 원리에 대하여 간단하게 설명하고 통역의 훈련을 시켜보았습니다. 100명 정도 모이는 그룹과 50명 정도 모이는 그룹에서 각각 훈련하여 보았습니다. 기도를 시키면서 다음과 같은 과제를 주었습니다.

1. 각자가 방언을 하면서 자기의 방언을 관찰하고 느낌과 감동에 따라 통역합니다. 자신이 어떤 방언을 하는지 주의 깊게 들어보고 느껴지는 것을 기록하여 제출합니다.

2. 두 번째 과제는 약간 복잡합니다. 이것은 다른 사람의 방언을 통역하는 것인데, 처음으로 통역을 하는 사람들은 당황할 수 있고, 또 상대방에 대한 어느 정도의 정보가 있기 때문에 그의 방언을 통역할 때 선입견이 작용할 수도 있습니다.

그래서 자기가 통역하는 대상이 누군지 모르고 통역훈련을 할 수 있도록 번호표를 적은 메모지를 주었습니다.

메모지에 적힌 번호는 각 사람의 고유번호입니다. 그러나 통역을 하는 사람은 그 번호가 누구를 의미하는 것인지 알 수 없습니다. 그러므로 아무런 사전 정보나 선입견이 없이 상대방의 방언을 통역할 수 있습니다. 메모에 기록이 끝나면 각 사람은 자기가 기록한 메모를 인도자에게 제출합니다. 그렇게 통역이 끝나면 인도자는 받은 메모지를 번호를 호명하여 본인에게 전달해줍니다.

이 훈련의 목적은 통역하는 사람이 그 통역의 대상이 누구인지 모르고 통역을 하는 것입니다. 상대가 누구인지 모르기 때문에 자기 생각으로 상대방에게 하고 싶은 말을 할 수 있는 길을 차단할 수 있습니다.

통역을 하기 전에 전체가 같이 방언으로 기도를 합니다. 그러면 통역을 하는 사람은 자기가 통역할 사람이 누구이고 어디에서 어떤 방언을 하는지 이성으로는 모르지만 자기의 영은 그것을 들었을 것이라고 여기고 통역을 하는 것입니다.

3. 세 번째 과제는 직접 두 사람이 짝을 지어서 한 사람은 방언을 하고 다른 사람은 그 내용을 직접 통역하는 것입니다. 이것은 두 번째의 과제로 훈련했던 것, 상대방을 모르는 상태에서 간접적으로 통역한 것과 어떤 차이가 있는지 알아보기 위한 것입니다.

세 가지 훈련의 결과는 몹시 인상적이고 놀라웠습니다. 참가자들은 다들 기쁨과 감동에 사로잡혔습니다. 세 번째 과제의 경우에는 많은 이들이 감동에 젖어서 울었습니다. 이 세 가지 훈련의 소감에 대해서 다들 보고서를 제출했는데, 첫 번째 훈련에 대해서는 '평소에 습관적으로 기도할 때는 잘 몰랐는데, 자기 안에 깊은 슬픔이 올라오는 것을 느꼈다' 거나 '하나님에 대한 더 깊은 사모함, 갈망이 느껴졌다', '내가 알지 못하는 두려움을 쏟아내는 것 같았다' 하는 식으로 자신의 내적 상태를 좀 더 분명하게 알게 되었다는 내용이 많았습니다.

두 번째 훈련에 대해서는 참가자들 대다수가 느꼈던 것이 있었습니다. 자기의 방언을 통역하며 관찰하고 있다가 메모에 적힌 다른 사람의 번호를 보면서 통역을 시도할 때, 그 두 가지 느낌이 너무 선명하게 달랐다는 것이었습니다.

자기의 방언에는 익숙한 느낌이 있고 항상 비슷했기 때문에 '이것이 내 통역이 맞을까? 내 생각이 아닐까?' 하는 마음이 있었는데, 다른 이를 위하여 통역을 시도할 때 전혀 다른 느낌들, 슬픔이나 고통 등.. 자기와 상관이 없는 다른 마음들이 올라와서 정말 신기했었다는 고백들이 많이 있었습니다.

두 번째 과제를 마친 후 메모를 통해서 자기의 통역을 받은 이들의 느낌도 비슷했습니다. 메모를 받는 순간 눈물이 핑 돌면서 '주님이 내 마음을 그대로 아시는구나' 하는 반응이 가장 많았고, '내가 하는 기도와 토씨까지 똑같네' '어.. 이거 내가 요즘 며칠 동안 기도하는 내용인데..' 하는 이도 있었고, 처음에 메모를 읽을 때는 그다지 실감이 나지 않는데 몇 번 읽으면서 '아.. 내 속에 이런 마음이 있었구나..' 하고 공감이 가더라는 반응도 많았습니다.

세 번째 과제의 실습은 가장 감동적인 현장이었습니다. 아무래도 간접적으로 통역하는 것과 직접적으로 통역을 하는 것은 감동의 전달에서 많은 차이가 났습니다. 경험이 부족한, 그래서 확신이 부족한 이들은 직접적으로 통역하는 것보다 두 번째 미션처럼 간접적으로 통역을 훈련하는 것이 의심을 극복하고 자신감을 얻는데 도움이 될 것 같습니다. 어느 정도 경험이 있어서 자신감이 생긴 이들은 직접 통역하는 것이 더 전달과 감동에 있어서 도움이 될 것 같습니다.

두 번째의 과제에서 통역을 하는 사람들은 어떤 느낌, 이미지를 받았는데, 그것을 메모에 어떻게 표현할 것인지 어렵게 느끼는 경우가 많았습니다. 나중에 메모를 받은 사람은 그 메모를 쓴 사람을 찾아가서 그 의미를 묻기도 했습니다. 그러면 통역을 해준 사람은 '이러 이러한 감동과 이미지가 떠올라서 그런 내용을 썼다..'하고 설명을 했는데 직접 설명을 들은 사람은 비로소 통곡을 하기도 하였습니다. 직접 들은 설명을 통해서 메시지가 더 분명하게 전달이 되었기 때문입니다.

세 번째 과제는 더 감동적으로 이루어졌습니다. 대부분의 참가자들은 통역을 하면서 상대방을 바라보는 주님의 사랑과 긍휼의 마음을 느끼고 감동하였습니다. 자기의 시선으로 보는 것과 전혀 다른 주님의 마음을 느끼고 감동하였습니다. 통역을 받는 사람은 마치 주님의 품에 안기는 것같이 포근하고 행복한 느낌이 들어 한없이 눈물을 흘리곤 했습니다.

이러한 통역의 훈련을 통해서 사람들이 얻은 것은 자신감과 확신이었습니다. 처음에는 다들 내가 영적인 사람이 아닌데, 통역을 과연 할 수 있을까.. 하는 마음들이 많았지만 통역을 시도하는 과정에서 다른 이들의 마음, 영이 선명하게 느껴져서 놀랐고, 통역과 메시지를 전달하는 과정에서 단지 그 뜻이 느껴지는 것이 아니라, 그들을 바라보시는 주님의 시선, 그들에게 주시는 주님의 마음이 느껴지게 되어서 통역을 하는 이들도 깊은 감동을 받았습니다. 그리고 평소에 그저 습관적으로 방언을 사용하고 기도했지만, 그것이 자기 영의 깊은 부르짖음이었으며 주님께 나아가는 치유와 회복과 은혜의 과정임을 새삼 인식하게 되었습니다. 아래는 과제를 수행하던 중의 느낌을 기록한 것에서 일부를 발췌한 것입니다.

1. 자기 방언을 관찰하며 통역할 때의 느낌들

* 방언으로 기도를 드리는데 그 의미를 관찰하고 있을 때 내 속에서 하나님을 찾고 있는, 겁 많은 울고 있는 아가가 느껴졌어요. 가슴이 아픈 느낌이 있다가 계속 방언을 하면서 점점 따뜻하고 포근한 느낌으로 바뀌었어요. 여전히 가슴이 약간 아려요. 그래도 부르짖고 방언하니까 마음이 자꾸 시원해져요..

* 방언으로 기도하는데 간구하며 안타까움이 가득한 영혼의 울부짖음이 느껴집니다. 어떻게 하면 주님을 사랑할 수 있을까 구하고 어떻게 하면 내가 녹아 없어지는 삶을 살까.. 하는 눈물.. 하나님 앞에서 소리 높여서 우는 내 모습이 보이는 것 같습니다. 기도를 계속할수록 사랑의 고백이 나오기도 하고 회개의 눈물이 흐르기도 합니다. 내 영의 소리를 내면서 행복한 마음이 들기도 하지만 주님의 아픈 마음.. 지친 모습이 느껴져 눈물이 많이 났습니다.

* 처음에는 조용하게 방언을 시작했는데, 점차 큰 소리를 내게 되었습니다. 그리고 이유를 모르는 분노가 속에서 계속 일어났습니다.

강하게 분노하며 소리를 냈습니다. 소리는 단순한 단어를 계속 반복했습니다. 처음 방언을 시작하면서는 단순한 자세였는데 점차 기도하면서 몸을 앞으로 구부리고 방언을 강하게 하게 되었는데, 몹시 시원했습니다.

＊ 처음 시작할 때는 탄식조, 간구, 치료를 구하는 톤으로 방언이 나왔습니다. '주여.. 힘듭니다. 도와주세요..' 라는 말이 떠올랐습니다. 그런데 점점 나의 상태, 곤고, 고통, 비참함.. 등과 상관없이 '주님은 찬양을 받으시기 합당한 분입니다. 세상 만물 아름다운 산천초목이 모두 주의 작품이며 주의 솜씨가 참으로 놀랍습니다. 주님.. 모든 영광과 찬양을 주님께 돌립니다. 할렐루야!' 그런 말이 떠오르며 앉아서 기도하다가 일어나 하늘을 향해 고개를 들고 방언으로 기도하게 되었습니다.

＊ 가슴의 답답함들을 토해내고 승리를 향해 싸워나가는 느낌이 들었습니다. 두려워하지 말라고 말씀하시는 것 같은 감동이 들었습니다. 힘든 것들을 간구하고 부르짖으며 나쁜 것들이 부서져가는 기분이 들었습니다.
함께 하시겠다고 하시는 것 같습니다. 머리가 가볍고 시원해지고 마음이 점점 뜨거워졌습니다. 나를 기뻐하시고 나를 사랑하신다는 감동이 되고 그랬습니다. 나에게 승리를 주시겠다고, 주를 의지함으로 새 힘을 얻으라는 메시지, 내가 너를 사용하겠고, 친히 가르치겠다는 메시지가 느껴졌습니다.

＊ 내 영이 주를 간절히, 간절히 부르고 찾는 느낌입니다. 주님을

사랑한다고, 사랑한다고 외치고 있는 것 같았습니다.

＊주님을 간절히 찾는 느낌.. 울고 간구하며 주님을 기다리고 주님을 만나기를 소망하는 느낌입니다.

＊내 영혼이 답답해하는 느낌이었습니다. 자유를 원하지만 무엇인가 답답한 느낌.. 그래서 방해하는 영들에 대한 분노감도 느껴졌습니다.

＊처음에 간구하는 기도의 느낌이 많았고 갈수록 주님께 감사하고 찬양하는 느낌이었습니다. 가슴이 뭉클하고 눈물이 나고 뜨거워졌습니다. 간구할 때는 나의 영이 주님을 사랑한다고, 미친 듯이 울부짖는 느낌.. 그리고 강한 용사가 되어 주님을 위해 싸우고 싶다고, 또 주님 같은 분은 없다고 찬양과 감사의 기도가 올라왔습니다.

＊나의 하나님.. 나의 하나님.. 나를 긍휼히 여겨 주세요.. 내 영을 고쳐 주세요.. 이렇게 속에서 계속 하나님을 부르고 영혼의 치유와 회복을 간구하는 것 같습니다. 속에 쌓여있는 눈물이 많은 것 같습니다.

＊주님을 바라는 것 같은.. 뭔가를 바라는 것 같은, 간구하고 탄식하는 느낌이 있었습니다.

＊방언을 하는데 가슴 속에서 애절한 간구와 탄식이 올라옵니다. 그리고 시편의 말씀이 줄지어 계속 떠올랐어요. 기도 후에 찾아보니

시편 42편이네요. "하나님이여.. 사슴이 시냇물을 찾기에 갈급함같이 내 영혼이 주를 찾기에 갈급하니이다.. 내 영혼이 하나님 곧 생존하시는 하나님을 갈망하나니 내가 어느 때에 나아가서 하나님 앞에 뵈올꼬.." 주님의 생존하시는 실제를 경험하게 해달라고.. 내 영혼을 열어달라고.. 한참 그런 내용이 속에서 나오다가.. 중반부쯤 분위기와 톤이 바뀌면서 하나님이 응답하시는 것 같은 통역이 떠올랐어요. 내가 너의 기도를 듣고 있다고.. 영을 열어줄 것이라고, 더 구하라고.. 더 많이 더 많이 구하라고.. 그런 내용이 떠올라서 눈물이 났어요..

* 처음에 우는 듯한 방언이 나왔습니다. 주를 향한 사랑과 애절함이 많이 느껴졌습니다. 주님께 대한 사랑의 고백이 많이 느껴지고 차츰 톤이 바뀌어서 부드러우면서 달콤하게 사랑을 고백하는 느낌이었고 주님도 내게 사랑한다고 하시는 것 같은 느낌이 들었습니다. 눈물이 부드럽게 바뀌고 점점 가슴이 따뜻해져왔습니다. 주님.. 사랑합니다.

* 눈물이 쏟아지면서 탄식하듯이 방언이 나옵니다. 아버지.. 불쌍히 여겨주세요.. 이 죄인을 버리지 말아주세요.. 저의 죄를 보여주세요.. 깨끗케 되기 원합니다. 순결한 신부되기를 원합니다. 그러한 기도를 영이 하는 것 같아요..

* 방언을 하는 중에 '나는 너의 친구가 되고 싶다..' 는 주님의 메시지를 느꼈습니다. '어떻게 그렇게 될 수 있을까요?' 하고 내 영이 묻는 느낌이었고, '너는 너무 생각이 많구나.. 네 마음에 아직 나로

가득 차 있지 않다.. 다른 생각들이 많다.. 온전히 나를 채워라. 나를 생각해라.. 나만을 바라보아라..' 하는 메시지가 느껴졌습니다.

* 계속 울면서 회개가 나왔습니다. 제가 왜 이렇게 자아가 높습니까.. 죄송합니다.. 주님은 계속 고독하시다고 말씀하셨어요.. 저는 주님보다 세상을 사랑했어요.. 내 자아.. 나 중심.. 계속 회개의 기도가 나왔습니다. 통곡이 멈추지 않고 계속 나왔습니다.

2. 통역메모를 읽은 느낌들

* 전율이 일었습니다. 눈물이 나옵니다. 가슴이 찡하고.. 뭉클합니다. 주님께 감사하고 기쁩니다.. 주님.. 사랑합니다..

* 내가 기도한 내용들이 구체적으로 나와 있었습니다. 놀랍습니다.

* 눈물이 왈칵 쏟아질 것 같았습니다. 아직 내 속에 있는 두려움, 겁내고 있는 것들.. 주님께서 다 알고 계시고 나를 강하게 하시리라는 것.. 주님께서는 내 속 깊은 곳까지 다 알고 계시구나.. 느껴지며 다시 한 번 놀라고 감사하게 되었습니다. 주님.. 사랑해요..

* 종이를 받아들고 나니 내 기도를 아시고 들으시는 구나.. 눈물이 났습니다. 주님께서 나와 같은 자를 받았다고.. 나의 기도를 들으시고 나를 원하신다고 말씀해주시니 너무 감사하고 감격이 되었습니다.

* 처음에 종이를 받았을 때는 약간 어색하고 그런 마음이었습니다. 그러나 여러 번 읽으면서 왜 이 말씀을 하셨는지.. 내가 왜 어색하게 느꼈는지 깨달아지면서 눈물이 났습니다.

* 주님의 조건 없는 사랑에 마음에 감동으로 밀려옵니다. 뭐 하나 제대로 하는 것도 없는데.. 나 자신이 못마땅해서 내 영혼을 힘들게 했는데.. 이제 더 영혼을 위로하고 격려해주어야겠다는 마음이 듭니다.

* 주님이 나를 보시는구나.. 주님이 나를 아시는구나.. 하는 마음이 듭니다. 감사해요. 사랑합니다. 주님.. 더 많이 사랑하고 신뢰하겠습니다. 나의 위로.. 나의 힘.. 나의 피난처.. 주님 안에서의 안식을 약속받은 것 같아요.

* 한 말씀, 한 말씀이 정말 저의 심령이 하고 싶어 하는.. 듣고 싶어 하는 말씀입니다. 주님의 사랑을 다시 한 번 느낍니다.

* 처음에 메모를 읽었을 때는 좀 생뚱맞았는데, 오늘 다시 읽어보면서 기쁨이 생기네요. 최근의 일로 나도 모르게 내 속에서 근심과 부담이 있었는데, 주님이 이 문제에 대해서 말씀하시고 위로해주시는 것 같았어요. 감사드립니다.

* 읽는데 충격이 되었습니다. 진짜 주님이 나의 가까이에 계시고, 나를 지켜보고 계시구나.. 나의 근심을 기뻐하지 않으시는구나.. 충격이 되고 동시에 감동이 되었습니다.

* 요즘의 제 상황을 주님께서 말씀해주시는 것 같았어요. 요즘에 저는 머리가 복잡해서 어떻게 하면 생각을 덜하고 주님께 몰입할 수 있을까 하는 고민이 많았는데, 그런 부분을 주님께서 말씀해주시는 것 같아서 감사했습니다.

* 주님의 말씀.. 음성에 그저 눈물이 납니다. 울먹일 뿐입니다. 제 마음을 주님께 드립니다.

* 메모를 읽으며 가슴에 뜨거움이 생기고 주를 향해 막 부르짖고 싶습니다. 내 영이 주님만 원하고 바라는 상태가 될 수 있도록 그렇게 기도하고픈 마음이 일어납니다. 감사합니다. 주님..

* 방언통역을 통하여 나를 아시는 주님에 대해 확신도 얻고, 실제적인 위로가 됩니다.

* 눈물이 납니다. 주님의 사랑이 느껴져서 눈물이 났습니다. 방언기도를 통하여 서로의 영을 느끼고 주님의 통로가 되는 것이 놀랍습니다.

* 글을 천천히 읽어 내려가는데, 감격과 눈물이 솟아납니다. 내 모든 사정, 마음을 주님이 다 아시는 것 같아요. 너무도 친절하시고 자비하신 주님.. 너무 안도감이 들고 마음이 편안해집니다. 주님이 계셔서 너무 행복해요.

* 마음이 평안해집니다. 주님이 최근의 나의 선택을 보고 계셨다

는 것과 주님을 선택한 것.. 고백한 것에 대하여 다 알고 계시고 지켜보시고 아셨습니다. 내 마음을 알고 계십니다. 주님께 너무 감사하고 주님을 더 사랑하고 싶습니다.

3. 직접 통역을 해줄 때의 느낌들

* 상대방의 아픈 마음, 어찌할 바 모르는 마음이 느껴졌고, 그 마음을 아시고 함께 아파하시고 또한 사랑하시는 주님의 마음이 느껴졌습니다. 어떻게 해야 할지 모르는 마음을 주께 들고 나아가면 치료해주시겠다고 하시고 '나는 너의 가장 가까이 있는 친구다'라고 말씀해주시는 것 같았어요. 기도를 통해 상대방을 향한 주님의 마음을 느끼게 되어 더 사랑하고 돕고 싶은 마음이 듭니다. 주님을 찬양합니다.

* 상대방의 두려움을 치유하고 힘을 주시는 내용의 강한 메시지가 나왔고 소리가 강력하게 외치는 듯한 어조로 통역이 나왔습니다.

* 나를 붙잡아달라는 간구, 그리고 그에 대하여 주님이 너의 보호자가 되시고 가르치는 선생님, 아버지가 되신다는 내용이 반복되는 것 같았습니다. 기도하는 사람이 방언을 천천히 하고 감정을 실어서 크게 하니까 나도 생각이 멈추고 나도 모르게 통역이 따라서 나오는 것 같았습니다.

* 기도하는 사람의 주님을 향한 갈망이 느껴져서 마음이 뜨겁고 너무나 사랑스러웠습니다. 주님의 사랑이 느껴져 너무 행복해졌습

니다. 기도하는 사람과 통역하는 제가 함께 눈물을 흘리며 같이 주의 사랑에 감동을 받았습니다. 갈망하고 사랑합니다. 할렐루야.

* 기도하는 이가 주님을 위하여 모든 것을 내려놓는 마음, 주님만을 원하는 마음이 느껴졌고 주님께서 그 마음을 받으시고 주님께서도 동일하게 너를 원한다고, 네가 나 자신을 원했던 것처럼 나도 너 자신을 원한다고, 네가 모든 것을 다 내려놓았으니 내가 너의 신랑이요, 아버지요, 위로요, 힘이요, 삶이요, 숨이요, 너의 모든 것이 되어주겠다고 통역이 나왔고 그 사랑에 눈물이 나서 통역하는 나도 통역받는 이도 같이 울었습니다.

* 기도하는 이의 비통하고 죄송해하는 영이 많이 느껴졌습니다. '주님, 죄송해요.. 제가 죄를 지었습니다. 저를 용서해주세요.. 제가 어떻게 해야 할지 모르겠어요..' 하면서 울고, 주님께서 그가 무릎 꿇음을 기뻐하시고 수없이 '너는 내 아들이다' 라고 말씀하시는 것이 느껴졌습니다. '너를 기다렸고 내가 여기 있다' 고 하시는 것을 느꼈습니다.
기도자의 영이 '내 아버지.. 아버지..' 를 계속 부르고 주님께서 '내 아들아.. 내 아들아.. 내게 나아와라.. 내가 너를 변화시킬 것이다.' 그런 감동을 느끼면서 기도하는 이는 계속 울고.. 한참 난리였는데.. 기도하는 동안 머리가 멈추었는지 자세한 내용은 기억이 안 나네요.. 너의 무릎 꿇음, 애통을 기뻐하신다는 메시지만 선명하게 기억이 납니다.

* 기도자의 영이 아무 것도 모르는 어린아이처럼 주를 찾는 것이

느껴졌습니다. 주님께서 이끄시고 인도하신다는 통역이 반복해서 나왔습니다.

* 기도하는 이에 대해서 주님의 사랑하시는 마음이 갑자기 다가왔는데, 너무도 강렬해서 어떻게 말로 표현할 수가 없었습니다. 주님의 사랑은 주님의 심장 그 자체였습니다. 주님은 그 심장을 주시기 원하셨습니다. 주님의 심장은 마치 폭발할 것 같은 사랑으로 가득 차 있는 것 같습니다.

주님이 얼마나 사랑하시는지, 그 사랑의 마음을 표현해주기를 원하셔서 열심히, 간절하게 표현을 하였습니다. 기도하는 이의 마음을 그대로 느끼고 받으시고 즐거워하시며 아파하시는 것을 느꼈습니다.

* 기도하는 이의 영혼이 간절히 울고 애타게 주를 찾으며 주님이 떠나시지 않을까 두려워하며 기도하는데, 주님은 말씀하시기를 영원히 떠나지 않을 거라고, 어떤 것도 너를 향한 나의 사랑을 끊을 수 없을 것이라고 말씀하시는 것을 느꼈고, 통역하며 기도하는데 감격이 되고 마음이 시원해졌습니다.

* 내가 너의 힘이라는 말씀이 떠올랐고, 기도하는 이의 마음이 절망되었던 순간을 알고 계신다고 하시고 그 절망의 순간에 같이 계셨다고 하셨습니다. 방언통역을 통하여 말씀해주셔서 감사드립니다.

* 상대의 영이 주님의 행하신 일을 자랑하고 찬양하고 영원히 주님을 따를 것을 고백하는데 통역을 하면서 가슴이 참 따뜻하고 행복

하고 달콤하고 감사의 눈물이 계속 흘렀습니다.

* 기도자의 방언소리를 들으며 통역을 했는데, 처음에는 작은 소리로 통역을 하다가 나중에 크고 강하게 통역을 하자 가슴이 뜨거워지고 강하게 주님의 감동이 전해지는 것 같았습니다.

기도하는 분이 주님을 사랑하는 것 보다 주님이 더 그를 사랑하시고 그리워한다는 메시지가 강하게 나올 때 같이 강한 감동을 느꼈습니다.

* 기도하는 분은 눈물이 가득한 얼굴로 나의 왕, 나의 하나님을 찾으며 어디계시냐고 구하고, 주님은 나를 통해서 말씀하셨는데 너무나 감사했고 행복했어요. 주님은 그에게 너를 놓지 않겠다고, 네 심장 속에 있는 나를 지키라고, 늘 너와 함께 있는 나를 보라고 하셨고, 그 모든 말들이 나에게도 함께 하시는 것 같았습니다. 너무 행복했어요.

4. 직접 통역을 받을 때의 느낌들

* 너무나 부족한 자의 고백도 기쁘게 받으시는 주님께 감사하고 죄송하고 눈물이 났고 마음에 위로가 되었습니다.

* 내가 미처 표현하지 못하는 내면의 말을 표면으로 분출시켜주는 느낌이었습니다. 내가 마음 깊이 담고 있었던 나의 무기력함과 두려움에 대한 것들이 표면화되고, 주님이 그것을 알고 계시고, 혼자 울음을 삭히는 내 모습을 어루만지시는 느낌이 들었습니다. 주님이 더

가깝게 느껴집니다.

* 제가 제 방언을 할 때 받았던 느낌을 통역자가 말로 그대로 표현 해주어서 놀랐고 더 간절히 기도하고 싶은 마음이 일어났고, 주님의 마음이 더 확실히, 깊숙이 전달되었어요. 주님의 마음이 느껴져 감격 이 되었어요.

* 방언을 할 때 무엇인가 답답함, 죄책으로 인하여 가슴이 많이 아 팠었는데, 네가 지금 느끼고 있는 부끄럽다는 느낌, 아픔들을 다 내 게로 가지고 오라는 말씀의 통역을 받고 눈물이 나고.. 감사하고 가 슴이 따뜻해졌습니다.

* 너무나 죄송하고 아픈 마음이었고 자격이 없다는 마음이었는데, 통역을 통해서 '내 아들아..'를 수도 없이 불러주시는데 너무나 감 동이 되었고 나의 존재 자체로 사랑하신다는 말씀, 내가 주님을 아프 게 했는데도 괜찮다고, 계속 아들이라고, 귀한 존재라고 하셨을 때 한없는 눈물이 나서 계속 울었습니다. 너무 감사합니다.

* 통역을 받을 때 내 마음이 그대로 나타나고 느껴져서 통곡이 올 라왔습니다. 주님의 사랑의 메시지를 들으며 가슴에 무엇인가 꼬물 꼬물하는 움직임이 느껴지고 평안해졌습니다. 저의 기도를 들으시 고 응답하시고 만나주셔서 감사합니다.

* '아들아..' 하고 부르시는 목소리를 여러 번 들었고, 메시지를 듣는 중에 감격이 되어 굵은 눈물이 뚝뚝 떨어졌습니다. 주님.. 말씀

해주셔서 감사합니다.

* 내 영혼의 말을 그대로 귀로 듣는 것만 같은 느낌이었습니다. 한 마디, 한 마디 들을 때마다 가슴에 충격이 되고 눈물이 흘렀습니다. 들을수록 가슴이 더 벅차고, 더 기도하고 싶고 내 마음을 쏟아 붓고 싶어집니다. 마음이 시원하고 평안한 느낌입니다. 주님, 감사하고 사랑해요..

* 내 작은 사랑을 기뻐하시는 주님의 그 마음, 큰 사랑이 느껴져서 눈물이, 가슴이 폭발할 것 같은 통곡이 나왔습니다. 가슴이 뜨거워집니다. 주님, 감사합니다. 사랑합니다..

* 통역을 받을 때 왼쪽 가슴이 너무 아파서 '주님.. 죄송합니다.. 사랑합니다..' 만 계속 고백했더니 아픈 가슴이 다시 편안해졌습니다.

* 아, 뭐랄까요.. 표현할 수 없을 만큼 나 자신도 미처 생각하지 못했던, 그러나 내 영은 너무나 하고 싶었던 말들을 상대방이 통역해주는 것을 들을 때, 참을 수 없는 통곡이 나오고 사랑의 고백이 나왔습니다. 주님, 너무 감사하고, 간절하게 통역을 해준 분께도 감사를 드립니다.

* 내가 기도하고 갈망하던 내용들이 정확하게 나왔습니다. 주님이 해결해주신다는 확신이 왔고 염려와 걱정이 내려놓아졌고 평안이 왔습니다.

* 통역을 듣는데, 정말 주님께서 저의 기도를 바로 옆에서 듣고 계신 것 같았습니다. 마음이 따뜻하고 평안해졌습니다.

* 주님은 나의 마음을 알고 계십니다. 통역자가 '주님.. 사랑하기 원하는데, 잘 안되어서 죄송해요..' 하고 나의 방언을 통역하는데 많이 울었습니다. 나의 마음을 알고 계시고 받아주시는 주님이 너무 좋았습니다. 주님과 더 마음을 깊이 나누는 친구와 연인이 되고 싶습니다.

* 통역을 받으면서 마음이 너무 행복했습니다. 주님을 향하여 눈물이 나고 감사와 사랑이 마구 올라왔습니다. 말씀에 마음이 너무나 찡..한 느낌이 들고 가슴이 터질 것 같습니다. 아.. 너무 행복합니다. 감사합니다. 사랑합니다..

* 통역을 받고 마음에 안심이 되었습니다. 전체적으로 느낌이 평온하고 따듯하고 안심되는 기분입니다. 주님이 나의 전 생애를 책임지실 것이 믿어지고 마음이 참 평화로워집니다. 감사합니다.

* 내가 내 방언을 통역할 때와 겹치는 메시지가 많아서 놀랍고, 실제적으로 느껴졌습니다.

* 내 영혼이 주님을 찾으면서 울부짖으며 가슴이 너무 아파왔어요.. 심장이 계속 아팠어요.. 아이가 울듯이 펑펑 울음이 쏟아져 나왔어요. 그리고 통역을 받으며 내가 상상하지 못할 정도로 나를 사랑하심이 느껴졌어요. 너무 감사합니다.

5. 훈련을 마친 후의 소감과 간증들

자신의 방언을 느끼고 통역하는 것은 다른 사람들의 방언을 느끼고 통역하는 것 보다는 상대적으로 쉬운 것이었습니다. 그것은 조용히 관찰만 하고 있다가 느껴지는 감동을 그대로 표현하면 되는 것이기 때문입니다.

그러나 다른 사람들의 방언을 듣고 느낀다는 것에는 사람들은 부담이 있었습니다. '내가 잘 할 수 있을까..' 하는 부담이 있었습니다. 그리고 설사 어떤 메시지나 느낌이 떠오른다고 하더라도 상대방에 대해서 어느 정도 알기 때문에 선입견을 가지고 자기가 말하는 것이 아닐까 하는 마음이 들 수 있었습니다.

사람이란 원래 초자연적인 것에 대해서는 두려움이 있고, 잘 믿지 않으려는 성향이 있기 때문입니다. 그렇기 때문에 가급적이면 영적 현상도 이성적으로, 논리적으로 해석하려는 경향이 있는 것입니다. 그래서 처음에는 자기가 통역하는 상대가 누군지 모르도록, 선입견이 작용하지 않도록 번호만을 가지고 통역하게 훈련했던 것입니다.

번호만을 가지고 통역하거나 나중에 직접 상대방과 함께 통역을 시도하는 중에 어떤 감동과 느낌을 가지고 메시지를 전하는 이들이 많았습니다.

그러나 아무런 감동이 없이 그저 어떤 인상이나 메시지만 떠오르는 이들도 많이 있었습니다. 그리고 그 내용은 그리 특별한 것들이 아니었고 평범한 수준의 내용이었습니다.

그러나 그 내용을 전달받은 사람의 입장에서는 달랐습니다. 평범하고 평소에 성경에서 많이 들었고 읽었던 내용이며 하나님의 마음과 사랑을 나타내는 내용의 메시지였지만, 듣는 이의 입장에서는 자기의 사정과 꼭 부합된다는 느낌, 정말 하나님이 말씀하신다는 느낌, 내 영이 그렇게 기도하고 있는 것 같은 느낌을 받는 쪽이 대부분이었습니다.

내가 기도하는 내용이 그대로 나왔고 응답이 되었다는 사람, 자기가 평소에 기도하던 내용이 토씨하나 틀리지 않고 나왔다는 사람.. 등 몹시 감동을 받으며 신기해했습니다.

그래서 처음으로 통역을 하는 사람들도 자신들이 전한 메시지가 상대방에게 충격이 된다는 것에 놀랐고, 그러한 감동을 주신 주님께 감사했습니다. 그저 미세한 감동이었지만, 그것들이 하나님께로부터 온 것이라는 것을 깨닫고 자신감과 기쁨도 얻게 되었습니다. 통역의 훈련과 경험들은 모두에게 큰 용기와 기쁨이 되었습니다.

과제를 마친 후 훈련에 동참했던 많은 이들이 방언을 통역하면서 느낀 소감의 간증을 카페에 올렸는데, 참고가 될 수 있도록 그 중의 일부를 올리기로 하겠습니다.

1. 방언기도와 통역을 해 보면서.. -K집사-

사실 오래전부터 방언이나 통역에 대해 궁금해서 관련 책을 이것 저것 살펴보기도 했었는데요. 읽을수록 좀 난해한 느낌이 들어서 접어두었었어요. 뭔가 더 영성이 깊어지면 통역의 은사가 주어지나 보다 막연히 생각하고 있었던 것 같아요.

그런데 모임에서 같이 방언하고, 통역하는 기도를 따라해 보니, 자연스럽게 통역이 되어 신기했어요.

처음엔 '그냥 내 생각인가?' 하는 마음도 있었는데.. 아니었어요. 마음도 뜨거워지고, 눈물도 나고, 주님의 사랑의 마음이 느껴지고 기도하고 나니 너무 마음도 몸도 가벼워져 있었어요. 정말 내 영이 기도를 하고, 통역을 하는 거구나.. 싶었어요.

기도를 많이 하고, 뭔가 영적으로도 깊어져서 방언과 통변을 받는 것이 아니라 정말 방언과 통변은 같이 내 안에 와 있구나 하는 것을 알게 되었습니다.

물론 더 주님 앞에 정결해질수록 더 세밀하게, 내 생각대로가 아닌 주님이 주시는 감동과 뜻대로 인도하심을 받게 되겠지만요..

생각이 많은 편인 저는 최대한 의식을 잠잠히 하고, 입술로 소리를 내면서 주님께만 자꾸 의식을 집중하려고 했구요. 그냥 편하게.. 아무 생각 안 나도 되고.. 뭐 틀려도 되지.. 하고 긴장하지 않고 마음 편하게 있었는데, 자연스럽게 어떤 생각들이 쭉 정리되면서 감동도 되고 통역이 되는 것 같았어요.

혼자서 있을 때도 중얼중얼 방언하고 통역을 해 보곤 하는데, 자연스럽게 "사랑하는 딸아, 내가 늘 너와 함께 있단다. 걱정하지 말고, 염려하지 말아라. 나를 바라보아라." 이런 통역이 되곤 해서 마음도 기뻐지고 가벼워졌구요. 자꾸 주님을 바라보고 집중하게 되었어요.

저 자신을 위한 기도도 통변을 하면 참 좋지만요. 다른 사람을 위해 중보를 하게 되면 통역이 더 유익한 것 같아요. 다른 사람의 방언을 통역하면서 우리가 드리는 정말 보잘 것 없는 작은 사랑고백과 갈망만으로도 기뻐하시고 행복해하시는 주님의 마음을 느낄 수 있어서 좋았고, 늘 사랑스런 눈으로, 안타까운 눈물로 바라보시고 "너의 갈망을 채우겠다고, 내가 늘 네 가까이 있다고" 말씀해 주시는 주님의 따뜻한 사랑과 긍휼을 느낄 수 있어 참 감사했습니다.

며칠 전엔 회사 일로 고민하던 남편을 위해 중보를 하면서 방언을 하고, 통변을 해 보았거든요. 그런데 자연스럽게 "왜 걱정하고, 염려하느냐 내가 너의 주인이고, 모든 문제가 나의 손 안에 있다는 것을 잊었느냐.." 하시는 주님의 사랑이 담긴 음성을 들을 수 있었어요.

남편에게 방언기도와 통역한 내용을 전달해 주었는데 남편이 듣고서 "그러게.. 주님이 주인이신데 왜 나는 내가 책임지려고 할까.." 하면서 주님께 죄송해했구요.

아직 문제는 해결된 게 아니었지만 남편 얼굴이 밝아져 있었고, 남편의 무거운 짐이 주님께 옮겨진 것을 느낄 수 있었어요.

아직 어리고 무지한 제게도 소중한 영의 경험들을 주신 주님께 감사합니다. 허상인 세상 것들을 내려놓고, 진리되신 예수, 영의 세계를 바라보고 믿음으로 더 주님께 나아가기 원합니다.

할렐루야~~ 주님만을 찬양하고 경배하기 원합니다.

2. 방언과 통역하면서 느낀 점 -J형제-

예전에 예수님을 처음 믿고 얼마 되지 않아서 방언을 받게 되고 성령의 여러 가지 은사를 알게 되었을 때 친구가 방언 받고 통역의 은사를 받으면 더 좋다고 알려 주어서 통역의 은사를 사모한 적이 있었습니다.

그런데 그 때는 통역이란 것이 방언을 하면 막 기계적인 음성으로 통역사가 옆에서 들려주듯이 귀로 들리는 것인 줄로 알았어요. 그래서 처음에 좀 구하다가 '아 이건 쉽지 않겠다. 대단한 영성인들이나 할 수 있는 거지..' 하는 생각으로 포기한 적이 있었습니다.

그러나 모임에서 통변이란 것이 그렇게 음성으로 들리는 것이 아니고 마음의 감동으로 떠오르는 것이라는 걸 알게 된 후로는 통변이 그렇게 어렵게 느껴지지 않았습니다.

혼자서 방언으로 기도할 때 가끔씩 통역을 하곤 하는데, 특히 방언을 간절하게 할 때 통변이 쏟아져 나올 때가 있곤 했습니다. 그러면 내가 하는 통변을 내가 들으면서 기도가 더 간절해지고 심령이 뜨거워지는 것을 느끼곤 했습니다.

그리고 가끔씩 대언이 나오기도 하는데, 주님께서 "두려워 하지 말아라. 내가 너와 항상 함께 할 것이다. 네 옆에 내가 있단다." 하시거나 "사랑한다. 나의 아들아.. 나를 바라보거라.." 하시는 등.. 그 때 그 때 제게 위로가 되는 말씀이 나오고 그런 대언을 들을 때 심령이 시원해지기도 하고 두렵거나 불안한 상황에서 평안해 지기도 하였습니다. 그리고 이번에 모임에서 실험적으로 번호를 써서 통변을 받았을 때도 놀랍기도 하고 감동적이었습니다.

주님께서 저의 상황을 다 아시고 계시는구나.. 나의 기도를 다 듣고 계시는구나.. 하고 실질적으로 느낄 수 있어서 많은 위로가 되었고 감사했습니다.

최근 기도하던 것이 "주님을 더 가까이 만나고 싶습니다. 주님의 신부가 되고 싶어요. 주님을 사랑합니다. 더 가까이 만나고 싶어요." 이런 내용이 주가 됐었는데, 통역이 되었던 내용도 비슷한 내용이어서 놀랐습니다.

그리고 주님께서 저에게 이렇게 말씀 하시는 것 같았습니다.

"너의 갈급함을 내가 채워줄 것이다. 너는 나의 신부가 될 것이다. 가까이 만나게 될 것이다. 사랑한다.."

그리고 또 최근에 밤에 기도하는데 누군가를 위해 기도하라는 감동이 왔습니다. 그래서 그 분을 위해 방언하면서 기도했었는데, 그때도 통역하기도 하고 방언으로 기도하기도 하면서 중보를 한 적이 있었습니다.

그런데 이번에 방언 통역하는 실습을 한 후에 우연히 그분이 기도했던 내용과 통역 받은 내용을 들었는데, 제가 기도할 때 느꼈던 감동과 비슷해서 놀랍기도 하고 감사하기도 했습니다.

그분이 주님을 간절히 찾고 사랑하는 마음이 느껴져서 감사했고, 주님께서 그분의 주를 향한 갈급함을 기뻐하시고 그 심령을 채우실 거라고 하시는 것 같아서 감사했습니다.

방언과 통역이 정말 유익하다는 생각이 듭니다. 방언을 간절하게 할 때 심령이 시원해지고 평안과 기쁨이 있습니다. 통역을 받으면서 느낀 것은 주님께서 나를 너무나 잘 알고 계신다는 것과, 나를 너무나 사랑하신다는 것입니다.

주님 감사합니다. 사랑합니다. 할렐루야.

3. 방언통역하면서 느낀 소감 -L집사-

　다른 사람을 위한 방언통역을 위해 쪽지를 받으려는 순간부터 가슴이 무척 설레고 뭔가 풍성한 느낌이 들었어요. 그리고 기도하면서 그 사람에 대한 하나님의 사랑이 느껴지며 가슴이 찡하고 눈물이 쏟아졌습니다.
　주님께서 얼마나, 얼마나 사랑하시는지.. 늘 애타게 기다리시는 좋으신 주님 때문에 통역의 내용을 메모지에 적으면서도 마음이 너무 행복했고 감사했어요. 주님.. 함께 해주셔서 감사해요.
　그리고 나의 방언통역 기도 쪽지를 보는데, 정말 마음이 뭉클하고 눈물이 나고 감동적이었어요.
　주님이 나를 다보고 계셨고.. 나의 기도를 다 듣고 계시고 너무나 사랑하신다는 것, 늘 함께 하신다는 것이 참 감사했어요.
　다른 사람의 통역을 통해 주님의 실제가 더 느껴졌어요.
　이렇게 가까이 계시고 이렇게 나를 다 알고 계시고 이렇게 날 사랑하시는구나.. 주님의 애절한 마음이 함께 전해졌답니다.
　주님.. 저도 주님을 사랑합니다.. 감사합니다..
　주님과 더 가까워지고 싶어요.. 주님.. 사랑해요..

　또 상대방을 위해 방언통변을 하며 가슴이 복받치고, 주님의 뜨거운 사랑 때문에 많이 울게 되었습니다.
　나를 위한 기도보다 다른 이를 위한 기도를 할 때 더 감동이 되고 그 사람의 형편과 사정을 다 아시고 늘 지켜보시고 사랑해주시는 주님 때문에 감사해서 눈물만 나오게 되었습니다.

주님이 한 사람, 한 사람을 얼마나 사랑하시는지.. 보고 계시는지..지켜주시는지.. 더 알게 되고 감동되었던 시간이었어요.

내안에서 주님께서 말씀하심을 감사드립니다.

주님만을 찬양합니다. 주님은 참 좋으신 분이세요..

마지막으로 제 방언기도를 하면서 요즘 더욱 재밌고 감사한 기도시간이 되고 있습니다.

나의 상태나 상황과는 다르게, 어떤 때는 강한 기도.. 또 어떤 때는 부드러운 기도.. 또 어떤 때는 눈물의 기도를 하게 됩니다.

가끔 통역도 하면서 기도하는데, 참 감동이 되고 더 힘이 나게 됩니다.

주님께서 주신 방언을 통해 주님을 더 알기 원하고 주님의 마음속으로 들어가기 원합니다.

오로지 주님.. 주님만 보이고 주님으로만 충만해지는 주님의 사람이 되고 싶습니다.

방언기도는 정말 영의 풍성함이 더욱더 느껴지고, 하면 할수록 행복해지고 담대해지고 평안해집니다.

주님.. 좋으신 주님을 찬양합니다. 감사합니다.

주님, 사랑해요!! 할렐루야!!

4. 방언통역 소감 -B자매-

　다른 사람의 방언을 통역할 때에는 어떻게 기도가 나올까.. 하는 궁금증도 생기며 머리를 잠잠히 시키며 그 사람을 위해 기도할 수 있게 도와달라고 하며 시작하는데, 갑자기 절망 가운데 빠져 있고 자신을 모든 것을 들고 주님 앞에 나오는 사람이 생각이 나며 힘을 내라는 말을 해주고 싶고 그 사람의 기도를 주님이 다 듣고 같이 아파 하시며 도와주시길 원하시는 느낌이 올라왔어요.
　그리고 주님이 그분에게 해주고 싶어 하시는 많은 말들을 다 해드리고 싶은 맘이 들었어요.
　그래서 힘을 내라고, 내가 곁에 있다고 그리고 너의 모든 기도를 다 듣고 있었다고.. 메모에 적어드렸어요.
　그리고 제가 다른 분에게 통역의 메모를 받았을 때는 받자마자 울음이 나오고 '주님이 그리워요.. 주님.. 만나고 싶어요..' 하며 내 영혼이 말하고.. 주님은 다 듣고 계시며 제가 내 힘으로 애써서 하려고 했던 모든 순간들을 주님이 다 지켜보고 안타까워하셨으며 제가 잘해서 주님 앞에 나오는 것 보다 나의 있는 모습 그대로 나오라고 받아주시겠다고 하시는 주님의 말씀에 안도감과 울음이 터져 나왔어요.
　그리고 짝지어서 방언을 듣고 통역해 주는 기도 시간에는 상대방의 방언을 들을 때 주님 앞에 어린아이가 엉엉 울고 있는 것이 느껴져서 안쓰럽고 안타까웠어요. 정말 한없는 긍휼함으로 우리를 대하시는 주님의 마음을 느낄 수 있었어요.
　그리고 제가 방언을 하고 상대방이 통역을 해주었을 때는 첨엔 내가 그랬었나.. 하면서도 눈물이 마구 쏟아지는 저의 모습을 발견하고 놀라기도 했고, 정말 내 영혼이 주님을 원하고 있었구나.. 내가 그것을 잘 몰랐구나.. 하고 깨닫는 행복한 시간이었습니다.

할렐루야!!

5. 단순한 발음의 방언 통역을 받으며 -Y집사-

　자기 방언을 통역할 때는 내가 알고 있는 나에 대한 정보를 가지고 방언을 통역하게 되는 면이 있는 것 같았다. 하지만 복잡하게 생각하지 않고, 그냥 속에서 느껴지는 대로 통역을 했다. '이게 내 머리에서 나온 내 생각은 아닐까?' 하는 마음이 드는 것을 무시하고 일단 그대로 통역을 했다 "너는 강하고 담대해라, 두려워하지 말아라. 내가 너를 인도하겠다." 일단 나오는 대로 이렇게 통역을 하고 나니 후련함이 있었다.
　나는 다른 사람에 비해 나의 방언이 깊지 않은 편이라고 생각했었다. 방언자체도 너무 단순하면서 반복적인 발음이라, 깊은 내용이 아닌 것 같다고 생각했다. 그냥 '야야야.. 라라라라..' 이런 발음이 반복되었기 때문에 그냥 평범한 내용의 통변이 나올 것이라 생각했다. 그런데 놀랍게도 그렇지 않았다.
　다른 분이 나의 방언을 통역할 때는 나의 깊은 내면의 영혼의 상태를 끄집어내어 얘기하는 느낌이 들었다.
　"내가 너의 근심을 안다. 네가 무기력해하고 절망하고, 밤에 울며 탄식하는 네 모습을 안다. 나는 너의 사정을 잘 안다. 내가 너를 인도한다."
　그 통역을 들으며 마구 눈물이 흘러나왔다. 내 영혼이 그 말을 듣고 '나를 아시는구나!' 하고 심장이 터져 나오는 듯 눈물이 솟구쳐 올라왔다. 나의 깊은 곳에 숨어있던 어떤 것이 단순한 발음의 방언을 통해서도 그 방언의 언어 속에 묻어나오고 있었던 것 같다. 나의 방언을 내가 통역한 것과 내용은 비슷했지만, 다른 이의 통역이 더 깊은 부분을 터치하는 느낌이었다. 단순한 발음의 방언을 통해서도 마음이 흘러나오고 속이 치유된다는 사실이 놀라웠다.

내가 다른 분의 방언을 통역할 때는, 방언으로 기도하다보면, 시작하자마자 어떤 느낌이 오는 것이 있었다.

내가 아무렇게나 생각을 하는 것은 아닐까 하고 염려가 되는 것을 접어두고 그대로 그 느낌에서 오는 것을 그대로 적었다.

그분이 누구인지는 모르지만, 무척이나 힘든 상황에 있으면서도 기뻐하는 모습이 느껴져서, 계속 방언을 하며 통변을 구했는데, 그러면 그럴수록, 확연하게 그 느낌이 강해졌고, 그래서 통변을 그대로 적었다.

나 같은 사람도 통역이 가능하다는 것이 감사하고 방언의 새로운 기쁨을 알게 된 것 같아 더욱 감사하다.

주님을 알아가는 기쁨이 확장되는 것 같다.

6. 방언통역해줄 때의 느낌   -K형제-

　상대방의 방언을 통역해 줄 때 사실 저 역시 통변이라는 것이 대단한 사람들만 하는 것인 줄 알았고, 과연 내가 통역하는 것이 맞는지 확신이 안설 때가 많지만, 할수록 더 주님의 마음을 느낄 수 있게 되는 것 같아 참 감사하다.
　모임에서 한 형제를 위해 통변을 해주는데, 이 형제의 영혼이 평소에 기도를 많이 못해서인지 주님을 많이 갈급해하며 탄식한다는 느낌이 들었다.
　"아, 주님.. 주님을 만나기 원합니다. 주님의 이름을 부르기 원합니다. 나의 주님.. 나의 하나님.. 주님을 원합니다.."
　형제의 영혼이 탄식하며 주님을 찾고 찾는데, 방언을 통역해주는 내 마음에는 이 형제가 너무도 안쓰럽고, 불쌍하다는 생각이 들었다.
　난 평소에 내가 기도를 많이 못하거나 말씀을 못 읽으면, 주님께 죄송한 마음이 들어 오히려 더 주님께 가까이 가지 못했는데.. 막상 이 형제의 방언을 통역해 줄 때, 내 마음에는 '네가 이제 왔구나.. 내가 너를 만나주겠다. 나도 널 만나고 싶구나..' 라는 마음이 많이 느껴졌다.
　그러면서 나 역시 이것이 주님의 마음이구나.. 나를 정죄하지 않으시고, 나를 기다려주시는 주님.. 한없는 은혜와 사랑이 가득하신 분..
　주님을 정말 마음 아프게 하는 것은 내가 자격을 갖추지 못했다고 생각할 때, 주님께 나아가려 하지 않고, 자격을 갖추기 위해 더 주님을 멀리 떠나는 것이구나.. 하는 생각이 들었다.

그래서 형제에게 영혼이 많이 답답해하는 것 같으니, 평소에 힘들더라도 기회가 될 때마다 부르짖고 강하게 호흡하라는 말과 함께 사랑한다는 말을 해주었다. 정말 통역은 주님의 마음을 잘 알고 느끼게 하는 교회의 덕을 세우는 좋은 선물인 것 같다.

주님, 감사합니다.

7. 방언통역 실습 소감   -H전도사-

저는 직접 마주 보고 통역하는 것은 못하고 그냥 쪽지에 서로 다른 사람을 위해서 통역한 거랑, 저 자신을 위해서 방언하고 통역하는 것.. 두 가지만 했었거든요. 그 느낌을 조금 적어보려구요.

먼저, 잠깐 개인적으로 방언한 후에 쪽지에 번호가 적힌 다른 분을 위해 기도하였잖아요. 그런데, 제가 혼자 개인적으로 방언할 때와 다른 분의 쪽지를 받고 기도를 시작할 때의 느낌이 아주 선명하게 달라서 신기했어요.

그냥 방언을 할 때는 평소 기도하던 느낌이어서 익숙했는데 다른 분의 번호가 적힌 쪽지 위에 손을 얹고 마음을 실어서 그분을 위해 기도하는데 어떤 분인지 전혀 모르는 상태인데도 뭔가 제게 익숙하지 않은 다른 느낌이 서서히 몰려오더라구요.

언어로 표현하고 옮기기 전에 먼저 어떤 느낌 같은 것이 오는 게 신기했어요. 그리고 나서 그 느낌을 언어로 옮기기 시작했는데.. 저는 방언을 한마디 하고, 글로 쓰고.. 또 이어서 계속 방언을 하고 글로 쓰고.. 그랬거든요.

그런데 글로 쓰고 표현을 할수록 속의 느낌이 점점 더 강해지고.. 제대로 표현을 했을 경우 속에서 뭔가 "그게 맞다!" 하면서 지지해 주는 느낌.. 시원한 느낌이 들고 점점 더 방언이 강하게 나왔어요. 방언하던 중간 중간에 '왜 이런 내용이 나올까? 이 분이 과연 누굴까? 하는 궁금증이 자꾸 떠올라서 중간 중간 '이 사람일까.. 저 사람일까..' 하고 머리가 움직이더군요.

그런데, 나중에 쪽지를 걷어서 확인하면서 제가 받았던 번호가 누구였는지 알게 되었는데 오! 제가 추측했던 분과는 다른 분이었지만, 오히려 제가 추측한 사람 이상으로 정말 제가 느낀 느낌과 딱 맞는 분이었어요. 누군지 알게 되니 '아, 그래서 그런 느낌이었구나. 그 통역의 문구가 이런 뜻이었구나.' 하고 더 확신하게 되었어요.

그리고 제 자신을 위해서 기도할 때는 자연스럽게 속에서 나오는 내용을 기도하니 속에서 뭔가 슬픔과 간절함과 애타는 마음이 올라오면서 성경의 구절이 문득 떠오르는 것이었어요.

어디 있는 말씀인지 정확하게는 모르는데도 시편에 있는 말씀이 '툭!' 하고 부분부분 떠올랐어요. 그리고 일부러 그러는 것이 아닌데 속에서 그 말씀이 계속 반복해서 떠오르면서 가슴에서 슬프고 애절한 울음 같은 것이 터져 나왔어요. 그리고 방언의 느낌과 스스로 통역해 본 내용이 그 시편의 말씀의 내용과 거의 비슷했어요.

한참 그렇게 방언하는데 중간에 방언의 느낌이 바뀌면서.. 처음에는 슬프고 애절하고 제 자신의 속의 어떤 간구를 쏟아내는 듯한 느낌이었다가 중간 이후에는 뭔가 안정되고 든든한 강하고 선명한 느낌의 방언이 나왔어요. 앞부분에서는 방언을 통역하면 제가 주님께 드리는 간구의 내용이었는데 중반부 이후에는 방언의 통역이 주님이 제게 하시는 말씀으로 바뀌었어요.

자연스럽게 가만히 두면 속에서 필요한 방언이 나온다고 하셨는데 아직 제 속에서 나오는 방언은 목사님께서 치료의 방언이라고 하신 그런 느낌의 방언들.. 슬픔.. 간구.. 주님 어디 계십니까.. 애절함.. 그런 것이 많은 것 같아요.

다 같이 실습하면서 방언을 하니까 혼자 할 때보다 훨씬 선명한 느낌과 여러 경험들을 할 수 있어서 정말 재미있었어요. 감사합니다.

8. 방언통역하면서 느낀 점 -L집사-

　번호가 적혀있는 메모지를 받고 누군지도 모르는 상대방을 위해 기도했다. 가슴이 아리고 아팠다. 상대방의 영혼에서 주님을 향한 간절한 마음이 느껴지면서 자책하는 마음도 많이 느껴졌다.
　내 마음이 그랬기 때문에 이것은 상대를 위한 것이 아니라 생각하고 다른 기도를 하려고 했지만 계속 올라오는 말이 '주님, 어디계세요.. 주님이 그리워요. 저를 만나주세요. 주님이 간절히 필요해요.' 하면서 계속 울음이 올라왔다.
　또한 동시에 '내가 여기에 있다. 나는 항상 네 곁에 있단다. 아무것도 염려하지 말아라. 잘하려고 애쓰지 말아라. 나는 너의 모습 그대로를 사랑한단다. 너의 존재자체가 나를 기쁘게 한단다. 내 사랑을 받아들이고 내 안에서 안식해라. 내가 너를 안전하게 보호하고 있다. 나는 결코 너를 버리지 않는다. 안심해라.'
　하는 메시지가 떠오르면서 주님의 사랑이 느껴졌다. 안타까워 가슴 아파 하시는 주님의 사랑이 느껴졌다. 다른 이를 위한 중보기도 시간인데, 이건 내 기도가 아닌가? 싶어서 망설이다가 그냥 메모지에 그 내용을 썼다.
　내 방언에 대한 통역을 받을 때는 나를 위해 기도해 준 분의 메모 내용과 내 기도를 직접 통역해 준 분의 기도가 내 마음을 그대로 대변해 주는 것 같아서 참 놀랐다.
　주님이 다 아시는구나, 나를 항상 지켜보고 계시는구나 하는 감동에 엉엉 울었다. 주님께 드리는 나의 부족한 기도를 주님께서 받으시고 한없는 사랑을 부어주시는 것 같았다.

모임이 끝나고 이건 내 기돈데, 하고 미심쩍어 하면서 적어준 메모를 받았던 자매가 나에게 와서 "집사님이 *번 기도해 주셨죠?" 하고 물었다. 맞다고 했더니 자기의 마음을 주님께서 아시고 위로해 주셔서 너무나 감사했다고 전해줬다.

주님, 감사합니다. 할렐루야!

나는 방언통역을 하면서 갑자기 뿅! 하고 나타나는 신기한 무엇인가를 기대하고 있었던 것 같다. 말씀이나 어떤 이미지가 떠오른다거나 환상이 보이거나 하는.. 그런데 그런 것이 없었기에 이것이 맞나? 하고 자신감이 없었는데, 이제 조금은 알 것 같다.

방언을 들으면서 떠오르는 어떤 메시지.. 따뜻한 위로와 잔잔한 기쁨.. 잘 될 것 같은 믿음과 소망.. 몽실몽실 피어오르는 포근한 사랑.. 이대로 만족할 것 같은 평안함.. 이런 것들이 주님이 주시는 사랑의 메시지라는 것을 이제 알 것 같다.

방언통역하면서 느껴지는 것이 주님은 우리를 너무나 사랑하시고 소중히 여기신다는 것, 우리는 그 사랑으로 하나로 연결되어 있다는 것이 참 많이 느껴졌다.

주님, 감사합니다. 방언 기도로 주님을 더 가까이 경험할 수 있고 서로의 마음을 나누고 주님을 나눌 수 있게 해주셔서 정말 감사합니다.

주님.. 너무나 죄송하고 감사합니다.

제가 부족하고 주님을 고통스럽게 해드렸을 텐데 오래 참아주시고 사랑해 주시고 기다려 주시고 여기까지 인도해 주셔서 정말정말 감사합니다.

저도 빨리 자라서 주님의 마음, 주님의 사랑을 전해 주는 아름다운 통로가 되고 싶어요. 감사하고 사랑합니다.

9. 방언통역하며 느낀 점   -B자매-

    방언기도, 주님이 주신 언어로 다른 이를 위해 통변해주고 또 제가 방언하며 느끼는 점들을 적어보고 그 감동을 전할 때, 한없는 주님의 크고 풍성하신 사랑과 은혜를 함께 느낄 수 있다는 것이 참 감격으로 다가왔습니다.
    먼저 제 방언을 통역할 때, 제 생각과는 다른 제 영이 주님을 향한 갈망과 소원, 주님을 간절히 그리워하고 찾는 마음이 느껴져 더 주님께 집중되며 끝없이 주님을 부르고 또 부르고픈 기도가 나왔던 것 같아요.
    우리말로만 기도할 때보다 제가 방언하며 그 뜻이 곧 마음으로 전달되고 그 기도의 감동이 배가 되어 제 영혼이 그것으로 힘을 얻고 주님을 더 신뢰하는 마음이 생겨가는 것 같습니다.
    제 생각은 이런 저런 걱정으로 낙심되나 방언통역을 하며 "아, 주님은 이걸 원하시는구나." 하는 잔잔한 감동과 함께 다시 기도하며 주님의 마음을 느끼고 나누고픈 마음이 들거든요.
    어떤 특별한 사람만이 할 수 있는 통역이 아니라 방언하며 그냥 전달되는 따뜻한 생각, 감동.. 그것으로도 참 감사하고 은혜인 것 같아요.
    그리고, 제가 다른 이를 위해 기도해 줄 때 그 사람의 상황에 대해서 자세히는 모르지만 주님이 그 사람을 어떻게 보시는지, 그리고 어떤 마음으로 가까이 다가가기 원하시는지 그걸 느낄 수 있다는 것이 제 기도를 할 때보다 더 감동이 되서 기도를 할수록 그 사람을 향한 축복의 마음이 더 커지는 것 같았어요.

늘 " 사랑한다.." 이 말이 반복되며 그 말만 전달해주는데도

저와 상대방 모두 그 시간 전해지는 간절하고 따스한 음성으로 알려주기 원하시는 주님의 마음으로 함께 통곡하게 되니까요.

영의 언어.. 방언기도.. 그리고 통변하며 은혜와 축복을 나누는 시간.. 정말 감사합니다.

제 안에 계신 주님이 더 커지시고 표현될 수 있도록 더 많이 하고 싶습니다.

주님과 함께, 주님의 마음으로.. 이 두 가지가 방언통역하며 더 증폭되는 것 같아요.

정말 감사합니다!

할렐루야!

10. 방언 통역 느낌 소감   -S집사-

'방언통역' 이라고 하니 뭔가 생소한 느낌이 듭니다.

평소에 방언기도를 하면서 속에서 일어나는 느낌이나 감동에 집중하기도 하고 우리말로 통역을 해보기도 하지만 자주 해보지 않아서 그리 익숙하지는 않지만 느낌과 소감을 나누어 봅니다.

방언을 할 때면 기도하면서 '무슨 내용일까?' 하면서 집중을 할 때가 많은데 어떤 때는 주님을 간절히 사모함과 갈망의 마음으로 애타게 부르짖는 것이 느껴지며 눈물과 통곡이 나오고 "주님.. 나를 사로잡아 주세요, 내 영혼을 사로잡아주세요." 애타게 호소하는 내용의 기도를 드리고 있었고 때로는 가슴에 아픔과 통증을 느끼며 주님을 아프게 하고 슬프게 했던 것들이 떠오르면서 "주님.. 죄송합니다. 죄송합니다." 라고 고백하곤 했습니다.

어떤 때는 힘 있고 강렬하게 기도하면서 원수들을 대적하고 제압하는 기도를 드리게 되는데 이런 때는 "마귀야! 귀신아! 부셔져라, 떠나가라!"라고 강력하게 기도할 때 너무도 가슴이 시원하고 머리도 뭔가 뻥 뚫린 느낌이 들었습니다.

때때로 주님께서 "너를 사랑한다, 내가 너와 함께한다, 내가 너를 도우리라" 라고 말씀하시는 것을 통역할 때면 가슴이 울컥하고 찡한 감동이 들기도 하는데 이럴 때면 주님께 너무 감사한 마음과 나도 주님께 사랑한다는 고백을 하게 되었습니다.

여러 번 다른 사람들과 방언을 하면서 통역을 하는 때도 있었는데 주님이 얼마나 사랑하시는지, 함께 하시며 그 영혼을 붙드시는지 느낄 수 있었습니다.

"사랑한다, 사랑한다, 내가 너를 사랑한다", "두려워하지 말아라, 내가 너를 돕고 있다. 너와 함께한다."

실제 말씀하시는 주님의 감동을 느끼며 감사와 찬양의 마음이 일어났습니다.

다른 사람의 통역을 받을 때도 지금의 나의 상태와 상황과는 다르게 '주님이 나를 참 사랑하시고, 인도하신다는 것, 아름다운 계획을 가지고 계시다는 것'을 들을 때면 위로가 되고 새로운 힘이 솟아나는 것을 느낄 수가 있었습니다.

앞으로 방언이나 방언통역에 대해서 더 관심을 갖게 되고 앞으로 자주 하면서 훈련도 해봐야겠다는 마음이 듭니다.

특히 서로 같이 하면서 나눌 때 조금씩 익숙해지고 너무 좋은 것 같습니다.

주님이 주신 은사를 더욱 아름답게 개발하고 유익하게 사용하고 싶습니다.

11. 방언통역하면서 느낀 소감   -G집사-

통역을 쓰라는 종이를 받을 때부터 가슴이 콩닥콩닥 거렸어요.
누가 하는 지 서로 모르지만.. 그래도 '내가 제대로 들을까.. 한 마디도 못 들으면, 아무것도 쓸게 없으면 어쩌지?' 하는 마음이 들었어요.
하지만 기도하고 마음을 집중했을 때 전혀 생각지도 못했던 말이 생각이 나고 감동과 함께 눈물이 나왔어요.
'나는 네 하나님이다. 나는 네 주인이다. 네 눈이 누구를 향하고 있느냐. 너는 내 것인데..'
메시지가 떠오르면서 마음이 아팠고, 그것이 내 맘이 아니라 주님의 마음을 듣고 느끼는 것 같았어요.
안타까워하시며 우리를 부르고 계시는 음성.. 그렇게 통역메모를 제출하고, 나에 대한 통역이 기록된 메모지를 받았을 때도 눈물이 났어요.
내 마음을 꼭 집어낸 것처럼, 내 옆에서 말씀하시는 것처럼..
"두려워 하지마라. 내 딸아. 내가 항상 곁에 있는 것을 보아라.
나에게 마음을 주렴. 나에게 네 심장을 맡기지 않겠니.."
방언을 하면 예전에는 한 가지말씀밖에 생각나지 않았어요.
"사랑한다.. 내 딸아 사랑한다."
늘 사랑한다 하셔서 내가 너무 믿음이 없어 계속 심으시나보다.. 었어요.
그런데 계속 방언을 하다 보니 주님은 저에게 많은 말씀을 하고 계셨습니다. 내가 못 들은 것이었어요.

예전에 했던 기계적인 방언을 벗어나 주님의 마음을 느끼고 음성을 들을 수 있다는 것이 정말 신기했어요.

나도 되잖아. 나에게도 말씀 하신다. 엉엉..

주님과 친밀하게 느끼게 해주는 하늘의 말.. 방언..

사람마다 친밀하게 말씀해주시는 예수님..

더 많은 친밀함을 방언을 통해 알고 싶어요.

감사합니다. 사랑해요..

12. 방언통역 느낌 소감   -L집사-

　방언통역을 한 종이를 받고 내용을 보고는 눈물이 쉴 새 없이 흘렀습니다. 집에 와서도 종이를 밤새 쳐다보며 울었네요. 엉엉..
　"내가 너를 안다.. 너의 눈물을 닦아주리라.. 내 가슴으로 너를 낳았도다. 너는 내 것이다."
　며칠 동안 눈물이 마를 새 없었는데.. 주님이 저를 아시고 저의 눈물을 닦아주신다고 하니 더 눈물이 나네요. 감사하고 감사해서요.
　저를 가슴으로 낳으셨다고 하신 그 말이 제 마음을 울려요. 눈물이 자꾸만 나와요.
　저는 주님의 것입니다.. 저는 주님의 것입니다.. 제 가슴도 주님의 것입니다.. 주님을 더 많이 알고 더 많이 사랑하고 싶어요..
　통변을 하니 제 마음을 잘 아시고 제게 맞는 말씀을 주신 것 같아 신기하기도 했고 참 감사했습니다. 나의 처지와 상태에 대해서 전혀 알길 없이 번호만 가지고 방언으로 기도했을 뿐인데 말이죠. 다른 분들도 모두들 자신에게 딱 맞는 말씀이라며 기뻐하시고 감동하셨죠.
　제게는 방언을 해도 통변의 능력이 없다고 생각하고 기도하면서도 긴가민가, 답답해한 적도 있었는데 그게 아니었구나..하는 생각이 들어요. 방언하면서 그때그때 느껴지는 감동이나 떠오르는 말씀을 적어보며 방언을 해 봐야겠어요. 주님이 제게 어떤 말씀을 하실지 점점 궁금해지고 기대가 됩니다.
　주님이 주신 선물을 더 자주 사용하고 개발시키고 싶습니다.
　주님께 참 감사드리고 사랑합니다.

13. 하나님의 사랑이 느껴짐 -H자매-

상대방의 방언을 통역해 줄 때 사랑하시는 하나님의 사랑이 참 많이 느껴졌습니다.

상대방에게 느낌을 물어보니, 머리로는 '어, 내가 왜 이러지.' 하면서도 이상하게 속에서 눈물이 계속 난다고 했어요.

나의 생각과는 상관없이, 방언을 하고 또 통역을 해줄 때 영혼이 터치되고 치유됨을 느꼈습니다.

그리고 하나님의 사랑이 더 강하게 느껴졌습니다.

감사합니다.

14. 주님의 다정한 마음이 느껴져요. -L집사-

나의 방언을 통역할 때 주님의 마음이 많이 느껴집니다. 너무나 사랑하시고, 다정하시고, 위로하시고, 마음아파하심이 알아져요.

저를 지적하실 때도 너무나 부드럽고, 따뜻하게 말씀하시고요.

그래서 가슴이 뜨거워지고 눈물이 많이 나고 감동이 많이 되요. 사랑한다고 고백하게 되고 주님을 위해 뭐든지 할 수 있을 것 같은 마음이 들어요.

방언기도의 놀라운 능력, 주님을 만나는 기쁨이 정말 감사하고 좋습니다.

15. 새로운 느낌   -J집사-

어떤 대상을 위해서 기도할 때 사람마다 느낌이 틀리고, 말씀하시는 것이 틀려서 신기했어요.

뭐라고 하지.. 잘 할 수 있을까.. 버벅대면 어쩌나 걱정했는데, 기도하면서 속에서 이야기가 쏟아질 때 내 자신이 놀랍고 감사했어요. 버벅대지도 않고 눈물을 흘리며 술술 말이 나오는 것이 내가 하는 것이 아닌 것을 알겠어요.

그리고 통역을 하면서 하나님은 모든 사람들을 자식으로 품으시는구나, 정말 사랑하시는구나.. 하나님이 나를 통하여 울면서 말하시고 안타까워하시며 말하시고 사랑한다고 심장이 터지도록 말씀하고 계신 것이 느껴졌어요.

주님.. 사랑하고 감사해요.. 얼마나 사랑하시는지 우리가 그 마음을 조금밖에 모르는 것 같아서 마음이 아팠어요.

주님.. 사랑합니다. 사랑합니다. 사랑해요.

16. 가까우신 주님의 느낌   -O형제-

　다른 분이 저를 위해 통역해주신 내용을 받았을 때, 주님께서 아주 가까이에서 그동안의 제 모습을 바라보시고 말씀해 주시는 것 같아 너무 감동이 되었습니다. 특히 주님께서 제 기도를 들으시고 격려해주시는 것 같았어요.
　다른 분을 위해서 기도할 때는 심장이 따뜻해지고, 주님께서 그분을 많이 기뻐하시는 것 같다는 느낌을 받았어요.
　제 자신을 위해서 기도할 때의 느낌과는 정말 달라서 주님이 개인마다 실제적으로 역사하신다는 것을 경험할 수 있었습니다.
　늘 기도에 귀 기울이시고 응답해주시는 주님.. 감사드립니다. 주님 사랑합니다.

17. 신기하고 감격적인 느낌..　-G집사-

　아무렇지도 않았던 감정이 방언통역을 쓰기 위한 종이 위에 손을 얹고 기도를 시작하자마자 가슴이 복받치며 펑펑 눈물이 쏟아졌습니다. 신기한 경험이었어요.
　그리고, 나를 위한 방언통역이 쓰인 종이를 받았는데, 십자가를 바라보라는 내용이었습니다. 요즘, 자꾸 넘어지는 죄로 절망하고 낙심한 상태였는데 많이 힘이 되었습니다. 주의 십자가를 의지하여 다시 일어서겠습니다. 감사합니다.

18. 마음이 하나가 된 느낌   -B집사-

방언하고 통역할 때 정말 놀라웠어요.

마음이 하나로 전달되는 느낌.. 주님의 마음이 가슴에 와서 박히는 느낌이었어요. 제가 알지 못했던 감각이 깨어나고 영이 살아 움직이는 느낌이 들었어요.

방언통역을 하기 전에는 '과연 내가 잘 전달할 수 있을까?' 하는 마음이었는데, 시작하자마자 몰입이 되고 다른 것에 대한 생각이 다 없어지고 오직 주님과 상대의 마음만 느껴지고 간절해 졌어요.

주님이 얼마나 사랑하시는지, 주님이 얼마나 간절히 원하는지.. 그 마음을 보여주셔서 눈물이 많이 났어요.

너무 좋았어요. 주님.. 사랑합니다.

19. 고통을 치유하시는 주님의 사랑 -B목사-

　제 자신의 방언을 통역할 때도 마음이 뜨거워졌지만, 다른 분의 방언을 통역할 때는 훨씬 더 마음이 간절해지고 뜨거워짐을 느꼈습니다.
　다른 분이 제 방언을 통역하셨을 때 정말 감동 그 자체였습니다.
　마치 누군가 제 삶을 아주 가까이서 지켜본 후에 얘기하는 것처럼 제 마음의 슬픔과 외로움, 고통을 터치하는 느낌이었습니다.
　제가 홀로 있다고 생각하는 그 순간에도 주님께서 항상 저를 지켜보셨고 사랑으로 안아주셨음을 깨닫게 되어 가슴 속에서 기쁨과 감격의 눈물이 솟아났습니다.
　힘을 내어 주님께 더 가까이 나아가고 싶은 열망이 심령 깊은 곳에서 일어남을 느낄 수 있었습니다.
　좋으신 주님을 찬양합니다.
　할렐루야!

20. 나의 기도를 들으시는 주님 -B집사-

나를 위해 방언할 때는 왠지 안타까운 마음이 많이 들었고 다른 사람을 위해 기도할 때는 잘 못한 것 같아 죄송한 마음이 들었습니다.

그리고 나에 대한 쪽지를 받고 놀랐습니다. 내가 기도하고 알고 싶었던 것이 적혀있었고 주님이 얼마나 가까이 계시는지 느낄 수 있었습니다.

그리고 다른 사람이 나의 방언을 통역할 때 주님이 나의 기도를 다 듣고 계시다는 사실이 너무 감동이 되고 눈물이 나왔습니다.

내가 기도하고 머리로는 잊었던 부분을 나는 방언으로 계속 기도하고 있다는 것이 놀랍고 주님이 기뻐하시는 것 같아 행복했습니다.

이번 방언 통변이 저에게 주님의 마음을 알게 해 주셨습니다.

혼자서도 많이 하고 싶어졌어요.

21. 알 수 없는 눈물이..　-B자매-

　통역을 시작하기 전에 저의 마음은 편안했었는데 다른 분의 방언을 통역하기 시작하자 갑자기 알 수 없는 눈물이 나오기 시작했습니다.
　그런데 그 눈물의 의미는 잘 모르겠지만 주님이 방언 통역하는 분을 너무 사랑하시는지, 마음이 뜨거워지면서도 슬픈 눈물이 났습니다.
　다른 이에게서 통역을 받을 때의 느낌은 처음에는 상대가 아무 말 하지 않고 조용히 저의 방언기도를 듣기만 했습니다.
　그리고 나중에 아주 짧게 몇 마디를 했는데 그 말이 요 며칠 동안 제가 주님을 향해 엎드렸던 기도의 답을 들었습니다.
　그래서 너무 감사드리고 감사드려서 눈물만 났습니다.
　주님.. 감사합니다. 사랑합니다.

22. 감사한 마음　-N집사-

　방언통변.. 참 많이 하고 싶었습니다. 하지만 특별한 사람들만 하는 거라고 생각했습니다. 그러나 자연스럽게 느끼는 것을 말로 표현하면 된다 하시기에 용기가 생겼습니다.
　그래도 아직은 누가 나에게 해주는 게 더 좋아서 죄송합니다.
　나를 위해 누군가 방언통변을 써준 글을 보니 어쩌면 그렇게 내 맘을 아시는 말씀이신지.. 그 크신 주님이 멀리가 아니고 가까이 내 옆에서 말씀하신 것 같아서 말로 해준 것도 좋지만 글로 받을 때 더 감동이 되었습니다.
　주님께 잘하고 싶은데 잘못하는 것 같아서 항상 마음이 아팠는데 그걸 아시고 괜찮다고 써주신 대목에 가슴이 찡해옵니다.
　또 둘씩 짝지어 직접 통역을 할 때에, 내가 방언하고 다른 분이 통변을 해주셨습니다. 늘 내가 뭔 기도하나 궁금했는데, 상대방을 통해 내 방언의 의미를 전달받으니 더 재밌고 더 간절하고 더 눈물이 나왔습니다. 내 영혼이 이런 맘을 가지고 있구나.. 하고 깨달으며 신기했어요.
　주님 사랑합니다. 감사합니다. 행복했습니다.
　방언통역으로 주님을 더 가까이 느낄 수 있었고 더 신뢰감이 생겼습니다. 즐거운 시간이었습니다.

23. 무시했던 감정이 나타남   -H자매-

　방언기도를 하고 통역을 받을 때 상대분이 같은 이야기를 반복적으로 해주었습니다. 그런데 그 말은 제가 평소에 느끼던 감정이어서 신기했습니다. 그러면서 오랫동안 무시해온 감정이었습니다. 내가 무시했던 감정을 다른 이에게서 들으니까 처음에는 아무 느낌 없다가 점점 눈물이 났습니다.
　내가 통역을 할 때는 상대의 기도를 들을 때 처음에 아무 느낌이 나지 않았습니다. 그러다 어떤 느낌이 드는지 살펴보니까 내가 너를 만나러 가겠다하시는 것 같았습니다. 그래서 그 말을 했는데 말을 할 때 짧은 말이었지만 마음이 기쁘고 긴장이 풀어지는 느낌이었습니다.

24. 모든 것을 아시고 위로하시는 주님   -K형제-

　아침부터 마음에 근심이 생겨, 계속 답답해했는데 누군가 제게 적어준 통역의 메모에 '근심하지 마라. 내가 너를 돕고 있잖니. 걱정하지 마라.' 는 글이 적혀있었어요.
　제 상황을 너무도 정확히 아시고 적으신 것 같아 깜짝 놀랐고 아, 주님이 나의 모든 것을 아시고, 위로해주시고 격려해주시는구나.. 라는 것을 새삼 느끼게 되어 참 감사했어요. 실제로 글을 읽고 난 후 마음도 많이 평안해지고, 주님이 직접 말씀해주시는 느낌이었어요.
　신기한 방언통변.. 참 재미있어요. 주님 감사합니다.

25. 위로의 방언   -O형제-

내가 스스로 방언 통역을 할 때 '내가 너와 함께 있다. 두려워 하지 마라. 너는 혼자가 아니다.' 하는 감동이 느껴졌습니다.

'너는 혼자가 아니다.'라는 메시지가 떠오를 때는 눈물이 나고 감동이 많이 됐습니다. 방언 통변을 통해 주님은 가까이 계신 분인걸 알 수 있었습니다.

다른 이의 방언 통역을 할 때는 주님께서 방언하시는 분을 많이 사랑하신다는 걸 느낄 수 있었습니다.

다른 이에게서 통역을 받았을 때는 제가 갖고 있던 문제에 대한 주님의 음성을 들을 수 있었습니다. 그리고 쪽지에 적혀 있는 통역 내용 중에 '너는 혼자가 아니다.'라는 말씀이 있었는데 내가 한 통역과 같아서 참 감사하고 많은 위로가 되었습니다.

26. 나의 근심을 치유하시는 주님   -C형제-

한주동안 나의 죄를 바라보며 힘들어하고 근심했었는데 받은 통역메모에 "두려워하지 말아라. 근심하지 말아라. 너의 근심을 내가 기뻐하지 않는단다.." 라는 말이 적혀있어서 깜짝 놀라는 동시에 너무 감사했어요.

그리고 나 자신을 바라볼 때 주님께서는 고독해하시고 슬퍼하시는 것을 더 느낄 수 있었습니다.

방언통역을 통해 주님께 죄송하고.. 감사한 마음이 들었어요. 그리고 근심에서 벗어날 수 있게 되었습니다. 주님은 놀라우신 분이십니다. 나의 기도를 듣고 계시며, 너무나 가까이 계신 분이라는 것을 더 깨닫게 되었습니다. 주님.. 감사합니다. 사랑해요.

27. 위로와 감동의 방언   -K집사-

처음 할 때 참 부담이 되고 어떡하지? 하는 생각이 들었지만 그냥 주님께 맡기고 입을 열어 말을 시작하니 상대방에 대한 위로의 말들이 나오면서 밋밋하던 감정이 북받쳐 올라오고 상대방도 같이 감동을 받는 것을 보니 정말 신기했어요.

통역을 받을 때도 한마디 한마디가 내 가슴을 파고들면서 주님이 나를 잘 아시는구나.. 하는 마음과 주님의 사랑이 많이 느껴졌습니다.

28. 주님 품이 느껴집니다. -L집사-

저의 방언을 할 때 느낌은 주님을 향한 그리움, 보고픔, 목마름으로 간절히 기도하는 느낌이었습니다.

다른 사람의 방언을 통역할 때의 느낌은 처음에는 조금 울컥하면서 슬픔이 느껴졌고 나중에 주님이 위로하시는 마음으로 통변이 나오는 것을 느꼈습니다.

다른 이에게 통역을 받을 때는 상대방이 주님품인 것처럼 한없이 젖어드는 느낌, 빠져드는 느낌이 들었고 그래서 제 모든 것을 다 내어드리는 마음으로 기도했습니다. 엄청 많은 눈물을 흘렸어요. 많이 행복했습니다. 감사합니다.

29. 주님의 가까우심에 대한 확신   -L목사-

　누군지 알지 못하는 분을 위해 방언하고 통역을 하는데 평소와는 좀 다른 느낌이 있었습니다. 그분을 향한 주님의 애절함과 위로하시는 느낌이 강하게 올라왔습니다. 그래서 느낌대로 적고 통역하고 했습니다.

　또 한 가지는 다른 분이 나의 방언을 통역해 주실 때 정말 놀랐습니다. 왜냐하면 한 주 동안 나 혼자 기도하고 주님을 구한 내용을 토씨하나 안 틀리고 그분이 통역을 해 주시는 것이었어요.

　그래서 평소 기도하면서 느끼는 주님의 가까우심과 함께 또한 새로운 확신을 느낄 수 있었습니다.

* 제 1권을 마치며..

   주님은 우리를 사랑하시며 너무나 가까이 계십니다. 방언을 하면서, 통역을 하면서 우리는 그 실제적인 임재를 더 가까이 누릴 수 있습니다. 아무런 자격이 없는 우리들이지만 주님은 우리를 긍휼히 여기시며 사모하는 자들에게 은총을 베푸십니다. 당신도 믿음으로 나아오십시오. 방언을 경험하며 통역을 시도해보십시오. 당신도 주님의 풍성하신 자비를 맛보고 누리게 될 것입니다.

방언기도의 은혜와 능력 제 1권 끝.

도서구입신청

도서 구입을 원하시는 분들을 위한 안내입니다.

1. 도서 목록 확인

페이지를 넘기시면 정원 목사님의 도서 전권이 안내되어있습니다.
도서 목록을 참조하셔서 필요로 하시는 책을 선택하십시오.
각 도서의 자세한 목차와 내용을 원하시면 정원목사 독자 모임 카페의 [저자 및 저서소개] 코너를 참조하십시오. (http://cafe.daum.net/garden500)

2. 책신청

구입하실 도서를 결정하신 후에, 영성의 숲 출판사로 전화를 주세요.
(02-355-7526 / 010-9176-7526. 통화시간: 월~금 오전 9시~저녁 7시)
신청 도서 목록을 알려주시면 입금하실 금액을 안내해 드립니다.
신청하실 때는 책을 받으실 주소와 전화번호를 함께 알려주세요.
책신청은 전화 외에도 영성의 숲 홈페이지의 [책신청] 코너,
출판사 이메일(spiritforest@hanmail.net)을 사용하실 수 있습니다.

3. 송금

안내 받으신 도서 대금을 아래 계좌로 입금해 주세요.
(국민은행: 461901-01-019724, 우체국: 013649-02-049367, 예금주: 이혜경)
신청자 성함과 입금자 성함이 일치하지 않는 경우에는 입금자 성함을
꼭 알려주셔야 확인이 가능합니다.

4. 배송

입금 확인 후에 바로 발송 작업을 하는데, 발송후 도착까지 보통 2-3일 정도가 소요 됩니다. 책을 급하게 필요로 하실 경우에는 일반 서점을 이용해 주세요. 해외 배송을 원하시는 분은 총판을 담당하고 있는 생명의 말씀사로 문의해주시기 바랍니다. (생명의 말씀사 080-022-1211 www.lifebook.co.kr)

<기도 시리즈>

1. 하늘의 권능이 임하는 부르짖는 기도 1
영성의 숲. 373쪽. 13,000원 / 핸디북 10,000원
부르짖는 기도는 모든 기도의 형태 중에서 가장 기본적이고 중요한 기도입니다. 이 기도를 바르게 배우고 적용한다면 하늘의 권능이 임하는 것을 경험하게 되며 모든 면에서 강건한 그리스도인이 될수 있을 것입니다.

2. 하늘의 권능이 임하는 부르짖는 기도 2
영성의 숲. 444쪽. 15,000원 / 핸디북 11,000원
부르짖는 기도 1권은 발성의 의미, 능력과 부르짖는 기도의 전체적인 원리를 다루 었으며 2권은 부르짖는 기도의 실제로서 구체적인 기도의 방법과 적용원리를 다루고 있습니다. 3부에 수록된 다양한 승리의 간증은 독자님들에게 좋은 도전이 될 것입니다.

3. 대적기도의 원리와 능력
영성의 숲. 400쪽. 14,000원 / 핸디북 11,000원
대적기도 시리즈 1편. 대적기도는 주님께 간구하는 기도가 아니며 우리에게 주어진 권세와 능력을 발견하고 사용하여 능력과 승리를 경험하는 기도입니다. 이 기도를 알게 될 때 당신의 삶은 진정 달라지게 될 것입니다.
휴대를 위한 작은 사이즈의 핸디북도 있습니다.

4. 대적기도의 적용 원리
영성의 숲. 424쪽. 14,000원 / 핸디북11,000원
대적기도 시리즈 2편. 대적기도에도 원리와 법칙이 있습니다. 그 원리와 법칙을 잘 익혀서 실제의 삶에 적용한다면 우리는 풍성한 삶을 살 수 있습니다. 이 책에서는 그 원리들을 구체적으로 제시해 주고 있습니다.
휴대를 위한 작은 사이즈의 핸디북도 있습니다.

5. 대적기도를 통한 승리의 삶
영성의 숲. 452쪽. 15,000원 / 핸디북 12,000원
대적기도 시리즈 3편. 대적기도를 인간관계, 가정에서의 삶, 복음 전도와 사역에 구체적으로 적용하는 방법을 제시하였습니다. 여기서 제시된 원리를 잘 읽고 적용한다면 삶과 사역에 있어서 많은 변화와 승리를 경험할 수 있게 될 것입니다.
휴대를 위한 작은 사이즈의 핸디북도 있습니다.

6. 대적기도의 근본적인 승리 비결
영성의 숲. 454쪽. 15,000원 / 핸디북 12,000원
대적기도 시리즈 4편. 완결편. 1부에서는 악한 영들을 근본적으로 완전하게 제압하고 승리할 수 있는 원리와 비결을 제시하고 있습니다. 2부에서는 대적기도를 적용하고 경험한 성도들의 사례가 실려 있는데 이것은 각 사람의 적용과 승리에 좋은 참고가 될 수 있을 것입니다.
휴대를 위한 작은 사이즈의 핸디북도 있습니다.

7. 아름답고 행복한 기도의 세계
영성의 숲. 279쪽. 9,000원
〈기도업데이트〉의 개정판. 자연스럽고 편안하게 기도의 아름다움과 행복에 잠길 수 있도록 돕는 책입니다. 기다리는 기도, 듣는 기도, 안식하는 기도 등 다양하고 풍성한 기도의 원리들을 일상의 예화들을 통하여 쉽게 정리하였습니다.

8. 주님의 마음에 이르는 기도
영성의 숲. 309쪽. 10,000원
기도의 원리와 방법에 대한 200개의 조언을 담았습니다. 주님의 마음을 향하여 가는 것. 그것이 기도의 방향이며 목적임을 보여주는 책입니다.

9. 주님의 임재를 경험하는 길
영성의 숲. 308쪽. 10,000원
〈주님을 경험하는 100가지 방법〉의 개정판. 주님의 살아계심과 임재를 경험하기 위한 100가지의 실제적인 방법을 제시하고 있습니다. 사모하는 마음으로 이 방법들을 시도한다면 누구나 쉽게 그분의 역사를 경험하게 될 것입니다.

10. 예수 호흡기도
영성의 숲. 460쪽. 15,000원 / 핸디북 11,000원
호흡을 통한 기도가 주님의 임재와 영적 실제에 들어가는 중요한 비밀이며 열쇠임을 보여주는 책입니다. 이 책에 제시된 원리와 방법을 충실히 시도해 본다면 누구나 놀라운 변화를 경험하게 될 것입니다.

11. 방언기도의 은혜와 능력 1
영성의 숲. 459쪽. 16,000원 / 핸디북 12,000원
방언기도 시리즈 1편. 방언에 대한 성경적이고 균형잡힌 설명 뿐 아니라, 저자의 개인적인 경험과 간증, 방언을 받는 과정과 통역을 시도하는 과정에 대한 구체적인 설명, 여러 경험자들의 실례가 풍성하게 실려있어, 방언의 은혜에 대해 이해하고 적용하는 데에 실제적인 도움을 주는 책입니다.

12. 방언기도의 은혜와 능력 2
영성의 숲 403쪽. 14,000원 / 핸디북 11,000원
방언기도 2편에서는 방언과 통역이 발전해 나가는 과정과 그 영적인 의미를 깊이있게 다루었습니다. 방언의 가치와 의미를 바르게 이해하고 적용하게 될 때, 오래동안 방언을 사용하면서도 주님의 은총를 누리지 못하던 이들이 주님의 가까우심과 아름다우심을 풍성히 경험하게 될 것입니다.

13. 방언기도의 은혜와 능력 3
영성의 숲 489쪽. 16,000원 / 핸디북 12,000원
방언 기도 시리즈의 결론적인 부분을 다룬 책입니다. 방언에 대한 부정적인 견해와 원인들, 방언을 통해 어떻게 부흥이 시작되는지, 은사의 바른 방향과 의미, 목적 등을 정리하였고, 전체적인 요약정리와 함께 경험자들의 구체적인 사례들을 첨부하여 실제적인 적용에 도움이 되도록 하였습니다.

\<영성 시리즈\>

1. 영성의 실제를 경험하는 길
영성의 숲. 357쪽. 12,000원
〈그리스도인의 아름다운 영성〉의 개정판.
많은 은혜의 도구들이 있지만 그것들이 다 주님을 접촉하는 것은 아닙니다. 참다운 영성과 주님을 경험하는 원리를 제시하는 책입니다.

2. 생각의 자유를 경험하는 길
영성의 숲. 228쪽. 8,000원
〈그리스도인의 생각 다스리기〉의 개정판. 우리가 겪는 삶의 대부분의 고통들은 스스로 만들어낸 생각의 감옥에 지나지 않으며 생각을 분별하고 관리함으로써 풍성하고 행복한 삶을 살 수 있다는 메시지를 다양한 예화와 함께 설득력 있게 제시하고 있습니다. 많은 교회에서 훈련 교재로 사용되기도 했습니다.

3. 영성의 중심은 사랑입니다
영성의 숲. 243쪽. 8,000원
하나님의 은혜를 받아들이고 누림으로써 진정한 사랑과 따뜻함의 세계를 경험할 수 있도록 돕는 책. 신앙의 따뜻함과 아름다움을 회복하고, 영혼들을 이해하고 도울 수 있는 관점을 제시하고 있습니다.

4. 영성의 원리
영성의 숲. 319쪽. 11,000원
영성에도 원리가 있습니다. 이 책은 영성의 발전을 위한 다양한 원리들, 영의 흐름, 영의 인식, 영적 승리를 위한 중보 등의 원리를 실제적인 예와 함께 잘 설명해 줍니다. 영적 부흥과 충만함을 사모하는 이들에게 좋은 참고서가 될 수 있을 것입니다.

5. 문제는 주님의 음성입니다
영성의 숲. 227쪽. 9,000원
우리의 삶에 다가오는 여러가지 어려움들, 문제들은 우연이 아닙니다. 거기에는 주님의 배려와 가르치심이 있으며 반드시 우리가 배워야 할 것이 있습니다. 이 책은 그 문제들에서 주님의 뜻과 음성을 발견하는 원리를 가르쳐 주고 있습니다.

6. 영성의 발전은 어떻게 이루어지는가
영성의 숲. 254쪽. 8,000원
〈영성의 상담〉의 증보 개정판. 영성에 대한 여러 질문과 답변을 통해 다양한 영적현상의 의미와 삶 속에서 영적 성장을 이루는 구체적인 방법들을 소개하고 있습니다.

7. 지금 이 공간에 임하시는 주님
영성의 숲. 340쪽. 12,000원
주님은 믿을수 없을만큼 가까이 계시지만 사람들은 흔히 그분을 무시함으로 그의 임재를 소멸시킵니다. 이책은 그분의 가까우심과 구체적인 공간을 통한 임재, 나타나심을 경험할수 있도록 실제적인 지침을 제시하고 있습니다.

8. 심령이 약한 자의 승리하는 삶
영성의 숲. 228쪽. 9,000원
영혼의 힘이 약하고 마음이 여리고 민감하여 고통을 겪고 있는 이들을 위한 책. 영혼의 원리 및 기질과 사명을 이해함으로써 이전에 알지 못했던 자유와 해방과 놀라운 행복감을 누리게 될 것입니다.

9. 천국의 중심원리
영성의 숲. 452쪽. 14,000원
천국은 사후에만 갈 수 있는 장소가 아닙니다. 이 땅에 살면서 천국의 임재, 그 천국의 빛과 영광을 경험할 수 있습니다. 이 책에서는 내면세계의 천국을 경험하기 위한 길과 원리를 제시해 주고 있습니다.

10. 행복한 신앙을 위한 28가지 조언
영성의 숲. 348쪽. 12,000원
〈자유롭고 행복한 그리스도인 1〉의 개정판. 묶여 있고 창백한 의식의 틀을 벗어나, 자유롭고 풍성한 믿음의 삶으로 나아가도록 돕는 책입니다. 28가지 조언속에 행복한 신앙을 위한 영적 원리들을 담고 있습니다.

11. 성숙한 신앙을 위한 30가지 조언
영성의 숲. 340쪽. 12,000원
〈자유롭고 행복한 그리스도인2〉의 개정판. 의식이 바뀔 때 천국의 자유와 기쁨을 누릴 수 있음을 보여주는 책입니다. 묶여있는 사고와 습관, 잘못된 의식에서 해방되는 원리를 제시해 주고 있습니다.

12. 의식의 깨어남을 사모하라
영성의 숲. 239쪽. 9,000원
잠과 꿈과 깨어남의 실체를 보여주며 진정한 깨어있음의 세계로 인도하는 책입니다.
의식과 영혼을 깨우기 위한 방법과 원리들을 제시해 주고 있습니다.

13. 주님의 마음, 주님의 임재 속으로
영성의 숲. 348쪽. 12,000원
오늘날 주님의 마음에 대한 많은 오해가 있어서 주님의 깊으신 임재에 들어가지 못합니다. 이 책은 그 오해를 풀어주며 우리를 향한 주님의 사랑을 보여주고 그 사랑의 임재 속에 들어가는 길을 안내해주고 있습니다.

14. 영성의 발전을 갈망하라
영성의 숲. 292쪽. 10,000원
영성의 진리 시리즈 1편. 영성을 깨우고 발전시킬 수 있는 다양한 이야기, 원리, 법칙들을 묶은 36가지의 메시지가 수록되어 있습니다. 영혼의 각성에 도움이 되는 지식과 도전을 얻게될 것입니다.

15. 집회에서 흐르는 주님의 은혜
영성의 숲. 254쪽. 8,000원
이미 출간되었던 [집회 가운데 임하시는 주님]을 새롭게 개정하였습니다. 회원들의 간증을 줄이고 더 많은 분량을 추가하였습니다. 집회 가운데 나타나는 주님의 생생한 역사와 이에 관련된 여러 영적 원리를 기술하였습니다. 읽을수록 집회 현장에 있는 듯한 감동과 은혜를 얻을 수 있을 것입니다. 은혜를 사모하는 이들, 영성 사역에 관심이 있는 사역자들에게 좋은 참고가 될 것입니다.

16. 삶을 변화시키는 생명의 원리
영성의 숲. 348쪽. 값 12,000원
삶 속에서 열매를 맺을 수 있는 비결과 원리를 시편 1편의 말씀과 요한복음 15장의 말씀을 중심으로 제시하고 있습니다. 포도나무이신 주님과 가지로서 항상 연결되는 삶이 열매를 맺는 원리이며 은총의 비결인 것을 명쾌한 논지로 설명하고 있습니다. 신앙의 기초와 방향을 분명히 밝히는 책으로서 풍성한 삶과 승리하는 삶을 갈망하는 그리스도인들에게 귀한 도전이 될 것입니다.

17. 낮아짐의 은혜1
영성의 숲. 308쪽. 값 11,000원
쉽게 하나님의 임재를 경험하며 그 은혜 가운데 머무르는 사람이 있습니다. 그 은총의 비밀은 무엇일까요? 그것은 바로 낮아짐이며 이를 통하여 주의 무한한 은혜와 천국의 풍성함을 누릴 수 있음을 본서는 증명합니다. 사람을 파괴하는 높아짐의 시작과 타락, 은혜의 회복, 열매의 풍성함 등을 다루고 있으며 누구나 그 은혜의 세계에 쉽게 이르도록 길을 제시하고 있습니다.

18. 낮아짐의 은혜 2
영성의 숲. 388쪽. 값 14,000원
낮아짐은 감추어진 비밀이며 천국의 문을 여는 보화입니다. 마귀는 낮아짐을 빼앗을 때 그 영혼을 사로잡을 수 있으므로 온갖 유혹으로 이 보화를 가로챕니다. 하나님은 천국의 풍성함을 주시기 위하여 낮아짐을 훈련하시며 인도하십니다.
2권은 적용을 주로 다루며 구체적으로 풍성한 은총을 누릴 수 있도록 권면하고 있습니다.

19. 그리스도를 갈망하는 삶
영성의 숲. 268쪽. 값 10,000원
부흥과 영적 깨어남, 영성의 다양한 원리에 대한 이야기. 삶 속의 이야기와 함께 자연스럽게 풀어서 정리하였습니다. 일상의 사소한 삶에서 영적 원리를 발견하고 적용하도록 도우며 그리스도에 대한 갈망이 증가되도록 도전하고 있습니다.

20. 영이 깨어날수록 천국을 누린다
영성의 숲. 236쪽. 값 8,000원
독자들과 일대일로 마주 앉아서 대화를 하듯이 영적 성장과 풍성한 삶을 누리는 원리에 대해서 메시지를 전달하고 있습니다. 사랑하는 삶, 영성의 깨어남에 대한 새로운 통찰력을 제공해주며 기쁨으로 주님을 따르는 길을 제시해줍니다.

<생활 영성 시리즈>

1. 주님과 차 한잔을
영성의 숲. 220쪽. 6,000원
신앙의 귀한 진리들, 주님을 사모하고 가까이 나아가는 데 도움이 되는 원리들을 유머를 통해 밝고 즐겁게 전달해주는 책입니다.
주님과 같이 차를 한잔 마시는 기분으로 부담없이 읽다 보면 자연스럽게 영적 통찰을 얻을 수 있을 것입니다.

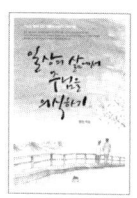

2. 일상의 삶에서 주님을 의식하기
영성의 숲. 280쪽. 8,000원
일상의 사소한 삶 속에서 주님을 의식하며 살아가는 이야기. 신앙과 영성은 기도할 때만이 아니라 일상의 모든 삶 속에서 나타나야 한다. 작고 사소한 모든 일에서 주님을 의식하는 것이 진정한 행복의 원리인 것을 이 책은 보여주고 있습니다.

3. 일상에서 경험하는 주님의 사랑
영성의 숲. 277쪽. 9,000원
일상의 묵상 시리즈 2편. 사소한 일상의 삶에서 주님의 임재와 사랑을 느끼고 주님의 메시지를 경험하는 이야기. 항상 모든 것에서 주님의 마음과 시선으로 삶과 사람을 보고 느껴야 하며 이를 통해서 날마다 천국을 경험할 수 있음을 사소한 삶의 이야기를 통하여 부드럽게 전달해주고 있습니다.

4. 삶이 가르치는 지혜
영성의 숲. 212쪽. 6,000원
<삶이 가르치는 지혜>의 개정판. 우리의 삶에서 경험하는 많은 즐거운 일, 힘든 일들이 결국 우리 영혼의 성장을 위하여 주어진 일임을 보여줍니다. 가슴을 따뜻하게 하는 소박한 이야기들을 통해서 사랑의 중요성을 다시 한번 깨닫게 합니다.

5. 사랑의 나라로 가는 여행
영성의 숲. 156쪽. 5,000원
〈사랑의 나라〉의 개정판. 어른들을 위한 우화로서 한 청년이 여행을 통하여 삶의 목적과 방향을 깨달아 가는 과정이 흥미진진하게 전개되고 있습니다. 즐겁게 이야기를 읽어나가다보면 영적 성장의 방향과 중심, 영적 세계의 에너지와 원리, 흐름을 이해하는데 도움이 될 것입니다.

6. 하나님의 뜻을 발견해 가는 여행
영성의 숲. 269쪽. 신국판 변형 8,000원
성경에 등장하는 입다, 다윗, 암논의 삶과 사건들을 통하여 하나님의 아버지 마음과 하나님의 의도와 훈련을 이해하고 발견하도록 안내하는 책입니다. 등장인물들의 마음과 정서가 드라마처럼 녹아있어 흥미와 감동을 전달해 줍니다.

7. 일상에서 경험하는 주님의 은혜
영성의 숲. 253쪽. 값 8,000원
일상시리즈 3편입니다.
가족 이야기, 모임 이야기, 일상에서 경험하는 여러 가지 일들을 통해서 영적 원리와 교훈을 정리하였습니다.
일기와 이야기 형식으로 기록되어 있어서 즐겁게 읽는 가운데 주님과 같이 걷는 삶의 흐름 속으로 들어갈 수 있게 될 것입니다.

<묵상 시리즈>

1. 맑고 깊은 영성의 세계를 향하여
영성의 숲. 140쪽. 5,000원.
잠언시리즈 1편. 내 영혼의 잠언1을 판형을 바꾸어 새롭게 만들었습니다. 순결하고 맑은 영혼으로 성장하기 위한 진리의 묵상들이 간결하게 정리되어 있습니다.

2. 주님은 생수의 근원 입니다
영성의 숲. 196쪽. 6,000원
〈내 영혼의 잠언2〉의 개정판. 맑고 투명한 영성의 세계로 안내하는 영성 잠언집. 새벽녘의 신선하고 향긋한 바람처럼 우리 영혼을 달콤하게 채워주는 묵상의 글들을 모아서 정리했습니다.

3. 묻지 않는 자에게 해답을 던지지 말라
영성의 숲. 156쪽. 5,000원.
삶과 사랑과 영혼의 진리를 담은 잠언 시집.
인생의 의미와 진리, 영성의 발전과정을 예리하면서도 부드러운 시각으로 표현하고 있습니다. 불신자에 대한 전도용으로도 좋은 책입니다.

4. 영혼을 깨우는 지혜의 샘물
영성의 숲. 180쪽. 6,000원
〈영적 성숙으로 향하는 여행〉의 개정판
인생, 진리, 마음, 영성 등 중요한 8가지의 주제에 대한 짧은 묵상을 담았습니다. 맑은 샘물이 흐르듯이 간결한 지혜의 메시지가 영성을 일깨워주는 책입니다.

방언기도의 은혜와 능력 1

1판 1쇄 발행	2012년 3월 1일
1판 7쇄 발행	2019년 12월 25일
지은이	정원
펴낸이	이 혜경
펴낸곳	영성의 숲
등록번호	2001. 7. 19 제 8-341 호
전화	02 - 355 - 7526 (영성의숲)
핸드폰	010 - 9176 - 7526 (영성의숲)
E - mail	spiritforest@hanmail.net (영성의숲)
홈페이지	cafe.daum.net/garden500 (정원목사 독자 모임)
	cafe.naver.com/garden500 (정원목사 독자 모임)
국민은행	461901 - 01 - 019724
우체국	013649 - 02 - 049367
예금주	이 혜경
총판	생명의 말씀사
전화	02 - 3159 - 8211
팩스	080 - 022 - 8585,6

값 16,000원
ISBN 978 - 89 - 90200 - 86 - 0 04230
ISBN 978 - 89 - 90200 - 85 - 3 (세트)